U0622372

成都城市史

修订本

张学君
张莉红
著

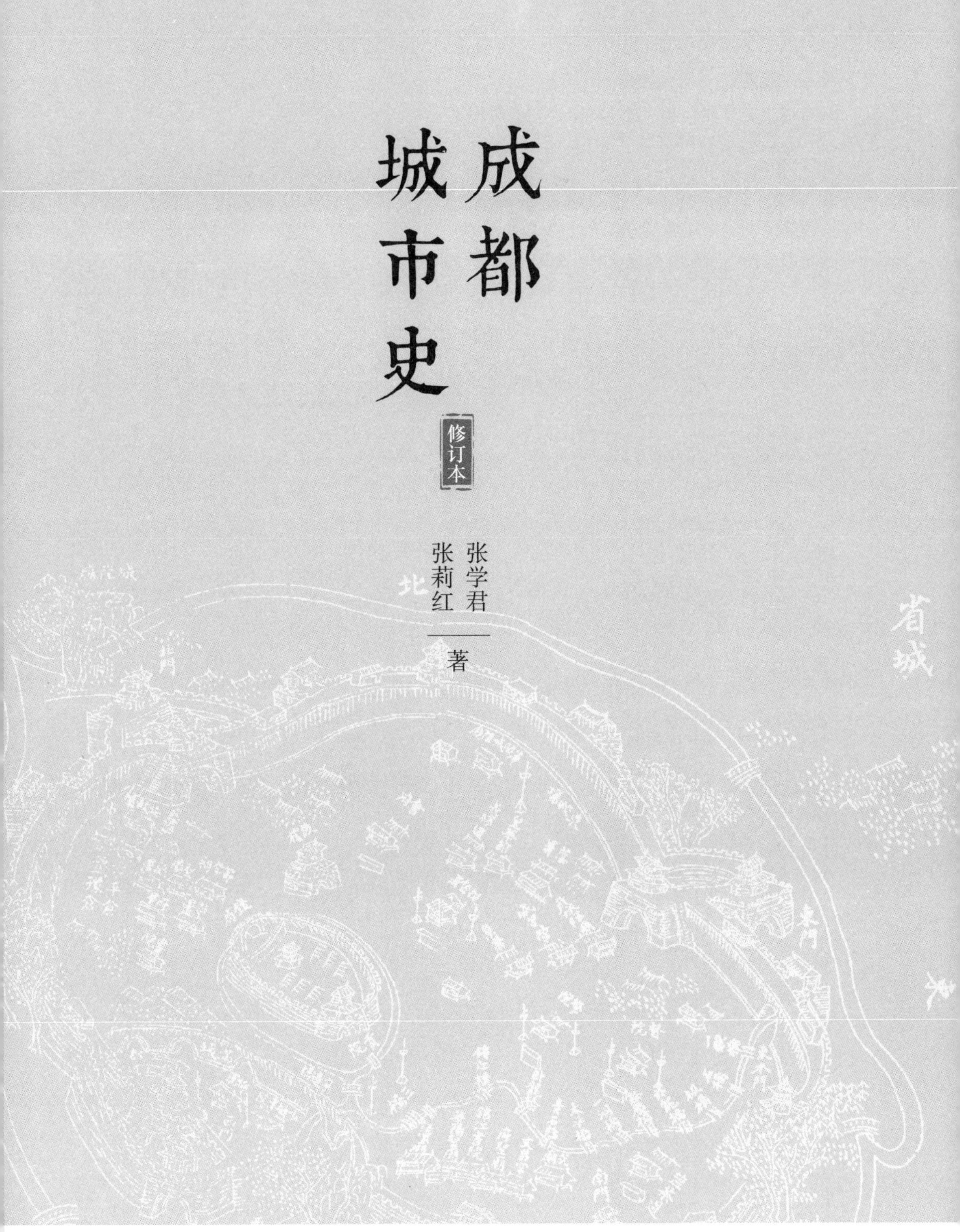

四川人民出版社

图书在版编目（CIP）数据

成都城市史 / 张学君，张莉红著. — 修订本.
—成都：四川人民出版社，2020.5
ISBN 978-7-220-11663-6

Ⅰ.①成… Ⅱ.①张… Ⅲ.①城市史-成都
Ⅳ.①K297.11

中国版本图书馆 CIP 数据核字（2019）第 269193 号

CHENGDOU CHENGSHISHI
成都城市史（修订本）
张学君　张莉红　著

责任编辑	谢　雪　邓泽玲
封面设计	四川胜翔
内文设计	戴雨虹
特约校对	蓝　海
责任印制	李　剑
出版发行	四川人民出版社（成都槐树街 2 号）
网　　址	http://www.scpph.com
E-mail	scrmcbs@sina.com
新浪微博	@四川人民出版社
微信公众号	四川人民出版社
发行部业务电话	（028）86259624　86259453
防盗版举报电话	（028）86259624
照　　排	四川胜翔数码印务设计有限公司
印　　刷	四川五洲彩印有限责任公司
成品尺寸	170mm×240mm
印　　张	29.5
字　　数	420 千
版　　次	2020 年 5 月第 1 版
印　　次	2020 年 5 月第 1 次印刷
书　　号	ISBN 978-7-220-11663-6
定　　价	128.00 元

【目录】

成 都 城 市 史

| 第四编　近代成都城市的演变 |

【序】

·郭付人①

张学君、张莉红两位学者所著的《成都城市史》，是成都城市科学向纵深发展的一个新的探索，读毕全书，深感有评论的必要，因欣然命笔为序。

城市是一定区域经济、政治、文化中心，更是人口、信息和人类智慧的凝聚空间。它在社会主义现代化建设中发挥着主导作用。城市的凝聚力、驱动力推动着整个社会向前发展，成为人类社会前进的主要动力。城市科学是一门综合性的科学，它包括了规范学、建筑学、经济学、历史学、社会学、地理学、人口学、城市管理学、系统工程学、生态学、运筹学以及美学、民俗学，等等。随着城市各种学科的发展，密切配合、互相渗透、交叉探索，城市科学就会生气盎然地发展起来。城市史是城市科学的重要组成部分，因为现代城市是历史城市的发展，城市的未来，特别是社会主义现代化城市的发展，从整体到局部，从城市各个要素相互关系、相互协调方面莫不与城市历史直接联系着，特别是像成都这样具有两千多年悠久历史的城市，更是处处打上了历史的烙印。研究城市史，从中寻求城市兴衰治乱的规律，从历史

① 郭付人系成都市建委原主任，曾兼任成都市城市科学研究会会长。在审读《成都城市史》书稿后，写下这篇序言，表达了老一辈市政领导人对成都城市历史研究的重视和对本书作者的关怀。此次再版，郭付人先生已仙逝，此次修订本仍旧保留这篇序文，以表达对郭付人先生的敬意。

进程中吸取有益的经验，弘扬光大历史文化优良传统，避免重蹈城市发展史上的失误，促使我们成都这一古老的城市健康有序的发展，是十分必要的。

四川省地方志编纂委员会张学君、成都市社会科学研究所张莉红，积数年的辛勤劳动撰写了这部开创性的《成都城市史》，为成都城市科学研究做了一件很有意义的工作，成都至今还没有一部比较完整的城市史，两位成都学者填补了这一空白，是很值得称赞的。

这部按照通史体例撰著的《成都城市史》，起自古蜀建都，迄止于 1949 年新中国成立前夕，时间跨度二千多年，从城市经济、城市建设、城市文化三个方面勾画出二千余年成都城市发展变化的基本脉络，内容丰富，史料翔实，章节层次清楚，文字精练流畅，是目前较为系统、完整的一部城市史专著，通读全书以后，感觉这是一部既有历史价值、又有现实意义的新书，概括本书有以下几个特点：

一、成都是全国以至于全世界生命力最强大的城市之一。公元前 500 年左右，蜀王开明五世自广都樊乡徙治成都，成为古蜀王的都城。公元前 316 年，秦灭蜀。公元前 310 年，张仪和张若仿咸阳城制筑墙建城。此后成都城市或毁而重建，或扩而新建，城址有扩展而无迁徙，成都之名也千古不易，是一座先秦古城。自秦开始一直是郡、州、府、道、路的治所，自元代起是四川的省会；东汉时期公孙述、三国时期蜀汉的刘备、东晋时期十六国之一的成汉李特、五代十国时期前蜀王王建、后蜀王孟知祥都曾在成都立国称帝，连同古蜀王开明，亦可称为六朝古都。成都是天府之国的首府，工商繁盛的大都会，汉代是全国五大都会之一，唐代有“扬一益二”之称，北宋时期是除汴京以外的第二大都会；也是我国历史上最早开展对外贸易的城市，是西南丝绸之路最主要的商埠。两千多年来一直是全国著名的大城市，是我国西南地区政治、经济、军事的重镇；也是重要的战略基地，秦、汉、晋、隋皆得蜀而统一天下；1937 年全民族抗日战争以来是中国战时经济的主要供应基地和战略大后方，在文明世界也享有重要地位。它历经两千余年的沧桑，几度浩劫，衰而复振，毁而重建，其经济发展、社会文明、文化昌盛，其宏伟秀雅风姿长留至今。

《成都城市史》的作者在现代城市科学理论和前人积累的丰富资料的基础上，对成都城市的历史进行了卓有成效的探讨。人类社会发展的历史，是人类生产力发展历史，一定的生产力决定一定的生产关系，经济基础决定上层建筑。他们将成都城市的全部发展历史根植于成都经济发展过程之中。为什么成都两千多年来一直是全国的大城市，而且城址不迁，城名不变，造就这样非常稳定的城市的原因何在？其根本原因是有深厚的经济基础，岷江流域是滋生成都平原稻作农业的物华天宝之地，天府之国的稻作农业和昌盛发达的手工业、商业等强大的经济基础，给成都注入了强大的生命力与极强的创造潜力。

书中着力描述了成都的经济状况，如得天独厚的自然地理条件，前辈对岷江水利资源的开发利用，特别是秦蜀守李冰创建具有世界科学水平的都江堰水利工程，形成了成都平原良好的水利灌溉体系，保证了成都平原稻作农业高度发展的物质基础，造就了沃野千里、水旱从人、不知饥馑的天府之国。智慧、勤劳的成都人对桑、麻、纻、棉、竹、木、茶、药材等农产品的发展，又推动了蜀锦、蜀布、漆器、金、银、铜、铁器、黄白麻纸、陶瓷等手工业的发展。农业、手工业的不断增长又促进了商业的兴盛。在经济发展的条件下，成都就成为全国长久繁荣的大城市。正是由于农业、手工业等商品经济的发展，大宗商品粮食和精美的手工业制品远销国内外市场，成都成为西南地区商品集散中心，对外贸易的商埠，确立了成都繁荣昌盛而经久不衰的大都会地位。

成都城市在历史上遭受过几次毁灭性战乱破坏，但战后很快又恢复、重建，再现辉煌；只是在第二次鸦片战争后，国际资本要求开放中国西部市场，清廷被迫接受《烟台条约续增专款》开放长江上游市场，以重庆为西南对外开放商埠，四川成为西部市场。重庆居川东长江要津，很快成为商贸中心。成都丧失了从古以来保持的西部大都会的历史地位，但它仍然是一个重要的大城市，有人说近代的成都是一个落后的消费城市，显然是缺乏历史观点的。成都城市历史也告诉我们，必须以经济建设为中心，城市才能充分发展。

二、此书紧紧地抓住城市是一定区域的经济、政治、文化中心的特征，突破了一些城市史著作仅封闭地局限于市区范围的旧章法，将成都城市的发展视为区域的发展，把它的辐射力、吸引力扩大到更宽广的区域——以成都为中心的整个成都平原经济、社会、文化的大区域范围的发展过程。以周围郊县的发展作为成都发展的必要条件，因此此书认为，秦汉时期，成都的初步繁荣与都江堰水利工程的大规模的兴建，广都盐井的开凿，临邛矿业的开采冶炼（冶铁、煮盐、天然气），以及郫城、新都等县的经济发展息息相关，以成都为中心的城市群的形成已有两千多年历史，“蜀以成都、广都、新都为三都，号名城。”（《华阳国志·蜀志》）秦汉时期，以成都为起点的西南丝绸之路，翻越云贵高原，走出通往东南亚和印度的商道，蜀中货物经过古印度远销中亚各地。唐、宋时期，成都闻名海内外的丝织品、黄白麻纸、蜀版书、瓷器等制造工艺都是成都商贸圈与周围区域手工织造业通过商品市场采购优质原料才创造出来的。这些产品远销国内外。

特别是在文化方面，成都与周围的郊县文化是紧紧联系在一起的。汉代文翁兴学对教育的传播，司马相如、扬雄、王褒、严遵等文学、学术思想的广泛影响，是蜀中“学比齐鲁”显著成效的体现。20世纪成都出土的多种汉画像砖、画像石和许多文物资料，以及唐宋时期游赏文化的兴盛，都表现出这一特征。清代川剧艺术中富有特色的胡琴戏唱腔也主要是以成都为中心的“坝腔”长期融汇交流形成的优势发展，最突出表现出它的中心功能作用，表现出它的凝聚力和驱动力。这为我们充分发挥城市中心作用提供了历史依据。

三、秦汉以来，成都作为全国著名的大都会，经久不衰，具有强盛的活力，其中重要原因是它的开放性；在传统的小农经济、小商品经济具有保守封闭性的同时，又具有开放交流的传统。本书在描写它的封闭性的同时，又着力描述了它的开放性。成都并不排外，两千余年来它不断吸取外来经济、文化营养和四方移民，用于自我发展完善。开放、汇聚、交流、融合，成都自古以来就是善于汇聚人才，善于吸收外来科技文化成果、富有创新精神的城市。开明氏入蜀带来了荆楚文化；凿沱江兴水利、秦定蜀之后，“移秦民万家以实之”，带来了中原文化。灭掉六国后，又把六国工商豪富迁徙入蜀，把六国先进的经济技术带到成都，在开发矿产、冶铁制造方面，成效卓著，所产铁器远销西南夷，促进了西部民族地区的经济发展。文翁兴学，派蜀人到京师学习中原文化，于是蜀学“比于齐鲁”，成为西汉文化领先地区。东汉末年中原战乱，士大夫多入蜀；刘备据蜀，荆楚东南之士多随之到来。隋代杨秀为蜀地带来了中原高僧，成都成为佛学中心之一。唐玄宗、僖宗“幸蜀”随来了大批诗人、画家、歌手和百工技艺人才，明末清初，“湖广填四川”，促进了成都经济、文化、风俗的交流与融汇。二千多年来，成都不断利用客籍人士的智慧和创造力开发成都平原农业与城市商贸，成都的悠久历史是土籍和客籍人民共同创造的。

翻越秦岭的川陕通道，史称北路，是历史上成都与长安、洛阳、开封等城市进行陆路交流的主要通道。秦灭巴蜀后，又开辟了具有战略意义的长江水路，在灭楚战争中发挥了重要作用。秦将司马错率巴蜀众十万，大舶船万艘，米六百万斛，浮江伐楚。如此巨大的粮食和军需物资，主要是成都地区供应，又从川江东下，为秦军提供了军需粮秣。楚汉相争，成都为汉军的后方供应基地。萧何“发蜀汉米万船给军粮”，汉军的优势确立。

唐宋时期，成都茶叶、蜀锦、布帛、药材、蜀纸、蜀版书等长期行销北方各省。同时通过川江水路与长江中下游地区进行贸易交流，更是源远流长，史不绝书。“蜀麻吴盐自古通，万斛之舟行若风”（杜甫《客居诗》）。“水程通海货，地利杂吴风”（唐卢纶《送何召下第后归蜀》），都是蜀中与长江中下游进行水上长途贸易的生动写照。在内陆贸易兴盛的同时，成都各种商品、文化瑰宝还远播日本、朝鲜、越南、印度以及中亚地区。研究成都与国内外交流的历史，对改革开放战略有着重要现实意义。

四、成都是全国历史文化名城，名城保护与发展，已有不少著作问世。特别是中国历史文化名城研究会成立以来，这方面的研究著作更多了。但目前尚缺乏对两千多年来成都城市历史文化变迁、各个历史时期全面系统的研究。在许多方面，如重要遗址、古迹的来龙去脉、历史发展状况，众说纷纭，不免有所遗漏或者以讹传讹的弊端。此书对成都历史文化发展过程作了分门别类的悉心研究，对历史悬案则广搜博采，索隐发微，排比对照，力求考辨翔实。这种认真的态度，无疑使此书增色不少。作者所下的功夫，充分体现在内容精审、资料丰富方面，其成效一定会在今后历史文化名城保护与发展中发挥重要作用。

最后提出的有两个问题：

一、关于成都城市年龄问题，至今仍有很大争论，成都城市年龄是2300年抑或是2500年。一说：公元前500年左右，开明五世，由广都樊乡迁徙成都，距今已有2500年历史。一说：从公元前316年秦灭巴蜀，在成都仿咸阳城制建城算起，距今已有2300年历史。此书兼采二说，将2500年前蜀王开明迁徙成都与2300年前秦蜀守张若仿咸阳城制筑成都城，作为两个不同的历史时期，具有不同的历史意义。

二、此书是从历史角度，按通史体例撰写的专著，这是一个良好的开端。但从城市科学整体目标来看，因受体例限制，许多需要纵深探讨的问题还无法展开；特别按城市学的观点，从各个学科分类研究到整体上系统地研究城市的发展规律，即更有战略性的研究，还需要有志于这方面的专家，学者共同努力来完成，我相信随着城市科学的发展，一定会有更多的著作问世。

最后，我十分感谢张学君、张莉红二位学者，他俩几年的辛勤劳动，使成都终于有了一部较高思想水平与学术价值的城市史，它将推动城市科学研究的发展。

1992年10月

【前　言】

这部《成都城市史》修订本即将出版，距离初版问世的时间已有二十多年。随着时光推移，惊人的考古新发现、典藏文献资料的整理出版、研究成果不断涌现、海量信息的传播与交流、个人学识的积累与深化，旧日的著述亟须增补和修订，使其更具参阅和借鉴价值。

即使从公元前316年秦灭巴蜀，在成都仿咸阳建制建城算起，成都城市的历史也有2300年之久。如果要从近年发掘的十二桥遗址、金沙遗址存续的年代（前3150—前2600）① 算起，成都应是拥有四千年以上历史的古城。从古及今，城市虽代有兴衰而城址从无变迁，亘古延续至今，生命力无限，是世界名城历史中的一个典范，值得深入探讨。南宋大吏袁说友在《成都文类序》中说：

> 益，古大都会也。有江山之雄，有文物之盛。奇观绝景，仙游神迹，一草一木，一丘一壑，名公才士，骚人墨客，窥奇吐芳，声流文畅，散落人间，何可一二数也！

这是从总体意义上来概括成都城市文化价值的，说明成都是一座充满人文

① 朱章义、张擎、王方：《成都金沙遗址发现、发掘与意义》，《四川文物》2006年第6期。

历史胜迹、令人神往的城市。无怪乎袁说友在南宋庆元间（1195—1200）任四川安抚制置使兼成都知府时，那么重视成都地方文化；为了保护和存续成都历代地方文献，他聚集有识之士编撰庆元《成都志》和《成都文类》两部巨构。

像袁说友这样重视成都历史文化价值的士大夫，远的可以追溯到汉晋时期八位史家编撰的蜀中纪实：赵宁《乡俗记》、来敏《本蜀论》，五家《耆旧传》，王崇《蜀书》，王隐《蜀记》，常宽、杜龚《蜀后志》和常璩《华阳国志》。其中最有成效的是东晋的常璩，他以一己之力，完成了《华阳国志》这样具有不朽价值的鸿篇巨制，这部书被人称为后世方志之鼻祖，详审精要，史料价值甚高。

晚唐（唐宣宗大中六年）西川节度使白敏中嘱“从事”卢求撰写《成都记》五卷（《蜀中著作记》）。随后，杜光庭撰写了《续成都记》。宋初《太平御览》《太平寰宇记》和《益州名画录》所引《成都记》，都出自卢求编撰的《成都记》，足见其可靠性。北宋庆历（1041—1048）至熙宁（1068—1077），赵抃四度奉诏守蜀，知蜀事甚详，他延聘蜀中饱学之士编撰《成都古今记》三十卷，举凡成都重要史事均囊括其中，是为信史。而主持庆元《成都志》和《成都文类》总纂的袁说友，确定以唐白敏中主纂的《成都记》和北宋赵抃主纂的《成都古今记》为基础，编撰《成都志》；同时搜寻汇集汉代至南宋淳熙间诗文，编纂《成都文类》，“其文凡一千有奇，类为十一目，为五十卷，益之文于兹备矣”。前者开成都编修方志之先例，后者集西汉以来与成都相关的诗类与文类，以飨后世，功在不朽。

宋末经历长达数十年蒙古军攻占四川的毁灭性战争，蜀中典藏文献荡然无存。元末任汉中廉访使和重庆府总管的费著，多方搜寻南宋庆元《成都志》和《成都文类》。费著在《成都志·序》中将其来龙去脉说得很明白：“全蜀郡志无虑数十，惟成都有《志》、有《文类》，兵余版毁莫存。蜀宪官佐搜访百至，得一二写本，乃参稽订正，仅就编帙。凡郡邑沿革与夫人物、风俗，亦概可考焉。遂鸠工锓梓，以广流传。”这就是元至正《成都志》的来历。因此，应当肯定费著抢救宋代文献的功绩，否则，今天我们很可能看不到因至正《成都志》刊行而保存下来的宋人编撰的《成都志》和《成都文类》的全豹，包括学者提出来讨论的《岁华纪丽谱》等九种文献。[①]

实际上，将宋人撰著的成都文献张冠李戴，加之于费著的，是嘉靖间编纂《全蜀艺文志》的杨慎和他的助手。因南宋庆元《成都志》已经失传，他们从费著纂辑的至正《成都志》（包括《成都文类》及前面提及的九种文献）过录，杨慎和协助校正的两位乡贤在成都东郊净居寺宋濂、方孝孺祠不舍昼夜，仅28天，就辑录涉蜀诗文近两千篇，有姓名的作者631人，匆促完成后，“而付之梓人”刻印成书。在从至正《成都志》过录《岁华纪丽谱》等九种文献时，将卷首《序》的作者之名误植为九种文献的作者，发生粗疏错讹，造成无心之失。[②] 后来学人将这个署名错误加在费著头上，看来有失公允，因为这不是费著欺世盗名。

成都所在的岷江流域是长江上游古代文明诞生的摇篮，它有悠久而独立的文明始源，有多姿多彩的文明发展历程，有兼容性、再生性、自适性极强的自然个性。它是成都平原稻作农业文明和地域财富的自然汇聚地，经开明、李冰治水后即有“陆海”的称誉。这是成都城市持久生命力的根本所在。此外，秦汉以来外来移民的不断融入，为成都增添了绚丽多彩的城市文化和智慧；城市中传统因素和外来因素不断交汇和转换、辐射和发展，形成兼容并包、趋同存异的特质，把天府文明的优势和辉煌发挥到了极致。历史上成都遭到多次毁灭性破坏，战乱结束之后，很快又重现辉煌，具有极强的恢复功能。

《成都城市史》修订本在以下几个方面对初版作了增补和修订：

一、20世纪80年代以来，成都平原若干古城聚落的发现，特别是三星堆、十二桥、金沙、商业街等重大遗址的发现和发掘，一些造型奇特的古建筑遗址（包括殿堂、宫室、祭祀场所）重见天日，大量贵重礼器、青铜器、玉器、石器出土，给古史探讨提供了前所未有的宝贵资料。先秦部分，初版主要依据是秦汉以后的历史文献，这次将历史文献与近年考古发掘的重要资

① 谢元鲁校释：《〈岁华纪丽谱〉等九种校释》，见《巴蜀丛书》第1辑，巴蜀书社1988年版。

② 张学君：《〈成都府志〉考》，四川省社会科学院、四川省人民政府文史研究馆主办：《国学》第五集，巴蜀书社2017年版，第306—401页。

料结合，尝试史学大家提倡的古史二重证。是否妥当，有待读者验证。

二、秦蜀守李冰创建都江堰水利灌溉系统、开凿“广都盐井诸陴池”使成都平原形成“水旱从人、不知饥馑”的稻作农业区；又告别缺盐历史，成为富有养生之饶的“天府之国”。成都城市经济就是在富有成效的稻作农业基础上不断增长，手工业和商业贸易也是植根于这个可持续发展的基础之上，这是本书着重论述的城市经济部分，即成都为何成为“人富粮多”的“国之宝府”的原因何在。

三、秦统一蜀、巴之后，古蜀文化不再延续，蜀中开始接受中原文化影响，秦蜀守张若、西汉文翁治蜀的主要成效，就是比照秦国的模式，重在经济开发，社会改良、文化传承。促使蜀中（包括成都、重庆）从古老的方国演变为秦汉帝国治下的郡县治地。于是，成都成为中原王朝的一部分，接受其礼乐教化。

四、自秦开始实行大规模移民，彻底改变蜀、巴人口结构和文化状况。秦灭蜀、巴后，考虑“戎伯尚强，移秦民万家实之”（《华阳国志·蜀志》）；统一东方六国后，秦始皇考虑“巴蜀道险，秦之迁人皆居蜀”（《史记·项羽本纪》）。当时蜀、巴人口原本稀少，如此众多的外来移民足以改变蜀中人口结构和文化习俗。史书称“染秦化故”不是虚语，的确是将蜀、巴变成了秦国治地。西汉景帝末年，庐江舒县（今安徽庐江）文翁被任命为蜀郡守，他在蜀中兴办教育、引进中原文化，一方面选派优秀子弟到长安入太学；一方面在成都兴建石室学宫，招收郡县青年才俊入学，同时带动了蜀中巴郡和广汉郡官学的兴办，于是儒家文化成为蜀中的主流文化。“蜀地学于京师者，比齐鲁焉”。（《汉书·循吏传·文翁》）自西汉开始，蜀中经学、史学、文学经久不衰，到唐宋时期达到兴盛期，在经学、理学、文学、史学诸方面都有杰出的成就。明清时期，虽有宋末、明末两次毁灭性战乱，但战后恢复极快，明清时期也有卓越的文化贡献，出现了杨慎、费密、彭端淑、李调元这类学者和文人。这次增订，对成都文化作了浓墨重染。

五、成都与许多世界历史名城一样，是一座充满人文历史胜迹的城市，从古及今，许多历史文化名人的足迹遍布城市的通衢街巷。历代成都人特别珍视历史名人胜迹，一直在保护和记录有关史事遗址，并着意将名人居所、重要遗址、实物遗存留存下来，传之后世。20 世纪 90 年代以来，因为大规模的城市改造，旧有的历史文化胜迹、名人遗踪已无处搜寻。《成都城市史》修订本对成都人文历史胜迹作了一些搜寻、完善和补充。对历代重要遗址的存废情况，进行了分段追踪。

六、作为内陆传统城市的成都，进入近代历史以后，也感受到新文化、新思想的影响，社会经济也在缓慢地迈进早期现代化的进程。在东西文明碰撞、自然经济与市场经济冲突、新旧因素杂陈、传统性与现代性诸种因素相互激荡的背景下，成都也显示出历史局限性，农业文明的历史优势明显弱化，传统经济向现代经济转换迟缓也显示出来。现代化的推进，因受地理因素影响，成都落后于长江上游水陆要冲城市重庆。成都城市群体性现代意识的觉醒差不多是在戊戌变法（1898）前后才开始，那时，清廷被迫接受《烟台条约续增专款》，向国际资本开放了长江上游市场。重庆成为外商在四川开拓市场、经商和投资的大商埠。

成都从自然经济结构向市场经济结构的转型，要晚于重庆。直到抗战时期，国民政府迁都重庆，东部经济西移，大量工厂设备、技术力量迁川，四川成为支撑抗战的战略基地，成都社会经济开始有了发展机遇。与此同时，还有东部大学、科研机构、师生员工大规模内迁，成都教育、科技得到了良好的发展机遇。抗战时期和抗战之后，成都商业的繁盛更多地体现为投机性商业、畸形金融业的发展。从民国 37 年（1948）到民国崩溃，因币制混乱，金圆券、银圆券失去币信，通货膨胀、物价腾飞，民心尽失，各种风潮迭起，严重摧残了成都社会经济，使成都堕入衰微破败、奄奄一息的境地。

本书所述起于古蜀，终于国民政府结束在大陆的统治。全书分为四编，围绕城市起源与变化、城市经济与市场空间、城市建设与交通、城市文化与学术状况、城市生活与习俗等方面展开论述。因作者学识有限，是否具有参阅和借鉴价值，有待读者评说。

张学君　张莉红

2018 年秋

第一编

先秦到魏晋南北朝，成都城市的产生与发展

【第一章】

蜀族的兴起与岷、沱流域城市的发轫

第一节　蜀族的兴起

一、来自岷江上游的古蜀部族

（一）蜀族的兴起

古蜀族出现在远古时期，蜀族的祖先为羌氐部族，主要生活在从陕西汉中到岷江上游的高山峡谷区，其活动范围相当广阔。据西晋常璩《华阳国志·蜀志》载：

> （杜宇）以褒斜为前门，熊耳、灵关为后户，玉垒、峨眉为城郭，江、潜、绵、洛为池泽，以汶山为畜牧，南中为园苑。

“褒斜”即南郑地区，“熊耳”峡在川西青神县南，灵关在宝兴县南，“玉垒”在都江堰市西北。“江、潜、绵、洛”，江指岷江；潜指渠江或嘉陵江；绵指德阳绵远河；洛指什邡县石亭江。汶山即岷山，南中即今云南、贵州及四川凉山州和宜宾以南地区。

据此看来，古蜀族的活动范围相当广阔，四川北部的秦岭山区、四川西北的岷江上游高山峡谷区到更南地区的雅砻江流域，四川到贵州、云南的高原山区，被学者称之为“民族走廊”的地带，均有他们的足迹。

据西汉扬雄的《蜀王本纪》：

> 周失纲纪，蜀先称王。有蜀侯蚕丛，其目纵，始称王。死作石棺、石椁，国人从之。故俗以石棺、椁为纵目人冢也。

章樵注引《蜀王本纪》时也谈到“蚕丛始居岷山石室中”。

由此可见，居住岷江上游的古蜀人生存在高山峻岭之中，他们就地取材，用石材筑石室；死后用石材作棺、椁，与生前居室保持同样的格调。《后汉书·南蛮西南夷传》记载，岷江上游民族有“六夷、七羌、九氐，各有部落”。这些部族“皆依山居止，累石为室，高者至十余丈，为邛笼”。按“蛮语笼为成（城）”理解，“邛笼”应为蜀族最早建筑的城。在唐代，这种邛笼被称为碉舍。如《新唐书·南蛮传》，（黎、邛二州）“西有三王蛮，盖……白马氏之遗种……叠甓而居，号碉舍”。

由此可见，岷江上游的蜀人，将取之不尽又随手可得的高山石材作为自己生养死葬的建筑构件，是由来已久的习俗。

传说中蜀族祖先蚕丛、柏濩、鱼凫、杜宇和开明，实际上代表着古蜀的若干时代，他们都是箭垛式的领袖人物。李白所谓“尔来四万八千岁”，虽然是沿用了阴阳数术家的推算结论，但蜀族的发祥期距今也有五千年左右的历史。蚕丛时代的蜀人，经常捕食蛞蝓（蜀蚕）等虫类，是蜀族处于以采集经济为主的旧石器时代的标志。蚕丛氏大约在夏代已入蜀，与成都平原的柏濩融合，使蜀族进入新的发展环境。“鱼凫”是捕鱼的水鸟，说明蜀人已进入以渔猎经济为主的新石器时代，相当于夏商时代。据西晋常璩《华阳国志·蜀志》载，“鱼凫王畋于湔山”，成都“平阳山亦有池泽，蜀之鱼畋地。”“畋”指田猎、狩猎；鱼即渔。足见“鱼凫”时代的蜀人主要从事狩猎打鱼。“鱼凫”则标志着蜀族已进入以渔猎经济为主的新石器时代。

（二）蜀人聚落的出现

蜀人从高原山区来到成都平原，其生活习俗也有一个变化过程。进入平畴地带后，生活习俗随环境变迁，古城的构筑自然随之变化。蜀人进入成都平原后，为选择农牧定居点曾经历过一个较长的过程。

北宋黄休复在《茅亭客话鬻龙骨》中记述：

> 蜀有蚕市，每年正月至三月，州城及属县循环一十五处。耆旧相传：古蚕丛氏为蜀主，民无定居，随蚕丛所在致市居，此其遗风。

蜀人以养殖业辗转迁徙于川西平原，既要有居住可能，又要避免洪灾。“杜宇”是蜀族进入农业定居时代的标志，其时代约当春秋。《蜀王本纪》继续写道：

> 后有一男子名曰杜宇，从天降，止朱提。有一女子名利，从江源井中出，为杜宇妻。乃自立为蜀王，号曰望帝，治岷山下，邑曰郫，化民往往复出。

《华阳国志·蜀志》也有类似记载：

> 后有王曰杜宇，教民务农，一号杜主。时朱提有梁氏女利游江源，宇悦之，纳以为妃。移治郫邑，或治瞿上。七国称王，杜宇称帝，号曰望帝，更名蒲卑。自以功德高诸王，乃以褒斜为前门，熊耳、灵关为后户，玉垒、峨眉为城郭，江、潜、绵、洛为池泽。以汶山为畜牧，南中为园苑。

杜即土，后世以“土主”为村社祭祀的主神（土地神），称“土主庙”。

杜宇“移治郫邑，或治瞿上”，“更名蒲卑”。“瞿上城”在今双流县南18里，县北有瞿上乡。说明蜀族当时已进入成都平原的郫和双流境。蒲卑即服卑，蜀族整治了这一带潮湿的低地，开通沟渠以利农业。有了定居农业之后，蜀族生活安定，不再迁徙，因此“作郫邑”（故址在今郫县城北二里），建立了以农业经济为主的早期城市和一些村社聚落。这一类定居点自然条件优越，很快就使蜀族得到了衣食保证，如《元和郡县志》所言：“蜀人称郫、繁曰膏腴，绵、洛为侵沃。”繁即新繁，绵、洛即绵远河、洛水，涪江以西，今德阳、绵竹、广汉一带。但在同时，蜀族还保留了部分狩猎生活的习俗，杜宇“以汶山为畜牧，南中为园苑”，还娶“朱利”女为妻。“朱利”为藏语 Drok 的对音，即牧场。杜宇娶牧场女为妻，是对往昔生活方式的怀念。

（三）川西平原的古城之谜

古蜀族最初在成都平原随畜群迁徙，每一临时聚处即为集市，进行以物易物的原始交易活动。这种集市成为后来蚕市循环举行的最早习俗。蜀人随迁徙聚居的遗迹，在古籍上有许多记载，《蜀王本纪》说“鱼凫田于湔山”（在今都江堰市），彭州境内有鱼凫山，温江区有鱼凫城，眉州有蚕市。蜀人曾经选择青衣江流域的峨眉、南安为聚落，王先谦《汉书补注》说南安“县治青衣江会，襟带二水，即蜀开明故治”。成都应是蜀人逐渐放弃游牧生活，适应平原农耕生活的最后定居点。部族习俗，居留原地的往往称为小或少，如少皞，小月氏；迁徙出去的称为大或太，如太皞，大月氏。蜀族也有类似情形，旧说九陇县（今彭州市）称为小郫这是相对于郫邑（今郫都区）而言。选择成都定点时，首先形成西边的小城（即少城），“既丽且崇，实号成都……亚以少城，接乎其西”（《蜀都赋》）。后来发展到东部建立大城。古代的市，最初建立在村社之间的牧野郊区，称为里，“因田制里”。每个村社的定居点称为邑，故邑里并称。成都有古地名“赤里”，在郫邑之东。

蜀族在郫邑定居后，又向邑外赤里发展，形成一个新的临时交易市场。后来郫邑受到洪水淹没而衰落，赤里即发展为新的聚落，即成都市。蜀人成都聚落的经济发展，逐渐超过郫邑，成为大都邑。蜀族累遭岷江水患和平原低洼沼泽地给他们带来的生产和生活上的困难，应是他们不断迁徙的重要原因。在这个过程中，他们辛勤摸索，积累治水经验，开沟渠、排水患，提高平原农业技艺，而终至于使成都地区成为可以定居的富饶之乡。据学者考释，成都的“都”字就含有水泽汇聚之意，在池沼密布的平原定居，谓之“都”。蜀人从高原山区来到成都平原，其生活习俗也有一个变化过程。

蜀族进入成都平原后，失去了建造“石室”的自然条件，从平原实际出发，开始改变自己的居住习惯，开始建筑巢居的“笼”，或称“邛笼”。“笼”即上屋下仓的阁楼式建筑，“依树积木，以居其上，名曰干栏。”在这一过程中，古蜀人创造了具有浓烈地方特色的建筑文化，近年来，在成都市区十二桥发掘出总面积达一千二百多平方米的木结构干栏式的房屋建筑遗址，其建筑规模宏大，有完整的宫殿和聚居区域格局。建筑结构严谨，造型美观大方，它是目前成都发现最早的城邑。秦灭蜀，修建成都、郫、临邛三城时，“造作下仓，上皆有屋，而置观楼射阑”。这种造屋方式，直接吸取古成都巢居建筑式样。

唐宋时期，四川民族地区仍然保持这种居室，（今南川）僚“人并楼居，登楼而上，号为杆栏。”豫州蛮沿江州“皆重屋累居”，巴蛮界乡村僚户“俗构屋高树谓之阁阑，泸州夷僚“巢居岩谷”。成都的“成”字，即有“笼”的含义。“成”是二三层重叠的笼。如“累台而成”，“层成连重屋”。因重叠反复义衍生为旧，如成俗即旧俗。成即为笼，又有盛人盛物之义。此外，成都地区出土的东汉画像砖绘制的居室和“田园景象”，亦可看到这种习俗，左思《魏都赋》云：“庯蜀与彀鹊同巢。”说明中原地区将蜀族视为巢居民族。蜀族在成都的定居，是成都经济开发、商业发展的开端。

（四）蜀王“开明氏”

为蜀族农业发展时期的标志，蜀地经济由于外族鳖灵的东来，得到了更大的发展。[①] 鳖灵何许人也？他如何创立蜀国开明氏的统治？先看《蜀王本纪》记载：

---

① 徐中舒：《论巴蜀文化》，四川人民出版社 1981 年版，第 10—11 页。

望帝积百余岁。荆有一人名鳖灵。其尸亡去，荆人求之不得。鳖灵尸随江水上至郫，遂活，与望帝相见。望帝以鳖灵为相。时玉山出水，若尧之洪水，望帝不能治，使鳖灵决玉山，民得安处。鳖灵治水去后，望帝与其妻通，惭愧，自以为德薄不如鳖灵，乃委国受之而去，如尧之禅让。鳖灵即位，号曰开明帝。

《华阳国志·蜀志》也记述了鳖灵治水的故事：

会有水灾，其相开明决玉垒山以除水害。帝遂委以政事，法尧、舜禅授之义，遂禅位于开明，帝升西山隐焉。时适二月，子鹃鸟鸣，故蜀人悲子鹃鸟鸣也。

望帝"积百余岁"，应是几代蜀王世袭的时间。荆即楚国，有名鳖灵的人死去，居然逆水而上，到郫邑复苏，见到望帝，并被授予相位。当时岷江洪水严重威胁蜀族生存，鳖灵始凿灌县宝瓶口，分岷江水为二，使蜀族得以安处；接着鳖灵对岷江进行了治理。

有关鳖灵的史料，古史记载扑朔迷离，又带有神话色彩，我们需得做一些澄清和考辨。对鳖灵的荆楚人身份，历来就有疑问。当时蜀与荆楚并不接壤，中间隔着强悍的巴国，鳖灵尸体如何能够浮江而上，直达郫邑？鳖灵的身份一直受到学者的质疑。学者认为，无论是文献记载，还是考古发掘，都找不到开明氏统治的蜀文化与楚文化有任何密切联系。大量史实表明，开明氏属于巴人。《华阳国志·蜀志》记载："蜀王封其弟于葭萌，号为苴侯。"苴侯就是巴侯，证明蜀王开明氏即是巴人。川东一带，历史上就有鳖灵的遗踪。南宋王象之《舆地纪胜·阆州古迹》载：

灵山一名仙穴，在阆中之东十余里宋江上，有古丛帝开明氏鳖灵庙存焉。

再看北宋乐史《太平寰宇记·阆中县》，也有开明氏活动的足迹：

仙穴山在县东北十里。《周地图记》云：灵山峰多杂树，昔蜀王鳖灵帝登此，因名灵山。

从历史文献可以明了，鳖灵不是荆楚人，而是巴人，他与蜀王是弟兄关系（不一定是亲兄弟，结盟兄弟也可）。既然是弟兄关系，鳖灵治水有功，蜀王传位于他，符合“兄终弟及”的习俗，顺理成章。禅位的理由：一因治水有功，民得安处；二因望帝“与其妻通”，自愧弗如，乃委国禅位而去。情爱故事，难辨真伪。

从考古发掘的资料看，战国前期，蜀文化与新繁水观音遗址、彭县竹瓦街遗址、广汉西周遗址，特别是2000—2001年发掘的商业街遗址，所显示的文化特征与传统风格大不一样，铜器有虎纹和花蒂纹等，而与巴文化更为相似；再如安葬用船棺，后来商业街发现大型豪华船棺墓葬，更是一个惊人的发现，充分证明在成都定居的开明氏蜀王是鳖灵后裔，是巴人。开明氏入主蜀地时，即位号丛帝，生卢帝；卢帝生保子帝；九世始传开明尚。公元前500年左右，蜀王开明五世从郫邑转移到广都樊乡，《华阳国志·蜀志》记载：“开明尚自梦郭移，乃徙治成都。”即《蜀王本纪》所说：“蜀王据有巴蜀之地，本治广都樊乡，徙居成都。”

开明氏文化落后于杜宇系。在宗教信仰方面，保留了更多原始自然崇拜的习俗。直到蜀王开明九世，才接受中原文化和杜宇系文化，建立了礼乐、祭祀制度和观念。《华阳国志·蜀志》记载：“九世有开明帝，始立宗庙，以酒曰醴，乐曰荆人。”在新的生活方式中就体现了这种变化。最后定都成都。直至公元前316年，开明九世被秦所灭。

春秋中后期，大约是开明氏统治初期，可能是蜀国的鼎盛时代，对北方，“卢帝攻秦，至雍”。雍在今陕西凤翔附近，曾是秦国故都。可见强秦面临的压力；对南方“（保子）帝攻青衣，雄长（原文误作张）獠僰”，青衣江在今宜宾附近，均已臣服于蜀。由此开始，蜀人的主要力量，就是面对强秦作殊死的斗争了。春秋末年，蜀人在战场上失利居多，蜀王曾“有褒汉之地，因猎谷中，与秦惠王遇”。蜀国无法战胜强秦，不得不寻求妥协。据《史记·秦本纪》载：“厉共公二年（前475），蜀人来赂。”又曾一度攻其不备，夺取要塞，（前387）攻取南郑。不到一年，秦就“伐蜀取南郑”。这以后，蜀国不但无法与秦国抗衡，还要卑躬屈膝，纳贡称臣，奉秦国为盟主，“惠文君元年（337）楚、韩、赵、蜀人来朝”就是明证。开明氏所以由强变弱，与他日益腐化堕落有关。《华阳国志》说：

> 武都（今甘肃成县西）有一丈夫化为女子，美而艳，盖山精也，蜀王纳为妃……无几物故，蜀王哀之，乃遣五丁之武都，担土为妃作冢，盖地数亩，高七丈，上有石镜。今成都北角武担（山）是也。
>
> 周显王二十二年（前347），蜀侯使朝秦。秦惠王数以美女进（蜀王），蜀王感之，故朝焉。惠王知蜀王好色，许嫁五女于蜀。蜀遣五丁迎之，还到梓潼，见一大蛇入穴中，一人揽其尾，掣之不禁，至五人相助，大呼拽蛇，山崩，时压死五人及秦五女……蜀王伤痛……作思妻台。

由此可见蜀王开明九世荒淫误国之一斑。此外，历史记载也有征信，明代曹学佺《蜀中名胜记》卷二引李膺《益州记》载：“开明氏造七宝楼，以珍珠为帘。”

宋代赵抃《成都古今记》说：“望妃楼在子城西北隅，亦名西楼。开明氏以妃墓在武担山，为此楼以望之。”又有《蜀王本纪》载“蜀王有鹦鹉舟”。

蜀王开明处于古蜀青铜时代，生产力水平不高，主要使用能工巧匠和大量奴隶从事生产和劳作。许多规模宏大的工程和超负荷运作，使用工匠和奴隶太多，可能达到不堪忍受的程度。比如上述五丁之死，为满足蜀王的骄奢淫逸，辟开神话传说，实际上他们是劳累过度而死亡。这也是开明九世亡于秦的主要原因。

接至战国时代，不幸的事变发生了，蜀、巴两个兄弟国家发生内斗，强秦终于找到进攻蜀、巴两国的机会。原本蜀王之弟的“苴侯与巴王为好，巴与蜀世仇，故蜀王怒，伐苴侯。苴侯奔巴，求救于秦”。秦廷久有东向战略意图，于是君臣计议对蜀国的攻战计划，司马错和田真黄力主乘机伐蜀。据《华阳国志·蜀志》：

> 蜀有桀纣之乱，其国富饶，得其布帛金银，足给军用。水通于楚，有巴之劲卒，浮大舶船以东向楚，楚地可得。得蜀则得楚，楚亡则天下并矣。

这一战略计划的确高明，将富饶的蜀国作为攻楚和并吞天下的战略要地，利用长江的航运之便，顺江而下，可以实现灭蜀、灭楚，并吞六国的野心。秦惠王果然接受了司马错的战略计划，着手攻占蜀国。秦惠文王后元九年（前316），由秦大夫张仪、司马错、都尉墨等从石牛道伐蜀，蜀王领兵在葭萌迎战，不敌强秦，大败而逃，至武阳（今彭山东北），为秦军杀害。

二、 蜀人古城遗迹与大石文化

（一）蜀人古城遗迹

蜀族在成都平原所建古城应在鱼凫时代，距今大约有四五千年。早期古城有近年考古发掘的新津县宝墩遗址、都江堰市芒城遗址、郫县三道堰古城遗址、温江县鱼凫城遗址、崇州市双河遗址和紫竹遗址，发现了相当于中原龙山文化的古城遗址。芒城遗址、双河遗址（又称下芒城）、紫竹遗址和宝墩遗址分别位于文井江（今称西河）古河道上、中、下游沿河两岸。文井江是岷江支流，汇集了崇州市境内鞍子河、都江堰市境内味江、古羊摩江三水而成，反映了古城沿岷江水域分布，逐渐从上游山区向成都平原发展的迹象。①

据考古资料测定，芒城位于古羊摩江与五里沟交汇处冲积而成的台地上，崇州双河遗址位于文井江支流味江与泊江河汇合处，紫竹古城位于双河古城

---

① 江章华、颜劲松、李明斌：《成都平原的早期古城址群——宝墩文化初论》，见《中华文化论坛》1997年第四期。

附近，新津宝墩古城遗址位于文井江与岷江交汇处，温江县鱼凫城位于古岷江河畔，郫县古城位于三道堰与湔山（玉垒山）支脉九陇丘陵接合地带。[①]

蜀族在平原地带为自己创造居住环境时，无法找到大量石料，构筑“石室”；只能因地制宜，利用现成泥土、竹木等作建筑材料，构建新城。因此这些古城遗址多用夯土城墙，芒城遗址、双河遗址还有内外两层夯土，呈“回”字形的防护墙，其主要作用是防御洪灾。古城范围还有排水沟、石料堆砌的房舍遗址等。

“开明”为蜀族农业发展时期的标志，蜀地经济由于外族鳖灵的东来，得到了更大的发展，已有了发达的青铜、黄金、玉器、骨器制造业，建筑业也达到了相当规模，显然已步入了青铜时代。后来鳖灵取杜宇而代之，建立了开明王朝。这实际上说明，蜀族已进入农耕社会，部族之间的斗争，最终导致弱小部族对强势部族的臣服。

（二）大石文化

在古蜀留下的历史遗迹中，最引人注目的是“大石文化”。在新石器时代到青铜时代，出于纪念过往生活或追忆祖先的需要，会在特定场合树立大石，这种习俗是较为普遍的现象。它分布普遍，在欧洲、亚洲、美洲都有许多发现，学者们将不同时代，不同地区，不同性质的大石遗址统称“大石文化”，未必恰当。

但对于原来就生活在岷江上游的蜀人来说，大石对他们具有特殊意义，大石曾经是他们生活资料的一部分，是他们过去赖以生存的空间。他们来到成都平原，生存环境改变了，也忘不了昔日的“石室文化”，那是他们的根，是他们的历史。

包括成都市区在内的川西平原，有许多大石遗迹。有独石，也有列石。

1. 独石。

最早记载大石遗迹的古籍当推《华阳国志·蜀志》：

---

① 《禹贡》所指江沱古河道在此。王纯五：《大禹治水的地域、(禹贡) 江沱及成都古城址》，《四川文物》1999 年第一期。

时蜀有五丁力士，能移山，举万钧。每王薨，辄立大石，长三丈，重万钧，为墓志。今石笋是也。号曰‘笋里’……其亲埋作冢者，皆立方石以志其墓。

成都县内有方折石，围可六尺，长三丈许。去城北六十里曰毗桥，亦有一折石，亦如之。长老传言，五丁士担土担也。公孙述时，武担石折，故治中从事任文公（阆中人，汉哀帝时任职益州）叹曰：‘噫，西方智士死，吾其应之！’岁中卒。

稍后《风俗记》也记载："益州之西有石笋焉，天地之维，以镇海眼，动则洪涛大滥。"杜光庭《石笋记》："成都子城西通衢，有百二株，挺然耸峭，高丈余，围八九尺。"乐史《太平寰宇记》云："武担石，俗曰石笋，在州城西门大街中。"杜甫在成都有《石笋行》诗曰：

君不见益州城西门，陌上石笋双高蹲。
古来相传是海眼，苔藓蚀尽波涛痕。
雨多往往得瑟瑟，此事恍惚难明论。
是恐昔时卿相墓，立石为表今仍存。

明末曹学佺著《蜀中名胜记》，将石笋列为成都西门名胜，南宋时犹存，"而今则不复见矣"。乡人称石已圮于护城河中，数十年前水枯时犹见之。[①] 其他还有武担山的石镜、城东南的天涯石、城西支机石街的支机石、城南武侯祠西北的五块石，都有历代文献记载可寻，不一一列举。

2. 列石。

考古学上称之为石行（Alignment）之属，蜀地俗称"八阵图"。历史记载最早的列石是川东奉节的八阵图。郦道元《水经注·江水》说：

---

① 郑德坤：《四川古代文化史》，巴蜀书社 2004 年版，第 36—37 页。

江水又东径诸葛亮图垒南，石碛平旷，望兼川陆，有亮所造八阵图，东跨故垒，皆累细石为之，自垒西去聚石八行，行间相去二丈，因曰“八阵”。

北宋乐史著《太平寰宇记》也有详尽的记载：

八阵图在奉节县西南七里，周回四百八十丈，中有诸葛孔明八阵图。聚石为之，各高五尺，广十围，历然棋布，纵横相当。中间相去九尺，正中开南北巷，悉广五尺，凡六十四聚。或为人散乱及为夏水所没；冬水退后，依然如故。

俗称奉节八阵图为“水八阵”，西川则有“旱八阵”，在新都唐家寺武侯祠前。此镇聚土为丘，高约五六尺，民国时期尚存八九十丘，一部分已毁。[①] 有关新都八阵图的记载，史不绝书。乐史《太平寰宇记》说：“八阵图在县北三十里，弥牟镇。”《蜀志》说：“亮推演兵法，作八阵图，咸得其要。”李膺《益州记》云：“稚子阙北五里，有武侯八阵图，土城四门，中起六十四魁，八八为行，魁方一丈，高三尺。”《纬略》云：“八阵图在新都者，峙土为魁，植以江石，四门二首，六十四魁，八八成行，两阵并峙，周凡四百七十二步，魁百有三十也。”

对四川大石遗存的年代，属于多尔门，与墓室有关的立石，或为版岩墓原型，应为史前遗物；门希尔，独石之属，石笋、石镜、五丁担等，相传与蜀王有关，其来源甚古，大约是秦灭蜀、巴之前的遗物，不成问题。至于八阵图之类，来源如何，尚难作出判断。是否新石器时代以至先秦时代的遗物，有待深入研究。[②]

---

① 郑德坤：《四川古代文化史》，巴蜀书社2004年版，第42页。

② 郑德坤：《四川古代文化史》，巴蜀书社2004年版，第44页。

第二节 蜀国的都城

蜀族进入成都平原后，失去了在岷江上游建造“石室”（碉楼）的自然条件，从平原实际出发，开始改变自己的居住习惯，在夯土墙基之上，建筑巢居式的房舍，即木栅土垒、上屋下仓的阁楼式建筑。如《华阳国志·蜀志》言：“造作下仓，上皆有屋，而置观楼射阑。”“观楼射阑”，即后世谯门射楼。[①] 在蜀人聚居的大型遗址上，发掘出祭祀场所、青铜礼器、神像和精美绝伦的手工艺品，充分证明至高无上又信奉宗教的古蜀统治者业已出现，他们因无法抗拒的自然灾害或人为原因不断变迁都城。

一、广汉三星堆

考古发掘出的广汉三星堆遗址，最早可以上溯到夏商时代。经勘察，三星堆遗址总面积在 6 平方公里以上，主要分布在南兴镇和三星乡濒临鸭子河和马牧河河岸台地上。1980 年以来，进行了七次大规模发掘和试掘，共揭露面积 4 平方公里，发掘出房屋、灰坑、墓葬、祭祀坑、城墙等重要遗迹，获得大批铜器、金器、玉石器和陶器资料，以及大量斧、锛、凿等石质工具。已经发掘出 27 座房址，都是地面木质结构建筑，遗址平面呈现圆、方、长方形三种，以长方形居多。房间呈组合式，五六间一组；面积在 14 至 35 平方米之间，个别房屋面积达到 60 多平方米；建材采用土、木、竹料。房屋建筑结构多用木柱、木梁纵横交错的穿斗、抬梁式骨架，辅以牡牝相连的榫接式

① 王文才：《成都城坊考》，巴蜀书社 1986 年版，第 2 页。

工艺，墙体以竹木为胎、泥土为体，分段夯筑。① 遗址的东、西、南三面，分布着长约千米、宽 40 余米、高 3 至 6 米的城墙。考古学者推断，广汉三星堆早期遗址，应为古蜀国都城，建城时间当在商代早期。②

近几年来的深入发掘表明，三星堆遗址规模宏大，面积达到 12 平方公里；有好几个时期的宽大城垣；出土了大量铜器、玉器等精美器物，这都说明了三星堆遗址是整个三星堆文化的中心所在。同时说明，壮丽辉煌的三星堆古城是高度发达的古蜀青铜文化区，也是古蜀的都城。大量新发掘层位的器物表明，广汉三星堆遗址的贵重器物与成都十二桥遗址的典型器物同在一个遗迹单位中，两个遗址相距不过 40 公里，无须怀疑，三星堆文化年代的下限就是成都十二桥文化的上限。③ 这就是表明：成都十二桥古城，是三星堆古城的延续和创新。

二、 成都十二桥古城

在成都十二桥遗址中，古蜀人创造了更有浓厚地方特色的建筑文化。

在成都市区十二桥地段，考古发现殷商时代古城遗址，测定分布范围达 15000 平方米以上，已发掘出房屋建筑遗址面积达 1200 多平方米，木柱、木梁的架构，榫接式、捆扎复合工艺，主要建材有圆木、方木、板木、圆竹、竹篾、茅草等。建筑地基采用地梁式、桩柱式两种，地梁式用于宫殿主体部分，桩柱式用于房室等小型建筑。这种植根于密集木桩上的长方形建筑物，墙体为木骨编竹为之，其底层为避免潮湿略高于地面，底层下面架空，应为干栏式结构。房顶由中轴线向两面倾斜，以利遮阳避雨。开间小的房室是主体建筑物的附属部分，古城建筑规模宏大，有完整的宫殿和聚居区域格局。建筑结构严谨，造型美观大方，它是目前成都发现最早的城邑。④ 1990 年初，

---

① 《广汉三星堆遗址》，《考古学报》1997 年第 2 期。

② 陈德安、罗亚平：《蜀国早期都城初露端倪》，《中国文物报》1989 年 9 月 15 日。

③ 王毅、张擎：《三星堆文化研究》，《四川文物》1999 年第 3 期。

④ 《成都十二桥商代遗址第一期发掘简报》，《文物》1987 年第 12 期。

又在遗址范围的新一村建筑工地发掘出 4 米以上的文化堆积层，发现了纵横交错的房屋构件 20 余根，同时出土商代早期至战国时期的陶器、石器和青铜器。① 是蜀人在成都的早期遗址。

三、成都金沙遗址

21 世纪初，一个震惊世界的考古发现——金沙遗址终于公之于世。考古工作者在金沙遗址祭祀区共清理出了金器、铜器、玉器、石器和象牙 1400 余件，其数量之多、器物之美令世人叹为观止。通过对出土文物的初步研究，学者发现许多文物与三星堆遗址一二号坑出土的同类器物有相似之处。

随后，考古工作者在祭祀区周边的 20 多个地点进行了勘探与发掘，发掘面积达 10 余万平方米，发现各类遗址 3000 余个，又出土了大量的珍贵文物。研究者认定，这些遗存应与发现金器、铜器、玉器等的祭祀区属于同一个遗址。考虑到发现大量珍贵文物的金沙村地点特别引人关注，考古工作者根据考古学对遗址命名的基本原则，将包括黄忠村在内的商周时期遗址统一命名为“金沙遗址”。

2001 年初发现的金沙遗址，位于成都市区西北部，面积在 5 平方公里以上。遗址范围至少有四条古河道由西北流向东南。已发掘的重要遗址有大型建筑基址、祭祀区、大片居住区、大型墓地等，现已出土金器、铜器、玉器、石器、象牙器物、漆器等珍贵文物 5000 余件。其中出土铜器达到 1500 余件，某些铸造工艺优于三星堆；出土玉器 900 余件，是目前我国出土玉器最多的遗址之一。金沙遗址清理发掘的金器 40 余件中，有金面具、金王冠带、太阳神鸟金箔、蛙形金箔、鸟首鱼身金箔饰、金喇叭形器、金球拍形器、金鱼形器。特别值得注意的是，金冠带上的鸟、鱼、箭和人头的组合图案与广汉三星堆一号坑出土的金杖上图案几乎完全相同。太阳神鸟金箔造型生动，设计

① 周尔泰：《十二桥商代建筑遗址有新发现》，《成都晚报》1990 年 4 月 9 日。

极富现代韵味，是商周时期同类器物中的精品。① 还发现数以万计的陶片、数以吨计的象牙、数以千计的野猪獠牙和鹿角。这些重大发现，证实金沙遗址的确是蜀国王城。

在遗址内“三合花园”，发现大量房屋建筑，其中开口于5A层下的5座房址，均为大型排房建筑，长度在20米以上；最大的一座F6宽近8米，长度在54.8米以上，至少有五个开间，面积在430平方米以上。房屋的修建相当考究，墙体是挖基槽埋柱础的木骨泥墙式结构；基槽宽约0.5米，槽内大小柱洞排列规整；小柱洞较为密集，大柱洞间相距1.4至1.5米。“五座房址的布局有规律，可能为一组建筑”。这种成组的大型排房建筑不是一般平民所能拥有的，只有蜀国最高统治阶层才有能力调动人力、物力和专门机构设计和进行大规模施工。因此，这一带的大型建筑是金沙遗址的宫殿区域。② 考古学家认定金沙遗址主体文化遗存的时代约当商代晚期至西周时期，可能是商周时期蜀国又一处都邑所在。③

20世纪80年代以来，随着城市建设的发展，在金沙遗址的东南面，已发现和发掘了抚琴小区、十二桥、方池街、君平街、指挥街、盐道街、岷山饭店、岷江小区等十几处商周遗址，绵延十余公里，有学者称为十二桥遗址群。由此看来，金沙遗址在成都市区并不是一个孤立的存在，它的周边有大量的同时期遗址。在这些遗址中以金沙遗址面积最大、出土文物的级别最高，金沙遗址应是这些遗址的中心遗址。金沙遗址北过蜀汉路，东临同和路与青羊大道，西至三环路外侧，南接清江中路和清江西路，也就是分布在以前的金沙村、黄忠村、龙嘴村、红色村、朗家村等自然村的范围内。

---

① 朱章义、张擎、王方：《成都金沙遗址的发现、发掘与意义》，《四川文物》2002年第2期。
② 朱章义、张擎、王方：《成都金沙遗址的发现、发掘与意义》，《四川文物》2002年第2期。
③ 王方：《金沙遗址出土青铜器的初步研究》，《四川文物》2006年第6期。

四、羊子山遗址

1959年，在位于成都北门驷马桥1公里处的羊子山，曾发掘出西周时代土台，土台残高10米，呈正方形，总面积达到3万多平方米，总计用土量在7万立方米以上。土台采用实土夯填办法，筑成回字形三道城墙。核心部分为每边31.6米正方形郭墙，厚6米，用土砖垒砌。第二层城墙与郭墙相距12米，边长67.6米。第三道外墙已毁，据测量，边长103.6米。其砌墙方法，为上下齐缝，内边收分，用灰白色细泥粘接。用砖量130多万块。土台夯土中发现石璧、石斧、石凿、鸟纹陶片等遗物，与三星堆遗址相同。① 有关土台的用途，学者倾向于礼仪庆典，城南的王城将羊子山土台作为祭祀天地祖宗的神坛是合情合理的。考古学者认为：羊子山土台修筑过程中显示的技术与智慧，无不借鉴了本土已有的经验与成就，如宝墩古城遗址、三星堆商代古城建筑的技术与材料，用土坯砖垒砌郭墙，夯层间铺灰层的技术等。如果说，十二桥文化是商周文明中带有强烈个性文化和地方色彩的方国都城的话，羊子山土台则是方国都城的祭祀神坛。② 既然这个祭台规模都这么大，那么商周时期的成都古城规模之大，就可想而知。

五、成都商业街船棺墓葬

成都市商业街船棺葬遗址位于市区一环路内商业街58号，2000年7月到2001年初，成都市文物考古研究所经过数月发掘，确定这是一座多棺合葬墓。墓葬长约30.5米，宽约20.3米，残深约2.5米，面积约620平方米，墓向为240°，为直壁平底。墓坑填土3层，底部第3层为含沙青膏泥夯实，枕木置其上，枕木之上安放大型棺木，两侧有立柱固定棺木。小型棺木安置在第二层

---

① 《四川省志·文物志》上册，四川人民出版社1999年版，第75—76页。

② 李明斌：《羊子山土台再考》，《古代文明》第二卷，文物出版社2003年版。

填土之中，也有较细的立柱固定，使其高度与大型棺木保持一致。小型棺木全部安放后，才继续填土，直至将第一二层青膏泥夯实、填满。虽然随葬物品曾被盗，但仍能发现丰富多彩的遗物。陶器烧制火候高，保存完整；漆器、铜器等造型精美，与死者同时下葬。墓葬共计出土葬具 17 具，经鉴定，木质均为桢楠，由棺盖和棺身两部分构成。其中 1、2、8 至 14 号等 9 具为船棺，其做法是将一根整楠木剖去 1/3，剩余的 2/3 挖空中心部分，刳凿而成独木舟形状，船舱即为棺室，内壁加工极为规整，木棺外侧稍做加工，在棺木前端由底部向上斜削，略微上翘，有如船头。船棺中，有 5 具小型船棺，4 具为大型船棺，两者形制相同。船棺葬在嘉陵江、渠江、清江流域的巴人活动区发现较多，川西地区也有多处发现，但在成都市区发掘出如此壮观的船棺葬，太不寻常。考古专家认定，该墓葬的年代应当是在战国早期偏晚，也就是古蜀开明王朝的晚期，墓主很可能是开明王朝王族甚或蜀王本人的家族墓地。成都市商业街超常豪华船棺墓葬的发现，印证了开明氏的确是习于水性的家族，死后仍以船棺为葬具，保持着巴人的水上生活方式。联系到成都、新都、大邑、蒲江、彭县、绵竹、郫县、什邡、荥经等地陆续发现的船棺墓葬，考古专家认定，基本上都是在战国时期，其墓葬出土遗物都反映出荆楚文化因素，说明开明王朝时期，荆楚民族融入蜀文化的程度。①

第三节　古蜀城市的特点

从先秦时期古蜀城市发展的曲折历史，可以看出这样几个明显的特点：

① 颜劲松：《成都市商业街船棺墓葬初析》，《四川文物》2002 年 3 期。

一、 从迁徙状态向定居生活转化

从古蜀人建立的初期城市看，都是从流徙状态逐渐进入相对稳定状态。古蜀人进入成都平原以后，其聚落是不断变迁的，从他们活动轨迹看，新津县宝墩遗址、都江堰市芒城遗址、郫县三道堰古城遗址、温江县鱼凫城遗址、崇州市双河遗址和紫竹遗址，都是在蜀族进入成都平原以后先后建筑的。其频繁迁徙的原因，与当时成都平原洪水泛滥成灾，无法有效防范夏秋季节的暴雨和洪水有关。

蜀族沿岷江流域迁徙筑城，正反映了他们在水患频仍的平原地区选择居住地的不懈努力。水是人类生存的基本需要，依傍江河而居成为人们生活条件的最佳选择。成都平原为四川盆地白垩系内海遗存，后由洪水冲积而成，地势平缓，由西北向东南逐渐下降，坡度在3%至5%。西北部玉垒山、九顶山横亘岷江、湔江、雒水、绵水上游，江水不畅；东部龙泉山又阻碍江水东去，夏秋季节，洪水泛滥；冬春季节，也常常是水乡泽国。蜀人进入成都平原后，常为洪水困扰，不断筑城，又不断迁徙。

大规模治水活动大约开始于杜宇氏统治的后期，最初成效甚微，即《蜀王本纪》所谓“望帝不能治水”，后由荆人鳖灵“决玉山，民得陆处”。“决玉山”，即开凿玉垒山泄洪道，即初步开创了都江堰宝瓶口分水工程。这一分水工程可能已从岷江分出沱江，使其东流，即《禹贡》所谓“东别为沱”。《水经注·江水》也明确指出这一点：“江水又东别为沱，开明氏所凿也。”同时，鳖灵还可能在位于今金堂县境内龙泉山与云顶山之间开凿了宣泄内江洪水的水道（金堂峡），使其顺利地注入沱江。由于鳖灵导洪得法，减轻了成都平原的洪涝灾害，蜀人得以在“陆处”生活。岷江、沱江上游水患的初步整治，为开发成都平原农业经济奠定了良好的基础。鳖灵治水，功莫大焉，望帝因之禅让王位于开明氏。这是蜀人在成都平原有了较为稳定的居住环境的标志。

成都平原的洪灾虽经蜀王开明氏穿凿宝瓶口、分流内外江，得到了初步治理，但是，其工程尚属初创，治水规模、配套设施和调控洪水的能力都十分有限。同时，由于成都平原河道密集，水量丰富，夏秋洪水汛期长、发生频率又高，非经有组织的大规模治理，不能控制洪灾。尽管如此，水患问题的初步治理，仍对成都平原稻作农业的形成和初步发展起了重要的促进作用。经济的稳定发展，使开明王朝日益强盛，疆域不断扩大，开明五世也最终选择了在成都建立自己的都城；到开明九世被秦所灭，蜀国经济得到长足的发展。广汉三星堆，成都金沙、商业街、十二桥遗址发掘报告充分展示了这方面的基本情况。

蜀人迁徙的另一重要原因是食盐问题。食盐是人类生存不可或缺的物质，蜀族在岷江上游生活时，很容易找到露出地表的咸石，《华阳国志》载："汶山有咸石，煎之得盐。"蜀族进入成都平原后，未能得到可靠的食盐来源，四川盆地盐卤资源深藏地下岩层中，古蜀食盐仰给于西北地盐和东部巴人"巫诞"行销的巫盐①，蜀人有淡食之忧患，也成为蜀族不断迁徙的原因。

二、 因地制宜、就地取材

先民聚落和城市的选择，首先考虑的是生存条件，食物和水是人类的基本需要。成都平原土地肥沃，河道密集，蜀族筑城应无问题，但地势低洼，洪灾频繁发生，仍给兴建城市带来严重祸患。蜀族在岷江流域不断迁徙，这是主要原因。成都平原没有石料，就采用了这个地区所取用方便的泥土、卵石、河沙和木料、竹料作建筑材料，修成干栏式的积木楼居。

新津宝墩遗址区地面有明显的人工修筑城墙，平面呈长方形，东北—西南向。以东北墙、东南墙北段、西北墙北段保存较为完整；东南墙南段残存有蚂蟥墩一段；西北墙南段残存有李埂子，断断续续，较为低矮尚能目测；西南墙尚存一定高度，称余埂子。整个城址面积约 60 万平方米。20 世纪 90 年代，成都市文物考古工作队先后与四川大学考古教研室、日本考古学者进

---

① 任乃强：《华阳国志校补图注》，上海古籍出版社 1987 年版，第 52—55 页；张学君：《南方丝绸之路上的食盐贸易》，《盐业史研究》1995 年第 4 期，第 24—27 页。

行过两次考古发掘，发现有房屋基槽，出土大量陶片和石器。对蚂蟥墩墙体进行解剖发掘，发现有屋基、灰坑、墓葬，出土了大量陶片、石器。城墙的构筑方法为斜坡堆筑，采用黏土夯筑，使得墙体紧密。真武观墙体现存顶宽 7.3 至 8.8 米，底宽 29 至 31 米，高 4 米，系用黏土筑成，堆筑紧密，墙体至今无垮塌和二次增补迹象。

都江堰芒城位于青城乡芒城村，西距青城山药王山 2.5 公里，东距泊江河 1.4 公里，城址呈长方形，整体面积约 10 万平方米，1996 年 11 月和 1997 年 3 月，成都市文物考古工作队对该遗址进行了两次试掘，发现有房屋基槽，出土了大量陶片和石器。陶器中泥质陶器约占 60%，夹砂陶器约占 40%，泥质陶器中灰黄陶器占绝大部分。出土器类与宝墩遗址一致，应属同一考古文化范围。

郫县三道堰古城村是诸城址中保存最完整的一处，城垣呈长方形，长约 637 米，宽约 487 米，总面积为 31 万平方米。除东南垣北端有一宽约 10 米的缺口外，四垣连接完善，现存宽度 10 至 30 米、高 1 至 4 米。墙体最中心部分为卵石与河沙堆筑。20 世纪 90 年代，成都市文物考古工作队对该遗址进行了两次发掘，发现有灰坑、房址、墓葬，其中房址 8 座，墓葬 2 座。出土大量陶片，有绳纹花边口罐、敞口圈足尊、盘口圈足尊和喇叭口高领罐。

崇州双河村遗址位于崇州市区之北约 16 公里，上元乡芒城村双河场。遗址西距味江约 500 米，地表城垣现存北、东、南三面，分内外两圈。西垣已被洪水冲毁，东垣内圈保存较好，长约 450 米，宽 20 至 30 米，高 3 至 5 米；北垣和南垣内圈残存约 200 米，宽 15 至 30 米，高 2 至 3 米；外圈保存较差。现存城垣遗址面积约 10 万平方米。1997 年 3 月，成都市文物考古工作队对该遗址进行了试掘，发现有人工柱洞 14 个，柱洞内还发现础石，平面大致呈“十”字形。建筑面积约 60 平方米，与挖沟槽埋柱础的木骨泥墙式房屋有较大差别。遗物单纯，陶器变化不大，最有特色的发现是三孔石钺一柄和呈透明状的燧石质石片、石器。①

蜀人早期城址的发掘，让我们看到了古城建筑物和生活中出现的变化。建筑材料使用了随处可得的黏土、河沙、卵石，用夯筑的方式可以建成牢固的基础和墙体。房屋出现“基槽”表明，房屋的内墙使用了木质柱构，屋顶会有栋梁、檩架、茅茨，这都是取之不尽、用之不竭的天生植物。在岷江流域的古城遗址中，出土大量陶片和陶制器皿，还有窑址，这是很重要的发现。烧制陶器为蜀人的生活带来莫大的改变，“灰坑”表明可以吃到熟食，有利于健康，减少疾病和死亡。

三、 经济、技术创新推动城市建设

从古蜀城市发展的状况看，蜀地不仅发掘出岷江流域众多的古城遗址，而且发掘出像广汉三星堆、成都十二桥、金沙这样辉煌、壮丽的古城和宫殿。这些古城由不同发展阶段和经济发展水平所决定，因此其建筑规模和质量有天壤之别。

蜀族得天独厚，迁入富饶、肥沃的成都平原后，在农业、手工业方面均创造出非凡的业绩。杜宇就是一位在发展稻作农业方面取得巨大成就的蜀王，开明是对蜀地水利建设做出杰出贡献的蜀王，他们使成都平原成为世界最早的优质水稻产区。从成都十二桥、广汉三星堆发掘出举世震惊的宫殿、青铜器、黄金面罩、权杖、玉器、陶器、漆器等工艺品可以看出，古蜀已经拥有当时世界最为先进的手工业生产。如此发达的蜀地经济，必然对城市建设起促进作用。如果说，广汉三星堆遗物、遗址表明它曾是古蜀政治中心，那么成都地处平原中心位置，水陆冲要，是理想的都会。经开明氏的建设，已经初具都市规模。

成都十二桥发掘出的遗物、遗址表明，它是古蜀自由都市，其工商业的

① 江章华、王毅、张擎：《成都平原早期城址及其考古学文化初论》，《成都考古研究》上，科学出版社 2009 年版，第 63—87 页。

崛起，对城市发展起了极其重要的推进作用。[①] 三星堆出土的白玉（俗称灌县玉）杵，器型与良渚文化的石杵相同，有人认为其渊源是良渚文化，也有人认为属于龙山文化，但从时间与空间距离考虑，两说均难以成为定论。石破天惊的三星堆文化的揭晓，为寻求蜀文化的真相提供了丰富的实证数据。三星堆两座不同年代的长方形土坑，埋藏了大量金、铜、玉、石、陶、象牙等器物，除少量青铜容器和陶器与中原地区发现的相似外，更多的器物如黄金面罩、金杖、金箔虎形饰、铜神像、人像、神树等，造型独特、精美绝伦，许多器物不见于中原地区的考古发现，这应是我国青铜文化的另一中心。[②]

在早期人类居住区附近，发现了少量的水井。水井是在地面上开挖的较深的坑，坑中埋入一个桶状的陶井圈，周边用卵石进行回填，起过滤水和隔离沙土的作用。目前金沙遗址范围内发现的水井不多，据研究人员推测，当时人们除饮用井水外，还大量使用地面池塘水或河水。金沙遗址的“芙蓉苑”北发现的小水塘也证实了这一说法。这里的水塘面积有 100 平方米左右，有两条沟渠与之相连，从岸上到塘中还能看到用圆木搭建的取水平台。

在居住区的附近还发现了一些小型陶窑，面积只有 6 平方米左右。窑室为前低后高的斜坡状，面积不足 2 平方米，由于后期的破坏，高度都只有几十厘米。从陶窑的大小分析，这些窑烧制的陶器不可能太大。陶窑在烧制陶器的过程中窑壁会变红，时间稍长还会烧结。从窑壁的烧结程度看，目前在金沙遗址发现的陶窑使用时间都不长，有可能烧一次就废弃了。这些窑炉的分布极不平衡，有的零星分布在居住区周围，有的较为集中地分布在居住区的附近。据考古工作者推测，金沙时期的制陶，除了少量的家庭制陶外，可能还是以集中制陶作坊和集中烧制的窑场为主。[③] 这些考古发现证实：古蜀经济，特别是手工制造已达很高的水平。这就为都市建设提供了雄厚的物质技术条件。

---

① 参见徐中舒：《成都是古代自由都市说》，《成都文物》1984 年第 1 期。

② 四川省文物管理局编：《四川文物志·概述》上册，巴蜀书社 2005 年版，第 7 页。

③ 成都文物考古研究所编著：《金沙——21 世纪中国考古新发现》，五洲传播出版社 2005 年版，第 1—11 页。

【第二章】

秦灭蜀、巴后对蜀郡的开发

第一节　蜀郡的社会改革与经济开发

一、 废王侯世袭，行郡县制

秦灭蜀、巴两国，废为郡县，到秦灭六国，经历近百年之久（前316—221）。秦开发以成都为中心的蜀、巴地区不遗余力，最终将这个地区建成扫荡六合的战略要地，在统一六国的战争中发挥了无与伦比的巨大作用。

战国时期，蜀族统治者昏庸腐朽，又与川东巴国和其弟葭萌（封于汉中，为苴侯）为仇，互相攻杀，国势日危。秦国自商鞅变法后，逐渐强盛，统一中国成为它的战略目标。秦惠文王后元九年（前316），秦国利用巴、蜀攻战的机会，以秦大夫张仪、将军司马错和都尉墨率军进攻巴、蜀，从石牛道入，灭蜀、巴两国，将其纳入秦国版图；同时设蜀郡，张仪、张若始建成都城；司马错又率秦军自巴地东向，由涪水攻取楚国商於之地，设黔中郡。秦惠文王后元十一年（前314），封公子通国为蜀侯；置巴郡，以张若为巴郡守。秦惠文王十三年（前312），分蜀、巴地置汉中郡。秦惠文王后元十四年（前

311)，蜀侯通国反，蜀相陈壮杀蜀侯通国降秦。秦武王元年（前 310），蜀相陈壮反，遣大庶长甘茂、张仪、司马错伐蜀，诛陈壮。秦武王三年（前 308），封公子煇为蜀侯。司马错因蜀伐楚，率巴蜀众十万，大舶船万艘，米六百万斛，浮江伐楚，取楚商於之地为黔中郡。[①] 秦昭王六年（301），蜀反，司马错往诛蜀侯煇。秦昭王七年（前 300），煇子绾封蜀侯。秦昭王二十二年（前 285），蜀反，秦诛蜀侯绾，夷蜀为郡，以张若为蜀守。秦昭王二十七年（前 280），使司马错伐陇西，从蜀地攻占被楚夺去的黔中地，拔之。秦昭王三十年（前 277），蜀守张若取笮，拔楚江南、巫、黔中郡。[②]

由于西南地区丹、犁等族势力强盛，蜀地民少势弱，移秦民万家充实蜀地。秦惠文王后元十三年（前 312），分巴、蜀两郡部分地区设立汉中郡。秦武王元年（前 310），伐丹、犁。秦武王三年（前 308）。秦昭襄王二十七年（前 280），使司马错发陇西，从蜀地攻楚黔中，拔之。秦昭襄王三十年（前 277），蜀守张若伐楚，取巫郡及江南并为黔中郡。秦国通过一系列的政治、军事活动，使新置的蜀、巴、汉中等郡安定下来。为了给统一东方六国的战争提供可靠的物资条件，秦国集中力量开发以成都为中心的巴蜀经济。

二、张若筑成都城，“与咸阳同制”

秦惠王二十七年（前 311），秦蜀守张若开始着手巴蜀地区的城市建设，首先对蜀地成都、郫邑、临邛三个城市的建设作了统一规划，仿照咸阳城的格式确定了三城市区规模、形制、设施等。《华阳国志·蜀志》载：“仪与若城成都，周回十二里，高七丈；郫城周回七里，高六丈；临邛城周回六里，高五丈。造作下仓，上皆有屋，而置观楼射阑。成都县本治赤里街，若徙置少城内，营广府舍，置盐铁市官并长丞，修整里阓，市张列肆，与咸阳同制。”

---

① 徐中舒：《论巴蜀文化》，四川人民出版社 1981 年版，第 7—10 页。

② 黄少荃著、袁庭栋辑：《黄少荃史论存稿》，四川大学出版社 2018 年版，第 55—56 页。

论者认为：成都初建时，名为“成亭”，见战国漆器铭文。其为蜀中都会，始于开明九世，成都得名，应自此始。[①]《蜀王本纪》言蜀王开明“本治广都樊乡，徙居成都”，“樊乡”在今双流县东南华阳镇。蜀王开明从郫迁广都，最后定都于成都。

《华阳国志·蜀志》说，秦惠王二十七年（前 311 年），张仪与张若筑成都城。据近人考证，是年成都有陈壮杀蜀侯之乱，似不可能有筑城之事，且当时张仪在燕，说燕王归秦，但在回秦途中惠王卒，武王立。武王不悦张仪，仪惧而归魏。武王元年（前 310），张仪死于魏。因此张仪不可能在成都筑城。后世谓成都秦城为“张仪城”，言张仪循龟迹筑城，都是后人附会，不足为信。排除张仪参与筑城讹误后，此年还有一件大事也就顺理成章了。那就是秦虑及蜀“戎伯尚强，乃移秦民万家实之”。在筑城成都的同时，考虑到蜀地割据势力根深蒂固，将秦民万家迁往蜀地，以震慑有叛逆之心的地方势力，是秦灭巴蜀，以致统一六国的深谋远虑。

由此可见，主持兴筑成都城者，应当为蜀守张若。若此说成立，张若任蜀守 37 年，他有充裕时间安置移民，同时致力于成都、郫邑和临邛的城市建设。秦代所筑成都城与蜀王开明所建成都城的最大区别是，有规范化的版筑城垣。张若按照秦城的规范，将三座城市的城垣规模作了限定：城垣周长，成都 12 里，郫城 7 里，临邛 6 里；城墙高度，成都 7 丈，郫城 6 丈，临邛 5 丈。仅这一工程，就不是短期所能完成的。

三、 兴筑大城、营造少城

秦代成都分为东西两部分，东为大城，西为少城；先筑大城，后筑少城，陆续完成。秦代大城南北广，东西窄，呈不规则长方形。当时河道流泻，成

---

① 王文才：《成都城坊考》，巴蜀书社 1986 年版，第 1 页。（北宋）乐史《太平寰宇记·益州·成都县》云：周太王迁止祁山，“三年成都”，因名成都。现代史学家李思纯《成都释名》、任乃强《四川地名考释》谓“成都”二字为西南民族语言的译音，见四川省文史馆：《成都城坊古迹考》，四川人民出版社 1987 年版，第 5 页。

都卑湿，故屡筑屡颓，据东晋干宝《搜神记》：“忽有大龟浮于江，至东子城东南隅而毙，仪以问巫，巫曰：依龟行迹筑之，便就。故名龟化城。”

据有关史籍记载：秦代成都大城周长 12 里，约当现代 4.94 公里，这应是大城与少城的全部周长，远非今日成都规模可比。城高 7 丈，约当现代 17.1 米。秦城外郭有“下仓”，《后汉书·公孙述传》：“成都郭外有秦时仓”，公孙述更名“白帝仓”，“使人宣言，白帝仓暴出木巨万”。还有《益州记》记载：“今成都县东有颓城毁垣，土人云古白帝仓也。”可见秦城“下仓”为城垣的一部分，下仓空阔，可储物。秦城“上皆有屋，而置观楼射阑”。观楼即城楼，可以放眼远眺。“射阑”为射箭场，有栏干，故名。城门至少有四，可考者为咸阳门（北门）。这一传说为我们提供了成都建城时的地形选择情况。多次版筑的失败，促使人们适应地形改筑，立基于高亢之处。故城的南北走向方位不正，大约首尾由西南斜向东北，非方非圆，曲缩如龟，故习称为龟城。龟为古之灵物，故有神龟示迹之说。大城北近武担山，南至秦人新建的赤里（今上南大街）。大城未筑前，蜀侯国治及郡治，当在赤里一带，因赤里有城垣，可资防卫。秦城东有千秋池。城北有龙坝池，城西有柳池，西北有天井池。其间津流径通，冬夏不竭。诸池均为筑城取土时掘成，后来成为秦城东、西、北三面天然屏障。龙堤池大约在今青龙街北侧，为大城北垣与武担山间的一个据点。千秋池是否清代城池图中的东北庆云塘，无考。柳池湮没已久，早已无存。

张若筑大城，目的在政治军事需要。由于成都为西南经济重心，为繁荣成都商业贸易，张若继兴筑大城后，又营造少城。少城位于大城之西，左思《蜀都赋》：“亚以少城，接乎其西。”刘逵注：“少城，小城也，在大城西，市在其中也。”筑少城时，传说仍取土于城北十里的学射山，因地势低湿，版筑艰难，与大城同。少城规模，史无记载，但小于大城无疑。其形状也是东西狭窄，南北稍长，与大城相依傍，《益州记》有：“惟西南北三壁，东即大城之西墉。”少城分南北两区，北区为官署区，大兴土木，营造府舍。成都县治原在大城赤里，少城建成后，张若将其徙置少城内。为管理日益发展的盐铁交易，还置盐铁市官并长丞。南区为商业区。在修建北区的同时，还“修整里阛，市张列肆，与咸阳同制”。“里”为有墙垣的居民区。“阛”为商业市场的门栏。“肆”为商店、货行。可见秦时少城已辟有居民区和商业市场，开放商店和市场，有专官管理，有条不紊。

四、筑郫城、临邛城

张若在建筑成都大城、少城前后，对与成都经济发展密切相关的郫邑、临邛城市建设也十分重视。经他规划，“郫城周回七里，高六丈”，秦代郫邑城垣周长约当今日 2.5 公里，城垣高度约当今日 15 米。“临邛城周回六里，高五丈。”秦代临邛城垣周长约当今日 2.1 公里，城垣高度约当今日 10.5 米。郫城仍在杜宇建都的“杜鹃城”，在今郫都区城北；临邛城在今邛崃市城偏西北。两城与成都同在纵横两百里间，构成品字形，有鼎足之势，互为犄角，为成都平原繁华富饶之区。郫城与临邛的建成，有力地促进了成都平原城乡经济的持久兴盛。

此外，成都近郊经济的发展，还带动了广都、新都两座新兴城市的发展。秦汉广都县城在成都东南双流县中和场。秦蜀守李冰在此地开凿了巴蜀最早的盐井——“广都盐井”。据《华阳国志·蜀志》载，汉晋时代，“有盐井、渔田之饶。大豪冯氏有鱼池、盐井，县凡有小井十数所。”汉代新都县治在今新都区永兴场一带。新都不仅地处成都近郊富饶之地，直接受到成都城市经济的带动，而且成为巴蜀交通枢纽，“水通于巴”。因此，“蜀以成都、广都、新都为三都，号名城”。

五、创建都江堰水利工程

秦统一巴蜀以后，蜀守张若又重新规划，进行了大规模的改建、重建，“与咸阳同制”。但是，作为大都会，成都仍然缺乏可资利用的水资源优势，而城市经济的兴盛、稻作农业的发展、交通条件的改善，都需要拓展水利工程。秦昭王后期，李冰继张若之后为蜀守。

李冰“能知天文、地理”，任蜀守后，他对成都地区洪涝灾害和岷江、沱江上游水文地理情况都做了深入细致的考察，他找到了宝瓶口这个最佳分水枢纽，最终确定，岷江的宝瓶口分流工程是解决成都平原水资源问题的关键。施工方案确定后，他调动人力、物力，并亲自主持兴修都江堰水利工程。

这一工程首要的任务是，兴建渠首分水工程。《史记》卷二九《河渠书》说“蜀守（李）冰凿离碓，辟（避）沫水之害”，就是指这一工程。据张勋燎教授考证，李冰所凿离碓及其分水工程不是现在的离碓，而是以今鱼嘴上游南岸的马脚沱小山为基础向上游兴筑的。李冰选择马脚沱小山江中离堆进行开凿加工，凿掉其有碍部分，使江水分流。在离碓右侧建筑了鱼嘴分水堤埂；在离碓左侧砌筑了百丈堤固岸，限制水口宽度，使洪水不至向左岸泛滥。①《华阳国志·蜀志》说李冰“壅江作堋”，即指修筑堤堰工程而言。为测量堰首江水位，他又“于玉女房下白沙邮作三石人，立三水中，与江神要：水‘竭不至足，盛不没肩’。”“壅江作堋”后，成都平原借助岷江丰富的水资源优势，完成了可以依据岷江上游水势调控内外江水量的、巧夺天工的分水工程，最终让成都平原成为水旱从人、沃野千里的“陆海”。

六、“穿广都盐井诸陂池”

李冰为巴蜀经济做出的另一重要贡献是开发四川井盐。他利用巴蜀先民长期食用自然盐泉和含盐岩层积累起来的盐矿地质经验，开凿了四川第一口盐井——“广都盐井”（在今仁寿、双流境内），为巴蜀揭开了凿井、采卤、制盐的历史。因此，四川盆地“盛有养生之饶焉”。食盐是人类生活须臾不可缺少的必需品。四川地下虽然储藏着极其丰富的盐矿资源，但早期四川先民并未掌握凿井采卤的技术，岷江上游的羌人食盐和牲畜用盐的主要来源是露出地表的咸石和自然盐泉。据《后汉书·南蛮西南夷传》，蜀族居地之一汶山

① 张勋燎：《李冰凿离堆的位置和宝瓶口形成的年代新探》，《中国史研究》1982 年第 4 期，第 88—93 页。

县“地有醎土，煮以为盐，麢牛羊马，食之皆肥。”蜀族迁居成都平原后，食盐来源短缺，又不知凿井取卤，成为蜀族最初游移不定的原因之一。真正解决成都地区食盐问题的是蜀守李冰。《华阳国志·蜀志》记载：“李冰识齐水脉，穿广都盐井诸陂池，蜀于是有养生之饶焉。”

此段史料中，“识齐水脉”之“齐”，绝非误字，《华阳国志·蜀志》另一段史料可证：定笮县“在郡西……有盐池，积薪以齐水灌而后焚之成盐。”这个“齐”字，在常璩之后，学者已不能释，郦道元《水经注·江水》改“齐”为“察”，实误。

《周礼·盐人》云：“盐人，凡齐事，煮盐以待戒令。”郑玄注云：“齐事，和五味之事。”可见，“齐”就是调和、溶解之义，与今日溶剂之“剂”同。“齐水”应是盐卤溶液，即今之所谓“卤水”①。释“齐”字后，“李冰识齐水脉”句意义明朗，应是李冰善于探测四川地下盐卤的分布情况。在此基础上，他主持开凿了“广都盐井诸陂池”，秦广都县在今双流县境。“诸陂池”，早期盐井系人手挖掘，大口浅井形如池泽而位于山丘。广都盐井开凿成功后，成都地区揭开了井盐生产的序幕。成都人民需求的生活用盐，开始有了基本供应，“蜀于是盛有养生之饶焉”。

七、 迁蜀豪民，冶铁致富

秦灭六国后，需大举迁徙豪富，一方面削弱被征服地区的反抗力量，另一方面借用他们的财力、人力开发落后地区的经济。据《史记》《西南夷列传》和《货殖列传》，赵国卓氏“用铁冶富，秦破赵，迁卓氏”。卓氏选择了矿产丰富的临邛（今邛崃市）作为居地，“即铁山鼓铸，运筹策”，他善于运筹，所产铁器远销四川、云南，“倾滇蜀之民，富至僮千人”。程郑“山东迁

① 任乃强先生《华阳国志校补图注》第141页（上海古籍出版社1994年版）曰“齐水脉”，谓地下盐水所在也。秦汉世，医方家谓药物配方为齐（剂），烧炼家谓丹、汞方药为齐，煮盐者谓卤水为齐，并累见于方技之书，读音同剂，初不从刀。后世与整齐字异音，乃从医方刀圭之意加刀。音济则无变也。

虏也”，迁临邛后，“亦冶铸”，其产铁器远销“椎髻之民，富埒卓氏，俱居临邛”。由于卓氏、程郑鼓铸成功，对成都地区冶铁生产的发展起了很大的促进作用。总之，秦统一巴蜀后，四川社会相对安定。秦蜀守执行开发经济的正确方针，使成都城市建设、交通运输、农田水利、盐铁手工业等都得到了迅速的发展，成都商品生产和商品流通在这个基础上得到前所未有的增长。基本消费品，如稻米、盐、铁、木材等在成都市场有了源源不绝的商品供应。因此，秦政府在成都设置“盐、铁、市官并长丞”（《华阳国志·蜀志》），以管理市场，征收商税。西汉董仲舒说秦时，“盐铁之利，二十倍于古”（《汉书·食货志》），应包括成都地区的商税榷额在内。成都与外地贸易也有初步发展，卓氏、程郑等所产铁器，已远销云南、南越等民族地区。云南昭通鲁甸等地汉墓中，曾多次出土有“蜀郡”“成都’，铭文的铁锸，就是实证。

| 第二节　“二江环抱”增强了成都的生命力 |

成都是世界名都中最富生命力的城市之一，建城两千余年来，虽历尽战乱浩劫，总能衰而复振，起死回生，重现其经济、文化的无限生机，在世界城市史上实属罕见。成都成为世界长寿城市的原因很多，其中一个最重要的原因，就是前辈营造了美好的水资源环境，为成都自然、人文生态提供了取之不尽、用之不竭的潜力；特别是“二江环抱”的城市生态屏障，使成都获得了永恒的生态魅力。

一、“二江环抱”为成都营造了良性生态屏障

李冰在开发岷江水资源优势中，选择与都江堰渠首工程紧密配套的水利工程是内江，他对“东别为沱”以后的内江水进行分流，使其造福生民。李冰在

“壅江作堋”的同时，已将分流的内江水纳入与成都及其周边地区有关的水利建设工程，这就是二江双过郡下、环抱成都城市的生态工程。《史记》卷二九《河渠书》最早记载了让成都人至今受益的这一“二江抱城”的生态工程：

于蜀，则蜀守冰……穿二江成都之中，此渠皆可行舟；有余则用溉浸，百姓飨其利。

《汉书》卷二九《沟洫志》记载同，仅“蜀守冰”作“蜀守李冰”。

常璩《华阳国志·蜀志》也记载说：

冰乃壅江作堋，穿郫江、检（捡）江，别支流，双过郡下，以行舟船。

对李冰开凿环抱成都的“二江”，历代说法不一，至今仍有争论。[①] 由于成都平原河道密集，又不断发生自然变迁；秦汉以来，都江堰分水工程不断扩大，灌区面积成倍增加，现在要准确无误地弄清李冰所开“二江”的来龙去脉，的确十分困难。好在论者并不否认李冰开凿成都“二江”的事实，分歧只是“二江”的进水口和走向。笔者对历史资料和古今河道进行仔细考察后，采从检江和郫江确为李冰开凿的“二江”的见解。

检江又名流江、汶江、外江、走马河（今清水河、锦江），李冰自今都江堰市区南门分江沱水东南流，经原灌县聚源、崇义铺入今郫县境，经郫县城西南数里，转东南入今成都市区，过苏坡桥、绕杜甫草堂（即所谓“清江一曲抱村流”），过成都城南，俗称南河，古名锦江。锦江上有万里桥（南门大桥），是重要水码头。三国蜀汉丞相诸葛亮曾经在这里饯送费祎使吴，费祎说：“万里之行，始于足下。”因以名桥。唐代大诗人李白《上皇西巡南京（成都）歌》十首之一：“濯锦清江万里流，云帆龙舸下扬州。”就是说从这万

① 四川省文史研究馆编著：《成都城市与水利研究》，四川人民出版社1997年版，第101—109页。

里桥下码头，沿府河转岷江进入长江，可以直接通航江南。锦江在合江亭与府河（即郫江）汇流。合江亭，亦名锦官亭，旧址或说即后代回澜塔处。

郫江又称别江、都江、内江（今称油子河），李冰自原灌县崇义铺分检江东流，经郫县竹瓦铺、崇兴场，至太和场南流，以下称府河。这段河道一般指今柏条河，柏条河畔民间至今还流传着“二郎担山赶太阳”的故事。柏条河“经郫县北，去县三十一里”，“经新繁县，去县十一里”。左岸是著名的膏腴“繁田”。柏条河“西北自新繁县来”，一名繁江，汇集徐堰河水后，自石堤堰下，东流为毗河，或称毗桥河，晋代时一名郫别江。

柏条河东南流名为府河，但府河并非一开始就是现在绕成都城垣西北、转而向东南的状况。秦汉时期的府河自太和场南流，经两路口及成都北郊洞子口至西北九里堤，再东南流向大西门（通惠门），与南河汇合，这是府河故道。蜀汉宣明门（西门），有张仪楼，高百尺。唐代诗人岑参（715—770）吟《张仪楼》诗说：“传是秦时楼，巍巍至今在。楼南两江水，千古长不改。曾是昔时人，岁月不相待。”这说明当时两江仍在大西门外汇合南流。

唐代贞元元年（785）韦皋任剑南道西川节度使不久，自西北引郫江水入城，开凿解玉溪，经大慈寺南至东门入于锦江，并在两江汇合处修建“合江亭”。明代于合江处东兴建宏济桥（一名锁江桥，俗名九眼桥），又往南过玉女津，就是唐代诗人王建《寄蜀中薛涛校书》诗中所言的“琵琶花下”的薛涛井。合江亭旁新建楼阁台榭，广植竹木花卉，号称合江园，成为游览胜地，又是万里桥东一个饯别之地。唐代乾符年间（874—879），剑南西川节度使高骈，为修筑成都罗城，在郫江西北縻枣堰（今九里堤）筑长堤截断南流水，使之东注于新开的清远江，环绕罗城北门和东门，仍合于城东南合江亭下旧渚。宋代时，合江亭成为一个十分兴盛的水码头，官府在这里设置“船官”，专司管理之职。“商船渔艇，错落游衍”。亭上遥望：东山隐约，烟波浩渺；绿野平林，长亭迟暮。几多骚人墨客，为之流连忘返。

李冰“穿二江成都之中”，给这座历史名城及其周遭环境营造了“蜀江水碧蜀山清”的良性生态环境，为它注入了永不枯竭的经济活力，也为韵味悠长的西蜀文化提供了生存发展的无限空间。

二、秦汉水利工程给成都带来经久不衰的经济效益

经蜀王开明、秦蜀守李冰先后开凿都江堰工程、穿成都二江后，给成都地区带来的经济效益十分显著，主要体现在航运和灌溉两大方面。

作为水运航道，川西北高原所产“梓、柏、大竹”，顺流而下，“坐致材木，功省用饶”（《华阳国志·蜀志》）。汉秦时期，成都航运渡口已陆续达到五处：白华津（今温江区三渡水）、皂里津（今新津县东五里）、江首津（今新津县白果渡）、沙头津（今彭山区北）、江南津（今彭山区北）。楚汉战争时，成都成为军需粮秣的供应地之一。“高祖自汉中出三秦伐楚，萧何发蜀汉米万船而给助军粮”（《华阳国志·蜀志》）。楚汉成皋争战，军粮也是“下蜀汉之粟”（《史记·黥布列传》）。刘邦围歼项羽的垓下之战，调集各路诸侯兵马参战，其军粮供应仍是依靠“蜀汉之粟，方船而下”（《史记·郦生陆贾列传》）。如此快速和大规模的军粮运输，若无李冰开凿成都二江，将这个粮食产地与岷江、长江航道联系起来，在“蜀道之难难于上青天”的秦汉时代，是无法想象的事情。汉武帝元鼎二年（前115）秋，“水潦移于江南……方下巴蜀之粟致之江陵。”（《汉书·武帝纪》）

秦汉以后，成都与长江中下游的商贸交流，仍然享受着李冰开凿二江带来的水上交通便利，南北朝梁周之际，康居国商人释道仙以游贾为业。据《续高僧传·隋蜀郡灌口山竹林寺释道仙传》：“往来吴、蜀江海上下，集积珠宝，故其所获资货乃满两船，时或计者云：直钱十万贯。”卢纶有“水程通海货，地利杂吴风”；杜甫有“蜀麻吴盐自古通，万斛之舟行若风”；也从杜牧所言“蜀锦江船重”，知道蜀锦贸易之盛。

其次，“则用溉浸，百姓飨其利。”（《史记·河渠书》）当时，都江堰灌区灌溉面积究竟有多大，《华阳国志·蜀志》说：“溉灌三郡，开稻田”，“三郡”应为蜀郡、广汉郡、犍为郡，那就包括今成都市和乐山、内江部分县区，其范围很广。虞世南《北堂书钞》卷七四引《风俗通》说：李冰“开成都两江……溉田万顷以上”。万顷即100万亩，但秦汉亩小，实际不过今亩70万

亩左右。从解放前内外江合计灌溉农田 300 万亩，今日灌溉面积已达 1000 万亩看来，初期灌溉数十万亩应是符合实际的数字。而且，成都平原稻米的普遍栽培，即“开稻田”，应在灌区形成之后。于是，蜀沃野千里，号为陆海，旱则引水浸润，余则杜塞水门，故记曰：“水旱从人，不知饥馑，时无荒年，天下谓之天府也。”

此外，李冰开凿二江后，还给成都的织锦业带来了显著效益。汉代笮桥南岸有锦官城，为织锦之所。以此江水濯锦，锦至鲜明，故流江经过城南一段亦曰濯锦江，简称锦江。《水经注·江水》云：“夷里道西（之）城故锦官也，言锦江织锦，则濯之江流而锦至鲜明，濯以他江则锦色弱矣，遂命之为锦里也。”至于锦官城位置，李膺《益州记》记叙明白，“锦城在益（州）南笮桥东，流江南岸，昔蜀时故锦官城也。”

锦江、锦水得名的原因，《太平寰宇记》卷七二记叙明白：“濯锦江即蜀江，水至此濯锦，锦彩鲜于他水，故曰濯锦江。”杜甫也有《怀锦水居止》诗和“锦江春色来天地”之句。因此濯锦江又称为锦江或锦水。由于水好，唐代少城西南一带，为居民制造彩笺之所；成都西南至杜甫草堂前一段江流名曰浣花溪，与此该有些关联。

综上所述，秦汉以来，成都平原的水利建设，特别是“二江环抱”生态环境的创建，给成都城市带来了持久发展的动力和无限的生机。

第三节　秦时期成都城市的特点

一、成都带动巴蜀经济发展

成都是蜀郡的首府，又地处巴蜀经济发达地区，自然形成西部工商业大都会，各种农副产品，以及丝织品、布匹、漆器、玉器、金银器、铁器、铜器、竹木器和其他各类手工业品产销畅旺，加之成都水陆交通极为便利，沟通各地，与省内外各地商贸交流十分频繁，因而充分发挥了地区中心城市的辐射功能。秦统一巴蜀后，在蜀守张若创建拱卫城市郫、临邛的基础上，又形成以成都为中心，加新都、广都的近郊经济区。新都县作为东去巴地的交通枢纽，“有水通于巴”。

受到成都城市经济的强大辐射，首先是临邛、广都、都江堰等近郊城市经济区的大规模开发，进一步加强了成都城市经济的持续发展的后劲。

李冰任蜀守后，在蜀王开明治水工程的基础上，创建了人类水利史上规模最大、效益最好、至今造福四川人民的都江堰水利工程，使成都平原成为“水旱从人，不知饥馑”的“天府之国”。这一工程大约开创于秦昭王三十一年至五十一年（前 276—前 256），主要包括鱼嘴分水岭、飞沙堰溢洪道、宝瓶口引水口三项工程，与之配套的还有检江（外江）、郫江（内江）等疏导工程。工程完成后，当时就能“溉田万顷”（约合今 70 万亩）。成都平原稻米的普遍种植，即“开稻田”，应是在灌区形成以后。于是蜀地沃野千里，号为“陆海”，旱则引水浸润，雨则杜塞水门，水旱从人，不知饥馑，时无荒年，名副其实的天府之国。随着历代对工程的不断完善，灌区也逐渐扩大，显示其永恒的价值。①

二、 以蜀郡为依托的“三蜀”经济区

四川西部城市沿岷江、沱江流域密布，互相交流频繁，各郡的郡治不但基础深厚，而且地位优越，其辐射力往往不限于本郡，还影响到相邻的郡县。在巴蜀经济文化中心成都的有力带动下，本为古蜀旧地的广汉郡和犍为郡，也得到相应的发展。汉代，此两郡“土地沃美，人士俊乂，一州称望”，时人

① 有关李冰任蜀守的问题，有两条重要史料为证：虞世南《北堂书钞》卷七四引东汉应劭《风俗通》：“秦昭王听田贵之议，以李冰为蜀守，穿成都两江，造兴田万顷以上，始皇得其利以并天下，立其祠也。”同书卷一五六引《风俗通》：“秦昭王得田广之议，伐蜀郡，平之后，命李冰为守。”

将此两郡与蜀郡相提并论，号为“三蜀”[1]。广汉郡工商业极为繁华，加之有盐、茶、水稻之利，的确不愧为“三蜀”之一。犍为郡有盐、铁、灌溉之利，又有经济林木之饶，水陆交通亦颇发达，因而发展比较迅速。尤其成都经济文化的发展，辐射力十分强大，覆盖了整个四川盆地和盆周山区，因此带动了全蜀经济的增长。而全蜀经济的增长，又进一步刺激了成都经济的跃进，因而使成都发展成为一座有名的西南大都会。

越嶲郡主要是邛都、徙、筰等濮越系和氐羌系的少数民族居地，其中多有耕田的定居农业，亦有移徙的游牧业，并有半农半牧之民。秦汉时期，由于临邛经济的发展，冶铁业兴盛，据《史记·货殖列传》，所产铁器“贾椎髻之民”。铁制农具、工具以及其他手工业品和农产品不断地输送到越嶲郡各地，带动了当地经济文化的发展。但受地域因素影响，经济发展很不平衡。一般说来，近蜀的地区和交通线路附近，经济发展较快，接受汉文化熏陶也较快较多，边远地区则长期处于缓慢发展之中。

位于成都西北的岷江上游地区，西汉时曾一度置为汶山郡，后省郡并入蜀郡北部都尉，东汉时曾几度置郡而复省。这里主要是氐羌系少数民族的活动区域，从很早的时间起就同成都有频繁的交流往还。据《华阳国志·蜀志》载，秦汉时期，蜀郡制作的铁器大量销往岷江上游地区；土地贫瘠，不宜五谷，“有咸石，煎之成盐。”可能行销成都。因当地盛夏冰雪不化，“故夷人冬则避寒入蜀，庸赁自食，夏则避暑反落（部落），岁以为常。故蜀人谓之作氐白石子也。”这就表现出成都作为中心城市对于边地经济所具有的吸引力和推动力。从秦汉成都辐射的“三蜀”城市的总体情况看，无论是城市的数量、规模、功能，还是城市的辐射能力，“三蜀”地区都存在人口、经济发展的不平衡。

古蜀疆域一分为五（其中汉中郡今属陕西省，故此不论），仅在川西、川南部分就分别形成了蜀、广汉、犍为三郡，号为“三蜀”。三蜀各辖数县，成

---

① 汉高祖六年（前201）分蜀郡置广汉郡，元鼎六年（前111）又分置犍为郡，合称“三蜀”。其地相当于今四川中部、贵州北部赤水河流域及云南金沙江下游以东，会泽县以北地区。

为三个相互接壤又分布均衡的城市体系。三蜀内部，先秦时就有基础良好的城市，秦汉时不但继承并扩大了内部联系，而且还进一步加强了郡治的中心城市功能，以至有“蜀以成都、广都、新都为三郡，号名城”之说。三蜀虽然行政区划不同，经济独立发展，然而由于历史的原因而具有天然密切的联系往来，如左思《蜀都赋》“三蜀之豪，时来时往”，就从大工商之间相互的经济往来方面说明了这种情形。三蜀经济文化的协调发展，以及三蜀经济文化共同形成的强劲辐射力，便成为秦汉时期四川盆地经济文化全面高涨的重要推动力。①

三、 移民文化为成都城市经济注入了活力

秦时期巴蜀城市的发展与秦灭巴蜀后，有计划地对巴蜀地区大规模移民存在着密切关系。《华阳国志・蜀志》这样描绘移民文化对巴蜀经济文化发展的重要影响：

> 然秦惠文、始皇克定六国，辄徙其豪侠于蜀，资我丰土。家有盐铜之利，户专山川之材，居给人足，以富相尚。故工商致结驷连骑，豪族服王侯美衣，娶嫁设太牢之厨膳，归女有百两之从车，送葬必高坟瓦椁，祭奠而羊豕夕牲，赠禭兼加，赗赙过礼，此其所失。原其由来，染秦化故也。

这段史料告诉我们，秦灭六国、统一中国以后，就将东方贵族、豪富迁徙到蜀地。实际上，秦国的移民运动开始于秦惠文王后元十一年（前 314）。当时，秦任命张若为蜀守，鉴于蜀地“戎伯尚强，移秦民万家实之”。秦灭六国后，又先后迁徙六国贵族、豪富入蜀。临邛县本有邛民，“秦始皇徙上郡实之”，如徙赵国卓氏、齐国程郑入蜀。据《史记・秦始皇本纪》，前 238 年，秦始皇平息嫪毐之乱后，其舍人被“夺爵迁蜀者四千余家”。中原移民迁徙蜀

① 段渝：《秦汉时代的四川开发与城市体系》，《社会科学研究》2000 年第 6 期。

地的落籍点，是秦确定的一些重要开发区。例如蜀地的临邛，有丰富的盐、铁矿资源；犍为郡的南安，是古蜀开明氏的一个重要定居点[①]；成都、江州等按照秦城的格局兴建的区域性城市。大量中原移民在与巴蜀城市发展有关的建筑营造、经济开发、对外贸易、文化交流方面，都发挥了极其重要的作用。

在城邑的建筑营造方面，受移民文化的影响是比较明显的。与古蜀过去的城邑相比，蜀郡及其相关地区的城邑建筑营造发生了许多重大变化。张若兴筑成都、郫、临邛、江州、阆中等城市，均严格按照秦国城市的营造方式，进行规范化施工。建筑中使用了铁工具、砖瓦技术，给城市建筑植入了新的活力。

蜀郡城邑建筑营造的一个显著变化是普遍采用了版筑城墙。过去，古蜀城邑或无版筑城墙，或利用江河山形，或让树木、竹林等自然屏障围绕居住区的周遭。都江堰芒城、广汉三星堆、成都十二桥遗址也采用夯筑方式，个别重要地段还用土砖坯。这些土墙既宽且厚，可能是因为潮湿多雨、洪灾频繁等气候，给了先民们许多失败的教训以后，才摸索出这些办法。新墙普遍采用了关中地区的版筑法，建筑了版筑的土墙。这些城墙厚度不够，往往经受不住暴雨洪灾的冲击。如张若兴建成都城“累颓不立”，后循龟迹以筑之，城乃得坚。[②] 西汉时期，蜀地沿用秦版筑法兴筑城墙。县城以上的城邑，都兴筑了土城墙，如高后时筑僰道城。东汉时期，一些重要城邑开始采用泥土夯筑砖砌外层的建法。东汉雒城遗址，其城墙系用泥土分层夯筑，外部用砖包砌，砖长约 45、宽 22、厚 9 厘米，砖上多印有“雒城”和“雒官城墼”等铭文。[③] 迄止蜀汉，蜀地的一般县城，城墙仍用土筑。

秦至蜀汉，蜀地城市的布局发生了变化。过去的城邑往往因山势，顺水脉，呈不规则的形状。城邑大小，也只根据实际需要来确定，一般不受政治或礼制因素的制约。秦人灭蜀后修建的城市，一般是按照中原、关中传统城形，即大体方形或长方形进行设计。城的大小亦有一定之规。如秦筑成都城

① 童恩正：《古代的巴蜀》，四川人民出版社 1979 年版，第 144 页。

② 刘琳：《华阳国志校注》，巴蜀书社 1984 年版，第 196 页。

③ 沈仲常、陈显丹：《四川广汉发现的东汉雒城遗址》，《中国考古学会第五次年会论文》，文物出版社。

周长 12 里，郫城周长 7 里，临邛城周长 6 里。西汉中期以后，随着人口的增加、经济的发展，一些旧城又有了扩大。如成都城，在西汉时期逐步把商业区移于二江之间，在城外又新筑“西工”（今王建墓至青羊、抚琴小区一带）、“锦官城”“车官城”等。

在蜀地的经济开发方面，外来移民的贡献更是不可磨灭。秦民和六国豪富迁蜀以后，利用他们的经济、技术实力和蜀地的资源优势，弥补蜀地经济的薄弱环节，开辟新的经济领域。原赵国豪富卓氏，“用铁冶富，秦破赵，迁卓氏”。卓氏选择了矿产资源丰富的临邛作为移居地，“即铁山鼓铸，运筹策，倾滇、蜀之民，富至僮千人。田池涉猎之乐，拟于人君”。他多财善贾，将生产的铁器运销四川、云南，自己很快成为富甲郡邑的人物，拥有上千的奴婢，享受着皇帝一样豪华的生活。程郑也是鼓铸世家，“山东迁虏也”，举家迁徙临邛，“亦鼓铸”，其所产铁器远销“椎髻之民”，即西部民族地区。文帝时，侍郎邓通得到蜀地铁、铜矿开采权。邓通假手卓王孙开采，每年收取纺织品千匹，作为租金。《华阳国志·蜀志》载：“故王孙资累巨万，邓通钱亦尽天下。”这充分反映了移民经济在巴蜀地区的活跃程度。

随移民经济而来的是移民文化。上段史料为我们勾画出在移民文化影响下蜀地习俗的变化：原本朴素简约的古蜀社会，在移民经济的驱动下，呈现出“居给人足，以富相尚”的奢靡景象。在蜀地经济开发中成为暴发户的工商豪富乘坐高车驷马，穿戴王侯美衣；嫁女娶妇摆设最高档的宴席，女儿回娘家使用价值昂贵的“从车”；办丧事需要高坟瓦椁，祭奠使用羊、猪做祭品，赠送财礼衣物、送丧礼成倍增加。常璩认为：“原其由来，染秦化故也。”这实在是有见地的结论。

【第三章】

商业大都会的崛起
——两汉至魏晋南北朝成都城市盛况

西汉到蜀汉时期（公元前206—公元263），四川经历了西汉、东汉、蜀汉三朝，历400余年。期间虽有战乱割据，但多数时期是和平安定的，四川商业、交通和城市建设在这一时期有了进一步发展。

第一节　商品经济的持续发展

一、商品生产的发展

（一）稻作农业区的形成

成都平原为内河冲积平原，北起安县南境，南达邛崃、新津县，西起都江堰市，东到金堂县，长约140公里，宽40至60公里，总面积约为6500平方公里，是西南地区最大的平原。[①] 成都地处亚热带湿润气候区，雨量充沛，

① （清）嘉庆《四川通志》卷六二："古所称蜀地肥饶及沃野千里，号为陆海之说，大抵指成都近地言之，而巴、阆、邛、僰间，穹谷嵁岩，去水泽绝远，类多硗瘠之区，自不能如江东浙西之湖田、圩田，衍至数倍也。"巴蜀书社1984年影印本，第二册，第2205页。

热量丰富，温暖湿润，无霜期高达 300 天左右；加之河流纵横，地势平坦，土层厚实肥沃，是适宜种植水稻的地区。距今 5000 年前，已具有农耕经济的雏形。杜宇进入成都平原后，致力于农作物的选育栽培，史载江原县“小亭有好稻田”，而杜宇又恰好与江原女结合，这反映了蜀人对于水稻生产的重视程度。杜宇也因此被尊称为“杜主”或“土主”，成为农事保护神；二千多年来，受到四川人民崇敬，各地自发立庙祭祀，迄止民国时期，四川农村还随处可见“土主庙”。这是古蜀先民为开发成都平原稻作经济所做重要贡献。

但是，成都平原为四川盆地白垩系内海遗存，地势低洼，玉垒山（今九顶山）横亘岷江、湔江、雒水、绵水上游，江水不畅；东部龙泉山又阻碍江水东去，夏秋季节，洪水泛滥；冬春季节，也常常是水乡泽国。据《蜀王本纪》，蜀人大规模治水活动大约开始于杜宇氏统治的后期，最初成效甚微，即所谓“望帝不能治水”。后由荆人鳖灵“决玉山，民得陆处”。“决玉山”，开凿玉垒山（今九顶山）泄洪道，即初步开创了都江堰宝瓶口分水工程。同时，鳖灵可能在位于金堂境内龙泉山与云顶山之间开凿了泄内江洪水的水道（金堂峡）。由于鳖灵导洪得法，减轻了成都平原的洪涝灾害，蜀人得以在“陆处”生活。望帝因之禅让王位于开明氏。古蜀对岷江、沱江上游水患的初步整治，为开发成都平原农业经济奠定了良好的基础。

成都平原灌溉农业的最终奠基人是秦蜀守李冰。李冰继张若任蜀守后，在蜀王开明治水工程的基础上，创建了人类水利史上规模最大、效益最好、至今造福四川人民的都江堰水利工程，使成都平原成为“盛有养生之饶”的稻作农业区。这一工程大约开创于公元前 276 至前 256 年，主要包括鱼嘴分水岭、飞沙堰溢洪道、宝瓶口引水口三项工程，与之配套的还有检江（外江）、郫江（内江）等疏导工程。工程完成后，当时就能“溉田万顷”（约合今 70 万亩）。以后，随着历代对工程的不断完善，灌区也逐步扩大，显示其永恒的价值。李冰在治水的过程中，还开凿了四川第一口卤井—广都盐井（在今仁寿县、双流区境内），为巴蜀人民创造了更为可靠的生存条件。据《华阳国志·蜀志》，从此，蜀地“水旱从人，不知饥馑，时无荒年，天下谓之天府也”。

秦汉时期，巴蜀地区未卷入全国性战乱，成都的稻作农业得到进一步的开拓。西汉景帝时，庐江文翁为蜀守，穿凿了湔江口水利工程，灌溉繁田一千七百余顷，史称繁县“有泉水稻田”。西汉末，广汉文齐为益州郡守，“造起陂田，开通灌溉，垦田二千余顷。”东汉时，冯颢为成都令，“开稻田百顷”。地方大吏兴修水利，造福一方，有力地促进了蜀地农业生产的发展。1974年在都江堰外金刚堤发现东汉建宁元年（168）所造李冰石像一躯，题记为“都水掾”，说明当时都江堰已经有专设职官管理。在水利设施不断完善的基础上，稻作区的水利灌溉网络已经形成，在彭县、成都发掘的东汉墓中，曾出土为数不少的陶制水田模型，水田呈方形，中有沟渠，渠中养鱼，水田秧窝密布，周遭有进出水口，可以调节水量和水温。稻田中还有田埂围成的沤制绿肥的小区。与此同时，铁制农具已经普遍使用，在蜀地汉墓中，曾发现不少铁锸、铁镰等农具，还有一手执锸、一手执箕的农夫造型。可见，成都地区农业达到精耕细作的阶段。据统计，汉代绵、雒（今德阳市）膏腴之地，每亩水田能收三十至五十斛（约合今390至580公斤），取得了当时的高产水平。汉代民歌已经反映了成都平原稻作农业给人们带来的安宁富足的田园生活：“川崖惟平，其稼多黍。旨酒嘉谷，可以养父。野惟阜丘，彼稷多有。嘉谷旨酒，可以养母。”从三星堆遗址、彭县竹瓦街窖藏大量青铜、陶制酒器到汉代画像石、画像砖遗存酒肆和饮酒图像，无不反映出成都地区粮食资源的丰富。

从全国范围看，当时水稻的种植主要在南方，北方只有很少水田种稻，直到西汉中期，江南“楚越之地”还是“地广人稀，饭稻羹鱼，或火耕而水耨”①。汉代成都的稻作农业无论从种植面积、生产技术，还是亩产量，都居于全国首位。成都稻作农业的发展，还可以从蜀地稻米的大量外运中得到证明：在刘邦的攻楚战争和汉代的大饥荒时期，成都的稻米都通过长江水道源源不绝地运往中原地区，或由关中人民入蜀就食，为国家的稳定做出了巨大贡献。成都稻作农业因之成为刘邦赢得楚汉战争胜利和后来稳定西汉王朝的

① 吴慧：《中国历代粮食亩产研究》，农业出版社1985年版，第71页。

重要因素，诸葛亮对此有明确认识，如《三国志·蜀志》：“益州险塞，沃野千里，天府之土，高祖因之以成帝业。”

魏晋南北朝时期，虽然遭逢分裂割据、政权更迭的影响，蜀地相对于中原地区而言，战乱规模却不算大，成都稻作农业继续得到发展。蜀汉推行“务农植谷”措施，提高粮食产量。诸葛亮注重保护农家的再生产能力，“惟劝农业，无夺其时；惟薄赋敛，无尽民财”（《诸葛亮集·治人第六》）。既保证农民从事农业生产的基本条件，又实行轻徭薄赋政策，增强农家的经济实力。蜀汉政权设立大司农，统辖全国农业；郡县督农负责各地农事；另设屯骑校尉专管军队屯田。同时，对都江堰水利工程也十分重视，政府专设“堰官”管理，还派出1200名士兵养护堰渠和疏浚水道。水利工程的巩固和加强，有力促进了蜀汉农业的发展，呈现“田畴辟、仓廪实、器械利、储积饶”的兴盛局面。

魏晋时期的文献，充分反映了成都地区稻作农业区的盛况。左思《蜀都赋》描述成都平原生气蓬勃的农村景象说：“沟洫脉散，疆里绮错；黍稷油油，粳稻莫莫。”在沟渠纵横、田土错落的农田中，水稻和各种粮食作物发育良好，丰收景象历历在目。《华阳国志·蜀志》多处记载成都平原水稻面积不断扩大、产量大幅增加的史实：繁县[①]“有泉水稻田”；江原县（今崇州市）“小亭有好稻田”；广都县（今双流区、仁寿县境）“有盐井、渔田之饶”；“江西[②]有好稻田”；什邡县“有美田”。当时隶属益州的蜀郡、广汉、犍为并称“三蜀”，由于“土地沃美，人士俊乂，一州称望”。蜀汉丞相诸葛亮廉洁奉公，曾向后主坦言：“成都有桑八百株，薄田十五顷，子弟衣食，自有余饶。”（《三国志·蜀志》）这是一个田产数量不多的中等农家，依靠成都稻作农业的优越条件，就可以维持“自有余饶”的小康家庭生活。

成都地区在遭受短暂战乱蹂躏之后，农业复苏往往也很快。西晋太安二

---

① 汉代旧县，蜀汉刘禅时改新繁县，今属新都区。参阅刘琳：《华阳国志校注》，巴蜀书社1984年版，第241—242页。

② “江西”应为环绕成都城北的郫江，即后称府河以西地方。

年（303），蜀地遭受流民战乱，据《华阳国志》载："三蜀民流迸，南入东下，野无烟火，虏掠无处。"但在李雄踞蜀后不久，成都农业恢复了生机。"宽和政役，远至迩安，年丰谷登。"东晋义熙元年（405）谯纵割据益州时，"益土荒残，野无青草。成都之内，殆无孑遗。"但到元嘉义熙九年（413）以后，成都地区又很快出现岁岁丰稔的兴旺景象。可见，魏晋南北朝时期，成都稻作农业区虽然受到战乱的破坏，出现盛衰起伏交替局面，但总体趋势是向前发展的，亩产量肯定是超过前代的。这表明，当时稻作农业已经具备抵御风险的物质基础。

综上所述，先秦到两汉、魏晋南北朝时期，是成都稻作农业的形成时期。由于岷江、湔江水利工程的逐步完成，与之配套的分流沟渠网络"灌溉三郡，开稻田，于是蜀沃野千里，号为陆海"。水稻成为主要农作物，优质稻田遍布各县，成都平原成为"水旱从人，不知饥馑，时无荒年"的"天府之国"。特别值得注意的是，从成都汉墓出土陶水田模型显示的"秧窝"看，最迟在东汉时期，成都平原水稻的栽培技术已从原始直播法演变为移栽（插秧）法。而当时居于农业领先地位的江淮地区，水稻生产还处于"火耕水耨"的直播栽培阶段，而江南地区直至唐代才实施秧苗的移栽（插秧）技术。[①] 水稻移栽技术被学者称之为水稻生产"质的飞跃"，移栽有利于耙田、除草、施肥、分蘖，实现单位面积产量的大幅度提高，还可间种、复种，使双季、三季农作物的栽培成为可能。成都平原粮食产量的激增，与水稻移栽技术的成功实施直接相关。

（二）凿井技术的发明，结束了蜀地缺盐的历史

西汉至蜀汉，四川井盐生产有较大的发展。首先表现在井盐产地的增加。据《华阳国志》，秦代四川井盐产地仅广都（今双流区）和南安（今乐山市）两县。到西汉中叶，全川井盐产地已达 14 处：巫县（巫山县）、临江县（今忠县）、朐忍县（今云阳县）、成都县、临邛县（今邛崃市）、广都县、汶山县

① ［日］西嶋定生：《中国经济史研究》，冯佐哲等译，农业出版社 1984 年版，第 5—12 页。

(今茂县)、牛鞞县(今简阳市)、南安县、江阳县(今泸州市)、武阳县(今彭山市)、汉阳县(今长宁县)、定筰县(今盐源县)、汉安县(今江安县)。在 14 县中,今成都市范围即占 3 县:成都、广都、临邛县。从生产情况看,成都地区亦居全川前列,广都县盐井数量很多,“凡有小井十数所”。汉宣帝地节三年(公元前 67 年)一年中,即“穿临邛、蒲江盐井二十所”。

东汉到蜀汉间临邛火井的开发利用,是成都城市经济的重要成就之一。临邛是一个富有天然资源的地区,秦汉时期,冶铁业成为重要的开发领域,卓氏、程郑等中原移民都曾在这里发家致富。临邛地下蕴藏着丰富的天然气和盐卤资源,但是,开采地下盐卤、天然气与开发浅层铁矿相比,需要更为复杂的技术。因此,从东汉后期到蜀汉时期才出现了临邛火井煮盐的奇观:

> 有火井,夜时光映上昭。民欲其火,先以家火投之。顷许,如雷声,火焰出,通耀数十里,以竹筒盛其光藏之,可拽行终日不灭也。井有二,(一燥一)水。取井火煮之,一斛水得五斗盐;家火煮之,得无几也。①

常璩以生动的文字,记载了人类能源史上这一奇特发现:临邛火井的天然气熊熊燃烧时,照亮了沉沉夜空。人们要点燃火井天然气,先将燃烧的竹木投向火井。顷刻之间,火井发出雷霆般的吼声,火焰喷发而出,周遭数十里可以看到耀眼的光亮;如果用竹筒储藏天然气,点燃后携带终日不会熄灭。当地一共有两井,一火井,一盐井。用火井天然气煮盐井的卤水,一斛水得到五斗盐;用柴火煮卤水,得盐不多。这实际上是一个误解:实际上,燃料只影响成盐的时间,天然气火力强,出盐时间快;柴草火力弱,出盐时间慢。但是,同等浓度、同样数量的盐卤,无论用何种燃料煎煮,得到的盐应当是相同的,不会影响出盐多少。

西晋张华《博物志》卷九记载:“临邛火井一所,纵广五尺,深二三丈。井在县南百里,昔时人以竹木投以取火。诸葛丞相往视之,后火转盛。执盆

---

① 刘琳:《华阳国志校注》,巴蜀书社 1984 年版,第 244 页。

盖井上煮盐，得盐，入以家火则即灭。”这表明，临邛火井在蜀汉时经诸葛亮视察，并做了进一步加深的工作，天然气产量大增，人们已能熟练地使用天然气煮盐。日益发展的盐业生产成为封建国家的一大收入，自西汉开始，政府均在产盐处设立盐官，征收盐税，《三国志》王连、吕义传记载：蜀汉初，即设盐铁校尉，掌管盐铁税收。

20世纪中叶，成都、邛崃两地均出土了多种东汉井盐生产画像砖。这些砖图像大致相似。在崇山峻岭之中，有盐井、井架、输卤枧管和煮盐锅灶，正在进行生产；有采卤、司火、负薪盐工活动其间，图像生动反映了汉代成都井盐生产实况。汉代井盐开采技术的出现，结束了古蜀先民缺少食盐的历史。

（三）富有创意的漆器和金银器工艺

漆器和金银器是成都、郫县和雒县（故城在今广汉市城北）重要特产[①]，历来闻名四方，《隋书·地理志》载，其“人多工巧，绫锦雕镂之妙，殆侔于上国。”成都漆器生产已有专门作坊，作坊内部有严密的组织和劳动分工。湖南马王堆汉墓出土的漆器有“成市草（造）”“成市饱”（木木包，重复漆的意思）”铭文。贵州清镇15号出土的漆耳杯铭文说：“元始三年，广汉郡工官造舆髹羽画耳棓（杯）……素工昌，休工立，上工阶，铜耳黄涂工常、画工方、羽工平、清工匡、造工忠造。”[②] 这一耳杯的制造过程，经历了造型、打磨、髹漆、铜饰、绘图等若干道工序，因而漆器工艺水平甚高，兼有器皿和美术品的双重价值。值得注意的是，1924—1925年在朝鲜乐浪郡（今平壤附近）古墓内，发现大量有铭文的漆器，其中即有汉代蜀郡的产品。古代四川金银器的生产集中在蜀郡和广汉郡，《汉书·贡禹传》载，西汉元帝时，“蜀、广汉主金银器，岁各用五百万”，可见两郡金银器生产规模之大。蜀郡金银器分为三种：一是金银错，二是鎏金，三是扣器，其制作过程相当精细，“雕镂扣

---

① 童恩正：《略谈秦汉时代成都地区的对外贸易》，《巴蜀考古论文集》，文物出版社1987年版，第154页。

② 贵州省博物馆：《贵州清镇平坝汉墓发掘报告》，《考古学报》1959年第1期。

器，百伎千工”。扣器种类繁多，“百位千品”。技艺高超的金银工匠，还在他们的作品上留下姓名，1972 年河北邯郸出土的东汉鎏铜酒尊，承盘铭文为“蜀中西工造乘舆鎏铜酒尊……金银涂文工循。”蜀郡金银器制作精美，往往以金耳，金丝镶嵌银杯，与漆器、玉器一样、成为王侯大家富丽堂皇的象征。“今富者银口黄耳，金垒玉钟；中者舒玉纻器，金错蜀杯。”（《盐铁论散不足》）蜀郡制作的带环刀具，亦为世间所贵，“欲请蜀刀，问君贾几何?”（《汉书·酷吏传》）汉代专门设置“工官”，就是为了管理漆器和金银器生产。

（四）巧夺天工的蜀锦织造

汉代蜀锦生产已处于兴盛期，其生产集中在成都。左思《蜀都赋》说：

阛阓之里，伎巧之家；百室离房，机杼相和；贝锦斐成，濯色江波。

这说明，以织造蜀锦为业的大量作坊，密布于成都市区，他们不停地织造和洗涤，使锦缎色调鲜艳、美观。《文选·蜀郡赋》李善注引谯周《益州志》说：

成都织锦即成，濯于江水，其文分明，胜于初成，他水濯之不如江水也。

今锦江得名于此。扬雄《蜀都赋》描绘蜀锦的美艳说：

尔乃其人，自造奇锦。紌绕緰须（音“求选非须”，各种色调丝织品名称），䰕（音“衫”，绛色）缘卢中，发文扬采，转代无穷。

蜀锦织工以巧夺天工的神来之笔制作出绚丽多彩的锦缎，具有不朽的艺术价值。蜀锦作为成都重要手工业，为封建国家提供大量岁入，因此从西汉到蜀汉，政府均设“锦官”，管理蜀锦生产和交易。

二、 商业和商品流通

（一） “万商之源” 的成都商业

西汉至蜀汉，成都地区在发达的灌溉农业和手工业的基础上，出现了商业的繁荣和商品流通的兴盛。

从城市人口聚集情况看，这一时期呈现高峰形势，成都人口数额一度仅次于长安，居全国城市第二。据西汉平帝元始二年（2）统计，仅成都县即达7.6万余户，大约38万余人，相当于当时蜀郡15县人口的30%，全川人口的10%。东汉顺帝时，成都县发展到9.4万户，大约40余万人，相当蜀郡11县人口的31%。蜀汉时，中原连年战乱饥荒，四川虽有短暂破坏，但多数时期安定，因此人口仍在增殖，“益州国富民强，户口百万”，成都已有“大都会”之称。①

当时，成都市场出售商品繁多，据《华阳国志·蜀志》，有“璧玉、金、银、珠（青，又名石珠，可入药）、碧、铜、铁、铅、锡、赭（色红，可作染料），垩（白土，可涂壁）、锦、绣、罽（毛织布）、氂（牦牛尾，可作装饰品），犀、象、毡、毦（羽毛饰品）、丹（朱砂）、黄（雄）、空青（矿物，可入药）、桑、漆、麻、纻（麻之一种）之饶”。左思《蜀都赋》描述成都市商业繁盛情形说：

> 市廛所会，万商之渊。列隧百重，罗肆巨千。贿货山积，纤丽星繁。都人士女，袨服靓妆。贾贸墆鬻，舛错纵横；异物诡谲，奇于八方。布有橦华，面有桄榔。邛杖传节于大夏之邑，蒟酱流味于番禺之乡。

成都市区商业市场自秦以来逐步扩大，已具有相当规模。“大城”与城西的“少城”，均为城市居民聚居的商业区，左思《蜀都赋》说：“亚以大城，

① 西禾：《成都历代城市人口的变迁》，《成都地方志通讯》1984年第2期。

接乎其西。”刘逵注云：“少城小城也，在大城西，市在其中也。”其街市有完善的市场与商店设施，其格局仿照秦都咸阳。“修整里阓，市张列肆，与咸阳同制。”（《华阳国志·蜀志》）为征收商税和盐、铁、锦税，汉代有盐、铁市官和锦官的设置。

蜀汉初，成都物价高昂，刘备下令：“立官市以平物价，数月之间，府库充实。”[①] 西汉至蜀汉时期，成都与国内外贸易关系已有初步的发展，成都地区商品从西汉初就开始销售全国各地。临邛出产的铁器除销成都市区外，远“贾椎髻之民”，倾销到西南少数民族地区。云南昭通鲁甸等地汉墓中，曾多次出土铸有“蜀郡”“成都”铭文的铁锸。毫无疑义，这些地区的铁器是由成都供应的。[②]

（二）优质品牌畅销国内市场

成都漆器销售范围更为广泛，如前所述，湖南、湖北、贵州等省出土的漆器，均有标明成都出产的铭文。特别值得注意的是，公元 1924 年和 1925 年在朝鲜平壤附近古墓中，亦发掘出有汉代“蜀郡”铭文的漆器。由此可见，成都市场的漆器，已行销国内外。司马迁已将拥有“术器髹者千枚”或“漆千斗”作为与“千乘之家”等同的大富豪（《史记·货殖列传》）。

成都蜀锦，西汉开始行销四方，时人认为，“文采千匹”与“千乘之家”的财产相等。当时这种文采（即蜀锦）只产于成都。山谦之《丹阳记》说：“江东历代尚未有锦，而成都独称妙。”《西京杂记》载，西汉成帝（前 32—前 7 年）心爱蜀锦之美，曾诏令益州刺史，免输三年税课，为宫廷织造“七成锦帐，以沉水香饰之”。至东汉末，蜀锦的产销数量已十分巨大，建安十九年（公元 214 年），刘备占领成都，一次就赏赐诸葛亮、关羽、张飞、法正等人锦缎万匹。蜀锦贸易成为蜀汉政权主要的财政来源，诸葛亮曾说：“今民贫国虚，决敌之资，惟仰锦耳。”蜀锦通过直接和间接贸易销往曹魏和孙吴，“魏

---

① 王孝通：《中国商业史》，商务印书馆 1937 年版。

② 李家瑞：《两汉时代云南的铁器》，《文物》1962 年第 2 期。

则市于吴，吴亦资西蜀”。魏文帝曹丕说：“前后得蜀锦，殊不相似”，可见，蜀锦品种和质量都增加了。蜀汉灭亡后，府库尚存锦、绮、绢各20万匹。此外，蜀布和邛竹杖是远销国内外的成都货物，《史记·大宛列传》记载，张骞在大夏“见邛竹杖，蜀布”。邛杖产于今邛崃，蜀布有二：一种为橦华布，左思《蜀都赋》云：“布有橦华。”另一种为黄润（麻布），扬雄《蜀都赋》说：“其布则细都弱折，绵茧成衽。阿丽纤靡，避晏与阴，蜘蛛作丝，不可见风。筩中黄润，一端数金。”蜀布在汉代已行销四方，所谓“女工之业，覆衣天下”。汉时文翁“买刀布蜀物，赍计吏以遗博士”。成都枸酱经贵州水运番禺、南越（今广东一带），“南越食蒙蜀枸酱，蒙问所从来，曰‘道西北牂柯江，广数里，出番禺城下’”。

商业贸易的日益繁荣，使成都经济地位进一步加强，与洛阳、临淄、邯郸、宛并列，合称“五都”。为适应成都与周围地区的贸易，城郊新都和广都两座商业城市先后兴起，与成都形成密切相关的商业贸易区，时称“三都”，“号名城”。

（三）“富埒王侯”的豪商大贾

成都富商大贾开始出现并在不同领域成为商业贸易活动的活跃力量。兹将这一时期见于记载的富商大贾胪列如下：

临邛卓氏：西汉巨商，先世为赵人，以冶铁起家。秦灭赵，将卓氏迁蜀，居临邛，“即铁山鼓铸，运筹策，倾滇蜀之民，富至僮千人”（《史记·货殖列传》）。卓氏善于营运，所制铁器倾销四川、云南。拥有奴仆千人，为成都地区巨富。

临邛程郑：西汉巨商，先世居山东，秦灭六国后，迁蜀，居临邛，“亦鼓铸，贾椎髻之民”（《史记·货殖列传》）。程郑所作铁器，主要销售川西南少数民族地区。其财富与卓氏相当。

临邛邓通：西汉巨商，高利贷者，蜀郡南安人。文帝时为黄门郎（侍郎），受宠，得钱十余万，官至上大夫，又获“赐蜀严道铜山（在今荥经县北30里），得自铸钱，邓氏钱布天下，其富如此。”（《汉书·佞幸传邓通》）邓通

凭借其巨额货币资本，“通假民卓王孙，岁取千匹；故王孙赀累巨万，邓通钱亦尽天下。”（《华阳国志·蜀志》）

成都罗裒（音“剖”）：西汉巨商，“赀至巨万”。最初，他在长安经商，“随身数十、百万”。后与平陵富豪石氏接交，得到大量资助，“令往来巴蜀”贸易，“数年间，致千余万。”罗裒以重金贿赂曲阳定陵侯，“依其权力，赊贷郡国，人莫敢负。擅盐井之利，期年所得自倍，遂殖其货。”（《汉书·货殖传》）

上述巨商大多为客籍人，有经商历史，擅长贸迁之术，他们利用成都商品经济的优势，接交笼络王侯，与外地交易，因此取得了意外成功，成为富埒王侯的大富豪。

| 第二节　城市建设与交通运输 |

西汉至蜀汉时期，是一个很长的历史时期。随着成都商业和对外贸易的发展，城市建设和交通运输也有相应的发展。除了驿道的陆路交通外，贯穿盆地西北到东南的长江上游的几条河道为人们提供了水上交通。随着城市商品经济日益发展，城市建设与对外交流也在日新月异地改变。

一、“既丽且崇”的城市建设风貌

西汉至蜀汉时期，成都城市面貌有很大改观，城市分为两个主要市区，“州治太城，郡治少城”，城西南两江（检江、郫江）有七桥：冲治桥、市桥、江桥、万里桥、夷里桥（笮桥）、长升桥、水平桥。西汉文翁任蜀守时，立文学精舍、讲堂，并在城南作石室。①

---

① 刘琳：《成都城池变迁史考述》，《四川大学学报》1978年第2期。

北宋张詠《益州重修公宇记》载，元鼎二年（前115），“立成都郭十八门，于是郡县多城观矣。”蒙文通先生认为，所谓十八门，“应大城、少城共有九门，而郭亦九门，是为十八门。少城为繁荣之区，其西独三门，事亦宜然。”① 建立外城和修筑城门后，成都城市初步定型。据今人考证，汉代十八门中有迹可循者尚存阳城门、宣明门、市桥门、直西门、咸门（咸阳门）、朔门、江桥门等。② 由于城市商业繁荣和与各地贸易的发展、货物集散、人口增加，城市商业区向少城之南郫江对岸发展，故城南门称“市桥门”，桥称“市桥”，桥南则为南市。南市与少城隔江相望，成为南北两个商业区，宋人张詠引图经说，“分筑南北二少城以处商贾”，似指此而言。

此外，由于蜀锦生产和销售的兴盛，在成都检江夷里桥（笮桥）南岸形成蜀锦生产交易区，名曰“锦里”，亦有“锦官”所在地。成都与西南民族地区贸易交流的频繁，车道运输量日益增加，遂设置“车官城”，《华阳国志·蜀志》说：“（锦里）西又有车官城，其城东西南北皆有军营垒城。”成都在太史公《史记·货殖列传》中被列为全国重要都会，居西汉南方城市之首。

成都城市到蜀汉时期，已巍然可观，左思《蜀都赋》描绘其风貌说：

> 于是乎金城石郭，兼匝中区，既丽且崇，实号成都。辟二九之通门，画方轨之广涂。营新宫于爽垲，拟承明而起庐。结阳城之延阁，飞观榭乎云中。开高轩以临山，列绮窗而瞰江。内则议殿爵堂，武义虎威，宣化之闼，崇礼之闱；华阙双邈，重门洞开，金铺交映，玉题相辉。外则轨躅八达，里閈对出，比屋连甍，千庑万屋。

蜀汉时期，以成都为贸易中心，在统治势力所及地区，北起甘肃、汉中，南达云、贵，西起汶山，东止三峡，商业购销，自成体系。故庞统认为当时

① 蒙文通：《成都二江考（附论大城、少城、七桥、十八门）》，《四川大学学报丛刊》第5辑，1980年。

② 刘琳：《成都城池变迁史考述》，《四川大学学报》1978年第2期。

巴蜀“所出必具，宝货无求于外”。左思《蜀都赋》描写当时成都“市廛所会，万商之渊，列隧百重，罗肆巨千，贿货山积，纤丽星繁”。其规模之大、门类之杂、其品种之多，已超过当时的魏都洛阳、吴都金陵。

蜀汉时期，外贸较发达。政府组织作坊生产漆器、蜀锦等高档商品，同时还从民间大量收购这些奢侈品，主要用于外贸。

曹操在百战之余，曾亲自派人到蜀中买锦。魏文帝曹丕喜欢收藏蜀锦，某次得到新锦时，不禁赞叹道：“前后每得蜀锦，殊不相似!”

这一时期的成都城市，不仅具有完整的结构，而且宫室房舍大多富丽堂皇，给人美丽而壮观的感受。可惜好景不长，东晋永和二年（312），桓温讨伐成汉时，“夷少城”，将成都建筑毁灭殆尽，“独存孔明庙”。

二、 与各地交通运输状况的改善

成都地区与国内外各地商业贸易关系的发展，对改善与各地区的交通运输条件，打破四川地区与世隔绝的状态，产生了促进作用。从西汉至蜀汉，成都地区所开辟的通往国内外各地的交通道路主要有如下几条：

成都至西南民族地区的道路。四川、云南、贵州多民族地区，地处高原，交通闭塞。据《汉书·西南夷传》，秦时，曾开辟通往云南的“五尺道”；汉初，“巴蜀民或窃出商贾，取其筰马，僰僮、牦牛，以此巴蜀殷富”。汉武帝时，中央政权极为重视与西南民族地区的关系，曾由僰道令修筑了僰道（宜宾）至青衣（雅安一带）的通道。建元六年（前135），中央政府派遣唐蒙为中郎将，率兵自巴筰关进入夜郎（今贵州全境和云南、四川部分地区），代表西汉政府与各民族建立了臣属关系，并以这一地区为中心，设置犍为郡，“发巴蜀卒治道，自僰道指牂柯江（今北盘江）。”随后，司马相如亦奉使深入四川西部民族地区，《史记·司马相如列传》：“邛筰冉駹斯榆之君皆请为内臣，除边关，关益斥，西至沫若水（大渡河、雅砻江），南至牂柯为徼，通灵关道（在今越西境），桥孙水（今流经喜德、冕宁的孙水河），以通邛都。”

经唐蒙和司马相如的艰苦开辟，成都地区与西南民族地区开始有了较为可靠的三条通商旅行之路，以今天地名言：通川西南山区道路，由成都经雅安、汉源到西昌、会理等地；通云南道路，由成都经宜宾至昆明；通贵州道路，由成都经泸州至毕节、威宁等地。

成都至西北地区的交通道路。除秦以前的川陕栈道外，由成都经今阿坝地区向西北方向的道路亦在汉代得到改善。这本来是古蜀族由西北高原进入成都平原的迁徙路线，但由于道路艰险，给通商造成很大困难。据《史记》载，司马相如奉使通西南夷时，曾说："邛、笮、冉駹者近蜀，道亦易通，秦时尝通为郡县，至汉兴而罢。"元鼎六年（前 111）平南越，诛且兰及邛、笮君长后，"冉駹皆振恐，请臣置吏。乃以邛都为越嶲郡，笮都为沈犁郡。冉駹为汶山郡，广汉西白马为武都郡"。据《华阳国志·蜀志》，汉宣帝地节三年（前 67），"罢汶山郡，置北部都尉"，置官治理后，成都与川西北地区的交通状态有了显著的改善。

成都东去的水路，杜甫《夔州歌十绝句》之七描述："蜀麻吴盐自古通，万斛之舟行若风。"这是反映古代成都与江南地区通过长江水路进行的贸易活动。自李冰分沱江为检江、郫江后，二江水量丰富，主要用于航运，《华阳国志·蜀志》："别支流双过郡下，以行舟船。"汉高祖自汉中伐楚，"萧何发蜀汉米万船而给军粮"。足见当时水上航运能力之强。文翁治蜀时，进一步整修都江堰，使成都河道更为通畅。成都航运渡口有五处：白华津（今温江三渡水）、皂里津（今新津县东五里）、江首津（今新津县白果渡）、沙头津（今彭山市北）、江南津（今彭山市北）。

在整个古代，水路航运成为成都与长江中下游地区进行交流和贸易往来的重要通道。

三、 蜀郡与夜郎、滇及南亚身毒的贸易关系

现有的研究表明，秦汉魏晋南北朝时期，西南丝绸之路的通商贸易状况，事实上可以划分为前后两个阶段。前阶段为公元 69 年（东汉明帝永平十二年）以前，由于南夷道和西夷道的相继开通，夜郎、滇、蜀间区域贸易得到

快速发展，滇身毒、道贸易因受昆明等部族阻碍，只有十分有限的增长。

（一）西南丝绸之路的贸易盛况

西汉时期，成都经济持续发展，成为全国仅次于京都长安的大都会。当时长安城市居民8.08万户，成都城市居民也达到76256户。都江堰工程完善后，形成“水旱从人”“不知饥馑”的灌溉农业，给成都经济奠定了坚实的基础。

秦汉时期，成都手工业获得了很大进步，冶铁业、纺织业、井盐业、铜器、金银器、漆器生产达到了很高的专业水平。商品生产的发展，必然促进商业和对外贸易的兴盛。成都对西南夷以及经滇缅道对南亚和中亚各地的贸易成为引人注目的对外贸易。首先简述输出主要商品情况：

1. 铁器。

秦汉时期，四川冶铁业以临邛为中心，卓氏以冶铁起家，“倾滇蜀之民”，程郑“亦冶铸，贾椎髻之民”。在云南、贵州发掘的汉墓中，不断出土铁器。大理发掘的西汉叶榆墓葬中，出土铜柄铁剑、铜柄铁矛、铁刀等铜铁制品。①云南晋宁石寨山发现的滇王和王族墓葬群，早期的墓葬中无铁器出土，后期的墓葬铁器增多。云南还出土了大量秦汉时期的铁器，如铁剑、环首铁刀，生产工具有铁斧、铁锸、铁镰等。一铁锸上有“蜀郡成都”的铭文。1982年，在古代“西夷道”上的宝兴县陇东乡东汉墓葬群出土了不少铁器。② 新中国成立后，从云南昭通汉代“梁堆墓”和鲁甸梭山乡发现了大量铁锸，其中多铸有“蜀郡”“蜀郡成都”“蜀郡千万”铭文，可以清楚地看到，地处古道要津的昭通，是成都铁器销售最多的地区。③

2. 蜀布、邛竹杖。

这两种蜀地特产引起史家注目，源于《史记》《西南夷列传》和《大宛列传》的记载。元狩元年（前122），博望侯张骞出使大夏期间，看到蜀布和邛

① 田怀清：《从大理出土文物看蜀身毒道开发》，《南方丝绸之路文化论》，云南民族出版社。
② 吴怡：《从出土文物看古代滇蜀关系》，《南方丝绸之路文化论》，云南民族出版社，第113页。
③ 张希鲁：《西楼文选》，昭通地区行署文化局，1985年12月。

竹杖。问其由来，答曰："从东南身毒国，可数千里，得蜀贾人市。"据考证，"蜀贾人市"在当时昆明族聚居的叶榆（今大理）以西千余里的乘象国，被称为"滇越"的地方。"而蜀贾奸出物者与至焉"，"奸出"或作"间出"，指蜀商千方百计突破昆明族人阻挠，运货西出；或曰蜀商寻求捷便小路，避开昆明族人拦阻，前往乘象国（滇越）。

有关乘象国（滇越）的方位，任乃强先生称在永昌郡地界①，方国瑜先生认为在今腾冲②，徐中舒先生认为在今保山以西。③ 以上诸说位置均在今中缅边境附近，唯张毅先生认为滇越在今印度阿萨姆地区的迦摩缕波国。④

"蜀布"为何种纺织品，亦有争议。任乃强先生认为，蜀中所产苎麻布，亦称夏布，耐湿强韧，为印、缅等热带居民所喜，行销很早。⑤ 或说是哀牢附近僚濮所产木棉织品，因由蜀商贩运而得名；抑或说是一种高级丝织品。说"蜀布"是哀牢所产，由蜀商贩运，此说牵强附会；言其是高级丝织品亦难有说服力，因为丝绸与布的区别，古人十分明了，不容混淆。因此，笔者倾向于任乃强先生之说，"蜀布"是一种麻质纤维布。

"蜀布"在汉代已行销四方，所谓"女工之业，覆衣天下"⑥。扬雄《蜀都赋》说："其布则细都弱折，绵茧成衽；阿丽纤靡，避晏与阴；蜘蛛作丝，不可见风。筒中黄润，一端数金。"此布又称"黄润细布"，一匹卖到"数金"，可见其价值昂贵，非同一般织物。文翁曾言"买刀布蜀物，赍计吏以遗博士"。既然价值昂贵，自然成为馈赠礼品。

蜀布产于何处，应该是没有争议的问题。《华阳国志·蜀志》明确记载了江原县（今崇州市）所辖"安汉上下朱邑出好麻、黄润细布"，这种布用"羌

① 任乃强：《蜀布、邛竹杖入大夏考》，《华阳国志校补图注》，上海古籍出版社 1994 年版，第 323 页。

② 方国瑜：《中国西南历史地理考释》上册，中华书局 1987 年版，第 20 页。

③ 徐中舒：《试论岷山庄王和滇王庄蹻的关系》，《论巴蜀文化》，四川人民出版社 1981 年版。

④ 张毅：《滇越考》，《中华文史论丛》1980 年第 2 期。

⑤ 蓝勇：《南方丝绸之路》，重庆大学出版社 1992 年版，第 7 页。

⑥ 《中国至印度的南方丝绸之路》，江玉祥译，曾媛媛校，载《西南丝绸之路研究》第 2 辑，第 263 页。

筒”（羌中竹管）盛装，每筒可装入一匹。“黄”表明布的颜色，色泽带黄；“润”是布润泽光滑、珠圆玉润，给人美好的感觉；“细”则是指布做工精致、质地细密。可见蜀布是一种轻薄细软、凉爽宜人的高级麻织品，达到了很高的工艺水平。

不能认为，印度自古纺织业发达，亚麻布是重要产品，就否定了这个热带国家对织造精美、凉爽宜人的蜀布的需求。印度 Haraprasad Ray 教授的研究表明：早在公元前 4 世纪，中国布（Cina Patta）已在《政事论》中得到明确记载。在迦梨陀娑（Kalidasa）生活的那个时代以前，中国纺织品的名字已经频繁出现。这说明，中国蜀布已在早期印度贵族中成为流行服饰。

《政事论》的作者认为，这种布很可能是用亚麻或黄麻制成，因为 Patta 的现在形式 Pāt，意指黄麻，从织质和外观看，它类似丝，因此阿萨姆人，泛称其为丝。[①] 由此看来，只有织造轻薄细软的蜀布才能让阿萨姆人混同为丝。

既然蜀布在公元前 4 世纪就已作为常见商品出现在身毒市场上，又广泛为上层社会使用。那么，公元前 2 世纪（西汉元狩年间），汉使张骞在大夏（今阿富汗）目睹由身毒转销当地的蜀布就不足为奇了。

江原县籍史学家常璩在《华阳国志·蜀志》中明确记载：

> 江原县，郡西，渡大江，滨文井江，去郡一百二十里。有青城山，称江祠。安汉，上、下、朱邑出好麻、黄润细布，有羌筒盛。

“江原县”在“郡西”（成都以西）“一百二十里”（约合今 100 里），位置正在今崇州市区。“大江”指今岷江正流金马河，“文井江”即今崇州市西河，青城山在汉晋时期属于江原县。

《华阳国志》确切表明：这种价值高贵的“黄润细布”是古代江原县生产的，作为古代江原县先民的子孙，崇州人民应当以这份崇高的历史遗产而无

① 《中国至印度的南方丝绸之路》，江玉祥译，曾媛媛校，载《西南丝绸之路研究》第 2 辑，第 263 页。

比自豪。

对邛竹杖是否是蜀地远销中亚的特产，任乃强先生近年一反成说，作出了否定的推测，其主要理由是：认定邛竹杖为“省藤所作杖也”，其产于热带南洋群岛和中南半岛，“远自周秦世，即以杖材输销我国，西南地区居民几乎人人有之。又自邛国输入蜀巴，远达中原。古人以其似竹，而自邛崃，称为‘邛竹杖’。”① 任先生虽然提出上述异说，却没有找出“省藤”即“邛竹杖”的直接证据，也没有列举出周秦时代“省藤”大量输入西南夷、蜀巴甚至于中原地区的任何证据。因此，还不能以此否定司马迁《史记》两次记载“邛竹杖”为蜀地经身毒远销中亚的商品这一确切史实。②

3. 丝织品。

有关早期南方丝绸之路丝绸品的贸易，虽然研究者早已提出蜀地输出丝织品的可能性，但仍有学者对此表示怀疑，认为秦汉时期蜀地丝织品尚未发达，途经西南夷地区生产力水平低下，很少有丝织品生产和消费，因此，公元二世纪通过滇、缅、印古道，将丝织品输往中亚地区仅是一种可能性。③ 笔者认为这是一个值得商榷的问题。

蚕丝与古蜀历史密不可分，“蜀”字之创，即为原蚕本意。④ 蜀先王“蚕丛”就与蚕丝生产有关，一些古蜀地名，如蚕崖、蚕陵，涉及蚕事，马头娘的故事隐约反映了远古四川先民养蚕的传说。（北宋）黄休复《茅亭客话》说：“蜀有蚕市……耆旧相传：古蚕丛为蜀主，民无定居，随蚕丛所在致市居，此其遗风也。”可见蚕丝贸易也起源于古蜀时代。

蚕丝和丝织业在秦汉魏晋时期是巴蜀地区的重要产业。成都丝织业中的优质产品蜀锦，在汉代就名闻天下。蜀锦生产已形成一定的规模，政府设置

---

① 任乃强：《华阳国志校补图注》，上海古籍出版社 1994 年版，第 326—327 页。

② 《史记·大宛列传》张守节《正义》说：“邛都（今西昌）邛山出此竹，因名邛竹。高节实中，或寄生，可为杖。”《史记·西南夷列传》斐马因《集解》：“韦昭曰：‘邛县之竹，属蜀。’瓒曰：‘邛，山名。此竹节高实中，可作杖。’”可见邛竹是一种“高节实中”的植物。

③ 蓝勇：《南方丝绸之路》，重庆大学出版社 1992 年版，第 35 页。

④ 任乃强：《华阳国志校补图注》，上海古籍出版社 1994 版，第 220 页。

锦官管理。蜀锦织造水平很高，品种繁多，色调鲜艳美丽。《西京杂记》记载，汉成帝曾令益州地方官用三年税输作成本，为宫廷织造“七成锦帐，以沉香水浸之”。足见其为皇上珍视之物。左思《蜀都赋》对成都蜀锦生产状况作了生动描述：“阛阓之里，伎巧之家；百家离房，机杼相和；贝锦斐成，濯色江波。”这说明，以织造蜀锦为业的大量作坊，密布成都，锦江沿岸，成为洗濯锦缎成品的专门场所，锦江之名，源出于此。成都、德阳出土了汉代采桑画像砖和石刻浮雕织造机，均证实丝织业生产的重要地位。西汉时期，蜀锦远销四方，司马迁将“文采千匹”与“千乘之家”的财产相提并论。当时这种“文采”（即蜀锦）只产于成都，山谦之《丹阳记》说：“江东历来有锦，而成都独称妙。”东汉建安十九年（214），刘备占据成都，一次就赏赐诸葛亮、关羽、张飞、法正等人“锦缎万匹”。蜀锦贸易后成为蜀汉政权主要的财政来源。诸葛亮说：“今民贫国虚，决敌之资，惟仰锦尔。”

作为有悠久历史、汉代又兴旺发达的古蜀蚕丝和丝织业，其产品不可能不经西南丝绸之路远销印度和中亚，从公元前 4 世纪印度 Kalltliya 著《治国安邦术》（《政事论》）提到了 Cinapatta，如前所述，主要是黄润细布，但也不能排除有部分丝织品的可能。因为，这两种纺织品在古蜀学者的著述中，已成寻常并存之物，不是非此即彼的关系。如扬雄《十二州箴》说，益州“丝麻条畅，有粳有稻”，将丝织品同麻织品并存的关系看得与不同品种的稻米并存关系一样。无怪乎古代身毒阿萨姆人也将蜀布归入中国丝类。公元前 4 世纪，当西北丝绸之路尚未开辟前，秦国已将巴蜀以至西南地区纳入版图，并派遣常頞凿“五尺道”开辟西南丝绸之路，而官道的开辟应是在商路之后，倘若此前商人未能冒险南下贸易，走出一条商路来，秦国派使者去开“五尺道”便成无的放失。此外，值得注意的是中亚考古发掘出土的实物资料：1936 年，阿富汗首都喀布尔以北约 60 公里处，考古学家对公元前 4 世纪后半叶建成的亚历山大城进行发掘时，在一处城堡遗存中发现了许多“中国的丝织品”①。这些纺织品的出土年代，正当中国的战国时代，其运销路线必由滇、

① 王治来：《中亚史》卷一，中国社会科学院出版社 1980 年版，第 69 页。

缅、印西行而达。《史记·西南夷列传》还记述了当时蜀商携带“蒟酱、汉缯帛”从南夷道到夜郎的商路。西南夷诸部族“皆贪汉缯帛”，甚至杀害汉使，“夺币物”，缯帛、币均为丝织品。由此可见，西南丝绸之路早就有了丝织品的贸易。

4. 铜器。

四川、云南是我国历史上重要的铜矿产地。古代巴蜀均有铜矿，但开采先后不同。西汉文帝以前，冶铜业主要在临邛地区。文帝曾将严道（今四川省荥经县）铜矿恩赐宠臣邓通（蜀郡南安人），任其私铸铜钱。其钱重量、形制、文字均与官钱相同，流通数量大、范围广，时人戏称“邓氏钱”，并有邓氏钱“布天下”之说。邓通还贷款给临邛冶铁业巨富卓王孙，“岁取千匹，故王孙货（赀）累巨万亿，邓通钱亦尽天下。”卓氏铁器大量销往西南夷，“以烦滇蜀之民”，与邓氏强大的“邓氏钱”作后盾息息相关。西汉中期到东汉，原越巂郡所辖邛都南山、灵关道等地铜矿得到大量开采，成为巴蜀地区的重要铜矿基地。

此外，汉晋时期，巴蜀地区冶铜和铸造基地还有邛都南山（近西昌市东坪以东的螺髻山），近年考古工作者在西昌洛古乡发掘出一个新莽时的铜器窖藏，出土“货泉”铜范母五块，铜锭十余锭，重千余斤，后又在西昌黄联东坪村发现总面积20万平方米的冶铜遗址，发现汉代冶炼炉14座，作坊1座，有铜钱范、铜箭镞、铜镜等出土。秦汉魏晋时期，川西北高原（今阿坝、甘孜）也有了冶铜手工业。

云南是我国铜矿产地，产铜的历史可以追溯到汉代。汉晋时期的历史文献表明：永昌郡、犍为郡朱提、堂狼，越巂郡南山、铜山，益州郡俞元怀（装）山、来唯山、贲古采山、梁水郡振山都是重要的冶铜业分布区。

当时，朱提、堂狼是全国著名冶炼和铸造基地，属于南广郡的一部分，其地“有城名蒙城，可二顷地，……掘土深二尺得铜，又有古掘铜坑，深二丈，并居宅处犹存”（《南齐书·刘悛传》）。朱提以生产铜洗闻名，传世者不少。此外也铸造钱币。昭通现存有“大泉五十”钱范，文曰“日利千万”。在昭通、鲁甸出土文物中，有长乐卣、铜甑、铜镜、铜罐、铜盆、铜炉等器物。

汉晋时期历史文献记载，邛都也是冶铜铸造业兴盛的地区，有多处产铜的记述。①

南方丝绸之路的贸易中，铜器的流通是十分重要的内容。无论从迄肇殷商时代的广汉三星堆祭祀坑出土的大量精美铜器还是川、滇、黔和境外缅甸文献和出土文物中为数甚多的铜钱、铜器物、铜兵器，都证明了这条古道铜流通的盛况。②

四川、云南输出商品，还有食盐、白银、漆器等，此不繁叙。从域外输入的商品，主要是各种装饰品和用于商品变换的贝币等。

5. 海贝。

广汉三星堆祭祀坑前后两期出土物品中，海贝是引人注目的舶来之物。但是，由于时代远肇殷商，西南丝绸之路的必经路段尚无同时期此类海贝出土，而从各路段发现的大量海贝均为汉晋时代遗址出土。这就充分证明，从印缅等国海岸流入滇、川地区的海贝，是汉晋时代西南丝绸之路上的重要商品或用于货币的标志。③

6. 琉璃。

琉璃是从古代身毒俗语 Verulia 翻译，因此又称“壁琉璃”，唐代改称玻璃。云南江川李家山的春秋末或战国初 22 号墓出土一颗质地坚硬的浅绿透明琉璃珠，质地明显别于长沙辉县战国墓出土的琉璃珠。魏晋南北朝时期，人们已将大秦国生产的琉璃珠分为“赤、白、黑、黄、青、绿、缥、绀、红、紫十种”。李家山出土的琉璃珠，可能是春秋战国时期从大秦经印度销往云南的。云南江川李家山春秋战国晚期 24 号墓，以及晋宁石寨山西汉中期 13 号

---

① 参阅蓝勇《南方丝绸之路》，重庆大学出版社 1992 年版，第 41—43 页。

② 参看江玉祥主编：《古代西南丝绸之路研究》第 1、2 辑，四川大学出版社 1990、1995 年版；蓝勇：《南方丝绸之路研究》，重庆大学出版社 1992 年版；四川钱省币学会、云南省钱币学会编：《南方丝绸之路货币研究》，四川人民出版社 1994 年版。

③ 刘世旭：《南方丝绸之路出土海贝与贝币考》；叶大槐：《南丝路使用贝币浅见》；张善熙：《试谈广汉三星堆出土的贝币》；张学君：《三星堆海贝来源与南方丝绸之路几个问题》，均见四川省钱币学会、云南省钱币学会编：《南方丝绸之路货币研究》，四川人民出版社 1994 年版。

墓，各出土一颗来自西亚的蚀花肉红石髓珠，1949 年以前在今理县发现秦汉石棺葬中，曾出土一些管状、盘状和卵形玻璃珠，经华西大学博物馆的戴谦和教授分析测试，发现均不含钡。因此，郑德坤教授推测说："这些装饰品，未必不是由于辗转贸易，从西亚越过干旷的草原而到达四川的。"①

7. 宝石。

汉晋时期，西南丝绸之路流通的宝石种类繁多，其中主要有琥珀、光珠、玛瑙、翡翠、水晶等。琥珀产于缅甸孟拱、孟密、瑞帽、岚板（琥珀厂）；光珠产于缅甸孟拱、孟密宝井；玛瑙产于永昌罗明、清宝山玛瑙山；宝石产于上缅甸孟养、都茂。云南晋宁发掘的战国墓葬已有玛瑙出土。古蜀国王公贵族佩带的一种称之为"瑟瑟"的宝石串或琉璃串饰，历代屡有出土。杜甫《石笋行》中描述了成都西门一带"雨中往往得瑟瑟"的史实。滇池地区发掘的先秦时期的古墓中，曾出土大量玛瑙。② 汉晋以后，战国皇室、贵族、官宦、富商广泛佩带各种名贵宝石，可能与西南丝绸之路的宝石贸易直接相关。

（二）通商重镇——永昌郡

在汉魏六朝时期，西南丝绸之路频繁的贸易交流中，形成了以永昌郡为代表的对外贸易口岸。

永昌（今腾冲、龙陵、宝山一带）位于云贵高原横断山南段中缅陆路和长江水系、澜沧江水系、怒江水系水路交汇处。陆路成为西南丝绸之路川滇段通往缅印段的总汇，向西可穿越缅甸至东印度；水路经澜沧江顺流而下，是通往太平洋和印度洋的交汇，向南可沿伊洛瓦底江、萨尔温江直达下缅甸。这样优越的地理位置，自然形成西南地区与中南半岛、印度次大陆以至中亚、西亚各民族进行经济文化交流的最佳聚合点。

在永昌郡设置前，西南丝绸之路受到昆明等南夷部族的阻碍，仅仅打通

---

① 郑德坤：《理番县的石板墓文化》，《哈佛亚洲研究杂志》1946 年第 9 卷第 2 期。转引自江玉祥主编：《古代西南丝绸之路研究》第 2 辑，第 49—50 页，四川大学出版社 1995 年版。

② 仅江川李家山墓地即出土 8079 颗，晋宁石寨山更多。江玉祥主编：《古代西南丝绸之路研究》第 1 辑，四川大学出版社 1990 年版，第 238 页。

了成都到叶榆间的道路。东汉到魏晋南北朝时期，蜀、滇、身毒商道畅通后，永昌郡成为西南边陲上的繁华商埠。其主要表现在以下几方面。

1. 商货荟萃，百物纷呈。

从《华阳国志》等历史文献记载永昌郡的出产方物看，品种繁多，奇货不少，主要有：铁、金沙、金、光珠、虎魄（琥珀）、珊瑚、水精（水晶）、琉璃、白蹄牛、犀、象、桐华布、木棉树、翡翠、孔雀、蚕桑、米、五谷、帛、绵绢、文绣、兰于细布、罽旄、轲虫、蚌珠、铜、锡、貊兽、猩猩。由于长途贩运需要，西南地区出产的笮马、建昌马、蜀马、越赕骏、滇池驹均为西南丝绸之路上的畅销商品。

2. 南北人口大荟萃。

东汉明帝永平十二年（69）正式从益州郡分置时，城市规模已很大，划为“八城”；人口也很多，户 231897，人口 897344。这样庞大的人口数量聚集在我国边陲地区，是非常罕见的，必然是由于繁荣兴盛和中外通商贸易所造成。《华阳国志・南中志・永昌郡》记载该地居民“有闽濮、鸠僚、僄越、裸濮、身毒之民”。这些居民既包括了广西、滇各族居民，也包括了缅印移民。大秦人也从印度洋航行到金洲（下缅甸），然后循萨尔温江、伊洛瓦底江到达永昌。《魏略・西戎传》记载：“又有水道通益州永昌，故永昌出异物。”“永昌出异物”，应是指永昌商贸市场汇聚了四面八方的商货。这些商货中，有来自印缅海岸的海贝、珊瑚、蚌珠；有来自上缅甸伊洛瓦底江上游、亲敦江上游的宝石、玉石、琥珀；还有来自印度、缅甸的猩猩、貊兽、孔雀、犀象等。商品多为域外名产、珍稀之物，故称“异物”。

地处川滇贸易中转站的朱提郡商贸交易活跃，如《华阳国志・南中志》载，“三蜀之人及南中诸郡”频繁往返，被称为“降贾子”，足迹遍布滇蜀、滇黔古道。

3. 对外交流的窗口。

与频繁的商贸交流相映衬的是，缅甸、印度以至海西大秦国不断派遣使臣朝贡，同时还有众多域外人口内附。《后汉书・南蛮西南夷列传》记载：

永元六年（94），永昌郡外敦忍乙王莫延慕义，遣使者献犀牛、大象。

永元九年（97），掸国王雍以及域外少数民族奉献珍宝，和帝赐金印紫授，小君长都加印绶、钱币。

永初元年（107），永昌郡外僬侥种夷陆类等 3000 余口举种内附，献象牙、水牛、封牛等。

永宁元年（120），掸国王雍由调复遣使赴京朝贡，献乐及操幻术的人，能变化吐火，人体肢解，交换牛马头。又善跳丸，人数达千人之多。他们自称海西人。海西即大秦，掸国西南通大秦。次年元会，安帝观赏海西人表演后，封雍由调为汉大都尉，赐印绶、金银、彩缯等物。

南北朝时期，梁武陵王萧纪为益州刺史，全力进行对外开拓，“在蜀十七年南开宁州、越嶲，西通资陵、吐谷浑。内修耕桑盐铁之功，外通商贾远方之利，故能殖其财用，器甲殷积”（《南史·武陵王纪传》）。这使西南丝绸之路的经济文化交流在前代的基础上有所发展。

第三节　科技、文化、教育的重大成就

在城市工商业兴盛、川西平原农业开发、社会经济日益发展的基础上，汉魏六朝时期，成都城市文化出现了繁荣局面，其主要表现在以下几方面。

一、天文、历法的发祥地

我国古代天文历法的探索是卓有成效的，产生过黄帝历、颛顼历、夏历、殷历、周历、鲁历等六种实用历法。由于这些历法所取历元不同，造成四季混乱，朔望误差增大，“朔晦月见，弦望满亏，多非是”的严重问题，给农事活动和人们生活带来很大的困难。改革历法成为西汉天文历算学者的一项艰巨任务。

西汉的蜀地，经济发展迅速，天文历学进步很快，涌现出一批研究天文历法卓有成效的专家，如落下闳、任文公、周群、翟酺、扬统、杨厚、任安、董扶等，时人称道“天数在蜀”。在这批学者中，成就最大的是落下闳。①

落下闳，阆中人，他在蜀中活动和师承关系不详。汉武帝时，由司马相如推荐，到长安参加中央政府的历法改革。这次历法改革由太史令司马迁主持，参加者有大中大夫公孙卿、壶遂和从民间征召来的天文学家落下闳、唐都。天文历算学者在有史以来的第一次历法改革中，提出修改方案 18 个，经汉武帝逐个斟酌、审察，选择了落下闳编制的新历，并决定从太初元年（前 104）开始使用，这就是著名的太初历。

太初历测算出一个塑望月的周期为 29.530864 天（现代科学测定为 29.530588 天），并测定出一个回归年的周期为 365.2502 天（现代科学测定为 365.2422 天），精确度很高，已接近现代科学观测水平。

太初历开始确定以孟春正月朔日为岁首，冬季十二月底为岁末的计历方法，把历法与四季的顺序、民俗习惯统一起来。

太初历还对闰法进行了改革，以无中气之月置闰。落下闳把一个回归年的二十四个节气，从冬至开始，按一、三、五、七、九、十一奇数顺序安排出冬至、大寒、雨水、春分、谷雨、小满、夏至、大暑、处暑、秋分、霜降、小雪十二中气。同时，又按二、四、六、八、十、十二偶数顺序安排出小寒、立春、惊蛰、清明、立夏、芒种、小暑、立秋、白露、寒露、立冬、大雪十二节气。在具体安排时，还根据启闭时间而定。所谓启，就是指万物生长；所谓闭，就是秋收冬藏。启就是节气中的立春、立夏、立秋、立冬，是一年四季的开始；闭就是中气中的春分、夏至、秋分、冬至，是收藏的季节。节气可以安排在本月的上半月，也可以安排在上月的下半月；但中气必须排在指定的月份内。因此，十二中气，都要逐个安排在十二个月份中，如遇闰年，有十三个月，那就有一个月没有中气，这叫作闰月。这种置闰法使每一节气

① 有关落下闳的资料及其成就，详见吕子方《天数在蜀》一文，载《中国科技史论文集》（上册），四川人民出版社 1983 年版。

或中气的日期和平均日期相差不到半个月，符合自然变化规律，并有利于农事活动，直到近代还在继续使用。

落下闳制定出这种高水平的历法，是他长期观测天象，并经过复杂、精确计算的结果。为了完成太初历，落下闳发明和制造了我国第一台观测天象的浑仪。据科技史专家吕子方先生研究，落下闳对天象数据的计算已使用了连分法。这种连分法理论，欧洲在1579年才由朋伯里（Bombelli）发现，晚于中国1600余年。

此外，落下闳在天文学方面的成就还包括对二十八宿距离的测定、五大行星会合周期的测算，等等。这些成就表明，我国西汉的天文历算居于古代世界前列，而落下闳能取得如此辉煌的成就，与从小抚育他成长的蜀地文化教育水平分不开。①

二、著名汉赋作家的故乡

四川山灵水秀，自古以来就有优美的诗文传世。《蜀谣》云："汶阜之山，江出其腹。帝以会昌，神以建福。"兴盛于西汉的汉赋，主要奠基人和代表作家就是成都人司马相如、王褒和扬雄，班固称赞他们"文章冠天下"。

（一）司马相如

司马相如，字长卿，生于公元前179年，卒于前117年。他少年时代好读书，还学过击剑；因曾任汉文帝陵园的园令，又被后人称为司马文园。稍长，作过汉景帝的武骑常侍，陪同皇帝狩猎。也曾受业于著名经学家胡安，善属文。后作梁孝王宾客，与当时著名辞赋家邹阳、枚乘、严常和其他文人交游，写下了不少辞赋作品，《汉书·艺文志》记载他写了29篇赋，现存完整的仅有六篇。其中最著名的是《子虚赋》。梁孝王死后，他回到故乡成都，

① 鲁子健：《古代天文学的探索及四川天然气的发现》，四川省文史研究馆：《巴蜀科技史研究》，四川大学出版社1995年版，第311页。

因家道中落，贫困潦倒，寄住友人临邛令王吉家，王吉敬重他的才华，想方设法帮助他，让他在临邛豪富中崭露头角。一次，临邛首富卓王孙大宴宾客，酒酣，王吉请司马相如演奏古琴，司马相如拨动琴弦，弹唱出悠扬婉转的《凤求凰》："凤兮凤兮归故里，游遨四海兮求其凰，有一艳女在此堂，室迩人遐毒我肠，何由交接为鸳鸯……凤兮凤兮从凤栖，得托孑尾永为妃。交情通体必和谐，中夜相从别有谁。"当时，司马相如知道卓王孙之女才貌双全，新寡居家；卓文君亦仰慕司马相如才华横溢，风度翩翩，听了司马相如的情歌，更加深了对他的情爱。一天深夜，卓文君不顾封建礼教的束缚，毅然私奔司马相如住处，结伴往成都。由于他们家贫如洗，不久又回到临邛，开一小酒店，卓文君当垆卖酒，司马相如身着犊鼻裈（有裆的短裤）打杂洗酒具。卓王孙认为女儿有辱门庭，便杜门不出。不少亲友同情卓文君的处境，劝说卓王孙与女儿女婿和好。后来卓王孙终于承认了女儿的婚事，赠送童仆百人，钱百万做嫁妆。司马相如和卓文君又回到成都，购置田地房屋，过着富裕的生活。

汉武帝即位后，大为欣赏司马相如的《上林赋》《子虚赋》（又名《天子游猎赋》），召见司马相如，封他为郎。元朔元年（前 128），司马相如奉命出使巴蜀，调查唐蒙开辟西南夷道的情况，为此他写了《谕巴蜀檄》安抚受到征发之苦的巴蜀人民，同时，又希望巴蜀人民，"急国家之难""尽人臣之道"，支持开发西南边陲要务。他回长安后，向武帝报告了开发西南夷的重要性和尚待解决的问题。汉武帝采纳了他的建议，任命他为中郎将，负责开发西南夷。

元朔二年（前 127），司马相如高车驷马进入成都，蜀郡太守和临邛富豪均到郊外相迎。卓王孙为表示对女婿的敬意，又分赠给女儿一笔巨额财富。司马相如对西南夷中的西夷邛、筰、冉駹等部实行招抚政策，拆除边关，开辟道路和桥梁。为说服蜀地父老支持开发西南夷的工作，他写了著名的《难蜀父老》，说明"博恩广施，远抚长驾"的重要性。

司马相如完成使命回京后，受人诬告被罢官，不久复召为郎。当时，汉武帝迷恋游猎，常到长杨狩猎。司马相如献上《谏猎疏》，委婉地进行规劝。

一次，司马相如随武帝行猎，途经秦二世陵墓，回京后，作《哀二世赋》，以前代败亡的史事，讽谏当今皇上吸取教训。晚年，司马相如担任孝文园令，常在茂陵家中赋闲，他针对武帝修仙成佛，长生不老的幻想，写了《大人赋》（又名《大人之颂》）。司马相如病逝前，还写了《封禅文》。

综观司马相如一生的文学创作活动，一共完成辞赋二十九篇，流传至今可以确认的有：《天子游猎赋》《哀二世赋》和《大人赋》三篇。有人认为《长门赋》《美人赋》也是他的作品。《天子游猎赋》是司马相如的代表作，有人将它分为《子虚赋》和《上林赋》两篇。此赋通过假托子虚、乌有、亡是公三人之口，用对比、夸张手法，描绘上林苑园的宏大景象和天子游猎的壮观场面，气势磅礴，内容丰富，文辞典雅秀丽，是汉赋中的杰作。

《哀二世赋》开咏史作品先河，以秦至二世而亡，讽谏当今皇上，“持身不谨兮，亡国失执；信谗不寤兮，宗庙灭绝。”意思是侈靡无度，听信谗言，执迷不悟就要走向衰亡。

《大人赋》则以超然物外的笔触，揭示了生死交替的哲理。其中说：“必长生若此而不死兮，虽济万世不足以喜。”汉武帝未能领会司马相如的真意，反而感到“飘飘有凌云之气，似游天地之间意”。

（二）王褒

王褒，字子渊，蜀郡资中（今资阳）人。宣帝时征辟入京，为谏议大夫。擅长诗赋，为益州刺史王襄作《中和》《乐职》等颂。曾上《甘泉》《洞箫》二赋，受到皇帝赞赏，令宫人朗诵。《汉书·艺文志》著录王褒所作赋十六篇，《隋书·经籍志》著录《王褒集》五卷，已散佚。代表作是他的《洞箫赋》。此赋用长篇文字铺叙寻常小事，描写细微、音调和美、形象鲜明，别具一格。对后代咏物诗词很有影响。《文心雕龙·铨赋》评论他的这篇赋“子渊《洞箫》，穷变于声貌。”他还著有《僮约》《圣主得贤臣颂》等文赋。后奉命前往益州祭祀金马碧鸡之宝，死于途中。

（三）扬雄

扬雄，字子云，生于新莽天凤元年（前56），卒于新莽天凤五年（18）。他出身成都郫邑农家（郫县友爱乡相传是他的故里，至今尚有扬雄墓等纪念地），生活在西汉末年。青少年时代的扬雄喜欢读书，口吃不善谈吐，沉静多思，爱好辞赋，对司马相如十分崇拜。写作辞赋时从内容到形式都尽量模仿。他也爱读屈原的作品，每读《离骚》，常常激动得热泪盈眶。一次，他写了一篇《反离骚》赋，投入岷江，以祭祀这位伟大的文学家。青年时期，他完成了《广骚》《畔牢愁》《县邸铭》《玉佴颂》《阶闼颂》《蜀都赋》《十二州箴》《成都城四隅铭》等辞赋铭颂，显示出不寻常的文学才华。扬雄四十岁以后离开成都游历京城长安，大司马车骑将军王音和蜀籍郎官杨庄极为推崇扬雄的风度和才能，向汉成帝推荐。汉成帝读了扬雄的作品，也赞赏他的才华，征召为黄门侍郎。

元延二年（前11），汉成帝去甘泉、汾阳进行祭祀、狩猎活动；次年又在长杨观看胡人驯兽表演，扬雄作为侍从多次随行。他目睹最高统治者的奢靡生活，深为感慨，先后写了《甘泉赋》《河东赋》《羽猎赋》和《长杨赋》，对汉成帝委婉劝谏，希望他效法上古贤君唐虞的节俭作风，实行裕民政策。这四大赋文采华丽，气势宏大，是扬雄的代表作，奠定了他在辞赋领域的重要地位。

除四大赋外，扬雄还有七篇赋和其他文学语言作品。小赋大多笔锋犀利，语言恢谐，寓意讽谏。

扬雄作赋意在规劝，然而实效甚微。他对皇帝的进谏，没有得到理解，只被当作文学作品受到夸奖。他写《逐贫赋》，而贫穷始终伴随他。他亦安贫乐道，不慕富贵利禄，蔑视趋炎附势的小人。他的《酒箴》精粹隽永，借酒器隐喻高洁朴素之士，谴责攀龙附凤之辈。但是，他的《酒箴》却被酒鬼作为嗜酒放纵的依据，令人啼笑皆非。扬雄从现实中认识到，辞赋是“雕虫篆刻”“壮夫不为”，从此不再作赋。

扬雄不仅是一位文学、语言家，而且是一位玄学家，著有哲学著作《法言》与《太玄》，他写的《辅轩使者绝代语释别国方言》是全世界第一部研究方言的著作，他在《法言》中阐述了若干文学理论问题，论述精辟，语言浅近，对后世产生了深远的影响。后世论者都将他与司马相如相提并论，正如韩愈所说："子云、相如，同工异曲。"早在晋代，他在成都的住宅就是后人凭吊的文化遗址，如左思在著名的《咏史》诗中就已经有"寂寂扬子宅，门无卿相舆"的诗句。在过去的岁月中，很多地方都有他的纪念地，单是在四川各地的子云亭就有多处，目前最宏伟的子云亭在绵阳西山公园。

三、 蜀守文翁实行教化，促使蜀地后来居上

（一）学习中原儒学、创建石室学宫

文翁何许人也?《汉书·文翁传》本传记载，他是"庐江舒人"（今安徽庐江），曾任郡县吏。西汉文帝、景帝间，文翁任蜀守。汉初"反秦之弊，与民休息，凡事简易，禁罔疏阔"，"民务稼穑，衣食滋殖"。及至"文景之治"，地方官以移风易俗为要务，循吏辈出，如河南守吴公、蜀守文翁。他们廉洁奉公，倡导地方公益事业，兴利除弊，造福一方。《汉书·循吏传》记载了他们许多感人的事迹。

文翁自幼好学，学识渊博，"通春秋"。为人"仁爱、好教化"。他目睹蜀地"承秦之后，学校陵夷，有蛮夷风……欲诱进之"。他决心以兴利除弊、提高蜀地经济文化水平为治蜀要图，于是"选郡县小吏开敏有才者张叔等十余人，亲自饬厉"，随后又将他们派送长安，"受业博士，或学律令"。数年之后，蜀生学成归来，文翁委以重任，又时时加以训导。其中佼佼者"官有至郡守、刺史者"。他又在成都市中"修起学官"，"招下县子弟，以为学官弟子，"免除他们的徭役。学业优异者"补郡县吏"，次者任用为"孝弟力田"。他常常选择学官"僮子"在自己左右接受面训；每逢出行外县，更不忘从学官那里选择"诸生明经"随行，让他们深入社会实际。有机会向百姓宣示教化，同时了解民间疾苦。《汉书·地理志》称："景、武间，文翁为蜀守，教民读书法令。未能笃守道德，反以好文刺机，贵慕权势。"

文翁治蜀20年，除继续扩大都江堰灌区和穿凿湔江口（今彭州海窝子关口），使成都平原灌溉面积进一步扩大外，最重要的政绩是法治和教育事业。

文翁建校，以石为屋，因此后人称为石室，又名玉堂。经文翁倡导，巴郡、汉中也先后建立学校，《华阳国志·蜀志》记载，汉末，“州夺郡文学为州学，郡更于夷里桥南岸道东边起文学。”又言，冯颢为成都县令，“立文学”。一时蜀学大盛，文化教育水平赶上了齐鲁地区。

文翁通过向京都派遣学生求学的方式，使中原文化源源不断地传播到四川；在成都开办学校，又聚集大批饱学之士，教授蜀中子弟，使成都成为四川文化教育中心，带动各州郡文化、教育事业的发展，使蜀学肇其端，产生了汉代文学的蜀中名家。文翁治蜀前，巴蜀被称为“南夷”，为西南地区多民族聚居地。由于自然条件优越、出产富饶，加上蜀守李冰的不懈开发，稻作农业已有相当的发展，蜀人生活在鱼米之乡，丰衣足食，民间没有饥荒的忧虑，倒滋长了奢华、脆弱、狭隘习气。文翁任蜀守以后，蜀中风气大变，实施教化政策，鼓励蜀人读书习字，学习法令，人们不再恪守陈旧的道德风范，开始寻求新的价值观念。

（二）文翁治蜀的历史经验

西汉时期，文翁治蜀20余年，兴修水利、创办教育、引进经学、实施法治，从根本上改变了“蜀地僻陋”的落后面貌。文翁治蜀的创举，主导成都教化精神二千余年，可以概括为：穷则思变、勇于进取、教化为本、兼收并蓄。

1. 穷则思变。

文翁治蜀之前，蜀地相当闭塞，“蜀左言，无文字”，与中原地区没有共同的语言、文字，缺乏对外经济、文化交流。文翁目睹蜀地的落后局面，决定以兴利除弊、提高蜀地经济、文化水平为治蜀要图。20余年的努力，赢得了“蜀学比于齐鲁”的优异政绩。文翁之后，成都遭受了许多次毁灭性战乱，战后成都人总是从瓦砾废墟中崛起，再造更高的文明。

2. 勇于进取。

文翁自幼好学，学识渊博，极富开拓精神，由郡县吏升迁至蜀郡守。他从最紧迫的经济、教育、法治等问题入手，改变蜀地的落后面貌。在成都创建郡学、引进中原先进文化的同时，进一步开发成都水利资源，主持开凿了湔江口水利工程，分流灌溉郫县、新都等地农田1700顷（约今12万亩）；又扩大都江堰灌区，提高了成都稻作农业的生产力。他整顿吏治，从品学兼优的学生中选拔官吏，即使小吏也要亲自选任。

3. 教化为本。

文翁看到蜀民素质很差，“有蛮夷风”，亟待教化改良。他在成都设置郡学，招收吏民子弟就学，又选派优秀学生前往长安太学，由博士教导百家经典和法律，重点放在提高人才素质、培育遵纪守法观念。文翁兴学以后，不仅产生了司马相如、扬雄等数十位在文学、经学、史学和诸子之学等领域做出卓越贡献的“风雅英伟之士”，而且通过不懈努力，百余年间改变了蜀民素质。《汉书·循吏传》称：“至今巴蜀好文雅，文翁之化也。”

4. 兼收并蓄。

文翁治蜀，观念开放，重视学习中原先进文化，并以此作为提高蜀人素质，改变蜀地落后状况的精神食粮。他以儒学作为建立蜀地人伦道德秩序、移风易俗的指南；他将刑名之学作为维护蜀地安定，改变巴蜀社会“蛮夷风”的法律武器。文翁之后，海纳百川的精神遗传下来。

四、史学的勃兴、蜀学的发端

在成都汉魏六朝的学术研究中，史学是一个很有成就的领域，产生了杰出的史学家。成都史学进入兴盛期，产生了不少有价值的重要著作。

（一）《蜀王本纪》及其作者

初名《蜀本纪》，或省称《蜀纪》，他书征引皆作《蜀记》。相传是西汉扬雄所著，扬雄是一个学识渊博的杂家，除了文学、语言、天文学方面的成就外，后人将记述四川早期历史的史书《蜀王本纪》也归入他的著作。此书广泛采集古蜀传说和早期著述，对四川古代历史作了精辟记述，有很高的史料价值。但是，《蜀王本纪》不见于《汉书·艺文志》，《隋书》及新、旧《唐书》始著录其书于地理类中，是记录蜀中掌故的地方志书，原与正史中的本纪不同，所以《隋书》《新唐书》纪皆作记，实属杂记蜀事之书，不当用帝王本纪之纪。

《蜀王本纪》荟萃成书，当在刘焉、刘备相继统治益州之时，出于来敏、秦宓以后。《汉书·扬雄传》及《艺文志》所著录的扬雄著作，其中也没有《蜀本纪》。《汉书·艺文志》本于刘歆《七略》，扬雄与刘歆同仕新莽朝，皆以学问知名于世，又相知最深，扬雄若作此书，《七略》不容不载。班固作《汉书》时，去扬雄之殁仅四十余年；他作《扬雄传》，对于扬雄的著作，备列无遗，未提到《蜀王本纪》。桓谭与刘歆、扬雄年辈相及，同仕莽朝，桓谭作《新论》，对扬雄推崇备至，也未提及《蜀本纪》。这些默证都证实：《蜀本纪》不是扬雄著作。

扬雄既非《蜀本纪》的作者，为何唐以后的人都深信《蜀王本纪》出于扬雄，绝无异议？魏晋以后，天下一统，左思作《三都赋》，世人争相抄写，一时洛阳纸贵。有人模仿《三都赋》而作《蜀都赋》，托名扬雄，也就盛传于世。南朝《昭明文选》不收此赋，至南宋时始载于《古文苑》。后世既信《蜀都赋》为扬雄所作，更不怀疑《蜀本纪》是扬雄所著了。真相是：汉末刘焉幕友来敏、秦宓精于古史和蜀中掌故，荟萃诸家传闻，成《本蜀论》。蜀汉时，谯周《古史考》既是阐述秦宓旧说，《蜀王本纪》荟萃于谯周，正当时代风尚与传授系统，他才是被埋没的作者。①

（二）谯周与《古史考》

谯周是蜀汉时期的著名人物，蜀汉巴西西充国（阆中）人，字允南。蜀汉学者，是著名学者秦宓的学生，好读书，学识渊博，著述不少。耽古笃学，精研六经，尤善书、礼二经，亦习天文、图谶、术数。建兴（223—237）中，为益州劝学从事，徙典学从事，总领全州学者。历任太子仆、家令、中散大夫、光禄大夫。不参与政事，以儒者见礼。著有《仇国论》，认为魏、蜀大小

① 徐中舒：《论〈蜀王本纪〉成书年代及其作者》，原载《社会科学研究》1979 年 3 月创刊号，引自《川大史学徐中舒卷》，四川大学出版社 2006 年版，第 480—488 页。

悬殊，强弱异势，蜀汉不可能吞魏，三国鼎立的形势下，“可为文王，难为汉祖。”景耀六年（263）冬，魏伐蜀，主张降魏。蜀亡，魏以谯周有全国之功，封为阳城亭侯。因此，他又得以在魏、晋为官。谯周所著《古史考》是订补《史记》阙误的精审之作。此书已经亡佚，幸有章宗源辑本，是今日研究先秦史有很高学术价值的参考书。此外，还著有《法训》《五经论》等百余篇，皆佚失。

（三）陈寿与《三国志》

陈寿（233—297）、字承祚，西晋巴西安汉（今南充市）人。少好学，师事同郡谯周，曾仕蜀汉为观阁令史；蜀亡仕西晋，历任著作郎、阳平令、长广太守、治书侍御史等职。他一生的主要精力集中在史学方面，著述颇为丰富。今天能看到的只有一部《三国志》和辑佚的《益部耆旧传》。陈寿人品很好，他在蜀汉为官时，从不讨好飞扬跋扈的宦官黄皓，因而多次遭到贬斥。他具有优良的史德，虽然其父当年曾因追随马谡，失守街亭，而被诸葛亮处以重刑，但在写《三国志》时，却能据实写史。取魏、吴史书材料，自撰蜀国史，纂成《三国志》，秉笔直书，文字简洁、取材得当，是一部富有史料价值的断代史。《三国志》对诸葛亮的功绩给予应有的高度评价，对其他人物也如实记述，言必有据，不以个人好恶褒贬人物。因此，后世将他与司马迁、班固、范晔并称“良史”。他所著的《三国志》，由于史料价值高、文笔精练、生动，在二十四史中与《史记》《汉书》《后汉书》合称前四史，被列为史学上品和史家楷模。

（四）常璩与《华阳国志》

常璩，蜀郡江原县（今成都崇州市）人，生于西晋惠帝初年（公元3世纪末），卒于东晋穆帝末（公元4世纪中叶），他一生主要年代，是在中国历史战乱频繁的五胡十六国的成汉统治时期度过的。常璩家族本是江原望族，但在他少年时，家境已经败落。他在清贫的生活中长大。他自幼聪明好学，饱览家中保存的文化历史典籍，成为蜀中学识渊博的佼佼者。

李雄建立成国后，他担任过掌管档案、图籍的官吏，使他得以涉猎官府库存的大量秘藏图书，特别是有价值的历史、地理、风俗书籍。他擅长著书立说，大约在李寿夺取政权后，他用正史体裁写成《汉之书》共10卷，主要记述巴蜀割据政权、李氏功臣和当时益、梁、荆、宁四州历史地理情况。

东晋元和二年（346），桓温伐蜀，李势在常璩劝说下投降东晋。常璩随李势到了东晋都城建康（今南京）以后，着手撰写《华阳国志》，于孝武帝二年（374）完成。全书共10篇，《隋书·经籍志》记为12卷。到南宋时书已残缺，宋宁宗嘉泰年间（1201—1204年）经史学家李塈采集《两汉史》和陈寿《益部耆旧传》引述，补足12卷。其篇目是：《巴志》《汉中志》《蜀志》《南中志》《公孙述·刘二牧志》《刘先主志》《刘后主志》《大同志》《李特·雄·寿·势志》《汉中士女》《后贤志》《序志》。其中，《巴志》《汉中志》《蜀志》《南中志》是记述古代四川、云南和陕西南部历史地理情况的。其余各卷是记述东汉以来上述地区割据政权的兴衰更迭史事和古今著名人物事迹的。

由于作者学识宏博，取材精审、文笔生动，《华阳国志》具有很高的史料价值，今日史家研究四川古代史，仍把它作为信史而广泛引证。

除了上述史学著作外，魏晋时期的史学著作还有广汉李尤的《蜀记》、李膺的《益州记》、李尤与刘珍合著的《汉纪》、梓州王崇的《蜀书》、崇庆常宽的《后贤传》，可惜这些史书绝大部分早已失佚，只有李膺的《益州记》通过辑佚尚能看到部分内容。

总之，汉魏六朝时期，由于城市经济的日益发展，以天文历法、辞赋文学、教育、史学为代表的城市科学文化出现了兴盛局面，落下闳创制的太初历，是蜀中天文学长期积累的结果。司马相如、王褒、扬雄、严遵四大名家的辞赋作品，“以文辞显于世”，“文章冠天下”，名列西汉文坛前茅。司马相如则是汉赋的奠基者和卓越代表。严君平吸取周易和老子学说的精髓，完成《老子指归》13卷。此书成为道家始祖张道陵在大邑鹤鸣山创立天师正一道的理论依据。成都文化学术的这些光辉成就，使它跃居古代西南文化学术中心，开辟了古代蜀学的先河。

第二编

“扬一益二”

——隋唐到两宋成都城市的繁荣

蜀汉以后，中经两晋南北朝时期，成都受南北割据势力交替控制，城市的发展处于衰退状态。自隋统一中国，唐宋成都经济臻于兴盛，“故谚称‘扬一益二’，谓天下之盛，扬为一而蜀次之也。”中间虽有前后蜀短暂割据，但很少战乱。在这种形势下，成都城市经济文化呈现持续繁荣局面。

隋、唐、五代、两宋时期，成都先后是益州、蜀郡、成都府、成都县和华阳县的治所，也曾是剑南节度使、西川节度使、西川路和成都府路的驻节地，其间还成为前、后蜀都城，在全国都市中属于重要地位。由于中原移民南迁，城市人口出现了第二高峰期，总数达 10 万户，合计 58 万人，占成都府属 16 县总人口的 70%。由于城市规模过大，为便于管理，成都城区分属两县。贞观十七年在成都县东部置蜀县，乾元元年改名华阳县，至此，一城两治的格局形成。

【第一章】

隋唐到两宋成都商品经济的发展

第一节 成都人口增殖与中原移民南迁

一、蜀中户口与城市人口的变化

（一）汉晋以来，蜀中户口检索

公孙述据蜀时，蜀、巴地区人口已过百万，超过西汉元始二年（公元2年）的70余万。自东汉末年以来，蜀、巴地区获得长时期的安定，因受中原战乱影响，中间也有曲折起伏。但大体平稳，经济有所恢复，户口也从长期下降的趋势转变为恢复和增长的趋势。蜀汉共有28万户、93万余口。由于蜀汉灭亡后，有大量蜀人被迫迁出，西晋太康元年（280）蜀、巴地区14郡72县21.39万户，按每户3.9人计，当时约有83.421万人。南朝时期受流民战乱影响，户口有所减少。到隋朝统一蜀、巴，据大业五年（609）统计：蜀、巴23郡，合计492781户，大约2456605人。唐开元二十八年（740）蜀、巴地区52州郡，户数合计896330户，大约4546311人。经过十余年的高速增长，到天宝十三载（754），达到1156293户，大约4918252人。中原陷入残唐五代战乱，中原移民蜀、巴地区数量较多，在前后蜀统治下，维持局部安定，后蜀降宋时，宋得蜀 46 州 240 县 534029 户。比前蜀王建时 60 万户有所减少。崇宁元年（1102），四川合计户口：1833790 户，5254992 口[①]，这是四川自东汉至北宋时期以来人口曲折增殖的一个过程。

（二）蜀郡、益州、成都府城市人口概览

从城市人口看，以成都城市为人口聚居区的蜀郡，在西汉元始二年（公元 2 年）有 268279 户、1245929 人；到东汉永和五年（公元 140 年），有 412020 户、1826105 人。隋大业年间，蜀郡人口已回升至 105500 余户（包括 13 个郊县），如户与口以每户 5.7 人计，则人口大约 601350 口。《隋书・地理志》说："其地四塞，山川冲阻，水陆所凑，货殖所萃，盖一都之会。"隋代成都所在的益州，与中原和黄河东部一些州、郡还有差距。唐代成都府人口，以《新唐书・地理志》统计，共 160900 余户。成都市区户口，约 10 万户。杜甫《水槛遣心》诗说："城中十万户，此地两三家。"李景让诗也说："成都十万户，抛若一鸿毛。"若以每户 5.8 人计，唐代市区人口当为 58 万人。城市人口占据多数，乡区人口稀少。

两宋时期，成都府路是整个川峡四路中经济、文化最发达的地区，也是人口最多的地区。据乐史《太平寰宇记》统计太平兴国年间的户数，大约有 517285 户，占整个蜀、巴地区户口的 47%。北宋元丰元年（1078），成都府路的户数已达 864403 户，占蜀、巴户口的 43.89%。到北宋后期的崇宁元年（1102），成都府路的户数进一步增加到 917023 户，占据蜀、巴地区户数的 43.40%，增加平稳。[②] 南宋绍兴三十二年（1162）统计成都府路有 1097787 户，占据全川户数的 41.25%。其后，南宋户口大致保持了北宋以来的户口曲折增长状态。

---

① 以上蜀、巴地区户口统计，均见李世平先生《四川人口史》，四川大学出版社 1987 年版，第 45—109 页。

② 粟品孝等：《成都通史》卷四，《五代（前后蜀）两宋时期》，四川人民出版社 2011 年版，第 10—13 页。

成都市区户口仍在10万户左右。北宋张詠《乖崖集》说:“成都十万户。”南宋陆游《晚登子城》说:“城中繁雄十万户,朱门甲第何峥嵘。”但人口数应分别为32.3万和27.1万人。① 很显然,唐代成都人口大幅度上升了。成都人口是随农村商品经济的快速发展而增加的,也与成都城市商业贸易繁荣息息相关的;同时,不断发生的中原战乱,引发的流民入蜀,增加了成都的人口基数。

二、 中原移民大量流入

(一)离乱年间的中原移民

隋朝后期,由于隋炀帝的暴政,中原地区的社会经济遭到极大的破坏,随之而爆发的隋末农民大起义和统治阶级的残酷镇压,更使广大中原和江淮地区都化为战场。《隋书·食货志》载:“宫观鞠为茂草,乡亭绝其烟火,人相啖食,十而四五,关中疠疫,炎旱伤稼。”蜀中情况却相反,“隋末剑南独无寇盗,属辽东之役,剑南复不预及,其百姓富庶”(《资治通鉴》)。同时,由于中原和关中地区农业生产的破坏,出现了大饥荒,蜀中丰富的粮食供应更产生了极大的吸引力。唐高祖李渊在夺取关中后就曾说:“比年寇盗,郡县饥荒,百姓逃亡,十不存一,货易妻子,奔波道路。”(《册府元龟》)这些逃亡的人有许多是到了蜀中,仅以当时僧人来说,就因“时天下饥乱,唯蜀中丰静,故四方僧投之者众”(《大慈恩寺三藏法师传》)。如有名的玄奘法师,即于隋末唐初由关中入蜀。道因法师也在这时“避地三蜀,居于成都多宝之寺”。武德二年(619)长安缺粮,“运剑南之米,以实京师”(《册府元龟》)。于是,益州粮多,易于存活,成为关中人民的向往之地。但凡关中遭遇灾荒,都有大批饥民,包括中产之家,到益州谋食。高適在肃宗时曾上疏说:“比日关中米贵,而衣冠士庶,颇亦出城,山南、剑南,道路相望,村坊市肆,与蜀人杂居,其升合储,皆求于蜀人。”(《请罢东川节度使》)入蜀者中还有不

① 参见西禾:《成都历代城市人口的变迁》,《成都地方志通讯》1984年第2期。

少文人雅士，高宗时登进士第的绵州人陈该，“其先自颍川迁蜀”。陈该的祖辈入蜀，应是在隋唐之际。

移民入蜀的第二个高峰是在安史之乱爆发以后。由于关中地区是战乱的中心地带，“连岁戎旅，天下凋瘵，京师近甸，烦苦尤重，比屋流散……京畿户口耗减太半”（《减京畿官员制》）。除了唐玄宗率领一批文武官员和兵士避难到成都外，在这一时期入蜀的关中人口也有许多。杜甫即因关中饥荒而弃官携家入蜀，仅杜甫沿途所见，就有“二十一家同入蜀”。携带家人入蜀者，不仅是官吏士族，也有许多普通百姓。杜甫后虽出蜀往荆湘，但其子宗文、宗武仍留于蜀中。“其后族属繁衍，遂为郡大姓”。入蜀避乱的文人画家还很多，据北宋黄休复《益州名画录》，唐末有名的蜀中画家杜龈龟，“其先本秦人，避禄山之乱，遂居蜀焉”。玄宗时长安的名画家卢楞枷，“明皇帝驻跸（成都）之日，自汴入蜀，嘉名高誉，播诸蜀川，当代名流，咸伏其妙”。

安史之乱和后来的河北藩镇叛乱使关中一带又化为战场。因此，中原人士移居蜀中的浪潮，一直持续到德宗时期。《宋史·石扬休传》说，石氏本居长安，“其七代祖藏用，右羽林大将军，明于历数，尝召家人谓曰：‘天下将有变，而蜀为最安处。’乃去依其亲眉州刺史李滈，遂为眉州人”。其时因避朱泚之乱入蜀的人也不少，如眉州家氏，其先祖在“唐德宗时，有为职方员外郎者，从乘舆幸山南，因入蜀游青衣访故人，路眉，爱乐风土，遂居眉山”（《净德集》）。居于普州的李洞，本为“雍州人，时洞避朱泚之难入蜀，师事贾岛为师”（《舆地纪胜》）。又如简州何遐，“随侍父世英为平泉主簿，尝平朱泚之乱……其子孙因家于平泉”（《方舆胜览》）。平泉在剑南道的简州，也是较为富庶安定之地。

安史之乱后引起的移民入蜀，在德宗后，随着中原和关中政局的相对稳定而进入低潮。但至黄巢大起义的爆发和起义军的夺取长安，使唐僖宗和一大批朝廷文武官员再次避难成都，随之而来的藩镇混战，带来了一次唐五代时期规模最大的移民入蜀浪潮。仅根据北宋吕陶《净德集》收录所写 31 位人士的墓志铭及行状中，其中 15 家的祖先是由外地迁蜀的，入蜀家族的数量占据总数的一半。其中，唐中叶入蜀的 4 家，唐末 9 家，五代时 2 家。南宋庆元元年编成的《氏族谱》[1] 中，共记载隋唐、五代、两宋时期迁居入蜀的士族共 45 家，其中唐末五代时入蜀的就共有 28 家，占总数的 2/3。在入蜀氏族中，隋末唐初入蜀的 3 家，安史之乱后中唐时期入蜀的 5 家，唐末五代时期入蜀的 18 家，北宋时期入蜀的 1 家。虽然这里统计所根据的资料极不完整，但从中也能看出入蜀移民的大致动向。这次移民浪潮大约持续了半个世纪左右，直到后蜀建立后，方才逐渐平息。

在这一时期中，随同唐僖宗入蜀避难的唐朝官吏和文士是相当多的。宋代成都王氏家族，“自言唐相石泉公方庆之后，世家京兆渭南。祖贲，广明中从僖宗入蜀，遂为成都人”（《宋史·王著传》）。据《氏族传》，广都郭氏家族，“自叙系出子仪，子仪六世孙甫为御史中丞，从僖宗幸蜀”。成都的宋氏，“唐季有任崇文馆校书郎讳玘者，随僖宗西幸，因家成都”。蜀州的常宥原居长安，“扈卫僖宗入蜀”，成都的刘氏，其入蜀始祖为唐僖宗时御史刘再思，“从僖宗入蜀，自蜀还长安，留其子孟温居成都”（《十国春秋》）。新繁彭氏，“唐中宗时为太常，六世孙敬先，尝以左拾遗随僖宗入蜀，家于普州”，后又由普州迁往新繁。由此可见，在随唐僖宗入蜀的官吏和士人中，有相当一部分人因中原大乱，疮痍未复，而不再还乡，或把子女留在蜀中，子孙遂为蜀人。

许多画家也在这时纷纷入蜀。李畋《益州名画录序》说，蜀中“自唐二帝播越及诸侯作镇之秋，是时画艺之杰者，游从而来，故其标格楷模，无处不有。”像唐末五代的著名画家孙位，原为“东越人也，僖宗皇帝车驾在蜀，自京入蜀，号会稽山人”。京兆人吕尧“自京随僖宗皇帝车驾至蜀”。又如善画花木草虫的滕昌祐，“先本吴人，随僖宗入蜀，以文学从事”。僖宗以后仍然有许多中原画家继续移居蜀中，如五代时的名画家赵德玄、赵忠义、刁光胤等，都是在昭宗时由长安避乱入蜀的。《益州名画录》中记载唐五代的蜀中画家共 58 人，其中由外地移居蜀中者就有 21 人。而在这 21 人中，安史之乱

---

① 《氏族谱》题名费著撰，但据《东洋史研究》第 36 卷第 3 期森田宪司《成都氏族谱小考》一文证实，此谱应为南宋庆元时四川制置使兼知成都府袁说友主持编写。

以后的中唐时期入蜀的有 10 人，唐末五代入蜀的有 11 人。

僖宗以后，唐朝已至覆亡边缘，中原、关中地区再一次化为藩镇争战之地。迁徙入蜀的移民更是日渐增多。《新五代史》卷六三《前蜀世家》说："蜀恃险而富，当唐之末，人士多欲依（王）建以避乱。建虽起盗贼，而为人多智诈，善待士，故其僭号，所用多唐名臣世族。"如《新唐史·严遵美传》，当时"唐四方馆主王鄑尚书，自西京乱离，挈家入蜀"。宦官严遵美，曾任右军容使，"后从昭宗迁凤翔，求致仕，隐青城山，年八十余卒"。据吴任臣《十国春秋》，唐末名诗人韦庄，在王建割据四川时奉昭宗之命"宣谕西川，遂留蜀，与冯涓并掌书记"。张格"世为河间人，唐左仆射濬之次子也，唐末由荆江上峡入成都，高祖擢为翰林学士"。在《十国春秋》的前蜀列传中，共列有除后妃外的 175 人的传记，其中在唐末五代时入蜀的有 106 人，约占总数的 3/5；在后蜀列传中，共载有除后妃外的 136 人的传记，其中由外地入蜀的人士有 58 人，占总数的 2/5。

除了官吏文士外，其他各种人也纷纷入蜀。唐末五代有名的诗僧贯休，"本婺州兰溪人也……王氏建国时，来居蜀中龙华之精舍"（《太平广记》）。甚至于也有许多外国僧人，在"伪蜀王先主未开国前，西域僧至蜀，蜀人瞻敬，如见释迦"（《北梦琐言逸文》）。又有"瓦屋和尚，名能光，日本国人也，天复年初入蜀，伪永泰军节度使鹿虔扆舍碧鸡坊宅为禅院居之"（《茅亭客话》）。还有道士，"王蜀先主时，有道士李暠，亦唐之宗室，生于徐州，而游于三蜀"（《北梦琐言》）。入蜀的还有许多是普通的百姓。曾任前蜀武信军节度使的姜志，其父姜春为马夫，亦入蜀。孟知祥建立后蜀时，其"将士多中原人，盖后唐遣之戍蜀，为孟知祥所留也"（《资治通鉴》）。

除了上述三次移民入蜀的高峰外，还有一些移民是在平时因其他原因而入蜀的。在《氏族谱》所载的 28 家入蜀士族中，在平时入蜀的有 6 家，约占总数的 1/5。如宋代居于丹棱和华阳的李氏，其始祖为"唐胄也，太宗十四子，少即曹王，五子，少即武卫大将军偲。武后擅政，偲入蜀，来眉丹棱伏民间"。南宋有名的史学家丹棱人李焘，即是这一支"唐宗室曹王之后也"。宋代蜀中大文学家苏洵、苏轼和苏辙，其始祖是因贬官于蜀而留居的。苏洵

《苏氏族谱》说："唐神龙初，长史味道刺眉州，卒于官，一子留于眉，眉之有苏氏自是始。"唐代大诗人李白，"其先隋末以罪徙西域，神龙初遁还，客巴西"。宋代成都的宇文氏，原籍河南，"其以史学传自唐谏议大夫藉，藉子从礼为渠州司马，因家于蜀，后徙成都"。临邛常氏，"其先居长安，自唐季有为唐安掾者，子孙因家焉，至高祖某则又徙临邛，曾祖某，祖某遂为邛大姓"（《净德集》）。由此可知，在唐五代时，这种因逃避政治迫害或在蜀做官而后定居蜀中的现象，也是很普遍的。[①]

（二）入蜀中原移民与原住民的关系

由于蜀地的富庶和较少战乱，以及在地理位置上靠近王朝心脏地区关中，每当中原和关中一带发生动乱的时候，总是有许多移民进入蜀中。隋末和残唐五代时期分别再现了两次大规模的移民浪潮。移民中有的是暂时居留，但更多的人则在蜀地定居下来，对蜀中的人口状况和经济文化的发展产生重大影响。而移民在蜀地的生存状态，又反过来对唐五代以来的历史发展起了不可忽视的作用。

从不同来源的宋人资料所作的粗略统计，可以看出，唐五代时期向蜀中移民，主要发生在隋末唐初，安史之乱以后的中唐时期，残唐五代时期。其中以残唐五代时期移民比例最高。当时中原、关中地区化为藩镇争战之地，迁徙入蜀的移民更是日渐增多。移民蜀中是因为中原战乱，而蜀地的富饶又促使这些家族定居下来。可见，蜀地确实是包容和善待各类移民的乐土。

中原衣冠士族入蜀后，受到前、后蜀政权的优待和重用。史书记载说："蜀恃险而富，当唐之末，人士多欲依（王）建以避乱。建虽起盗贼，而为人多智诈，善待士，故其僭号，所用多唐名臣世族。"（《新五代史·前蜀世家》）蜀地原有的土著势力，在前、后蜀时期也成为外来军事统治势力的依靠对象和统治基础。北宋吕陶说："伏缘成都府四境之土，相距皆百二三十里之远，昔为十县，县之主户各二三万家，而客户数倍焉。"（《净德集》）吕陶为成都

① 参见谢元鲁：《唐五代移民入蜀考》，《中国社会经济史研究》1987年第4期，第79—85页。

人，宋神宗时历任蜀州、彭州、邛州、梓州等地知州，其有关西川土著记载应是十分翔实的。他所记成都府户口，虽是北宋前期的情况，但与相距不远的五代时期也差不多。世家大族与贫民百姓的关系堪称融洽，“西川四路乡村，民多大姓，每一姓所有客户，动是三五百家。赖衣食贷借，仰以为生。”（《安阳集》）峡路诸州，大户势力更加雄厚，“巴、庸民以财力相君，每户人家役属至数千户。小户岁输租庸，亦甚以为便。”这种方式确立后，“皆相承租数世”（《宋会要辑稿・刑法》）。夔州“自来多兼并之家，至有数万客户者”（《宋会要辑稿・兵》）。

第二节 商品粮和经济作物的增长

一、持续兴建农田水利工程

由于隋唐五代两宋时期成都平原农田水利灌溉条件的不断改善，稻作农业进入了持续发展的新阶段。不仅成都平原原有水稻种植面积不断扩大，而且逐渐向北扩展到涪江流域的绵州地区，向南扩展到岷江流域的眉州地区。

虽然秦汉以来都江堰水利工程为成都平原提供了“养生之饶”，使四川成为“不知饥馑”的天府之国，但是随着经济发展和人口增殖，岷江分水工程已经不能满足进一步扩大水稻种植面积的需要。隋唐五代两宋时期，人们十分重视成都平原的水利工程建设，不断探索有价值的水利资源，开拓新的水利工程，以扩大农田灌溉面积。隋初蜀王杨秀曾开发新源水（在今温江境），用于航运和灌溉。根据《新唐书・地理志》统计，唐代剑南道新建的水利工程共计 20 项，其中川西地区就有 15 项之多。①

① 据冀朝鼎《中国历史上的基本经济区与水利事业的发展》第 36 页统计：唐代兴修的各种水利工程，见于记载的有 254 项，成都即占 17%。

隋唐五代两宋时期，由于农田水利工程的不断兴修和扩建，成都稻作农业得到持续发展，水稻种植面积扩大，稻作农业的耕作方式得到改进，引进优质作物，扩大复种、套种面积，大幅度提高了稻作农业生产力。根据有关资料统计：熙宁三年到九年（1070—1076），成都府路有可以种植稻谷的自流灌溉地区达到 29 处，共计 288387 亩，到北宋后期和南宋时期，成都又陆续兴修和扩建了不少水利工程，水稻种植面积不断扩大。史实证明，卓有成效的水利建设大大促进了成都平原及其周遭地区稻作农业的发展。

虽然在沱江、嘉陵江和长江沿岸一些冲积平原也有水稻种植地区，但无论灌溉面积、生产规模、水稻产量等都不及成都平原及其毗邻的涪江冲积平原和岷江冲积平原。成都平原及其周遭地区得到沟渠灌溉之利，水稻的种植极为普遍；在不便作堰的山陵地带，则就地取材，使用竹筒“通其节，本末相续”以引水灌田，又随落差增加引竹长度，“或引至六七十竹者”（《蜀中广记》）。

在稻作农业的耕作技术方面，也出现重要创新。犁耕是保持土壤疏松、维持土地肥力的重要技术，当时发明了可控制深耕、浅耕的屈辕犁。根据不同用途，对铁制农具用铁有了不同选择：犁铧仍用坚硬耐磨的铸铁，其他各种农具则由汉代的韧性铸铁改进为钢刃熟铁制成。这些农业技术的进步，都是水稻产量提高的重要因素。①

二、 精耕细作，大幅度提高水稻产量

隋唐五代两宋时期，由于农田水利工程的不断兴修和扩建，成都稻作农业得到持续发展，水稻种植面积扩大，稻作农业的耕作方式得到改进，引进优质作物、扩大复种、套种面积，大幅度提高了稻作农业生产力。

入唐以后，随着农田水利工程的不断扩展，水稻的种植已向北延伸到地处涪江冲积平原的绵州、梓州，向南延伸到位于岷江冲积平原的眉州。如陈

① 吴慧：《中国历代粮食亩产研究》，农业出版社 1985 年版，第 155 页。

氏家族世居梓州射洪县，到唐代著名诗人陈子昂时，家族已有大量稻田，“原田莓莓，粳黍漠漠，汝阳之稼如云矣。”陈子昂之父陈元敬，曾因岁饥，“出粟万石赈乡里”（《新唐书・陈子昂传》）。

成都平原田沃人稠，对土地的利用率也在不断提高。由于中晚稻的推广，稻作农业已经通过蜀民辛勤劳动、精耕细作，通过复种技术，在宋代达到全年三四收的水平。吴慧教授认为：推广稻麦复种，必须以晚稻（阴历九十月熟）、中稻（八月熟）品种的形成为条件。中国历史上早期水稻品种都是早稻（六七月熟），中晚稻的出现较晚，与之有关的稻麦复种的时间更晚。大致可以说，到宋代，中晚稻的栽培才逐渐增加，稻麦复种可能也随之增加。《宋史・地理志》记载：“民勤耕作，无寸土之旷，岁三四收。”由此可见，当时成都稻作农业集约化程度之高。

由于成都平原水利灌溉工程的扩大、农业技术和耕作器具的改良，唐宋时期稻作农业得到持续发展。蒙文通教授估算，唐代亩产量比汉代增加一倍。① 与此同时，农业技术得到改良，朝廷颁行农书《四时纂要》《齐民要术》，州县地方官每年还散发《劝农文》。为了保证农田耕作，四川地方官还鼓励农民繁育耕牛，每逢牛生双犊，都要作为大喜事报告朝廷，北宋时期，四川耕牛还大量供应长江中游地。因此，两宋四川农业进入精耕细作，一年三四收的水平。苏轼描述故乡稻作农业是“千人耕种万人食，一年辛苦一春闲”。这说明，稻作农业区的农民生产率已经达到一人耕种可以供养十人口粮的水平。粮食是古人主食，如果将饲料和各种损耗加上，食口月均摊消费量约为稻米 20 公斤，丁男年产稻米应为：20 公斤×12×10＝2400 公斤，折合稻谷为 2400 公斤÷46.7%＝5140 公斤。② 按吴慧教授的推算，北宋时平均每户占有耕地 20 亩③，以每户二丁，每丁耕种 10 亩计，当时成都平原每亩水稻年均产量约为：5140 公斤÷10＝514 公斤，亩产已经突破千斤。虽然是“岁

① 蒙文通：《中国历代农产量的扩大和赋役及学术思想的演变》，《四川大学学报》1957 年第 2 期。

② 唐开元七年订：稻三石折米一石四斗，比率为 46.7%。

③ 吴慧：《中国历代粮食亩产研究》，农业出版社 1985 年版，第 164 页。

三四收”的合计量，与前代最好的稻田亩产量才达到一千斤相比，唐宋时期成都稻作农业确实取得了不起的成绩。

宋初，成都平原上的人口为 38.3 万多户，元丰时，增至 62.5 万多户，已超过了唐代最盛的天宝时成都平原户口数，崇宁时又增至 65.2 万多户，南宋绍兴末，包括成都平原在内的成都府路人口，已达 109.7 万多户。人口的大量增加，正是这一地区经济繁荣的体现。①

商品粮的增加，是成都农业发展的重要标志。唐代成都平原所产粮食，不仅满足本地区需要，而且可以接济其他省区的粮食需求。四川诗人陈子昂说："蜀为西南一都会，国之宝府，又人富粮多，浮江而下，可济中国。"武德二年（公元 619 年），长安缺粮，"运剑南之米，以实京师"。即在前后蜀割据时期（907—938），由于统治者先后实行较为和缓的赋役政策和奖励农桑政策，粮食也是自给有余，仓廪充实，米价低廉，"斗米三钱"比盛唐时"斗米不过三四钱"还要便宜。宋代成都平原是全川稻米生产基地；亩产量进入全国先进行列，著名四川文学家苏轼描述成都农业是"千人耕种万人食"。成都府路稻米每岁均大量运销外地，南宋时期，更是川陕驻军粮饷的主要来源。

三、 经济作物的广泛种植，促进农产品商品化程度

粮食作物而外，成都平原经济作物的种植较前代广泛，品种也大为增加。主要经济作物有：麻、棉、蔬菜、水果、花卉、蚕丝、茶叶、甘蔗、中药材等等。

以麻为例，据《新唐书》《太平广记》《资治通鉴》等史书载，唐代成都府和彭州属县，大量种麻，产量丰富。这些麻织成青麻布，大量运往长安各地销售。蜀中官府文书也用麻制成黄白麻纸。此外，蜀麻长期运销江淮，与吴盐作交换。杜甫诗中多次咏叹蜀麻与吴盐的交流贸易，如"蜀麻久不来，

① 谢元鲁：《宋代成都经济特点试探》，《中国社会经济史研究》1983 年第 3 期，第 55—63 页。

吴盐拥荆门。”五代时，成都地区亦为麻的主要产区，蜀州（今崇州市）、彭州一带盛产麻，“治田绩麻”为农民常业，“土地宜麻”，农村习俗以“沤麻鬻之，以为资粮”。宋代成都产麻更盛，品种增多，分为苎麻、大麻（火麻）、黄麻三种。成都城南已有专门经售麻和麻织品的市场。①

再看茶叶，据《茶经》《茶谱》等记，成都地区产茶始于西汉，到唐代已形成一些名茶产区，如彭州、蜀州（今崇州市）、邛州（今邛崃市）等。蜀州青城县丈人山“有散茶，末茶尤好”。邛州各县名茶品种不少，“有火前、火后、嫩绿黄等号。又有火香饼，每饼重四十两”。五代时，成都名茶制作更为讲究，出现了更多的品种，如彭州“有蒲村、堋口、灌口、其园名仙崖、石花等，其茶饼小，而布嫩芽如六出花者尤妙”。蜀州各县多产茶，“其横原雀舌、鸟嘴、麦颗，盖取其嫩芽所造，以其芽之似也。又有片甲者，即是早春黄茶，芽叶相抱如片甲也。蝉翼者，其叶嫩薄如蝉翼，散茶之最上也。”临邛茶已按其质地分等，并和其他植物芽叶做成药用茶，治疗风疾。北宋时期，成都府路茶计产地有十军州，占四川产地一半。范镇《东斋纪事》卷四说：“蜀之产茶凡八处；雅州之蒙顶、蜀州之味江、邛州之火井、嘉州之中蜂、彭州之堋口、汉州之扬村、绵州之兽目、利州之罗村。这是四川产茶最多的八处茶场，除利州罗村外，均在成都平原周围。当时，蜀茶岁约三千万斤”，南宋时，“成都府、利州路三十三处茶场，岁产茶二千一百二万斤。一千六百十七万斤系成都府路九州军，凡二十场”（《建炎以来朝野杂记》）。也就是说，成都府路茶的产量占据四川两个主要产区总产量的77%。

从上述例证可知，唐宋时期，成都地区农副产品的生产已具有相当规模和水平，商品化的程度也很高。这是唐宋时期商业发展的深厚基础。

① 贾大泉：《四川通史》卷四，四川人民出版社2010年版，第212—217页。

| 第三节　巧夺天工的手工业 |

隋、唐、五代、两宋时期成都地区的手工业，总的趋势是：行业门类齐全、产品数量巨大，质量也达到较高的水平；产品畅销国内外市场。

一、“绫锦雕镂之妙，侔于上国”

成都纺织业中，以丝织最为兴盛。隋代成都丝织工艺水平很高，闻名全国，《隋书·地理志》称：“绫锦雕镂之妙，侔于上国。”唐代承其绪，生产更为可观。从唐太和三年（829）南诏攻蜀，在成都近郊掳掠数千织工看，丝织业的规模是很庞大的。生产技艺亦呈现日新月异的变化。唐贞观年间（627—649），窦师纶任益州大行台兼检校工造时，督工创制了“天马”“游麟”“对雉”“斗羊”等十余种花样。织锦工匠又发明“缕金”技艺，在锦上缕金为花，织成美丽的“碧罗笼裙”令人叹为观止。天宝中（742—756），“西川贡五色织成背子……费用百金”，为朝野珍视。还有称为“轻容”的丝织品，受到唐人赞美：“纱之至轻者，有所谓轻容，出唐《类苑》云：‘轻容无花薄纱者’。王建宫词云：‘嫌罗不著爱轻容’，元微之有寄乐天白轻容，乐天制而为衣。”（《齐东野语》）五代后唐庄宗时（923—926），织锦工匠已发明一种无缝的锦被，赐名“六合被”，是用“十幅无缝锦为被材”（《清异录》）制成的。

此外，据唐代文献统计：益州出产的丝织品，尚有单丝罗、高杼衫缎，彭州出产交梭罗，蜀州则产白罗，邛州产丝布。据研究者估计，剑南道生产的绫、罗、锦三项，包括贡品和民间销售在内，每年至少是数万匹。五代时，蜀锦生产仍在发展，前蜀灭亡时，库存“纹、锦、绫、罗五十万匹”。宋平后蜀时，府库“轻货纹谷”搬运京师，40卒负运为一纲，从成都至开封，沿途转相传置，经过数年转运，才将孟氏储存运完，可见数量之巨。织锦工艺亦称绝妙，后蜀主孟昶所用锦被，系“一梭织成”，称为“鸳衾”。蜀锦品类繁多，著名锦品有：长安竹、天下乐、雕团、宜男、宝界地、方胜、狮团、象限、八答晕、铁梗襄荷，总称十样锦。①

两宋时期，蜀锦生产达到更高的水平。尽管宋初将成都织锦工匠大批调往京师充实绫锦院，到元丰六年（1083），成都知府吕大防设置成都锦院时，仍能陆续召集工匠300余人，后来发展到500余人，拥有厂房127间，织机154张。分工操作，日用挽综工164人，机织工154人，练染工11人，纺绎工110人。每月耗费生丝125000两，染料211000斤，所产绫锦一部分作为贡品，一部分作为商品流通。宋代蜀锦品种繁多，总计达44种，工艺水平达到炉火纯青的地步。图案题材内容广泛，飞禽、游鱼、走兽、花鸟、山水、人物、宗教、神话等。图案设计新颖，千姿百态，色调丰富，美不胜收。②

其他麻织、毛织业亦各具特色，兹不备述。

二、蜀纸冠天下

唐代成都是著名纸产区，造纸原料以麻类纤维为主，亦用“木肤”如楮、构、桑皮等韧皮纤维。城西南浣花溪，造纸之家聚居，制作方法：“江旁凿臼为碓，上下相接，凡造纸之物必杵之使烂，涤之使洁，然后随其广狭长短之制以造砑，则为布纹，为绮锦，为人物花木，为虫鸟、为鼎彝”。这种方法称之为“蔡伦法”，但此法在唐代已有改进，除对纤维进行沤泡外，已用篁锅蒸煮，捣碎以舂米石臼代替了“锉捣”之法，造砑中使用了染色技术，纸品质量大为改观、成为蜀中名产，所出黄白麻纸用途非常广泛，官方诏令，章奏各种文书均用白麻纸；抚慰军旅，用黄麻纸。集贤院所藏古今图书（御本）

① 杨伟力：《前蜀后蜀史》，四川省社会科学院出版社1986年版，第190页。

② 贾大泉：《四川通史》第四卷，四川人民出版社2010年版，第217—222页。

共四部，分为四库，共 25961 卷，均用“益州麻纸写”，每月耗去麻纸 5000 番。民间纸品，成都地区则产“广都纸”，用途广泛，凡公私簿记、文牒、契券、书籍等均用这种纸书写；其产量之大可想而知。此外，特别值得一提的是精美蜀笺的问世。传世蜀笺种类有：麻面屑末，滑石金花、长麻、鱼子、十色笺、谢公笺、薛涛笺。其中，唐代薛涛笺为成都女诗人薛涛（字洪度）所创，特色是小巧玲珑，色调深红。①

蜀笺深为唐代诗人墨客所爱，唐诗中有不少咏叹，韦庄以“也知价重连城璧；一纸万金尤不惜”之句，道出了唐人对蜀笺的珍视。五代时，造纸业亦有发展，各种色笺风行京师苏杭一带。

宋代成都造纸业更趋发达。造纸技艺随用料范围扩大而大为改进。唐代造纸主要用麻，宋代麻纸原料已加入破布，“布缕为纸，今蜀笺犹多用之”。但宋代麻纸质量衰减，不如唐代纸好。楮纸产于广都（今双流），其制法：剥去楮皮，在池中沤烂发酵，除去果胶，去其青皮，以草木灰蒸煮后，漂洗、舂捣成纸浆。楮纸品种有四：假山南、假荣、冉村、竹丝。因加工方式稍异，其性能，用途也不一样。“广幅无粉者谓之假山南”；以白粉浆糊纸面，研光后，纸质白净，平滑，吸墨性好，称为假荣。用冉村清水洗涤纸浆，纸质清洁，称冉村：龙溪所产纸品，细润柔韧，称竹丝纸。蜀笺的制作也更精美，最富特色者为谢公笺。谢公笺为谢师厚所创，式样繁多、色泽美观，有深红、粉红、杏红、明黄、深青、浅青、深绿、浅绿、铜绿、浅云等 10 种。时人云：“蜀人造十色笺，凡十幅为榻，每幅之尾，必以竹夹夹之，和十色水逐榻以染。当染之际，弃置槌埋，堆盈左右，不胜其委顿。逮干，则光彩相宜，不可名也。”另有精心制作的水纹纸，其法有二：一种是在纸帘上用线编成各种花卉山水图案，微凸于帘面，抄纸时凸起处纸浆稍薄，故纹发亮；另一种是将雕有图案的木、竹模型用强力压纸，使纸隐显纹理。水纹纸的制作成功，标志着蜀纸技艺的创新。宋代麻纸仍需上贡朝廷，楮纸、笺纸、水纹纸大量

① 谢元鲁校译：《笺纸谱》，《巴蜀丛书》第一辑，巴蜀书社 1998 年版，第 157 页。

销售，用作书写、印刷和纸币原料等，在全国各地均有影响。①

三、 宋版蜀刻书风行海内外

唐代成都已出现雕版印书业，中和三年（公元 849 年），柳玭任官成都时，“阅书于重城之东南，其书多阴阳杂记、占梦相宅、九宫五纬之流，又有字书小学，率雕版。”成都雕版书籍不仅销售全国各地，而且远输日本，如日人所藏西川印子刻本《唐韵》五卷、《玉篇》30 卷等。唐末五代时，大批知识分子避难于蜀，成都印书业出现盛况，雕刻了大批历史文化典籍，诸如佛经、经、史、子、集等大批书籍。毋昭裔居后蜀相位后，组织人雕刻《文选》《初学记》《白民六帖》等书，雇工雕版；同时还开学馆，雕《九经》诸史，蜀中学风大振。

宋代四川经济发展超过唐代，印书业也呈现久盛不衰的局面。由于读书人多，书籍需求量大，因而官刻、私刻作坊遍布全川。官刻书籍，均设校勘、监雕、印造之职，并颁之官学，供士子阅读。私刻称坊刻，后蜀相毋昭裔子孙、成都辛氏、临邛韩醇、李叔仪、蒲江魏了翁均为成都地区著名刻书家；广都费氏进修堂，裴宅，西蜀崔氏书舍，都是著名刻印作坊，而以成都为刻印中心。宋代官刻图书，以《大藏经》《太平御览》《册府元龟》《文苑英华》四部巨著规模最大，影响深远。而四川刻印了除《文苑英华》以外的 3 部。以刻印《大唐经》（又简称《开宝藏》）为例：开宝四年（971），宋太祖敕令益州雕刻《大藏经》，共 5048 卷。刻板 130000 块，历时 13 年，至太平兴国八年（903）竣工，运往开封印刷；完成了我国历史上第一部完整的佛经总集。这部佛经巨典，先后被赠送西夏、朝鲜、日本、越南等国，对亚洲雕版印刷和文化交流起了重要作用。坊刻本亦重质量，专门设置校正、录正、印行等职，分工负责。为昭信用，书本卷首、卷尾还注明印行作坊名称。由于坊刻本较多，竞争激烈，为保护版权，还报官批，禁止翻刻。因此，即使是

① 贾大泉：《四川通史》卷四，四川人民出版社 2010 年版，第 304—305 页。

私坊家刻书籍，也保持了较高质量，在国内外享有声誉，被称为“蜀本”“宋版”。其特点是：字体端庄，精校精刻，墨优纸好。如广都费氏刻印的大字本《资治通鉴》294卷，世称龙爪本；传之今日的宋蜀刻《春秋经传集雕》，字大如钱，墨光如漆，清香沁鼻，均为学者赞美。总之，蜀版书被后世视为珍宝，称为最善本。①

四、蜀中井盐生产工艺的重要创新

蜀中井盐生产的“卓筒井”工艺创新出现在北宋庆历、皇祐年间（1041—1053），诞生地在盛产井盐的四川盆地中部。当时蜀中名人范镇（1008—1089）、文同（1018—1079）、苏轼（1037—1101）都目睹了卓筒井的兴盛，他们或记述了创新工艺产生的年代、涉及的地区；或描述其机械原理，解析其凿井、采卤流程；或以地方官的身份，向朝廷报告卓筒井在各州县不胫而走，对蜀中官盐专卖制度形成的竞争优势。神宗赵顼还召见近臣沈括，探寻关闭卓筒井的利弊。可见，这一新生事物的问世，引发了朝野上下的普遍关注。

（一）苏轼对蜀中卓筒井工艺的描述

“卓筒井”在蜀中兴盛时，苏轼尚未出川，他怀着浓厚的兴趣，对家乡创新的井盐生产工艺进行考察，著有《蜀盐说》，对其机械原理做了翔实记述：

> 自庆历、皇祐以来，蜀始创“筒井”；用圜刃凿山如碗大，深者至数十丈；以巨竹去节，牝牡相衔为井，以隔横入淡水，则咸泉自上。又以竹之差小者出入井中为桶，无底而窍其上，悬熟皮数寸，出入水中，气自呼吸而启闭之，一筒致水数斗。凡筒井皆用机械，利之所在，人无不知。

① 贾大泉：《四川通史》卷四，四川人民出版社2010年版，第309—310页。

由此可知，卓筒井是一种井径极小，井深达数十丈的小口盐井。从苏轼的《蜀盐说》可以看出，卓筒井的制作和生产工艺有三个引人注目的特点：

1.“冲击式・顿锉法”钻井工艺的发明。

卓筒井凿井的器具是“圜刃”，这种凿具在北宋以前未见记载，顾名思义，大约是尖端略呈弧形而带锋刃的钻具。圜刃是铸铁打造的长柄圆形凿具，借助凿具重力在下坠时产生的加速度破碎岩层。“用圜刃凿山如碗大”。

这说明，宋人运用了类似舂米碓架的机械，用脚力作用于碓架，牵引篾索，带动铁制凿具，下坠时产生冲击力，破碎井下岩石。

2. 深井“搧泥”与采卤工艺。

在钻凿这种小井的过程中，井下不断产生岩石碎屑，取出这些岩屑是小井成功的关键环节。卓筒井在上述凿井机械的协调下，采用活门式竹制扇泥筒，顺利地克服了这一困难。其方法是：人们每钻凿一段时间，即注水入井或利用地下水将岩屑制为泥浆，然后，“用筒竹一根，约丈余，通节，以绳系其梢，筒末为皮钱掩其底，至泥水所在，匠氏揉绳伸缩，皮歌水入，挹满搅出，泥水渐尽，复下钎凿焉。”（《蜀中广记》）筒底皮钱由熟牛皮剪成圆形，悬于筒底内侧，受力开闭。卓筒井采卤工艺与搧泥工艺原理相同。

3. 竹制井腔导管的创制。

卓筒井是小口盐井，在井腔通过地表疏松层时，如无有效的固井设施，阻遏地下水的渗入和岩层的坍塌，是不可能开凿成功的。卓筒井使用若干巨竹（大楠竹），去其内节，使其中空而呈管状，然后根据井腔需要将巨竹“牝牡相衔”（头尾衔接），形成人造井腔，有效保护盐井运作。这一固井设施的出现，为后来采用木导管、钢导管的深井技术提供了工艺原理。正如苏轼所言，“利之所在，人无不知”。卓筒井对提高井盐生产力，成效是显著的。因此，蜀中业盐之家纷纷效法，不胫而走。

（二）范镇、文同关注卓筒井的经济社会效益

1. 范镇笔下的卓筒井。

范镇是成都府华阳县人，历任仁宗、神宗、哲宗朝馆阁重臣，直言敢谏，

与司马光为挚友，史称二位宿儒“议论如出一口”；相约“生则互为传，死则作铭”。范镇以户部侍郎致仕还乡，累封蜀郡公。晚年居蜀中，“燕坐多暇”，于是追忆平生见闻，撰为《东斋纪事》。其中将自己所见卓筒井作了简要描述：

> 蜀江有咸泉，有能相度泉脉者，卓竹江心，谓之卓筒井。大率近年不啻千百井矣。每筒日产盐数百斤，其少者亦不下百十斤。两蜀盐价不贱，信乎食口之众。

从范镇的记述，得知其所见卓筒井，是由“相度泉脉者”，即通晓盐矿地质构造的工匠，在蜀中江河之间寻找咸泉，确定盐井井位。范镇说“卓竹江心”，这是他所见个案。“卓”为直立、垂直之意，开宗明义，将刳空的若干大楠竹筒首尾相接、植入开凿的井腔，必须垂直树立，不得偏斜，否则报废。“卓竹”是为隔离浅层淡水和疏松岩屑，确保开凿井下硬岩、直达地下盐卤层位所进行的基础性工作。

范镇记载，卓筒井每井日产盐数量不等，多者数百斤，少者百十斤，与苏轼所言“利之所在，人无不知”相合，技术创新给业盐之家带来了丰厚的利润。当时蜀中卓筒井数量已达到千百井，遍布产盐地区。他认为，在卓筒井生产日益增长之时，东西两川盐价却居高不下的原因，是人口增长太快，也是确论。从太祖到仁宗，休养生息百年，人口增殖加速，食盐需求也大幅度增加。尽管卓筒井遍及产盐州县，盐价仍然居高不下，成为一大社会问题。

2. 陵州知州文同向朝廷奏报卓筒井事态。

隶属陵州（州治在今仁寿县）的井研县是卓筒井的发祥地，时任陵州知州的文同首当其冲。文同是著名画家，擅长画竹，“胸有成竹”便因他的画而成为成语。如今，他要面对卓筒井对官府经营的大口浅井的冲击，如何处理？

卓筒井又称“私井”，顾名思义，它与秦汉以来官府垄断的大口浅井是不同的。其个体经营方式已明显地有别于官井。文同敏锐地觉察到卓筒井的大量开凿及其深远影响。他在《奏为乞差京朝官知井研县事》中向朝廷做了详尽报告：卓筒井开凿者属于当地富翁，“豪者一家至有一二十井，其次亦不减七八”。为了尽可能提高生产效率，卓筒井经营者“恣用镌琢”，比较注重技术创新和机械传动。由于卓筒井制作工艺和生产过程的精良，这些经营者一般雇用有专门技能的劳动者，“每家须设工匠四五十人至三二十人者”，不间断地进行凿井、采卤和熬盐工作。

工匠是卓筒井生产中的雇用劳动者，其人数颇多，四川各州均有，“合为几千、万人”。他们大多来源于破产的农民和手工业者，“皆是他州别县浮浪无根著之徒，抵罪逋逃，变易姓名，尽来就此佣身赁力”。同官井的井、灶役夫相比，他们有着来去自由的身份，和主人之间，仅有雇佣关系，“平居无事，则俯伏低折与主人营作。一不如意，则递相扇诱，群党哗噪，算索工值，偃蹇求去。聚墟落、入镇市，敛博奸盗，靡所不至”①。从文同奏疏中透露出这些工匠与主人没有人身依附关系，是独立自主的雇佣劳动者，来去自由、不受约束。

陵州知州文同叙述了卓筒井工艺在井研县的发展情况，他感叹卓筒井传播之快，“后来其民，尽能此法，为者甚众”。他深切地感受到，卓筒井具有不利于禁榷制度的性质，其钻凿目的，在“易于掩藏”，“少出月课”。文同特别指出，开凿卓筒井的豪民“倚之为奸”。虽然官府多年来实施封禁措施，但并未取得多少成效。这使他“日夜置于心间，不能少忘矣”。他向朝廷建议，应当选派“清疆明断，有吏干之才”的官员担任井研知县，以解决这一棘手问题。作为地方长官，文同报告地方大事并提出建议应是他职责所在。

（三）仁宗与沈括，君臣优雅廷对

卓筒井在陵、嘉、隆、荣等十七州的普遍开凿，使秦汉以来井盐的官垄断体制受到无法承受的巨大压力。北宋朝廷内部纷争不已，有不少人坚持维护官井的利益，主张全部封闭已占据井盐生产优势的卓筒并。据《资治通鉴长编》等文献载，对于四川的食盐需求，则提出“尽实私井而运解盐以足

① （北宋）文同：《奏为乞差京朝官知井研县事》，《丹渊集》卷三四，《四库全书》本。

之”。因此，自嘉祐至熙宁年间（1057－1077），地方官都曾不断下令封禁“卓筒井。梓州路转运司视官井为“年计所赖”，对封禁持“固执不可”的态度。成都府路卓筒井在封禁中损失最大，“尽行栈闭，煎井之家，由是失业。”但造成的后果是“成都盐踊贵，斤为钱百二十”。这些迂腐官员不懂经济效益，更不解励精图治，淮盐经长江上运蜀中困难重重、成本昂贵；解盐远在河东（今山西）解州，更无水运之便，如何千里迢迢、运载大量盐斤越过秦岭巴山入川？坐而论道，徒托空言而已。

熙宁中，北宋朝廷终于改变对私井的政策，允许通过“扑买”①，取得卓筒井的经营权。怀抱革新主张的翰林学士沈括，赞赏其技术创新与改善蜀民淡食问题。继任的神宗赵顼面对私井食盐销售问题进退两难、难以决断，于是召见博闻宏识的沈括，君臣廷对卓筒井难题。神宗询问：“卿又闻西蜀禁盐之利乎?”沈括回答：“私井既容其扑买，则不得无私易。”民间私井既然允许“扑买”，那么业盐之家贩卖食盐则是顺理成章的事宜，禁止贸易的办法确实行不通。小井遍布山岭溪谷，难以封禁。“忠，万、戎、泸间夷界小井尤多，止之实难”。如果一意孤行，后果是不堪设想的。君臣之间的优雅交谈，让神宗赵顼心悦诚服，察纳雅言，确认了卓筒井生产和销售的政策。

五、 独具一格的蜀瓷烧制工艺

成都地区远自东汉晚期就有了瓷器生产，新津县、大邑县、成都、郫县、灌县、邛崃市、金堂县、双流县，均曾发现东汉至南北朝瓷器和窑址。②

（一）隋唐前后蜀瓷器

隋代成都瓷器生产是承上启下的重要时期，在成都青羊宫、灌县金马窑、

① （明）丘濬：《大学衍义补》卷三三《鬻算之失》云：“所谓扑买者，通计坊务该得税钱总数，俾商先出钱，与官买之，然后听其自行取税，以为偿也。”

② 四川省文物管理局编：《四川文物志》上册，巴蜀书社2005年版。

邛崃市固驿窑、双流县牧马山窑发掘的瓷器中，虽仍以单色青瓷为主，但却有灰白釉下饰黑色纹饰的瓷器。这类瓷器，多为敛口钵，其上饰以釉下黑色联珠纹，这种釉纹的出现，实为唐瓷使用的釉下彩的先河。

唐代和五代时期，成都瓷器有了很大发展。著名诗人杜甫在《于韦处士乞大邑瓷碗》中赞美大邑县瓷器说："大邑烧瓷轻且坚，扣如哀玉锦城传。君家白碗胜霜雪，急送茅斋也可怜。"于此可见，成都唐瓷之妙。成都瓷窑主要分布于大邑、邛崃、灌县、郫县。具有代表性的是邛窑。邛窑瓷器胎质坚硬，色呈灰白，其釉色种类繁多，具有深浅，浓淡不同的青、黄、绿、蓝、紫、褐、灰、白等20余种，造型多样，凡生活日用器皿，如罐、壶、碗、钵、杯、盘、碟、盏等，无所不有；工艺品和玩具花色品种齐全，造型美观，有砚、水澄、笔洗、狮、龙、虎、猴、狗、牛、羊、龟、豚、象、兔、鸡、鸭、鱼、铃响等。小型陈设品和玩具，采用手捏、范印或雕塑等方法制成；雕塑以人物雕塑最为出色，形象逼真，情趣多样。其中，三彩器由褐、绿、蓝三色彩斑，构图和纹饰精美别致。一件三彩人物水澄，为一体态丰腴、深目高鼻少妇，身穿折领短袖衫，怀抱一角杯，颇似唐代胡人，反映了蜀瓷造型艺术中的外来文化影响。生活用器皿中，凡碗、盘、杯等由隋代的小平足改为圆圈足，中唐以后，又改为太平足，稍后则为玉璧底。壶、罐耳系由圆环耳或桥形耳改为复式系。壶流有八绫短流、管状短流两种。壶身略呈圆柱形，盘式已有花瓣形，造型稳重大方。灌县玉堂窑青瓷，经分析化验烧成温度为1240±20℃，与越窑相同，其胎釉质次于越窑，而与江苏宜兴窑相近。① 在窑具上，邛窑已独创匣钵装烧，在大量出土匣钵碎片中，一残片刻有铭文"贞元六年润"（790）。晚唐成都瓷窑，又特创三角形圆孔垫，灌县玉堂窑三角形圆孔垫上，刻有"咸通十年"（859）铭文，这些圆孔垫根据不同需要做成大小不等的锯齿形。

五代时期，成都制瓷技艺仍有提高。蜀王建向后梁贡寿的金棱碗极为精美，据文献记载："金棱含宝碗之光，秘色抢青瓷之响。"这种秘色青瓷碗，

---

① 中国科学院上海硅酸盐研究所：《中国历代南北方青瓷的研究》，1978年。

沿边还镶嵌金银。重庆博物馆藏品中有秘色青瓷碗，从工艺特色看，应是成都青羊宫烧制。当时蜀瓷形制亦有变化，壶多长流、弯柄，器身呈椭圆形，器足多方圈足。郫县大坟包窑出土两件盘口长颈带把执壶把柄上，印有“郑家造”三字楷书，可见当时已有民窑的出现。

（二）宋代蜀瓷

两宋蜀瓷在生产规模、制造工艺、瓷器质量方面都超过前代。成都地区瓷器已分为青白两系。青瓷以邛崃十方堂、灌县玉堂窑、成都硫璃厂、金堂金锁桥窑为代表。以成都硫璃厂窑为例：该窑产品既有陶器，又有瓷器，品种繁多，有瓷塑、砚、炉、瓶、碗、盘、碟、灯、杯、壶、盆、罐、钵，还有各种建筑构件和明器。釉色分单色，多色两类；单色釉基本色调有青、黄、赭三种，每色又依深浅、浓淡而小有区别。青色有青白、粉青、虾青，黄色有米黄、橘黄，赭色有深棕、酱色等。多色釉为绿、黄、褐三色配制，绘制的牡丹、菊花纹，具有唐三彩的效果。一般纹饰常以青釉地或赭色、橘黄地绘绿、白色花枝、鱼纹、水藻等。特别值得注意的是：瓷碗碗底大多留有标记。一类如：○○○、◇◇◇、*、卍、#、★、玉、席、太、九、吉、利、五、旺、吴等；另一类如：王造、窦造、范造、易造等。两类标记可能分别代表商标和制造者，这是社会商品经济繁荣，以生产和销售瓷器为目的的民窑产品的特征。①

白瓷以彭县思文、瓷峰窑和灌县玉堂窑为代表。其中瓷峰窑遗存丰富，是研究宋代成都白瓷生产的宝贵资料。瓷峰窑生产规模特别大，在 100 平方米窑址内，发现了南北长 8.32 米，东西宽 5.76 米的马蹄形窑炉，比五代定州马蹄形窑炉大约 1/2②，同时发现了直径 70 厘米的拉坯石质辘轳，研磨釉药石磨、石臼、铁杵以及各种大小不等的匣钵。更为重要的发现是，测试炉

---

① 陈丽琼：《试谈四川古代瓷器的发展及工艺》，见四川省史学会编：《史学论文集》，第 208—228 页。

② 《河北曲阳县涧磁村定窑遗址调查与河北省文物局文物工作队试掘》，《考古》1965 年第 8 期。

温“火表”（又称照子）瓷片的出土。过去学术界认为，测温“火表”首先使用于南宋晚期（13世纪）耀州窑。[①] 北宋早期（10世纪），瓷峰窑“火表”的发现，将我国发明瓷窑测温技术的时间，提前了200年左右。瓷峰窑出土瓷器，均胎质薄腻，釉色莹润，上满釉，釉下饰白色化妆土，釉白带牙黄。造型端巧，棱角足，线条挺拔，美观秀丽，纹饰生动。花纹有绘花、刻花、印花三种。绘花简朴，以洁白瓷浆，钩六条平分线于器内壁，表示六出花瓣。刻花内容广泛，大多花鸟虫鱼，生活气息浓厚，刀法豪放生动，富有艺术性。印花秀丽工整，布局谨严，疏密有致，表现出诗情画意。其装烧工艺亦具独创性，主要方法是口沿悬空叠烧或复烧，器件间采用支托、瓷石珠或石英砂粒作介质，避免粘连。因此瓷器口沿皆有釉，这是与其他窑装烧工艺的主要区别。其种类有碗、杯、盘、盒、香炉、奁、钵、瓶等，这是宋代成都瓷器生产创造性产物。

以上手工业仅是隋、唐、五代、两宋成都手工业的一部分，其他制糖、酿酒、乐器、矿冶等尚不在内。上述手工业已充分表明，这一时期成都地区手工业已相当发展，生产规模很大，技艺进步，产品产量和质量均有相当大的提高。在经营方面，民营手工业数量增多，产品也优于官营手工业。总之，成都手工业生产在向社会化和商品化方面发展。

六、 蜀中酿酒业

（一）唐宋蜀中酒类

唐李肇著《唐国史补》卷下记载：“酒则有郢州之富水，乌程之若下，荥阳之土窟春，富平之石冻春，剑南之烧春，河东之乾和蒲萄，岭南之灵溪、博罗，宜城之九酝，浔阳之湓水，京城之四方腔，虾蟆陵郎官清、阿婆清。又有三勒浆类酒，法出波斯。”唐代各州郡出产如此丰富的名酒，其中“剑南之烧春”就是唐代的剑南道所属的汉州绵竹县生产的。青城山出产的“青城

---

① 陕西省考古研究所：《陕西铜川耀州窑》，第49页。

乳酒”，杜甫在《谢严中丞送青城山道士乳酒一坛》诗中云：“山瓶乳酒下青云，气味浓香幸见分。”此外还有郫县出产的“郫筒酒”，杜甫《将赴成都草堂途中有作先寄严郑公五首》诗云：“鱼知丙穴由来美，酒忆郫筒不用沽。”宋代诗人范成大说：“郫筒，截大竹长二尺，以下留一节为底，刻其外为花纹，上有盖，以铁为梁，或朱或黑，或不漆，大率挈酒竹筒耳。”唐代的戎州（今宜宾），出产“重碧”酒，杜甫《宴戎州杨使君东楼》诗有“重碧拈春酒，轻红擘荔枝”句。梓州射洪县也出好酒，杜甫《野望》诗云：“射洪春酒寒仍绿，目极伤神谁为携?”蜀中美酒知名度很高，被李唐王室列为贡酒。《新唐书》卷四二《地理志六·剑南道》载：“成都府蜀郡，赤。至德二载曰南京，为府，上元元年罢京。土贡……生春酒。”又《新唐书》卷七《德宗纪》大历十四年闰五月载：“剑南贡生春酒。”《旧唐书》卷一二《德宗本纪》上记载，德宗即位，诏令停罢诸州岁贡，其中就有“剑南岁贡春酒十斛，罢之”。按大小斛折中计算，十斛为 200 至 600 公斤。①

唐代蜀酒如此，处在严厉禁榷制度下的宋代蜀中酿酒业，其发展状况如何？如同上节对井盐业生产和销售进行的探讨一样，这又是一个非常有趣的问题。

宋代的酒同盐一样，生产和销售完全由官府控制。官府对酿酒的曲料控制极严，民间不得从事酒曲制造和私卖，由官府统一造曲售卖，即“三京官造曲，听民纳直以取”（《宋史·食货志》）。巴蜀地区亦是严格遵循这一规定，酒曲官造官卖。“开宝二年九月诏：西川诸州卖曲价高，可以十分中减放二分”。到太平兴国中，“官置酒酤”，并提高曲价。太平兴国七年（982）八月，“依旧造曲市与民，其益州岁增曲钱六万贯并除之”（《宋会要辑稿·食货》）。

这里必须说明，官府出售的酒曲并非人人能买。在明令实行酒类禁榷制度的发达地区，只有持有官府特许经营执照的酒户才能买曲酿酒；能够自由买曲酿酒的，仅限于夔州路那样的贫瘠地区。

---

① 参见江玉祥：《唐代剑南春酒史实考》，见四川省民俗学会、剑南春集团公司编：《四川酒文化与社会经济研究》，四川大学出版社 2000 年版，第 119—143 页。

（二）从宋代榷酒举措看蜀中酿酒业的发展

随着经济的发展，酒类消费的增加，宋代酒类已列入专卖品，官府设置酒务，管理酒的酿制、销售和课税收入。从宋代巴蜀地区酒务设置和酒课收入，可以看出当时酿酒业的发展状况：人口最多、经济最富庶的成都府路酿酒业最为发达，熙宁十年（1077）前有酒务 165 务，占四路总数的 40%；酒课 129 万余贯，占四路酒课收入的 59%。熙宁十年成都府路有酒务 157 务，占四路总数的 45%；酒课 13 万余贯，占四路酒课总数的 56%。其次是梓州路，熙宁十年前有酒务 121 务，占四路酒务总数的 29%；酒课 59 万余贯，占四路酒课总数的 27%。熙宁十年梓州路有酒务 118 务，占四路酒务总数的 33%；酒课 7 万余贯，占四路酒课总数的 29%。居第三位的是利州路，熙宁十年前有酒务 124 务，占四川酒务总数的 30%；酒课 30 万余贯，占四路酒课总数的 14%。熙宁十年利州路有酒务 75 务，占四路酒务总数的 21%；酒课 3 万余贯，占四路酒课总数的 15%。居末位的是经济发展滞后的夔州路，熙宁十年前有酒务 7 务，占四路酒务总数的 2%；酒课 5000 贯，占四路酒课总数的 0.2%。① 因为榷酒收入过于微薄，熙宁十年官府明令废除夔州路酒类专卖，不立课额，让利于民。这个政策一直延续到南宋时期，中间曾恢复榷额，但岁入太少，不再实行专卖。这说明，地区经济的发展状况，直接影响着酿酒业的兴衰。经济发达的成都地区，酿酒业兴盛；经济落后的夔州路，酿酒业也缺少发展动力。虽然夔州路酿酒业总体落后，也不排除地处长江要津的夔州周遭酿造的粟酒成为一枝独秀。范成大《夔州・竹枝歌九首》诗中说："云安酒浓曲米贱，家家扶得醉人回。"

仅从宋代文献统计中，即可看到巴蜀地区酿酒业名列诸路前茅。熙宁十年前，诸路共设酒务 1839 务，巴蜀地区有酒务 417 务，占总数的 23%；熙宁十年前诸路酒课 1506 万余贯，巴蜀地区酒课 220 万余贯，占榷课总数的 15%。南宋时期，巴蜀地区酒课收入已占诸路总收入的 28%—49%，可见巴蜀酿酒业之发达。

---

① 贾大泉主编：《四川通史》卷四，四川人民出版社 2010 版，第 293 页。

（三）唐宋蜀酒文化

唐宋时期，巴蜀的酿酒业出现了创新，其主要表现在三个方面：

一是酒肆、酒家多，因此形成特有的文化景观。张籍《成都曲》云：“万里桥边多酒家，游人爱向谁家宿。”孙光宪曾说：“蜀之士子，莫不沽酒，慕相如涤器之风也。”雍陶则为成都烧酒陶醉，不愿离开蜀中：“自到成都烧酒熟，不思身更入长安。”（《北梦琐言》）唐代成都士人陈会自言：“家以当炉为业。”[①] 南宋时陆游在成都写下了《楼上醉歌》：

我游四方不得意，阳狂施药成都市。
大瓢满贮随所求，聊为疲民起憔悴。
瓢空夜静上高楼，买酒卷帘邀月醉。
醉中拂剑光射月，往往悲歌独流涕。

大慈寺春日宴集，诗人王觌豪兴大发：“旋邀座上逍遥客，同醉花前潋滟杯。”这都证明，酿酒、卖酒、饮酒的人多，已成日常生活的一部分。

二是唐代蜀中以美酒闻名，唐诗中产生了许多赞叹蜀中美酒的诗句，杜甫《戏题寄上汉中王三首》：“蜀酒浓无敌，江鱼美可求。”杜甫《谢严中丞送青城山道士乳酒》诗：“山瓶乳酒下青云，气味浓香幸见分。鸣鞭走送怜渔父，洗盏开尝对马军。”白居易诗：“荔枝新熟鸡冠色，烧酒初闻琥珀香。”李商隐《杜工部蜀中离席》：“美酒成都堪送老，当垆仍是卓文君。”韩偓《意绪》：“脸粉难匀蜀酒浓（一作红），口脂易印吴绫薄。”卓英英《锦城春望》：“漫把诗情访奇景，艳花浓酒属闲人。”岑参《酬成少尹骆谷行见呈》：“成都春酒香，且用俸钱沽。”许多旅蜀游子贪恋蜀中美酒，乐而忘返。方干的《蜀中》诗写道：“游子去游多不归，春风酒味胜余时[②]。”宋人范成大也是成都著名酤客，其诗直抒胸臆，“我来但醉春碧酒”。

---

① 黎虎：《唐代的酒肆及其经营方式》，《浙江学刊》1998年第3期。

② “余”为农历四月的别称，此时成都春草萋萋、繁花似锦。

三是唐代巴蜀名酒品牌多，文化意境浓。经学者勾稽、爬梳，见诸文献记载的名酒就有："剑南之烧春"、"云安曲米春"、"汉州鹅黄酒"、郫县"郫筒酒"、戎州"重碧"酒、"射洪春酒"、"青城乳酒"、"春碧酒"、"荔枝绿"，不可不谓名酒之乡①；还有传统"五加皮酒"、云安"巴乡酒"②。宋代嘉州还出现了"东岩酒"。苏轼《送张嘉州》诗云："但愿身为汉嘉守，载酒时作凌云游……笑谈万事真何有，一时付与东岩酒。"诗人陆游《蜀酒歌》："十年流落狂不除，遍走人间寻酒垆。"他熟知"汉州鹅黄鸾雏凤""眉州玻璃天马驹"，当"青丝玉瓶到处酤，鹅黄玻璃一滴无"时，他失望之极，表现出诗人追求尽善尽美的豪情。

① 参阅江玉祥：《唐代剑南春酒史实考》，见四川省民俗学会、剑南春集团公司编：《四川酒文化与社会经济研究》四川大学出版社2000年版，124—131、175页。

② 贾大泉主编：《四川通史》卷四，四川人民出版社2010年版，第290页。

【第二章】

隋唐到两宋成都商业贸易的快速发展

在农村商品生产、城乡手工业日益发展的条件下，隋、唐、五代、两宋时期成都商业也进一步发展起来，主要反映在城市商品市场的繁荣、大宗长途贸易的发展、铁钱和纸币的使用、商税的增加等方面。

第一节　城市商业贸易盛况

一、唐代成都的商品市场扩大

在唐代以前，成都的“市”只有一处，位于城西的少城内，通常称为成都市。入唐以后，随着商业的不断发展，“市”的设置逐渐增多。玄宗天宝年间，剑南节度使章仇兼琼创置南市，德宗贞元年间，剑南西川节度使韦皋又在万里桥以南创置新南市，“发掘坟墓，开拓通衢，水之南岸，人逾万户，廛闤楼阁，连属宏丽，为一时之盛”（《云笈七签》）；肃宗以后，在大圣慈寺附近又形成东市；原来位于少城内的成都市，则改称为西市。南市、东市、西市，就是唐代成都著名的“三市”。僖宗时期，剑南西川节度使崔安潜又创置新北市。于是有了东市、南市、北市、西市。①

（一）城市日用商品交易

在繁华的都市里，必有酒市。据唐人韦庄诗“酒市连逋客”和《伤灼灼诗》自注，灼灼“殂落于成都酒市中”，说明成都有酒市。李珣《南乡子》词所说，“鱼市散，渡船稀”，可知成都还有鱼市。又据肖遘《成都诗》：“月晓已开花市早，江平偏见竹簰多。”可见成都每日清晨有专门的花木交易市场。这种经常性花市，与每年二月定期举行的花市是不同的，一是每日必有的早市，二是还要出售各种农副产品和生活日用品。在繁华的城市市场上，金银器皿、蜀锦、蜀麻、井盐、铁农具、蜀马、各种兵器、服装都在这里销售。同时，从东南沿海和西北地区贩运来的吴盐、香药、海货和各种奇珍异宝，也都在成都的商业区内集散。成都的市场上还有奴隶买卖。此外，唐代成都城市市场绫锦交易，盐麻交易，银钱交易，都是十分畅旺的。由于商业的繁盛，除白天的商品交易外，又出现了热闹的夜市，所谓“锦江夜市连三鼓，石宝书斋彻五更。”（《方舆胜览》）反映了成都夜市商品交易盛况，交易货品繁多，买卖兴隆，夜市彻夜达旦。

在唐代成都城市市场中，商品交易情况十分兴盛。以药材交易为例：中草药材除在定期药市交易外，还有在城中沿街贩卖的摊贩。《太平广记》等文献记载说：“唐则天末年，益州有一老父，携一药壶，于城中卖药。”此外，还有外地药贩居住旅店，长期在城市卖草药。“余始游成都，止于逆旅，与卖药李山人相熟。”有江湖医生，在市内卖药、以武术刀枪招引顾客，《玉溪编事》说：“（前蜀王宗寿）见市内有一弄刀枪卖药。”药学家李珣之兄李璘则在城内开设“香药铺”，设固定药店卖药。酒的交易也特别活跃，大宗交易在酒市进行，属批发性质。小宗零售酒店遍布全城，当时市内酒店以富春坊为最多。署名费著《成都游宴记》谓玄宗至蜀，曾饮酒于富春坊，城外则以万里桥为酒肆集中处。张籍《成都曲》说：“万里桥边多酒家，游人爱向谁家宿。”

① ［日］加藤繁：《唐宋时代的市》，载《人文月刊》八卷4、5、6期。

当时郊区的“柳条酒肆”，就是著名的乡区酒家。对当时城市繁华盛况，唐诗中有不少诗篇作了生动描述。杜甫《成都府》说：“喧然名都会，吹箫间笙簧。”李白《上皇西巡南京歌》说：“九天开出一成都，万户千门入画图。草树云山如锦绣，秦川得及此间无?”马戴《送人入蜀》说：“别离杨柳陌，迢递蜀门行。君听清猿后，应多白发生。虹霓侵栈道，风雨杂江声。过尽愁人处，烟花是锦城。”商业大都会得到诗人们众口一词的肯定和推崇。

（二）地方特产贸易市场

地方特产交易期是定期专业性市场。成都不仅有繁华的商业区，而且还有各种定期举行的习俗性集市。据北宋赵抃《成都古今记》载，唐代成都的定期市场，是各种专业性商品的集中销售期，主要定期市场有：正月灯市、二月花市、三月蚕市、四月锦市、五月扇市、六月香市、七月七宝市、八月桂市、九月药市、十月酒市、十一月梅市、十二月桃符市等。这种定期市场虽说主要见于宋人记载，但在宋人引述唐人的著作中，有不少反映。因此，成都专业性定期市场，开始于唐代应是没有疑义的。

其中蚕市、药市和七宝市最为著名。蜀人养蚕缫丝的历史十分悠久，但唐人陈溪依据他的见闻，说蚕市的形成在蜀汉时期。从成都举行蚕市的地点和时间看，蚕市的兴起和四川道教有关。传说农历三月三，张伯子在成都城北的学射山得道升天，隋代在学射山上兴建至真观。唐高宗时期，至真观道士王晖又“好为人相蚕种，逆知丰损”。其后，至真观道士多以预卜田蚕灾祥为事，遂使乞求田蚕的风气越来越兴盛。北宋黄休复《茅亭客话》载：“每岁至是日，倾城士庶，四邑居民，咸诣仙观，祈乞田蚕。”关于蚕市的最早可靠记载，据南宋王象之《舆地纪胜》，则是在唐德宗贞元年间（785－804)。当时的剑南西川节度使韦皋撰有《蚕市记》一文。宪宗元和年间，唐诗中已提到了蚕市：“蚕市初开处处春，九衢明艳起香尘。”这是有关成都蚕市的最早吟咏。自此以后，有关蚕市的记载才逐渐多起来。《资治通鉴》记载：

成都城中鬻花果、蚕器于一所，号蚕市；鬻香、药于一所，号药市；

鬻器用者号七宝市。

在唐代，成都举行蚕市的地点是在城北学射山上的至真观，时间是每年的农历三月三。到了唐末五代，在乾元观、龙兴观、严真观也都举行蚕市，时间仍然是每年的“春三月”。成都官民也利用这个机会，游宴观光，竞奢斗侈。这种因宗教信仰和游宴行乐而形成的集会，为商业活动提供了理想的场所，随着商品交换的不断扩大，逐渐发展成大规模的集市。蚕市上出售的货物，主要是蚕器、农具和“花木果药什物”等农副土特产品。

川药市的出现，似乎与道教有关，成都城南药市玉局观是道教二十四化之一，又名玉局化，据说是老子在此为张道陵演正一之法。南宋陈元靓《岁时广记》载，每年的九月九在这里举办药市，道士、方家云集。每年这天，从清晨开始，“尽一川所出药草异物与道士毕集，帅守置酒行市以药之，别设酒以犒道人。是日早，士人尽入市中。相传以吸药气愈疾，令人康宁。”据说在药市上“吸药气”，可以治病，所以在举行药市的时候，士庶云集，争相参与，可见其气氛之热烈。

“七宝市”是成都“冬月鬻器用”的集市。七宝本是佛教用语，所指乃金、银、琉璃、砗磲、玛瑙、琥珀、珊瑚等宝货，引申其义，凡是以各种珍宝装饰的器物，也多以七宝为名。四川素以出产奇珍异宝而著称于世，故陈子昂说：“天下珍货，聚出其中。”因此，“蜀都之奇货”，多以七宝为名，如七宝楼、七宝栏干、七宝钟、七宝辇，等等。由此看来，成都最初的“七宝市”，很可能就是奇珍异宝、锦绮珍玩和其他高级手工业制品的贸易集市，以后逐渐扩大到包括一般手工业制品的买卖，所以被称为是出售各种器用的集市。

（三）城郊草市的兴起

值得注意的是，唐代成都除城市商业繁荣外，城郊草市的兴起，是前所未有的现象。草市是城乡间非正规市场，其形成的具体原因，各不相同，但均为地区商品流通的产物，如唐昌县建德草市，介于唐昌与郫县间，“东西绵远，不啻两舍，虽有村落，僻在荒塘……遂使行役者野食而泉饮，贸易者星往而烛归，攘敛公行，投告无所，沟深雨涨，古陌桥摧，跬步难逾，艰苦宁述”。草市设立后，改变了过去的闭塞状况，在开市之日，“商旅杂货，至者数万，珍纤之玩悉有，受用之具毕陈。”咸通十年（869），该市已成聚邑，陈溪《唐昌县建德草市歇马亭镇并天王院等记》：“百货咸集，蠢类莫遗。旗亭旅舍，翼张鳞次，榆杨相接，桑麻渐繁。”迄今有文献可证的唐代成都城郊草市有：东门外草市，灌县青城山草市，彭州建德草市，这仅是存留于记载的个别草市，当时成都草市数量实远不止此。唐代草市交易商品主要是当地土特产品和日用生活资料，以成都平原西部的蒙顶山麓遂斯安草市为例：当地盛产蒙顶茶，“元和以前，束帛不能易一斤先春蒙茶。是以蒙顶前后之人，竞栽茶以视厚利。不数十年，遂斯安草市岁出茶千万斤，虽非蒙顶，亦希颜之徒。”这个草市岁销茶计竟达成千上万斤，足见草市在城乡流通领域地位之重要。

二、 前后蜀时期成都的商业贸易

前后蜀时期，成都为京城所在，人烟辐辏，商品市场持续发展。市区有三个主要市场，建于唐僖宗乾符六年（879），西川节度使崔安潜“出库钱千五百缗，分置三市”。前后蜀时，三市仍存。前蜀王王衍降魏时，魏王遣李严“于三市慰谕军人百姓”，（北宋）黄休复《茅亭客话》卷三说：“伪蜀大东市有养病院”，大东市应是三市之一。三市之外，还有米市、炭市、日用品等市场。唐代开始的定期专门商品市场，在前后蜀时期，更为兴盛。以蚕市为例：“蜀中每春三月为蚕市，至时货贸毕集，阛阓填委，蜀人称其繁盛。”（《五国故事》）此外还有痎市和草市。痎市与草市相似，都是城郊间歇性市场，时人记述说：“蜀有痎市，而间日集，如痎疟之一发。”（《青箱杂记》）除痎市外，成都地区原有草市亦在继续活动。当时，由于商品市场的活跃，成都商人的活动亦值得注意。大批行商负贩奔走于省内外大小市场之间，如秦商王行言从事川盐运销，“鬻于巴渠之境”，由于山路险峻，野兽成群，“行言结千余辈少壮同行”（《玉堂闲话》）。值得一提的是，不少贵族，官僚从事商业活动，赚取商业利润。前蜀太后、太妃也卷入了这种经营活动，她们在四川“通都大邑起邸店，以夺民利”（《新五代史·前蜀世家》）。位极人臣的李昊“货资岁入巨万”（《宋史·西蜀世家》）。眉州司马卢敬芝“以货殖为业”（《北梦琐言》）。在城市商业繁荣的条件下，金融业也相当活跃。后蜀时，成都高利贷商人公开放债，盘剥商民，《蜀梼杌》说：“蜀人质钱取息者，将徙居，必书其门曰：召主收赎。”其中也有贵族、官僚盘剥小民，宋灭后蜀，太祖于次年下诏：“西川民欠伪蜀臣僚私债者，悉令除放。”（《续资治通鉴长编》）

三、两宋时期成都的商业贸易

两宋时期，成都商品市场进一步扩大，原有的定期市场发展完善，按月令季节集中销售当地土特产品。其中最有名、规模最大的是药市和蚕市。宋代成都药市从一年一次扩大为一年三次，农历二月初八、三月初九的“观街药市”和九月九日玉局观药市，而以重阳节玉局观药市最盛。（《岁华纪丽谱》）重阳日，“于谯门外至玉局化五门，设肆以货百药，犀麝之类皆堆积。府尹、监司皆武行以阅。又于五门以下设大尊，容数十斛，买杯杓，凡名道人者皆恣饮，如是者五日云。”（《鸡肋篇》）药市销售的“芎与大黄如积，香溢于廛。”（《益部方物记》）药材中，还有不少来自川西北高原“黎雅诸蕃及西和宕昌”（《游宦纪闻》），反映了成都市场与少数民族的贸易联系。

成都蚕市已由“二月望日，鬻花木蚕器”（《方舆胜览》）的农村集市发展为规模大、时间长的百货物资交流大会。黄休复《茅亭客话》载：“正月至三月，州城及属县循环一十五处。”北宋田况《五日州南门蚕市》《二十三日圣寿寺前蚕市》也载：“齐民聚百货，贸易贵及时。乘此耕桑前，以助农绩资。物品何其伙，碎琐皆不遗。编籥列箱筥，饬木柄镃錤。备用诚为急，舍器工曷施。名花蕴天艳，灵药昌寿祺。根萌渐开发，累载相参差。游人街识赏，善贾求珍奇。”在蚕市经商的商人中，既有中小商贾，也有财力充足“经年储百货，有意享千金”的巨商大贾。

药市热闹的程度，不亚于蚕市；本地或外地商人在这里进行药材交易。宋祁《益部方物记》载："芎与大黄如积，香溢于廛。"黎州、雅州、西和、宕昌贩来大量珍贵药品，如犀角、麝香堆积售卖。这天药市并不止一处，大慈寺也是其中之一，交易商品除药材还有百货。蔡绦《铁围山丛谈》记："成都故事，岁以天中重阳时开大慈寺，多聚人物，出百货其间，号为药市者。"此外还有观街药市，祝穆《方舆胜览》记成都风俗药市说："五日鬻香药于观街者号药市。"费著的《岁华纪丽谱》所记药市有三：二月八日、三月九日观街药市，九月九日玉局观药市。陆游《老学庵笔记》说："成都药市以玉局化（观）为最盛，用九月九日。"

此外，在成都商品市场上，百货商品，特别是蜀锦、绢帛、蜀纸（笺）、蜀版书、麻布、茶叶、中药材、地方土特产品、农副业产品等富有特色的地方商品琳琅满目，是向国内广大销区批发商品的集中市场。

第二节　成都长途贸易的进展

一、长途贸易概述

隋唐、五代和两宋时期，成都与国内各省长途贸易的蓬勃发展，是成都商品经济发展的必然趋势。长途贸易，以川陕干道为主要通道的陆路和以长江为主航道的水路互相配合，成为通往西北和东南各地的运输交通线。元稹《估客乐》反映了当时大商巨贾走南闯北、水陆并举的经营冒险活动：

> 子本频蕃息，货贩日兼并。求珠驾沧海，采玉上荆衡。北买党项马，西擒吐蕃鹦。炎洲布火浣，蜀地锦织成。越婢脂肉滑，奚僮眉眼明。通算衣食费，不计远近程。经营天下遍，却到长安城。

从元稹诗中描写的富商大贾经商活动看，至少在晚唐时期，从事长途贩运的商人已经是随市场需求追逐商业利润，商贩之间有竞争兼并。他们经营的货物多种多样，海外的珍珠、荆衡的美玉、党项的骏马、吐蕃的鹞鹰、炎洲的火浣布、西川的蜀锦，甚至于美女少男，无所不有。总之，以赢得高额利润为准。据南宋马端临《文献通考》，宋代成都与南北各地的贩运活动亦持续不断，“川益诸州金帛及租市之布，自剑门列传置，分辇负担至嘉州，水运达荆南，自荆南遣纲吏运送京师。”

二、 陆路贸易

川陕干道，隋、唐、五代、两宋时期称为“北路”，是当时成都与相继作为京都的长安、洛阳、汴梁等城市进行政治和经济联系的主要通道；封建王朝发生政治危机时，栈道又成为封建王朝的命脉线。“玄宗幸蜀时，兵心不固，会成都贡春彩十余万匹，至扶风”，玄宗用以赏赐士卒，安定军心。同时，川陕干道也是成都与中原和西北地区进行通商贸易的重要交通线。据冯汉镛先生考证：香药仙茅生西域，从武城（今甘肃武山县），取道成州（今甘肃成县）或阶州（今甘肃武都县）运来成都。珍珠、蛤蚧从西域入玉门、阳关，南至大积石山，顺岷江河谷进入成都。[①] 北宋以前，四川井盐系大口浅井采卤，生产力低，所产食盐不能满足众多四川人口需要，除有东南海盐运销四川外，从川陕干道运入的西北池盐，也是成都与陕甘等省重要贸易之一。唐王朝曾明令河中两池盐入川贸易，以弥补川盐供应的不足。蜀商亦贩运大量川货北上贸易，“蜀民为商者，行及太原，北上五台山。”蜀商宋霸子与张易之等，在武则天面前赌博作戏，说明蜀商已在京都长安有一定影响。

五代时，地方政权割据一方，成都与中原交通陷于困难。黄休复《茅亭客话》记，由于行旅稀少，“商旅聚徒而行，屡有遭博噬者”。两宋时期，川陕干道再次成为成都与外省贸易的陆路枢纽。川陕道上，“岁贡纲运，使命商

---

① 冯汉镛：《唐代时期剑南道的交通路线考》，《文史》第 14 辑，1982 年。

旅，昼夜相继”，沿途“庐舍骈接，犬豕纵横，虎豹群盗，悉皆屏迹”。北路交通贸易的恢复，给川陕干道带来了蓬勃生机。经北宋政府多次对蜀道北段进行维修，路途比过去易行得多。蜀道南段成都至凤州大驿路，已改为“自金牛入青阳驿至兴州”，经凤州而达凤翔，北宋以后，这条路成为成都与西北贸易和官府纲运的重要交通线。

唐宋时期，成都经川陕北路与西北地区贸易的主要商品有茶叶、蜀锦、瓷器、布帛、药材、蜀纸、蜀书等，如茶叶对北路的销数很大，崔致远在给朝廷的奏折中，提出用北路商茶税利作为军费。“况旧谓西川富强，皆因北路商旅，託其茶叶，瞻彼军储。”西北池盐唐代大量输川，直至北宋初，成都食盐奇缺，阶文州青白盐、解州池盐等还输川贸易，“端拱元年（988）七月，西川食盐不足，许商贩阶文州青白盐，峡路井盐、永康军崖盐，勿收算。”唐宋成都瓷器，由于质地优异，已作为宝货输往外省，唐代邛窑所产三彩人物水澄，为西域少妇形象。这显然是适应蜀瓷远销西北以及中亚而特意设计的。前蜀时，王建报后梁信物，就有成都青羊宫生产的秘色青瓷碗。[①]

其他成都商品自北路出川贸易亦有不少事例，此不赘述。

三、 水路贸易

隋、唐、五代、两宋时期成都与外省的水路贸易，主要是以岷江、沱江为依托，长江为主导的水上交通贸易航道。这条贸易路线，以成都地区为起点，以长江中下游各地区为贸易辐射区，形成较为广泛的通商贸易关系。成都物产丰富，其商品通过长江运道，顺流而下，与各地建立了密切的贸易联系。《新唐书·陈子昂传》说：“蜀为西南一都会，国之宝府，又人富粟多，浮江而下，可济中国。”江浙等省，又以成都急需商品溯江而上，满足了成都地区的需求。卢纶《送何召下第后归蜀》中“水程通海货，地利杂吴风”，就

---

① 陈丽琼：《试谈四川古代瓷器的发展及其工艺》，四川史学会：《史学论文集》，四川人民出版社 1982 年版，第 215 页。

是对这种贸易关系的生动描述。当时，蜀商为扩大贸易范围，已通过上层关系，结交皇室。据《旧唐书·韦安石传》，武周时，武后“尝于内殿赐宴，（张）易之引蜀商宋霸子等数人于前博戏。安石疏奏曰：‘蜀商等贱类，不合预登此筵’，因顾左右令逐出之。”由此足见蜀商已经攀附权贵，还试图接近女皇。

根据唐宋时期的记载，巫峡、黔南、荆州、襄阳、金陵、广州等地，均有商人远至成都贸易。唐会昌五年（845）记载，位于长江岸边的云安，成为成都与东南地区货物汇聚地，“商贾之踪，鱼盐之利，蜀都之奇货，南国之金锡而杂聚焉”。唐咸通中（860—874），巫峡商人尔朱，“每岁贾于荆益”；唐代黔南采药者黄万祐“每二三十年，一出成都卖药”；唐代荆襄商船贾于蜀；金陵商人西上贸易，入蜀经商；广州商人段工曹因作估客，时寄锦官城。前后蜀时，西川卫前将军李思益参与下江商人贸易，与“江货场勾当”。蜀国东邻南平，“西通于蜀，利其供军财货”。《益州名画录》卷中《张玄传》载：杜敬安鹤面佛像，“蜀偏霸时，江、吴商贾入蜀，多请其画，将归本道。”“蜀广政初，荆、湖商贾入蜀，竞请（阮）惟德画川样美人卷簇，将归本道，以为奇物。”唐末五代时，成都市场广销香药或称海药，当时李珣著有《海药本草》，记其详，据时人辑录该书今存的124种海药，绝大部分是从欧亚各国输入的。它输入成都的多种路线中，经岭南、南汉、楚、南平入川，必然借助长江水路西上。①

两宋时，成都通往东南各地区的水上贸易更为发达。成都等地区输送中央政府的财帛，主要通过长江运道，再由湖北转运开封。据《宋史·食货志》《宋会要辑稿》等载，“川益诸州金帛及租、市之布，自剑门列传置，分辇负担，自嘉州水运达荆南，自荆南遣吏纲运送京师。”成都与东南各地的大宗商品贸易，亦畅行于长江水道，往来船舶极多，自成都“顺流而下，委输之利，通西蜀之宝货，传南土之泉谷。建帆高挂则越万艘，连樯直进则倏逾千里，为富国之资，助经邦之略”（《新修江渎庙记》）。由于水上贸易的空前兴盛，

① 范行准：《李珣及其〈海药本草〉的研究》，《广东中医》1958年三卷7、8期。

沿江要津，发展为商业繁荣的城市。夔州地处长江要隘，东西水上贸易必经口岸，当时成为川东交通和贸易中心；渝州位于长江与嘉陵江交汇处，“二江之商贩，舟楫旁午”（《舆地纪胜》），得以迅速发展：泸州是沱江与长江汇合处，成为“商贾辐辏，五方杂处”的重镇；嘉州地处岷江隘口，当荆蜀渝泸要道，是成都与东南地区水路贸易的集结地之一，商业、造船业因之兴旺。宋代成都茶叶、蜀锦、布帛、药材、各种土产，都有商人经水路运往全国各地。一些豪商巨贾，或与官府勾结，利用官船押运货物，以私冒公，“影带布帛”，或绕道“私路”，借以偷漏税收，牟取暴利。宋代，由商而官，弃官经商，或亦官亦商、官商合一的现象比较普遍，南宋中期，成都“士大夫之贪黩者。为之巨艘西下，船舻相衔，捆载客货，安然如山”。他们还利用官僚的免税特权，出售名分、索取商人重金，影庇商人。商人聚集夔门打听某官出蜀日期，“争为奔趋”，官僚得以“要索重价，一舟所获，几数千缗。经由场务，曲为复护免税，怀刺纳谒，恳嘱干饶。”由于这种偷税之风盛行，致使“沿江场务，所至萧条，较之往年所收，十不及四五。”豪商大贾和官僚则在这种相互勾结利用中互惠互利，大发其财。

| 第三节　铁钱与纸币 |

一、铁钱的推行

隋、唐、五代时期，成都通行货币与全国一样，主要是铜钱。后蜀广政十八年（955），因防御后周，募兵增加，军饷不足，开始铸造铁钱，与铜钱并行。北宋平蜀后，禁铜钱入川，听其使用铁钱。而中央政府在四川征收各种两税和各种课利，则规定十分中输铜钱一分。四川铜钱奇缺，价值昂贵，铜钱与铁钱的比率由1000：1100文，骤升至1000：5000文。北方商贾乘机贩铜钱入川，以特低比价兑换铁钱，盘剥川民，民心惶惶。淳化五年（994），由政府规定两川铜、铁钱并行，比率稳定在 1000∶10000 文。由于宋政府仍然禁止铜钱入川，四川铜钱来源减少，从北宋开宝三年（970）至南宋绍兴十五年（1145），先后在雅州、益州、眉州、邛州、南平军、利州，设监铸钱，用新铸铁钱收回旧有的铜钱。这一政策的实施，使四川铜钱基本退出流通领域，而以铁钱作为四川主要货币，四川实际上成为一个独立的铁钱流行区。铁钱面额多样，有小平钱，当十大钱，折二、折三、折五大钱、当百钱等。铁钱按年号、铸造地分类、改名，种类繁多。铁钱在市面流通，对小金额交易较为方便，但对大宗商品交易则大为不便，小平铁钱，每十贯重 65 斤，小铁钱“市罗一匹，为钱二万”，即重 130 斤的铁钱，才能购罗一匹。行旅赍持困难，特别是长途大宗贸易，铁钱运载之赘累，可想而知。商业的迅速发展，特别是大宗长途贸易的兴盛，促使宋政府在四川成都发行纸币——交子，以弥补铁钱在交易中的缺陷。

二、 世界最早的纸币——“交子”在成都诞生

交子出现在北宋初期，确切的年代已不可考。现存有关交子铺户的文献说明，宋真宗景德年间（1004—1007），由益州知府（即成都府）张詠整顿交子发行事宜，决定由 16 家富民经营交子铺。天禧末年（1021），成都知府寇瑊曾劝诱交子户王昌懿等关闭交子铺。这些事实说明：交子发行于成都地区，其经营方式，似乎是由政府督促富民办理，后又由政府收回发行权，由官方办理发行。

交子铺户最初发行纸币主要是用于经营存放款业务，替商贾保管现金。当时成都商业繁荣，各地商贾携带巨额现金云集成都，购买成都商品，商人为了安全和解除运负现金（铜、铁钱）的劳苦，迫切希望有本地商家代管现金。于是铺户适应这种要求产生出来。铺户“收入人户见钱，便给交子”，故称“交子铺户”。商贾提取现钱时，每贯付铺户 30 文为息，每张交子的金额，依照存放者交付现金数额临时填写。这种交子实际上是活期存单和现金支票。

由于交子铺户资金雄厚，又多系本地商家，威信索著；加之他们所使用

的交子，印有木屋人物，亲笔押字，各隐其题号，朱墨间错，难于作伪；再者，交子讲求信用，随取随付，因而使最初只是现金凭证的交子，逐步当作具有货币职能的支付手段，在商品市场上使用流通。于是交子开始向纸币转化。

交子铺户在拥有大量存户和为数颇多的现金以后，存款数大大超过交付数，他们只需动用全部现金中的少部分，就可以支付日常取款者的现金数额，因此，他们很自然地考虑到大部分闲置现金的用途。精明强悍的交子铺户，开始暗中取出部分闲置现金，“收买蓄积，广置邸店屋宇、园田宝货”，赚取更多的利润。

交子铺户发现，即使他们手里现金少于他们的交子发行量，只要他们手中有一定数额的铁钱硬币作为保证金，应付少数兑换者的需要，无须任何存款，也可以发行一定数额的交子。每张交子代表的现金数则由铺户预先印制，不再填写。交子投入市场，作为现金支付手段。这样，交子完成了向货币的转化过程，交子成了实在的纸币，交子铺户“每岁丝蚕米麦将熟”，市场头寸吃紧时，“又印交子一两番，捷如铸钱”。李攸在《宋朝事实》一书中，对成都铺户采用这种信用券方式进入民间商贸市场，以及与官府进行金融合作的事例作了如实记述：

> 始，益州豪民十余户连保作交子，每年与官中出夏、秋仓盘，量人夫及出修麋枣堰丁夫物料……书填贯不限多少，收入人户见钱，便给交子，无远近行用。动及万百贯。街市交易，如将交子要取见钱，每贯割落三十文为利。

这段文字对交子最初行市的情况，它在日益繁荣的商业交易中所起重要作用。“豪民”即富裕的商家，十多家这样的商家连环作保，发行市场信用券，每年为官府的夏秋季粮食出入交易、人工支出，为麋枣堰岁修工程垫付人夫工价合采购物料货款，都用交子支付。铺户填写现金不限数额。收入现钱，便支付交子，交子远近行用。交易数量常达百贯，甚至万贯。倘若要将交子兑换成现钱，每贯只需 30 文手续费。显然，交子在成都市场发挥着有效的金融作用。

但是，由于交子铺户唯利是图，贪得无厌，他们滥发交子购买田宅，或移作他用，交子无法兑现，不断激起事端，引起诉讼，交子声誉大坏。宋政府于天圣元年（1023）设置益州交子务，将交子发行权收归官府，由交子务主持交子发行。自天圣二年（1024）二月正式发行交子，大观元年（1107）改交子为钱引，宝祐三年（1254）改钱引为银会。交子务由京朝官一二人任监官，掌典 10 人，贴书 69 人，印匠 8 人，雕匠 6 人，铸匠 6 人，杂役 12 人，熙宁间，又“置抄纸院，以革伪造之弊”，其印制过程非常严格。交子面额主要为五贯、十贯两种。发行亦颇有比例，80％为十贯，20％为五贯。交子钱引分界发行，每界 3 年，以新换旧，实际上是两足岁一换。从天圣元年（1023）到嘉定三年（1210）共 181 年，共造 94 界钱引，到嘉定九年（1216）改为“十年一界”，总共发行 103 界。以后又续有发行，直至宋亡。由于宋政府积贫积弱，财政不断发生危机，因此，滥发纸币，引起交子（钱引）贬值事屡有发生。南宋末，宋政府为支撑已经崩溃的财政局面，大肆发行空头钱引（银会），终于彻底败坏了这种纸币的信誉。

交子（钱引、银会）作为金属货币的替代物，是宋代成都地区商业和与全国各地大宗贸易发展的必然产物，它在商品市场上执行钱币职能，使商品流通进一步活跃，有益于社会发展和方便人民生活。但是，宋政府采用滥发纸币的办法，榨取商民膏血，却使纸币的货币职能走向反面，成为过早夭折的历史悲剧。

【第三章】

“扬一益二”的地域优势

第一节　益州带动沿江城市

隋唐时期，中国经济中心南移，北方人口大量移居蜀、巴，经济发展程度较高的成都、梓州、泸州、江州、夔州、阆州等城市人口增长最快，工商兴旺，百业发达。沿岷江、沱江、嘉陵江、渠江等长江上游水系的商贸活动频繁开展，与长江中下游的贸易也达到一定的规模，极大促进了沿江城市的形成。随着农村商品经济的发展，县城和县以下的农村市镇开始兴盛起来，也成为新兴商业城市滋生和发展的经济基础。①

一、日益繁盛的商贸大都会

成都在魏晋南北朝时期，仍然是“西方之一都焉”。但已远不如汉代地位重要。隋唐时期的成都，随着经济的再度兴盛，北方移民的不断南迁，逐渐

① 李敬洵：《四川通史》第3册，四川大学出版社1993年版，第252—257页。

恢复其全国性大都会地位。经安史之乱、黄巢起义，中原涂炭之后，玄宗、僖宗相继入蜀避难，蜀地被称为“南京”，作为李唐王朝政治屏障和财政支柱的作用更加明显。诗人李白在组诗《上皇西巡南京歌》中写道：

胡尘轻拂建章台，圣主西巡蜀道来。
剑壁门高五千尺，石为楼阁九天开。
九天开出一成都，万户千门入画图。
草树云山如锦绣，秦川得及此间无。

李白在诗中为玄宗避乱入蜀高唱赞歌，认为玄宗入蜀是明智决策。蜀地天险，易守难攻。成都是自然天成、美丽富饶的大都会，与长安相比，毫不逊色。

唐代成都与长安、洛阳，以及长江中下游的贸易都呈增长之势。盛唐时，陈子昂就曾说过：“蜀为西南一都会，国家之宝库，天下珍货聚出其中，又人富粟多，顺江而下，可以兼济中国。”中唐以后，成都又与扬州并列为全国最繁华的两大商业都会。唐宣宗时期（847—859），中央政权式微，藩镇割据，相对安定的西部的大都会成都更加繁荣。所以《元和郡县图志》说，扬州与成都，“号为天下繁侈，故称扬、益”。卢求在《成都记·序》中阐释说：

大凡今之推名镇为天下第一者，曰扬、益。以扬为首，盖声势也。人物繁盛，悉皆土著，江山之秀，罗锦之丽，管弦歌舞之多，技巧百工之富，其人勇且让，其地腴以善，熟较其要妙，扬不足以侔其半。

卢求认为，时论所谓“扬一益二”是指“声势”，扬州声势盖过成都。他将成都与扬州的城市实力作了比较，人才优势、地理环境、蜀锦丝织、表演艺术、工艺技术、道德风尚、稻作农业，扬州不及成都之半。卢求盛赞成都的繁富，非扬州所能企及。唐末，扬州毁于兵燹，而成都的商业却不断发展，从而成为全国最繁华的商业之都。前、后蜀时期，成都为京畿所在，人烟辐辏，城市商业持续发展，成为与长江中下游之间保持着密切贸易的商业大都会。

隋唐五代时期，“益府之大小黄白麻纸”成为两京名贵书写纸，皇室收藏的十二万五千多卷图书，都用成都麻纸书写。诗人韦庄对成都所造彩笺赞叹不已，说：“也知价重连城璧，一纸万金犹不惜。”当时，茶叶也是成都重要的外销商品，从新罗来唐的崔致远说：“旧闻西川富强，只因此路商旅，托其茶利，赡彼军储。”蜀麻与吴盐的贸易已成为大宗商品贸易的代名词，肃宗时置江淮租庸使，规定“吴盐、蜀麻、铜冶皆有税”（《新唐书·食货一》）。杜诗中有不少写长江上游和下游大宗商品贸易的名句：“蜀麻吴盐自古通，万斛之舟行若风。”“风烟渺吴蜀，舟楫通盐麻。”“蜀麻久不来，吴盐拥荆门”。

二、 与益州互为依傍的沿江城市

隋唐五代两宋时期，除蜀地中心城市成都而外，梓州、渝州、夔州、阆州、利州、果州等沿江城市也成为新兴城市。四川各州治所在的城市，大多在岷江、沱江、嘉陵江、渠江流域，水上交通发达。这些区域性城市亦有专门划定的商业区，也有坊、市之别。城市内部都被划分为若干个坊区。每个坊区的周围都筑有墙垣或篱栅，只有通街的地方开设坊门，以便出入。规模稍小的城市商业区，基本上是按同类商品集中在一起进行交易的原则，把“市”划分为若干个“行”，每一个“行”内，既有被称作“肆”的同业店铺，也有许多临时的摊点。和坊区一样，市的周围也筑有墙垣或篱栅，四面开门，以便出入。白天开市交易，晚上闭市。这种带有行政干预性质的坊市制度，限制着城市商业的进一步发展。中唐以后，随着城市商业的繁荣，以及中央集权控制力的衰弱，坊市制度逐渐趋于弛废。

设在这些城市的市，如果只有一处，通常就以城市的名称作为市名，例如利州市；如果有几处，就在市的前面加上方位词，或称东市、西市，或称南市、北市。在这些称作“市”的商业区内，设有固定的店铺，通常叫作“肆”，例如卖豚之肆。入唐以后，同业店肆都集中在一个街区，这个街区就叫“行”，例如成都有金银行，新都县有蓝靛行。唐代法令规定：“诸市每肆立标，题行名。”所以有时候也把“行”称之为“市”，例如成都的米市、马市、炭市、酒市、鱼市、花市，实际上都是同类商品集中在一起进行交易的“行”。在这些行市之内，既有固定的店铺，也有临时的摊点。由于四川各城市之间的商业状况存在很大的差异，所以“市”的构成也不尽同。

然而，四川城市商业的发展极不平衡。在一些繁华的商业都会，不仅“市”内店铺鳞次栉比，每天开店营业，而且在中唐以后，还逐渐突破了坊市制度的限制，出现了夜市，商业活动也从市区扩大到坊区。据《华阳国志·巴志》，地处嘉陵江中游的阆州，“居蜀汉之半，当东道要冲”，是四川盆地中部的交通枢纽，又是富有“牛马桑蚕”之饶，商业亦称兴盛。特别是在中晚唐，阆州的盐业和纺织业发展很快，“丝盐之利，舟楫之便，可以通四方商贾”，城市商业更加繁荣。涪江流域的梓州，长江干流的渝州、泸州、夔州，嘉陵江流域的利州、果州，发展最为迅速。

（一）梓州

梓州城位于四川盆地中部的丘陵地区，王象之《舆地纪胜》言：“壤地瘠薄，民物之产，曾不及西川一大县。”农业相当落后。但是这里却有盐井、铜山之富，交通也比较方便，“左带潼水，右挟中江，邻居水陆之要”。唐代中期以前，剑阁道有一条路自昭化分路沿嘉陵江到阆中、南部，再西经盐亭、梓州、德阳到成都。这就为梓州经济的发展，提供了有利的条件。[①] 唐肃宗时，分西蜀为东、西川，梓州为东川节度使治所，管辖十邑，政治地位与西川节度使治所成都相等。于是梓州成为剑南东川的政治中心和最大的消费城市；加之盐铁管榷政策的施行，使得梓州成为四川最重要的井盐和铜的集散中心，这就使得梓州的城市地位迅速上升。唐代后期，这里又首先形成全国性的药材交易市场，《四川记》云：“唐王昌遇，梓州人，得道号元子，大中

① 谢元鲁：《秦汉到隋唐四川盆地经济区的能量与信息交换》，卢华语等主编：《古代长江上游的经济开发》，西南师范大学出版社 1989 年版。

十三年（859）九月九日上升。自是以来，天下货药辈皆于九月初集梓州城，八日夜于州院街易元龙池中，货其所赍之药，川俗因谓之药市，迭明而散”。四川本是中国著名的药材产地，据唐《新修本草》记载，药材品种的大约1/3，四川地区均有出产。同时，由于对外贸易发达，各种外来药材也大量贩运入川，其中梓州又是一个重要的集散中心，唐末五代的梓州人李珣，专门写了一部《海药本草》，用以介绍这些外来药材。梓州交通方便，商业发达，又是王昌遇成仙的地方，在祭祀这位仙人的基础上，逐渐形成一年一度的“药市”，这和成都“蚕市”的兴起，颇有类似之处。这里也是重要的蜀麻纺织品产地，玄宗天宝年间，远在西北地区的交河郡市场上就有“益州半臂”“梓州小练”和“维州布”出售，唐中期以后，茶叶兴起，蜀茶便逐渐取代蜀麻的地位，成为四川主要的外销产品。

（二）阆州

阆州地处嘉陵江中游，“居蜀汉之半，当东道要冲”，古巴国发祥地。据唐李吉甫《元和郡县图志》载：“阆、白二水东南流，曲折如‘巴’字，故谓之巴。”汉代以来，已显示其地理位置的重要性。由于阆中与梓州处于同一通道上，在日益兴盛的水陆贸易的刺激下，当地盐业和丝织业也获得快速发展，“丝盐之利，舟楫之便，可以通四方商贾”（《思政堂记》）。因此繁荣起来，“在西南为佳都，不减成都”（《蜀中广记》）。

（三）渝州

由于地处长江与嘉陵江的交汇处，地势险旷，为古来兵家必争之地，古巴国的江州和隋唐五代时期的渝州城主要作为军事重镇而兴筑起来，“左挟右带，控驭便捷”，用以控驭广大川东地区。在相当长的历史时期，巴渝地区因自然地理条件比川西平原差，“盛夏无水，土气毒热，如炉炭燔灼。山水皆有瘴而水气尤毒”（《吴船录》），其经济发展落后于川西平原和嘉陵江中游地区。随着唐代长江上游城市贸易的发展，处在两江交汇的渝州日趋繁荣。如曹学佺《蜀中广记》言：“独渝为大州，水土和易，商农会通，赋税争讼，甲于旁近，毋以僻远鄙夷其民。”

（四）利州

隋唐五代时期，蜀道重镇葭萌由县升为利州，利州地处秦蜀通道要津，从关中入蜀的陈仓、褒斜、傥骆、子午等四条通道都会集于利州，然后翻越巴山进入四川盆地。而且利州又处嘉陵江上游，通过水路与阆州、果州、渝州均有商业贸易交流。因此，利州成为巴蜀地区十分繁荣的水路交通枢纽城市，王象之《舆地纪胜》载："舟航日上下，车马不稍闲；近邑凑商贾，远峰白云烟”语。

（五）夔州

夔州与渝州同处长江交通要津。王象之《舆地纪胜》载：“峡中之郡，夔为大……城之左五里，得盐泉十四，居民煮而利焉。商贾之种，鱼盐之利，蜀都之奇货，南国之金锡而杂聚焉。”杜甫在夔州作诗描述一位外域商人：“估客胡商泪满襟”夔州是四川与荆吴地区的物资集散地，“利走西方，吴蜀之货，咸萃于此”，加之盛产井盐，造船业发达，自晋以来又一直是川东地区的军事重镇。

三、 长江上游市镇的兴起

（一）痎市

前述唐代成都城市近郊出现东草市，是大都会商业与农村集市贸易结合而出现的农贸集市。痎市在长江上游城乡地区的大量出现，也是沿江城乡商品经济发展的产物。广大农户生产的农产品和手工业产品，主要是通过集市贸易的方式，就近交换，互通有无。这种隔日进行的集市，为何被称为痎市？

宋人吴处厚在《青箱杂记》中解释说：“蜀有痎市，而间日一集，如痎疟之一发，则俗以冷热发歇为市喻。”这种集市如同疟疾发作一般，所以被称为痎市。在唐代以前，这种农村集市未成气候，交易地点大多在村庄或旷野之中。隋唐时期，巴蜀社会相对安定，赋役负担较为合理，农村商品经济因而得到发展，集市主要在“草市”中进行。在痎市上，附近城邑的商贾参与购销活动，乡村居民也把农副土特产品出售给商贩，又从商贩那里购买当地所不出产的各种生活必需品。更多的买卖是农民之间相互交易，调节余缺。集市上的交易，通常是以物易物，在一些商品经济不发达的地区，这种情况就更加普遍。唐人韦处厚在《驳张平叔糶盐法议》中说：

> （山南西道）不用见钱。山谷贫人，随土交易。布帛既少，食物随时。市盐者，或一斤麻，或一两丝，或蜡或漆，或鱼或鸡，琐细丛杂者，皆因所便。

元稹在《载货议状》中则说：“自巴已外，以盐、帛为交易。黔、巫、溪、峡，大抵用水银、朱砂、缯丝、巾帽以相市。”在唐开元、天宝年间铸钱大增，实物交易消减。

商业如彭州九陇县葛璝山上的崇真观，每年三月三日有蚕市；导江县灌口镇，“有太山府君庙，每至春三月，蜀人多往设斋”（《太平广记》），从而形成大规模集市；汉州金堂县昌利山上的玄元观，每年三月三日也有蚕市；在什邡、绵竹、德阳三县交界处的蚕女冢，同样因为“每岁祈蚕者，四方云集”（《汉唐地理书钞》），逐渐发展成一年一度的集市。这类集市一般与宗教祭祀活动有关，而且每年定期举行一次。在成都平原及其毗邻地区比较集中。

但是在一些经济落后、商业不发达的地区，城市里并没有固定的商业区，所谓“市”，只是在城内或城外定期举行的集市贸易，在唐代以前，四川郡、县治所中的“市”，许多都是属于集市性质。例如巴郡的平都县，“有市肆，四日一会”（《水经注·江水》）。这种“市”在南北朝时期较为普遍。入唐以后，一些州、县治地的城市商业却没有什么发展，仍具有集市性质。有的是“山县早休市”，有的是“市井无前轮尺丈”。唐代以后，在一些经济落后的地区，州治、县治的“市”，仍然还是定期开放的集市。这类集市性质的“市”，在渠江流域和长江沿线较为普遍。至于设在川边少数民族地区的州、郡、县城，基本上都是政治中心或军事要塞，城市商业更不发达，其中相当一部分城市并不存在城市商业。

（二）草市

四川地区的草市直到唐代才见诸记载。其中蜀州青城县有青城山草市，彭州唐昌县有建德草市，雅州严道县有遂斯安草市，阆州有茂贤草市。另外，如彭州九陇县的堋口市、蜀州青城县的味江市、梓州盐亭县的雍江市，也都是“草市”。这些位于州城、县城以外的“草市”，都设有固定店铺的商业点，草市中的商业设施也比城市商业区要简陋得多。传说川西人与川东人互相调侃：“西川人曰：‘梓州者，乃我东门之草市也，岂得与我为偶哉。’”

唐代中期以后，四川草市大量出现，特别是茶叶的兴起，是许多草市形成的直接原因。茶叶生产有其特殊性，茶园通常在丘陵山区，远离州城、县城，茶叶的交易基本上是在茶山进行，因此在茶山附近就逐渐形成以茶叶为主的草市。位于四川盆地西部的产茶区就有剑南西川的青城山草市、遂斯安草市、堋口市、味江市等，其中雅州“遂斯安草市岁出茶千万斤”，可见这些草市已经成为当地茶叶交易的主要市场。长江沿线的茶叶产地，也形成了草市。郑谷《峡中寓止》诗说：“夜船归草市，春步上茶山。”在盐业发达的剑南东川，一些远离州县治所的井盐产地，同样因为商品经济发展而形成草市。例如梓州盐亭县的古东关之地，就是由盐业的兴起而形成雍江草市。唐代中期，随着商品经济的日益发展，交通运输日趋繁荣，在一些交通要道之地也相继形成草市，如彭州唐昌县的建德草市，阆州的茂贤草市等。

草市中的商业活动，一般设在草市中的店铺、酒肆、旅舍等商业设施中，基本上是每天开店营业，出售食用盐茶农具和百货，并为过往客商提供食宿。另外，在草市中还定期举行集市贸易。例如彭州九陇县的堋口市就是每逢单日开市交易，上市的商品主要是当地出产的农副土特产品和商贩带来的各种手工艺制品，大宗茶叶、食盐和布帛的买卖一般都在这个时候进行。①

① 李敬洵：《四川通史》第3册，四川大学出版社1993版，第258—261页。

| 第二节　宋代成都与沿江城市的贸易 |

北宋王朝铲除割据势力后，像成都这样的西部大都会虽然不再具有政治上的特殊地位，但随着农村商品经济的发展和沿长江上游水系商贸市镇的兴起，大大促进了城市商业化的进程。商业城市的快速发展，不仅表现在原有都市商业更为繁荣上，而且反应在大批新的商贸城市的崛起。值得注意的是，由于长江上游商品经济、特别是沿岸商贸经济的快速发展，使巴渝地区的城市出现了快速发展的趋势。如果不遭遇南宋末年蒙古军发动的大规模毁灭性战争，四川城市、特别是巴渝城市将会以更快的步伐向前发展。

一、成都城市地位的变化

（一）蜀亡后，成都恢复西川首府地位

北宋于乾德三年（965）灭后蜀以后，成都作为前后蜀国都的地位不存在了，恢复其西川路、益州、成都府的治所。北宋王朝采取了三项措施，以削弱地方实力：

一是将后蜀皇帝孟昶和后蜀大小官员及其家族全部押送京师。史书记载，乾德三年（965）孟昶与太后、妃嫔及其眷属由成都乘船东下，国人沿途哭送，直到犍为才分手。同年五月孟昶暴卒于开封，终年47岁。孟昶死后，太后李氏不哭，以酒酹地说："汝不能死社稷，苟生以取羞。吾所以忍死者，以汝在也。吾今何用生为？"（《十国春秋》）于是，不食而死。

二是鉴于宋兵平蜀后，纵兵劫掠蜀民财物、子女，激起蜀地兵民反抗，北宋朝廷下令将投降蜀兵尽数调遣开封，使蜀地不再有抵抗能力。

三是将蜀中府库财物全部发运开封，《皇宋通览长编纪事本末·李顺之变》载："其重货铜布，即载自三峡而下，储于江陵，调发舟船，转运京师；轻货纹縠，即自京师至两川设传置，发卒负担，每四十卒所荷为一纲，号为'日进'。"通过水陆并举，日夜不停地搬运，也花了好几年的时间，才将后蜀府库财物全部搬运到开封。

此外，北宋还铸造大面值铁钱换取蜀民手中的铜钱，损害了蜀民的利益。北宋朝廷对四川政治、军事、经济方面的镇压与掠夺，在一段时期对四川经济产生了消极影响，抑制了巴蜀城市的正常发展。

（二）成都与国内市场的联系

宋代成都是西南西北农业最发达的地区和蜀锦、绢帛、麻布、茶叶、药材、纸张、书籍、粮食贸易的最大集散地，而且交通发达，具有发展商业的深厚物质基础。《宋史·樊知古传》："蜀中富饶，罗纨锦绮等物甲天下。"蜀中和全国各地巨商大贾都集中于成都，大批采购这些商品，运销全国各地。熙宁十年（1077），成都府的商税额达 17 万贯，仅略低于杭州的商税额，占全国第二位。这都表明，在全国兴盛的宋代城市行列中，成都仍不失为全国重要的商业都会之一。

宋代成都更是十分繁华的西南商贸大都会。李良臣描述说："西南大都会，素号繁丽。万景云错，百货川委；高车大马，决骤于通衢；层楼复阁，荡摩于半空。奇物异产，瑰琦错落，列肆而班市。黄沙涨天，东西冥冥，穷朝极夕，颠迷醉昏。"（《钤辖厅东园记》）成都城市建筑雄伟、壮丽，层楼复阁，万景云错；街道上，商店鳞次，百货山积，珍奇间错，布列街市；人群熙熙攘攘，高车驷马，络绎不绝；弦索夜声，入耳笙歌，一派繁华景象。宋祁《成都》诗说："此时全盛超西汉，还有渊云抒颂无。"

宋代节令性集市，无论是商品数量、规模，还是集市间隔时间、参加人数，都大大超过了唐代。如周去非《钦州博易地》记载，宋代以后，依然是"富商自蜀贩锦至钦，自钦易香至蜀，岁一往返"，从而把东南亚地区出产的香药等物输入四川。此外，还有城南麻市和万里桥边的鱼市。在商品交换较为发达的成都平原地区，每年有各种贸易集会。宋人袁辉在《通惠桥记》中描述他所在成都郊区乡村商贸活跃情况说："益（州城）之南，简（阳）之西，陵（州城）之北，吾乡在焉。冲三州之会，民间仅千室，而商贾（车）轮、（马）蹄，往来憧憧，不减大郡。"

宋代成都还把唐末五代兴起的游赏习俗发展为游艺兼商业贸易的定期聚会。据《岁华纪丽谱》记载："成都游赏之盛，甲于西蜀，盖地大物繁而俗好娱乐。"此书所列一岁之中的游赏活动，已经多达二十五次以上。有的宴游聚会还常常延续几天之久。如上元节"十四、十五、十六三日，皆早宴大慈寺，晚宴五门楼。"游赏之日，"车服鲜华，倡优鼓吹"，来自外地的技艺人员参与庆祝活动，"四方奇技，幻怪百变"，全城"士女栉比，轻裘袨服，扶老携幼，阗道嬉游"，十分热闹。游赏活动招揽了一大批承办官物的商人和小商小贩前来从事商业贸易，仅仅游宴收的榷酤之利就达成千上万贯之多。实际上，已是最早的观光博览会了。

二、变化中的沿江州城

宋代四川的州城，虽然仍是地区行政中枢，但城市的商业性、娱乐性日益增强，逐渐改变着城市的基本面貌，经济活动的突飞猛进、相应的城市管理工作的重要性使行政职能也在发生变化。绝大部分州城都设立商税务，征收商税。在州城商业发展中，处于水陆交通枢纽位置的州城在这种变化中显得十分突出。

（一）梓州

宋代梓州仍是四川的大都会。太祖乾德三年（965）平蜀，并唐置剑南东西两川为西川路。真宗咸平四年（1001）分置梓州路，州治又是梓州路治所，"南控泸叙，西扼绵茂，江山形胜，水陆之冲，为剑外一都会，与成都相对。"唐代兴起的梓州药市，原为九月一日至八日而散，宋代则增加三日，到十一日而罢。熙宁十年梓州州城商税为5.5万贯，在四川州城的商税收入中，仅次于成都府路的商税收入。故徽宗政和年间（1111－1117）升梓州为潼川府路，领州十一、军二、县五十一。[①] 梓州地当东西两川要道，水陆皆与中原、江南畅通无阻。

（二）遂州

地处川中涪江中游，平川沃野，人物富庶，盛产甘蔗和糖霜，是中国最早制作冰糖之地。上游龙州、绵州各县山区，均为药材产地，尤以附子、麦冬等，历代产销不衰；绵州更以生丝和丝织品绫、锦等成为远近畅销商品，遂州也自然成为中转口岸。宋人范成大记游诗《遂宁府始见平川，喜成短歌》：

今朝平远见城郭，云是东川军府雄。
原田坦若看掌上，沙路净如行镜中。
芋区粟垄润含雨，楮林竹径凉生风。
将士欢呼马蹄快，康庄直与锦里通。

范成大时任四川制置使，写了不少关心民瘼的田园诗。此次视察遂宁府，将所见农村经济情况融入笔端，可以看到遂宁乡间垦殖、农作物栽种情况，与成都锦里相似。熙宁十年，遂州的商税额达 4.8 万贯，因其商业发达，北宋和南宋时期，梓州（潼川府）路转运司曾一度设治所于此，主办一路财政事宜。徽宗政和五年（1115）亦由州升为遂宁府。[②]

（三）果州

地处嘉陵江岸，当水陆往来之冲，盛产柑橘、绢帛，每年供应河东、泸南绫绢数十万匹。故“其民喜商贾而怠穑事”。唐武德四年（621）分隆州的

① 蒲孝荣：《四川政区沿革与治地今释》，四川人民出版社 1986 年版，第 299 页。
② 蒲孝荣：《四川政区沿革与治地今释》，四川人民出版社 1986 年版，第 300 页。

南充、相如二县置果州。玄宗天宝元年（742）改南充郡，肃宗乾元元年（758）又改果州。[①] 其政治地位虽亚于潼川府和遂宁府，经济地位则是“士民所聚则过之”，“繁盛冠东川”，“蜀人唤作小成都”（《舆地纪胜》）。熙宁十年，果州城商税额为3.2万贯，已发展成川北的商业中心。

（四）嘉州

嘉州是岷江进入长江的交汇口岸，宋代成为长江水上贸易的重要城镇。岷江是成都通往长江中下游荆襄、江淮等商贸城市的交通干线，沿江彭山、眉山、嘉定成为重要枢纽城市，下行的蜀麻、茶叶、药材等商品，上行的吴盐、海货。

（五）利州

地处四川北部交通孔道。陆路北达关陕，南过剑门而入两川，水路沿嘉陵江下行至阆州果州而达夔峡，上行而到兴州、凤州，实为舟车咽喉之地。虽然土地贫瘠，城郭矮小低下，居室简陋，但是仍然发展成剑外一大都会，商业贸易相当发达。利州道上，“岁贡纲运，使命商贾，昼夜相继，庐舍骈接，犬豕纵横，虎豹群盗，悉皆屏迹。”熙宁十年利州城商税额4.3万贯，仅次于成都、梓州、遂州，居四川商税收入第四位。商税的数额，反映了当地商品的销售量，因为商税是按商品的价值或数量来征税的。所以宋代人称利州“为小益，对成都之为大益也”。这足见利州在宋代四川城市中地位的重要。[②]

（六）渝州

随着宋代蜀、巴水上贸易的快速增长，以渝州为代表的巴渝沿江城市比前代有了更大发展。这是长江上游和中下游贸易快速发展促进巴渝经济发展，

① 蒲孝荣：《四川政区沿革与治地今释》，四川人民出版社1986年版，第240—241页。

② 参见贾大全：《四川通史》第4册，四川人民出版社1993年版，第228—231页。

包括农业的进步、手工业的发展、商业的活跃、人口的增加等几个方面造成的结果。

渝州地处长江、嘉陵江汇合处，“二江之商贩，舟楫旁午”。巴蜀城市运往东京汴梁（开封）、江淮和东南临安的货物或官物，都由长江干流或嘉陵江经渝州等沿江城市东下，“商贾之往来，货泉之流行，沿溯而上下者，又不知几”，渝州已成为四川东部的交通枢纽和商业贸易中心之一；合州是嘉陵江、涪江、渠江三江交汇之处，农副业都相当发达，又是重要的造船基地，已发展成为嘉陵江流域的物资集散地，成为商业性城市。北宋早期，在昌州三县各场镇设有38个税务，熙宁十年（1077），因税额过少，省并后仅在县城置务。这表明除县所在之场镇外，其余场镇商业贸易仍然是初步的。有些交通不便、经济落后的地区，场镇市场很少；甚至还有个别空白地区。①

① 隗瀛涛主编：《近代重庆城市史》，四川大学出版社1991年版，第78—84页。

【第四章】

隋唐到两宋成都的城市建设

第一节　大城、罗城、子城和宫城的建设

成都城市建设在蜀汉时期已趋于兴盛，但在东晋永和二年（346）桓温伐成汉时，“夷少城”，成都古城遭到严重破坏，“独存孔明庙”[①]。隋、唐、五代、两宋时期，成都城市建设渐次恢复发展，有不少新的创设。

一、隋蜀王杨秀展筑城垣

隋初，成都人口日增，百业发达，经战乱破坏后的旧城已不能适应，扩展城垣实属必要。隋文帝子杨秀镇蜀时，“筑子广城”。高骈在《请筑罗城表》中明确说：“隋杨秀守藩之日，亦更增修。”杨秀展筑城垣的年代，应为开皇

① 四川省文史馆：《成都城坊古迹考》，四川人民出版社1987年版，第42页。

十二年（592）至仁寿二年（602）间。① 他对成都城垣的修筑情况，宋人张詠在《益州重修公宇记》中有明确记述：

隋文帝封次子秀为蜀王，因附张仪旧城，增筑南西二隅，通广十里。今之官署（宋代成都府衙，方位在今正府街），即蜀王秀所筑之城中（之）北也。

由此可知，杨秀展构成都城垣，又称“子广城”（《成都记·序》）是以传说为秦代张仪所筑旧城垣为基础，恢复重建并扩建了南城垣（应在西南方）和西城垣（应在西北方），城垣连属，方圆十里。宋代成都府衙即位于杨秀所筑“子广城”北垣。

二、 晚唐高骈扩建大城

唐玄宗幸蜀，升益州为成都府。唐代中叶以后，南诏势力强盛，对西川地区构成威胁。太和元年（829）、咸通四至六年（863—865）、乾符二年（875），“诸蛮内寇”，屡次深入蜀中，进围成都。成都城垣狭小，难民避居城内，窘困万状，张詠《益州重修公署记》载：“以为居人围困，多罹肿疾，始筑罗城。”《资治通鉴·唐纪》记载咸通十一年南诏围攻成都实况说：

西川之民，闻蛮寇将至，争走入成都。时成都但有子城（即秦大城），亦无濠。人所占地，各不过一席许。雨则戴箕盎以自庇；又乏水，取摩诃池泥汁，澄而饮之。

① 杨秀两次镇蜀，第一次为开皇元年（581）至三年（583），由于年仅十一岁，在蜀期间又短促，不可能完成筑城工程。第二次镇蜀为开皇十二年（592）至仁寿二年（602），时间长达十年，且已成年，筑城工程极有可能是在这期间完成的。

这种情况迫使成都藩守对成都城垣进行增修、扩建。咸通十一年（870），颜庆复令蜀人筑雍门城，这次筑城，主要是加固旧城，并非新筑。乾符二年（875），高骈接任西川节度使，次年（876）六月，上表请广筑罗城：

臣当道山河虽险，城垒未宁。秦张仪拔蜀之时，已曾版筑。隋杨秀守藩之日，亦更增修。坚牢虽壮于一日，周匝不过八里。自咸通十年以后，两遭蛮寇攻围，数万户人，填咽共处，池泉皆竭，热气相蒸，其苦可畏，斯敝可恤……臣今欲与民防患，为国远图，广筑罗城，以示雄阃。将谋永逸，岂惮暂劳。

当年六月，这一工程得到僖宗皇帝的特许，是作为巩固“藩维”，决定一方“安危”的军国大事而进行的。高骈令僧景仙规度工程，立即开工。经过十一个月紧张、艰巨的攻坚苦战，工程告竣。高骈表述筑城始末说：

奉诏书，令臣斟酌，许兴版筑，冀盛藩维。遂乃相度地形，揣摩物力，不思费耗，只系安危。趣十县之一丁，抽八州之将校，分其地界，授以城基。运土囊而子来，持石杵而云集，大兴畚锸，广被资粮。五千堵之周回，川中捍蔽；百万人之筑起，空里巍峨。日居月诸，功成事立。金汤既设，铁甕如坚。挖地道之莫能，徒云如寇；纵云梯之强立，无计登陴……拥门之局鐍坚牢，曲角之规模周密，壕深莫跨，坚峻难攻。外边睥睨之崇高，内面栏干之固护。兽头帖出，雁翅排成；覆瓦烟青，甃砖苔碧。纵蛮再至，无计重图。

罗城竣工后，僖宗《赐高骈筑罗城诏》引述高骈奏疏说：

每日一十万夫，分筑四十三里，皆施广厦，又砌长砖。城角曲收，逸迭攻而势胜；甕门直截，容拒守之兵多……增头上之睥睨，架里面之栏干。桥象七星，不移旧岸；锦逢三日，可濯新壕。役徒九百六十万工，计钱一百五十万贯。

又据王徽《创筑罗城纪》记载说：罗城周围“凡二十五里，拥门却敌之制复八里。其高下盖二丈有六尺，其下广又如是，其上衺丈焉。陴四尺……而甃甓涂塈，既丽且坚……其上建楼橹廊庑，凡五千六百八间，榱（门楣）柖（射箭口）栉比，闉阇鳞次。”

可见高骈督阵的成都筑城工程十分浩繁，征调十县民工赴役，每日动用一十万夫，分筑全部城垣。还抽调八州将校，分段负责筑城工作。

整个工程共计用工960万个，耗资150万贯，工程之浩巨可想而知。筑城工地劳动场面十分壮观，十余万民工往来运负土囊，分持杵、畚箕、铁锸，紧张工作。督工将校奔走施工现场，还有庞大的后勤队伍，负责民工生活。工程进展神速，在百万人次的民工辛勤努力下，5000堵高大巍峨的城墙拔地而起，成为成都城市的有力壁垒，坚不可摧。环城而开凿的护城河，更使成都固若金汤。

新筑罗城的形制是，城垣周长25里，还设置拥城八里①，作防御攻城之用。城垣高二丈六尺，下垣宽二丈六尺，上垣一丈余，陴高四尺，大城外围砌砖甓，上建楼橹廊庑5608间，全城城垣划分为5000堵城墙，分段施工而后将每堵互相连接，“城角曲收”。城垣设置甓门，“甓门直截”，可以容纳大量守城兵将。城垣上沿里侧设置栏干，以便观察城外动静。城外护城河按城门方位架设七星桥，以利行人进出。从高骈所建罗城看，唐代成都城垣工程规模形制、完备程度均超过前代，它奠定了成都城垣建设的基础。

三、前蜀增修宫城

前蜀武成元年（908），王建称帝于成都，改子城为皇城，以节度使署为

① 罗城周长是据王徽《创筑罗城记》和《资治通鉴》所载，僖宗诏书谓四十三里，或有夸张、讹误。唐时二十五里折合清制约为二十里。拥城或称瓮城、月城，在城垣之外。

王府，后改皇宫，并扩建城垣，原在子城的成都府署，“移在子城外”，并改蜀王府大衙门为宣德门，狮子门为神兽门，大厅为会同殿，毬场门为神武门，毬场厅为神武殿，蜀王殿为承乾殿。清风楼为寿光阁，西亭子厅为咸宜殿，九鼎堂为承乾殿，会先楼为龙飞阁，西亭门为东上阁门，亭子西门为西上阁门，节堂南门为日华门，行库阁门为月华门。旧宅为昭寿宫，堂为金华殿，摩诃池为龙跃池，设厅为韶光殿，新西宅为天启宫，堂为玉华殿。

对罗城和子城城门也作了更改。改罗城万里桥门为光华门，笮桥门为神德门，大东门为万春门，小东门为瑞鼎门，大西门为乾政门，小西门为延秋门，北门依旧为太玄门。改子城（即皇城）南门为崇礼门，中隔为神雀门，东门为神政门，西门为兴义堂，鼓角楼为大定门，北门为大安门，中隔为玄武门。王建国势巩固后，又展筑子城西南，并建得贤门，一曰五门，上起五凤楼，或曰得贤楼。

前蜀永平五年（915），皇宫失火，宫殿宝货焚烧殆尽。王建在旧宫之北营造新宫，建夹城，规模超过原节署牙城，与罗城、子城、牙城为内外四城。王衍继位，于乾德元年（919）改龙跃池为宣华苑，并在池畔广建重楼华宇，三年（921）苑成，延袤十里，奢丽无比。后蜀依旧。

四、 后蜀增筑羊马城

孟知祥建立后蜀后，为防范南诏、西羌等外敌入侵成都，于后唐天成二年（927）在罗城外增筑羊马城，作为成都城垣外郭，自天成二年（927）底开工，到天成三年（928）正月竣工，工期大约三十天。羊马城周长 42 里，城垣高 1.7 丈，下阔 2.2 丈，上阔 1.7 丈，凿濠一重，建门楼九所，白露舍 4957 间，并在罗城四角增筑敌楼。筑城征发民工 20 万人，共用工 398 万个，费钱 120 万贯。新筑羊马城的建筑特点是：建城规模较罗城庞大，它地处罗城外围，比罗城周长多 17 里，在用工方面，比罗城 960 万个工减少大半，耗资比罗城 150 万贯减少十分之二。建筑工期，罗城花去五个月，羊马城仅用一个月。羊马城实属省工省钱省时的重大工程。

其次，由于羊马城是成都外郭，在建筑构造方面自然比罗城逊色。从现有史料中，尚未发现羊马城用砖的记载，从“杵声雷震，版级云排”和“掘大壕以连延，增长堤而固护”的描述看，羊马城城垣主要是版筑土城，筑墙用泥取自掘大濠挖出之土，就地取材，因此工料两省，城垣和壕沟也就同时竣工了。

再者，羊马城上所建白露舍 4957 间，比罗城所建楼橹廊庑 5608 间数量少 600 余间。有学者据此提出疑问，羊马城比罗城长 17 里，城上房舍比罗城少，大段土城得不到保护，岂不受霖雨破坏？因此怀疑羊马城是否有 42 里之广。①

笔者认为，羊马城既为罗城外郭，自然比内城周长要大，这不应成为问题。至于城上建筑，罗城所建楼橹廊庑形制考究、工艺水平高，羊马城白露舍不过是随城垣所需构建的简陋的房舍而已，罗城楼橹廊庑当然不能与具有随意性的羊马城白露舍相比。

五、 宋代罗城与子城的培修

宋初，守蜀者不治城堞，任其废坏。北宋太宗淳化间（990—994），李顺据成都，宋军攻城略地，大败李顺后，宫城焚毁，危楼破屋，比比相望。张詠守蜀后，拆除了所有旧建筑，重修官署。此后一百余年间，社会安定，经济文化繁荣，部分守牧对成都城市建设有不少建树。

据《宋史》，北宋仁宗皇祐五年（1053），程戡任益州知州，对成都罗城进行重修，并对城濠加以疏浚，“缮完壁垒，经度沟池”，使旧城恢复了原貌。

南宋建炎元年（1127），成都知府卢法原又对罗城全线进行培修，据李心传《建炎以来系年要录》：“周二十五里三百步，费九县市易常平钱八万缗有奇。”

南宋绍兴中，李缪为四川安抚制置使，因成都旧城多有毁圮，“首命修筑，俄大水至，民赖以安。”他对旧城的修葺获得了成功，人们因此得到安宁。

---

① 四川省文史馆：《成都城坊古迹考》，四川人民出版社 1987 年版，第 67 页。

绍兴二十九年（1159），四川制置使、鄱阳人王刚中复修成都罗城城垣，“共4600丈有奇”。南宋冯时行《罗城记》载，这次修建工程主要调动地方兵卒充当劳务大军，“三百卒为党，备糗粮，具畚锸，以受兵司分掌其役”。耗资12万缗，为时一年又六月，“城堞庄严，沟池深阻，气象环合，顿成雄奥。”

乾道中（1165—1173），范成大守蜀，增修马面敌楼，同时修葺了罗城的部分城垣，还对子城废堕部分进行修复。子城工程尚未完成，范成大调京，新任制置使胡元质陆续告竣。

经过宋代守牧多次修建罗城和子城，成都城垣已趋完善。罗城城门也已定型，南门即万里桥门，又名小南门；东门有三：大东门、小东门，朝天门；西门有二：大西门、小西门；北为清远门，亦称北门；西北有洛阳门、章城门；西南有锦官门，亦曰笮桥门。子城门有四：城西为西门，城北为大安门，城南为南门，城东为五门。

上述罗城、子城和皇宫的建设，都是统治者根据当时的政治、军事形势和防御需求而大兴土木、陆续建成的，反映了成都城市作为封建政治中心的本质特征。

第二节　隋唐到两宋城市公共设施建设

一、街坊设置与路面建设

（一）成都之坊“百有二十”

张仪筑城后，少城南部为商业区，汉代因之，又向南扩展。唐代南市范围比汉代扩大，今西较场和宝云庵一带均为市场；又开辟新南市，在今老南门外锦江南岸一带。五代以降，太慈寺前不仅是重要市场，而且是市民游宴之地。

唐代东西二京城坊呈南北对排，形成纵横街衢，整齐划一。成都城坊主要为东西走向，也有南北走向，并且斜行曲折，错综复杂。这一布局，奠定了近代成都特有的街巷形势的基础。与城市市区日益扩大的同时，街坊的建设也引人注目。南朝李膺《益州记》说："成都之坊百有二十，第四曰'碧鸡坊'。"碧鸡坊虽见于唐代以前史籍，但记载其盛况的诗文都集中于唐宋时期。杜甫《西郊》诗说：

> 时出碧鸡坊，西郊向草堂。
>
> 市桥官柳细，江路野梅香。

据此诗判断，碧鸡坊在今东胜街一带。碧鸡坊被南诏劫城时焚毁，宋代重建的碧鸡坊在罗城北郭；王灼《碧鸡漫志·序》："日日醉踏碧鸡、三井道。"三井道即三井观所在地，可见碧鸡坊与三井观相距不远。宋代碧鸡坊不仅为酒肆闹区，而且有露香亭、红云岛等园林美景。陆游《花时遍游诸家园》诗曰："走马碧鸡坊里去，市人唤作海棠颠。"可见碧鸡坊又是市民游乐胜地。

（二）城市排水系统的开创

随着成都城市人口增加，街区建设扩大，街坊建筑规范化以后，城市排水系统和街坊下水道的规划和建设就迫在眉睫。见于记载的成都排水系统的建设工程，是在晚唐白敏中担任成都知府的时候提出并实施的。席益《淘渠记》记载：

> 白敏中尹成都，始疏环街大渠。其余小渠，本起无所考，各随径术，枝分根连，同赴大渠，以流其恶。故事，首春一导渠。岁久令渎，遂懈而壅。大观丁亥冬，益之先人镇蜀，城中积潦满道。戊子春，始讲沟洫之政，居人欣然具畚、锸待其行。部使者议于台，邑子之无识者谤于里。

唐大中七年（853），白敏中任西川节度使时，开始疏浚城市环街大渠，导郫江金水河下游注入解玉溪，成为贯穿成都城市东西的新水道，解决大慈寺以东居民的生活需求。北宋初，王觌知成都府，曾着手开建西北曹波渠经西门而东，分注小渠，但还未普遍受益。因此开春导渠，岁久而壅，无法根治城市排水问题。

据清同治《重修成都县志》，直到大观元年（1107）席旦镇蜀的次年，开始讲求“沟洫之政”，认真研究如何建设城市排水系统，将大、小沟渠联系起来，形成大小互联、四通八达的排水网络。居民欣然接受劝导，志愿投身开渠排污的劳动。系统排污工程虽然受到上司和部分“无识者”的讥笑，但事实证明成效显著。“既淤泥出渠，农圃争取以粪田，道无著留。至秋雨连日，民不苦病，士大夫交口称叹，多向之议而谤者。”在如此成功的实效面前，以前持讥笑、诽谤态度的人转而赞叹既成事实。

（三）首开城市街道铺路工程

古代中国城市街道，“惟江浙甓其道，虽中原无有也”。成都城市街道直到南宋才得到整治。此前成都街道“地苦沮洳，夏秋霖潦，人行泥淖中，如履胶漆；既晴，则蹄道辙跡，隐然纵横，颇为往来之患。”绍兴十三年（1143），知成都府张焘“始命甓之”，但“仅二千余丈”，采用砖铺街道实验，效果良好。34年以后，范成大任四川制置使，继续完成这一造福一方的街道铺砖工程，“为竟其役：鸠工命徒，分职授任，程督有方，尺寸有度。费出于官，而不以及民；日廪以食，而人竞力作。未几告成，以丈计者三千三百有六十，用甓二百余万，为钱二千万赢。率一街之首尾立两石以识广狭，凡十有四街。”整个街面改造工程，由官府投资，雇佣民工力作，不多久就竣工收效，共计铺街3360丈，以每丈三米计，共计铺街10080米，完成14条街道的改造。成都街道不再泥泞难行，居民赞叹道：“周道如砥，其尚见于斯乎！”

二、名胜古迹

隋唐、五代、两宋时期，成都在城市建设中的一个新的趋向，就是随着游赏习俗的盛行，大规模恢复兴建的名胜古迹、祠庙寺观、池苑园林。这类建设，充分体现了古蜀文化与隋、唐、五代、两宋市民时尚喜好的良好结合，是这一时期成都民俗文化的重要表现。笔者择要介绍如下。

（一）武担山、石镜与五丁担

有关成都城西北武担山、石镜和五丁担的传说，均见于《华阳国志·蜀志》："武都有一丈夫，化为美女，蜀王（开明）纳以为妃，因不习水土而死。蜀因遣五丁往武都担土，为妃作冢。"又云："盖地数亩，高七丈，上有石镜。"又据罗泌《路史》载："梁武陵王萧纪曾发掘得玉石棺，中有美女如生，掩之而建寺其上。"可见武担山自南北朝梁武陵王萧纪时（552）已建造寺庙（武担山寺，亦名咒土寺），成为成都名胜。因山为长形，东西走向，中凹而东西凸出，亦名东台、西台。

唐宋时代，为成都游赏胜地。盛唐才子王勃于总章二年（669）五月（癸卯）自长安游蜀，有《晚秋游武担山寺序》曰：

> 如武担灵岳，开明故地，蜀夫人之葬迹，任文公之死所。冈峦隐隐，化为闱崛之峰。松柏苍苍，即入祈园之树。引星垣于杳嶂，下布金沙楼日。观于长崖，徬临石镜。瑶台玉瓮，尚控霞宫宝刹。香坛犹分仙阙，雕龙接映台疑。梦渚之云壁，题相晖殿。写长门之月，美人虹影。下缀虬幡，少女风吟。遥喧凤铎，群公以玉津丰暇，傺林壑而延情。……

王勃在初夏入蜀，晚秋畅游了武担山及其武担山寺，寄思古之幽情，写下了这篇文思绵远的序，对蜀中历史人物、山川景物、名胜古迹，浮想联翩，有言不尽意之感。唐人段文昌有《题五担寺西台诗》："秋天入镜空，楼阁尽玲珑。水暗玉霞外，山明落照中。鸟行看渐远，松韵听难穷。今日登临意，多欢语笑同。"宋人陆游亦有"东台西台雪正晴"之句。

石镜在武担山西台院署雪轩中，又名蜀镜。北宋乐史在《太平寰宇记》说：石镜"厚五寸，径五尺，莹澈可鉴。"唐代诗人杜甫《石镜》诗描绘石镜平坦圆滑。比之为月轮。薛涛诗比之为妆镜。此石半埋土中，外露部分，形圆光洁，古人误为石镜，加以传扬。经后人发掘，实际上是一长鼓形的大石。[①]

与五担山有关的古迹还有五丁担，系两巨石。据《华阳国志·蜀志》记载，是五丁担土之担。两石中，一在五担山，一在城北毗桥。武担石，据说早毁于公孙述时。毗桥石，据乐史说，北宋尚存。

（二）石笋

石笋初见于《华阳国志·蜀志》记载，近人考证为开明时代蜀王墓上物，长三丈，重千钧。唐杜甫《石笋行》："君不见，益州城西门，陌上石笋双高蹲。古来相传是海眼，苔藓食尽波涛痕。雨多往往的瑟瑟，此事恍惚难明论。恐是惜时卿相墓，立石为表今仍存。（自注云：高丈余）"五代时杜光庭《石笋记》谓"高丈余，围八九尺"。陆游《老学庵笔记》卷五也曾提到石笋："成都石笋，其状与笋不类，乃累叠数石成之。"元费著《蜀名画记》中谓孟昶应荆南高氏（当为高从海或高保融）之请，命画师画双石笋相赠。元以后，石笋不见于记载。成都石笋街（今成都市老西门外）即古石笋所在地。

石笋为古蜀遗物。据学者考证，在蜀族势力所及的地区，均曾发现石笋。成都地区原本无石，巨石系由蜀族搬运而来。蜀族到处树立石笋，不辞辛苦，可能是一种图腾崇拜或原始礼俗。[②]

（三）天涯石、地角石

据宋人朱秉器《漫记》谓，天涯石在"蜀城东隅，高二丈，厚仅半尺，瘗根土中，曳之皆摇摇可引，撼之则根不可穷。地角石在罗城内西北角，高三尺余，抵御王均攻城，为守城者所坏（当时之炮即发石机，毁石作炮弹），今不复存矣"。张世南《游宦纪闻》说："在成都闻有天涯石、地角石。暇时及阅图书，

---

① 此石在抗战中建瞭望塔时被塔基所埋，不能复见。

② 徐中舒：《巴蜀文化初论》《巴蜀文化续论》，分别见《四川大学学报》（社会科学版）1959 年第 2 期，1960 年第 1 期；童恩正：《古代的巴蜀》，四川人民出版社 1979 年版。

乃知天涯石在中兴寺。又有天涯石，在大东门，对昭觉院，高六七尺，有庙，在市人汤家园。地角石旧有庙，在罗城西北角；王均之乱，为守城者所坏，今不存矣。”张世南所记，依据充分，考证精当。明代嘉靖《四川总志・古迹》和天启《成都府志・古迹》仅记有“天涯石”之名，均称在“府治东”（成都府署，在正府街）。此石今存于天涯石北街 80 号院内。

（四）支机石

此石传说肇端于《博物志》，形成于唐代。故事说张骞奉命探求黄河源头，得见织女星。织女赠支机石与张骞，张骞则将支机石转赠于严君平。杜甫《有感》诗说：“乘槎断消息，无处觅张骞。”岑参《卜肆》诗说：“君平曾卖卜，卜肆著已久。至今杖头钱，时时地上有。不知支机石，还在人间否?”严君平得石根据何在? 赵磷《因话录》说：“今成都严真观有一石，俗呼为支机石，皆目云，当时君平留之。”宋祁《成都》诗也写道：“云藏海客星间石”，自注说：“成都有一石，人传严君平所辨星石，今在严真观。”又一说否定严真观巨石为支机石，而认定昭陵垫尸床小石为支机石。朱秉器《漫记》说：“元丰末，有人以昭陵玉匣《兰亭》与支机石赍入京师……支机石方二寸，不圆，微剜……余在成都见西城石犀寺后严真观故址废圃墙隅有石，粗如沙砾，高六七尺许，围如柱础。蜀人相传为支机石，尤可笑也。”[①] 可见唐宋时期，成都所谓支机石有大小不同的二物。[②]

（五）文翁石室与周公礼殿

西汉文翁所建学校，以石为屋，故后人称之为石室，又名玉堂。东汉灵帝中平间（184—189），学校失火焚毁，独存石室。献帝兴平元年（194），蜀郡太守高眹重修石室，并筑礼堂以祀周公，这是周公礼殿的肇始。公孙述据蜀时

---

① 四川省文史馆：《成都城坊古迹考》，四川人民出版社 1987 年版，第 331 页。

② 严真观支机石，直至 1958 年均在成都支机石街西面空地，即古严真观遗址上，明清方志均有明确记载。

(25—26)立太学，东汉时恢复郡学，刘焉为益州牧时升郡学为州学，另建郡学于流江（今名锦江）南岸。于是成都有州、郡两学。钟会灭蜀时，用隶书在周公礼殿题字，颂扬文翁、高眹盛德，此字在南宋时犹存。

文翁石室和周公礼殿在隋、唐、五代、两宋时既是成都重要文化教育机关，又是重要名胜古迹。唐人卢照邻盛赞成都文翁石室为“岷山稷下亭”，就文翁石室历代以来始终作为成都文化、教育中心而言，的确起了“稷下学”的作用。北宋时，石室已是古柏森森，庭院俨然。苏轼《送家安国教授成都》诗说：“苍苔高眹室，古柏文翁庭。”

后蜀时，石室改称太学。周公礼殿为木质建筑，低檐方柱，柱上小下大，为汉代建筑款式（此殿至元代毁圮，后重建）。隋代以前，殿中供奉周公，至唐初改祀孔子，礼殿更名大成殿，有晋、唐壁画。后蜀又建石经室，自广政七年(944)至十四年(951)刻石千余块，共刻儒经十种，立于太学内。后人称这些石经为“广政石经”。

（六）司马相如宅与琴台

历代盛称之琴台，即司马相如与卓文君居住之地，六朝至唐宋均为成都名胜，宋以后虽然荒芜不存，但其方位犹可寻觅。陈寿《益部耆旧传》说：“（相如）宅在少城中笮桥下百步许。”王褒《益州记》说：“司马相如宅在州笮桥北百步许。”李膺《益州记》说：“市桥西二百步得相如旧宅，今海安寺南有琴台故墟。”这足以证明，司马相如宅在市桥西、笮桥北，确切位置在今通惠门之东南，系金水河上金花桥一带。汉代成都城市狭小，相如故宅实处少城之外。此地在二江交汇处，北望城郭，南瞩村野，实有山林隐逸情趣。

司马相如故宅在唐宋时期成为著名古迹，市民览胜之所，不少文人墨客登临凭吊，激发思古幽情，抒写感人诗篇。杜甫《琴台》一诗中，“酒肆人间世，琴台日暮云”等名句名闻遐迩。岑参《司马相如琴台》诗云：“相如琴台古，人去台亦空。台上寒萧条，至今多悲风。荒台汉时月，色与旧时同。”高適《同群公秋登琴台》诗云：“古迹使人感，琴台空寂寥。静然顾遗座，千载如昨朝。“宋祁《司马相如琴台》诗云：“故台千古恨，犹对旧家山。”田况《题琴台》诗云："西汉文章世所知，相如闳丽冠当时。游人不赏凌云赋，只说琴台是旧基。"

（七）严君平与严真观

严君平，西汉临邛人，一说成都人、绵竹人。著名哲学家。本姓庄，因避汉明帝刘庄讳，改庄为严。成帝时，卜筮于成都、广汉，以此自养，劝人行善。他研究老庄哲学，著有《老子指归》等，今邛崃市有严君平墓，成都市有君平街。李膺《益州记》曰："雁桥东有严君平卜处，土台高数丈。"祝穆《方舆胜览》云："龟城水中出金雁，因谓之雁桥也。"《锦里耆旧传》云："严君平宅，卜肆之井犹存，今为严真观。"《道教灵验记》曰："成都卜肆，支机石，即海客携来，自天河所得，织女令问严君平者也。"唐宋时期，寻访严君平及其卜肆的诗人墨客仍然循迹而来。唐岑参《卜肆》诗："君平曾卖卜，卜肆芜已久。至今杖头钱，时时地上有。不知支机石，还在人间否？"郑世翼《君平古诗》："严平本高尚，远蹈古人风。卖卜成都市，流名大汉中。旧井改人世，寒泉久不通。"宋李光弼诗："卜肆垂帘地，依然门径开。沉冥时已往，思慕客犹来。鸟啄虚檐坏，狐穿古井摧。空余支机石，岁岁长春苔。"历代凭吊不断，足见严君平的感人魅力。

三、祠庙寺观

（一）惠陵和刘备、诸葛亮祠庙

《三国志》记载，刘备于章武三年（223）葬于惠陵，甘皇后、吴皇后先后同葬于此陵。惠陵在今成都市锦江南岸倒桑树街西、南郊路北。南宋时，四川制置使王刚中重修先主庙，任渊所撰《重修先主庙碑记》说："成都之南三里所，邱阜巍然曰惠陵者，实昭烈弓剑所藏之地。""弓剑"二字，借用典故，"弓"乃神话传说中黄帝乌号弓；"剑"则象征汉高祖刘邦之斩蛇剑，应指已死的皇帝，不代表假冢。惠陵在唐宋时期一直为世人凭吊，崇敬，恰如任渊所言，"后世有读其遗书，过其陵庙者，未尝不咨嗟流涕，尊仰而怀思也"。刘备初葬时，按照汉制，陵寝前应有祠庙，诸葛亮上后主表言"园陵将成"，当然包括祠庙。今惠陵前小屋，还略具原庙形制。南齐高帝肖道成命益州刺史傅琰于陵东七十步立先主祠，以后历代昭烈武侯合祠，虽屡经改建，但原址未变。西晋末，李雄据蜀，建诸葛亮庙于少城。[①] 刘备庙与武侯祠合而为一，至迟出现在盛唐时期。杜甫《古柏行》云："先主武侯同閟宫。"李商隐《武侯庙古柏》："蜀相阶前柏，龙蛇捧閟宫。阴成外江畔，老向惠陵东。大树思冯异，甘棠忆召公。叶彫湘燕雨，枝折海鹏风。玉垒经纶远，金刀历数终。谁将《出师表》，一为问昭融。"宋代先主庙中，东为后主祠，西为武侯祠，后主祠不久被撤去，庙内主要供奉先主、武侯，逐步形成今日武侯祠的格局。

（二）青羊宫

东汉沛国人张道陵创天师道，顺帝时入蜀，其道教传入蜀地，但尚无道观；天师道与战国时期的道家始祖并无直接关系，但他们奉老子（名聃）为教主，可以形成无上权威，信徒会越来越多。后又附会传说，老子命青羊子化为青羊，老子乘坐青羊到成都，与百日前约定的关尹喜在成都青羊肆见面。后来李唐王朝为提高自己的家族地位，尊老子为李氏始祖，令天下均建道观。于是诸州各设玄元皇帝庙，并为老子塑像，成都创建紫极宫。不久，又设玄中观。僖宗入蜀，改玄中观为青羊宫，观址狭小，四周尽为菜圃，敕改青羊宫后，大兴土木，扩建殿宇，备极壮丽，顿成巨观。

命名"青羊"的主要依据，其一是《蜀王本纪》，老子为关尹喜著《道德经》，临别时说："子行道千日后，于成都青羊肆寻吾。"[②] 其二是附会道教说法，谓老子命青帝子化为青羊，老子乘骑到成都等情节。五代至宋，青羊宫成为游览胜地，《蜀梼杌》卷上记载前蜀王"王衍出游浣花溪，龙舟彩舫十里绵亘，自浣花溪至万里桥"。后蜀王孟昶"御龙观水嬉，上下十里"。庄季裕《鸡肋篇》记载："成都浣花溪自城去僧寺凡十八里，太守乘彩舟泛江而下。两岸皆民家，

---

① （南宋）祝穆《方舆胜览》载：庙在宋成都府署（今正府街一带）西南二里，确切位置应在今东城根街与商业街交叉处，此庙宋初改名乘烟观，继改朝真观，但庙中仍祀诸葛亮。

② 徐中舒教授考证，《蜀王本纪》非扬雄所著，是东汉末至蜀汉时荟萃成书，秦宓传承人谯周著录成书。徐文《〈论蜀王本纪〉成书年代及其作者》，载《社会科学研究》1979年第1期。

绞络水阁，饰以锦绣。”陆游诗对此有过生动描述：“当年走马锦城西，曾为梅花醉似泥。二十里中香不断，青羊宫到浣花溪。”青羊宫到浣花溪有二十余里的梅花景观，足以让游人陶醉。自唐至宋，成都青羊宫、浣花溪成为士民游乐之区。

（三）大慈寺

此寺为唐代成都最大佛教寺院，创建于唐肃宗至德中（756—758年），玄宗曾书“大圣慈寺”匾额。全寺凡九十六院，八千五百区。寺中宏阔壮丽，千拱万栋，壁画梵王帝、释迦牟尼、罗汉、天女、帝王将相，瑰玮神妙，不可胜计。韦皋（745—805）镇蜀时，尝加修葺，又凿解玉溪流经寺前，更成胜境。寺前不仅有大市集，而且有游乐之地。庙会与市集合一，市廛百货珍异杂陈其间，蚕市、扇市、药市、七宝市、夜市也在寺院外汇集。大慈寺在唐代极盛时，占地千亩，相传当年粪草湖街与解玉溪相连至小湖，寺中粪便经此冲走，可见僧众之多。宋人田况有《八日大慈寺前蚕市》记其盛况：

> 蜀虽云乐土，民勤过四方。寸壤不容隙，仅能充岁粮。曷能备凶痒？所以农桑具，市易时相望。野氓集广廓，众贾趋宝坊。惇本诚急务，戒其靡惩常。兹会良足喜，后贤无忽忘。

（四）圆塔院、信相院（文殊院）

成都文殊院是成都地区最早的佛寺之一，相传始建于南北朝时期的南齐，初名妙圆塔院。唐武宗在全国灭佛的时候，寺院被毁，唐宣宗时重建，改名为信相寺。“文殊”是外来语，全称为“文殊师利”，是古印度梵文的音译，其本义为妙德、妙吉祥。文殊菩萨是释迦牟尼佛之下的四大菩萨（文殊、普贤、观音、地藏）之首，专司智慧，故又有“大智文殊”的尊号，在我国很多佛寺中都有他骑坐青狮、手持宝剑或如意的塑像。

（五）昭觉寺的兴建

昭觉寺兴建于唐代，与大慈寺、圣寿寺并为成都著名丛林，寺址在成都外北川陕公路东侧。唐代眉州司马董常舍宅为寺，初名建元寺，唐末僧了觉住锡于此。僖宗入蜀时，了觉以说法为帝所重，因命大兴土木，重建寺宇，赐名昭觉寺。宋代寺内尚存孙位画“行道天王”，浮邱画松柏，张南画“水月观音”，张询也于寺大悲堂后画早、午、晚三景山水，诸家珍贵墨迹，为世人所重。王建据蜀后，昭觉寺受到特殊优待，殿宇倍增，佛像巍峨，从此香火日益兴盛。北宋元祐（1086—1094）中，高僧圆悟为方丈，四方参禅徒众云集，斋僧常有千人之多，法席之盛，冠于西南。寺宇恢宏，可与大慈寺媲美；禅院茂林修竹点缀清幽胜境，更使游人流连忘返。盛况延至明季，寺宇遭受战乱破坏，昭觉寺香火遂告衰歇。

（六）杜甫草堂、梵安寺、浣花夫人祠

杜甫客居成都时，构筑草堂于浣花溪畔，即《卜居》诗所说：

浣花溪水水西头，主人为卜林塘幽。
已知出郭少尘事，更有澄江销客愁。
无数蜻蜓齐上下，一双鸂鶒对沉浮。
东行万里堪乘兴，须向山阴上小舟。

草堂东为万里桥，南为古百花潭，《怀锦水居止》说：“万里桥西宅，百花潭北庄。”杜甫去后，草堂归节度使崔宁，宁妻任氏，后世称为浣花夫人，任氏舍宅为寺，即梵安寺，也就是后代所谓草堂寺的前身。蜀人为纪念任氏，专为她修建浣花夫人祠，每年四月十九日任氏诞日，来此遨游。草堂及其后的梵安寺，唐末荒废。任正一《浣花溪记》描述了浣花溪游乐盛况：

成都之俗，以游乐相尚，而浣花为特甚。每岁孟夏，十有九日，（成）都人士女丽服靓妆，南出锦官门，稍折而东行十里，入梵安寺，罗拜冀国夫人祠下，退游杜子美故宅，遂泛舟浣花溪之百花潭，因以名其游与其日。凡为是游者，架舟如屋，饰以缯綵连樯衔尾，荡漾波间。萧鼓弦歌之声，喧哄而作。其不能具舟者，依岸结棚，上下数里，以阅舟之往来。成都之人于他游观或不能皆出，至浣花则倾城而往，里巷阒然。自旁郡观者，虽负贩刍荛之人，至相与称贷易资，为一饱之具，以从事穷日之游。府尹亦为之至，潭上置酒高会，设水戏竞渡，尽众人之乐。

辛文房《唐才子传》说："韦庄初来成都，寻得杜少陵所居浣花溪故居。虽芜没已久，而柱砥犹存，遂作草堂而居焉。"唐诗人雍陶有《经杜甫旧宅》诗：

浣花溪里花多处，为忆先生在蜀时。
万古只应留旧宅，千金无复换新诗。
沙崩水槛鸥飞尽，树压村桥马过迟。
山月不知人事变，夜来江上与谁期。

北宋元丰中（1078—1085），吕大防知成都府，于梵安寺旁重建草堂，并绘图于其上，又称工部祠堂。胡宗愈继任成都府，又石刻杜诗于壁。田况《四月十九日汎浣花溪》诗描述论宋代浣花溪已成成都游乐胜地：

浣花溪上春风后，节物正宜行乐时。
十里绮罗青盖密，万家歌吹绿杨垂。
画船叠鼓临芳溆，綵阁凌波泛羽卮。
霞景渐曛归擢促，满城欢醉待旌旗。

南宋时，堂倾壁圮。绍兴九年（1139），四川制置使张焘重修草堂，并断石为碑、刻杜诗于草堂四壁。宋人葛琳有《和浣花亭》诗记游：

井络西南区，成都号佳丽。
锦城十里外，物景居然异。
傍萦浣花溪，中开布金地。
杜宅岿遗址，任祠载经祀。

四、 池苑园林

（一）摩诃池

摩诃池为隋蜀王杨秀所建，位置在大城西，接近新城处（今四川科技馆及其四周一带），前蜀时池向北扩展（达到今正府街一带），宋代缩小到原来规模。摩诃池得名于传说。卢求《成都记·序》说：“隋蜀王秀取土筑广子城，因为池。有胡僧见之曰：‘摩诃宫毗罗’。盖摩诃为大宫，毗罗为龙，谓此池广大有龙，因名摩诃池。”唐代中叶，摩诃池已成为泛舟游赏胜地。杜甫《晚秋陪严郑公摩诃池泛舟》诗云：

湍驶风醒酒，船回雾起堤。
高城秋自落，杂树晚相迷。
坐触鸳鸯起，巢倾翡翠低。
莫教惊白鹭，为伴宿青溪。

武元衡《摩诃池》诗云：

摩诃池上春光早，爱水看花日日来。
秾李雪开歌扇掩，绿杨风动舞腰回。
芜台事往空留恨，金谷时危悟惜才。
昼短欲将清夜继，西园自有月徘徊。

高骈《残春遣兴诗》云：

画舸轻桡柳色新，摩诃池上醉青春。
不辞不为青春醉，只恐莺花也怪人。

五代后蜀主孟昶有《摩诃池避暑》诗云：

冰肌玉骨清无汗，水殿风来暗香满。
帘开明月独窥人，欹枕钗横云鬓乱。
起来庭户寂无声，时见疏星渡河汉。
屈指西风几时来，只恐流年暗中换。

（二）龙跃池、宣华苑

五代时，王建改摩诃池为龙跃池。乾德元年（919），王衍改龙跃池为宣华苑，又大兴土木，环池建宫殿亭阁，乾德三年（921）竣工，延袤十里，有重光、太清、延昌、会真殿，有清和、迎仙宫，还有降真、蓬莱、丹霞、怡神亭以及飞鸾阁、瑞兽门，华美壮观，穷极奢巧。当时，摩诃池水面广阔，又有岛屿亭台、宫墙堤岸曲折点染，为泛舟游赏胜处。花蕊夫人宫词对宣华苑游赏活动多所描写："三面宫城尽夹墙，苑中池水白茫茫。""殿庭新立号重光，岛屿亭台尽改张。""每日日高祇候处，满堤红艳立春风"，"水车踏水上宫城，寝殿檐头滴滴鸣。""傍池居住有渔家，收网摇船到浅沙。"

后蜀亡后，宫殿多被拆毁，以其材为木筏，运物资东下。夹城引水渠道也逐渐淤废，顿呈荒凉景象。北宋时宋祁《览蜀宫故城有感》诗说："国破江山老，人亡岸谷摧。鸯飞今日瓦，鹿聚向时台。故苑犹霏雪，荒池但劫灰。赭遗糊处壤，阖记数残枚。"南宋时宣华苑虽存，残破依旧，池面也大大缩小。陆游《花时遍游诸家园诗》也有不胜今昔的感觉："宣花无树著啼莺，惟有摩诃春水生。故老犹言当日事，直将宫锦裹宫城。"尽管如此，宣华苑仍不失为人们伫足凭吊的胜迹。南宋时池水面积减少，陆游《摩诃池》诗曰：

摩诃古池苑，一过一销魂。
春水生新涨，烟芜没旧痕。
年光走车毂，人事转萍根。
犹有宫梁燕，衔泥入水门。

自注："蜀宫中旧泛舟入此池曲折十余里。今府后门已为平陆，仍犹号水门。"

（三）合江亭与合江园

中唐时，韦皋镇蜀，凿解玉溪，又于郫江与流江汇合处建合江亭（在今安顺桥稍东之锦江北岸），此亭与郫江北岸的张仪楼、散花搂形成一条由西向东的风景线。后又在亭旁筑楼阁台榭，参植美竹异卉，名曰合江园，成为游览胜地。晚唐高骈筑罗城，郫江断流，张仪、散花等楼失去昔日风光。但改道后的郫江仍在合江亭下与流江汇合，二江拱亭，风景如故，因而更为游人所流连云集，至宋代达到极盛。宋代成都商业发展，商船、渔船往来如织。远航客货船，也舶于亭下，于是合江亭又成为万里桥东又一饯别之地。可惜直至南宋末，也未在合江亭下兴建横跨流江的大桥，游人只能在枯水季节涉水往来两岸，这就使两岸游人难以畅游尽兴。陆游即由合江园涉水到南岸赵园。

（四）芙蓉城

唐代成都已种植木芙蓉，并成为人所喜爱的花卉。值得关注的是，后蜀主孟昶对成都城市环境的美化的重要举措，他曾诏令军民在成都全城遍种木芙蓉，晚秋季节，芙蓉怒放，色彩艳丽，仿佛锦绣，因此成都得名"芙蓉城"。北宋文同有《二色芙蓉》诗赞叹蜀国芙蓉："蜀国芙蓉名二色，重阳前后始盈枝。画调粉笔分妆处，绣引红针间刺时。落晚自怜窥露沼，忍寒谁念倚霜篱。"这一习俗流传至今，以木芙蓉为代表的成都花卉，成为成都人民乐于栽种和欣赏的园林瑰宝。

综上所述，隋、唐、五代、两宋成都城市建设具有以下特点：

首先，由于四川社会相对安定，经济进一步开发，城市人口数量超过历代，城市规模也相应扩大，城市基本建设，如街坊、市集等也有了很大的发展，奠定了近代成都城市建设的基础。

其次，中唐以后，四川处于地方封建势力统治下，统治者力图在中原战乱形势下保持偏安和独立。在罗城、子城和皇城的大规模兴建中，表现出强烈的地方安全意识的增强和对周边防御自卫的传统特色。

再者，适应都市游赏文化兴盛的需要，城市名胜古迹、祠庙寺观、池苑园林等建设得到迅速发展。这种建设的一个突出表现就是：得古典文化遗存与世俗审美意识巧妙结合，造就了一系列有利于弘扬成都历史文化传统的游赏景观和设施，使成都历史文化名城的地位得到了充分肯定。

【第五章】

隋唐到两宋成都的城市文化

如前所述，隋、唐、五代、两宋时期，成都社会相对安定，每逢北方战乱期间，就有大量移民入蜀，于是成都城市人口大幅度增加，商品生产和商业贸易均有较大的发展。在此基础上，城市学术文化和文学艺术得到前所未有的发展。

第一节　文学艺术的重要成就

唐、宋时代是我国古典文学达到登峰造极的辉煌时期，以诗词、散文、绘画艺术为代表的文学艺术成就是中国古代文化中的瑰宝。而这一时期，成都文学艺术的重要成就则是整个唐宋文学艺术成就中的组成部分。

一、诗词与散文

自初唐开始，受到蜀学传统熏陶的文学家就从成都及成都周围地区脱颖而出。唐代诗歌的创造者和先驱陈子昂就诞生于成都东部的今射洪县，伟大诗人杜甫在陈子昂逝世六十年后，曾在其故居写诗赞叹说：“有才继骚雅，哲匠不比肩。公生扬马后，名与日月悬。”[①] 这诗将陈子昂直比屈原、司马相如和扬雄，高度颂扬他开一代诗风的光辉业绩。

（一）蜀中的唐诗泰斗

伟大诗仙李白，自幼入川，在成都东北的今江油县青莲乡度过了他的青少年时代。蜀中秀丽山水陶冶了他的性情，古典蜀学传统使他得到良好的启蒙教育。在这样良好的生活和学习环境下，读书、击剑和游历构成了青少年时代李白勤奋、浪漫生活的主要内容。在西蜀生活的时期，李白已显示出“天才英丽，下笔不休”，“可与相如比肩”的博大才华，抒写出了《峨眉山月歌》这样清丽、豪迈的优秀作品。在他《淮南卧病，抒怀寄蜀中赵徵君蕤》诗中，还记挂成都风物故旧：“吴会一浮云，飘然远行客……国门遥天外，乡路远山隔。朝忆相如台，夜梦子云宅。”病中的李白，特别想念的是成都的历史人物和与他结交多年的朋友。

伟大的诗圣杜甫天宝年间避乱入蜀，先后在成都卜居数年，并在四川不少州县，特别是川东奉节留下了他的大量游踪。杜甫在成都和奉节两地创作诗歌430余首，大约占去他全部诗作的1/3。杜甫在成都草堂居住时写下的大量诗篇，被后人称为草堂诗，有不少脍炙人口的垂范之作。

著名的边塞诗人高適，晚年入蜀，先后任彭州刺史、蜀州刺史、剑南西川节度，在成都生活六年之久，对成都怀有乡情。他在《人日寄杜二拾遗》中写道：

人日题诗寄草堂，遥怜故人思故乡。
柳条弄色不忍见，梅花满枝空断肠。
身在南番无所预，心怀百忧复千虑。

① 唐宝应元年（762），杜甫去射洪县金华镇东七里东武山下陈子昂东故居，写下这首《陈拾遗故宅》诗。见杨重华、赵长松、赖云琪编著：《杜甫梓州诗注》，四川人民出版社1993年版，第34页。

今年人日空相忆，明年人日知何处？

治川平乱之余，还与当时卜居成都草堂的杜甫交谊唱和，完成了他平生最后一批作品（高適离蜀回京不及一年即病逝）。

与高適齐名的边塞诗人岑参也是晚年入蜀，任嘉州（今乐山市）刺史，数年后病逝于成都；在川期间，也有不少诗作。因此后人称他为岑嘉州，其诗文作品则被称为《岑嘉州集》。初到犍为视察时，他写了《初至犍为而作》：

山色轩楹内，滩声枕席间。
草生公府静，花落讼庭闲。
云雨连三峡，风尘接百蛮。
到来能几日，不觉鬓毛斑。

他将自己初到犍为县的感受：昼夜喧哗的滩声，讼事稀少、闲暇无事的衙署，多雨的山城生活，述诸笔端。地近多民族杂居边缘地带，却也让他寝席难安。

晚唐著名诗人李商隐，晚年曾在三台、成都等地客居数年，写下了不少诗作，佳作《筹笔驿》完成于三台。他有《送崔珏往西川》诗：

年少因何有旅愁？欲为东下更西游。
一条雪浪吼巫峡，千里火云烧益州。
卜肆至今多寂寞，酒垆从古擅风流。
浣花笺纸桃花色，好好题诗咏玉钩。

这诗以蜀中风土人情和历史掌故开导初出茅庐的年轻人，让他旅途体念蜀中风物，足见诗人李商隐才识渊博。

唐代著名女诗人薛涛，出生于京都长安，自幼随父入蜀，居住成都，直至病逝，始终没有离开四川。著名诗人元稹在《赠薛涛》一诗中，说她“锦江滑腻峨眉秀，幻出文君与薛涛”，不仅把她看作成都人，而且将她与卓文君媲美。据说她有诗作《锦江集》五卷，收诗五百余首，后佚散，现仅存诗九十余首。

（二）蜀中的词客骚人

五代时期，四川处于偏安状态，不少文人学士入川居住，成都成为当时文化中心。著名文学家韦庄所作诗词艺术造诣相当高，其作品见于传世的《浣花集》。

著名词人欧阳炯，是成都华阳县人，曾为赵崇祚编《花间集》作序。著名文学家孙光宪，仁寿县人，著作甚多，有传世的《北梦琐言》和词八十余首。传为佳话的两位花蕊夫人均系前后蜀才貌双全的女诗人，都能写诗填词，著名的《花蕊夫人宫词》，据说作者就是前蜀王建的妃子徐氏，她的传奇故事传为佳话。

宋代成都文学十分昌盛，人才辈出。其中，籍隶绵州的欧阳修，成都府南的眉山苏氏家族（苏洵及其子苏轼、苏辙合称三苏；加苏轼之子苏过和苏辙之孙苏籀，合称五苏）、中江三苏（苏易简及其孙子苏舜元、苏舜钦）、阆中陈氏（陈尧叟、陈尧佐、陈尧咨弟兄）、蒲江三高（高稼、高定子弟兄及高稼之子高斯得）、魏了翁、成都吕陶、华阳宇文虚中、盐亭的文同、仁寿的韩驹、丹棱的唐庚、新津的任渊等均为一代著名文学家。其中以欧阳修①和眉山三苏名气最大，在公认的唐宋八大家中，他们均列名其中，各自占据重要地位。欧阳修被誉为“抚百川之颓波，息千古之邪说，使斯文之正气可以羽翼大道、扶持人心”（《宋史·欧阳修传》）的大文豪。而苏轼更是独占鳌头，诗、词、文、书、画无一不精，是中国古代最为杰出的文学艺术大师。

除川籍大文豪外，还有宦游入蜀、在成都留下大量不朽之诗文的大文学家黄庭坚、陆游和范成大。

---

① 关于欧阳修的籍贯问题，《宋史》记载他是庐陵（今江西永丰县）人，他也自称“庐陵欧阳修”。但是，在他自撰的《七贤画像序》中，他说：“某不幸少孤，先人为绵州军事推官时，某始生。”足证他出生在四川绵州。在欧阳修去世不到五年，绵州父老就建筑“六一堂”，以示家乡的纪念。当时，绵州知州，诗人唐庚也加以证实并亲往祝贺。

黄庭坚是苏轼门人，其诗作成就与苏轼齐名。论者常以“苏黄”并称。他在诗歌方面创立了著名的江西诗派，又是宋代书法米、蔡、苏、黄四大家之一，对后世有深远的影响。他在宜宾居官时，“蜀士慕从之游，讲学不倦，凡经指授，下笔皆可观。”（《宋史·黄庭坚传》）可见他是蜀中学子的一代宗师。其诗、赋皆清奇隽美，看他的《苦竹赋》，那格物致知、推物及人的意念油然而生：

> 僰道苦笋，冠冕两川。甘脆惬当，小苦而反成味。温润缜密，多啖而不疾人。盖苦而有味，如忠谏之可活国；多而不害，如举士而皆得贤。是其钟江山之秀气，故能深雨露而饱风烟。食肴以之启道，酒客为之流涎……

陆游是宋代著名爱国诗人，流传至今的诗作有九千余首，是古代诗人中首屈一指的多产作家。他在四川生活八年，在成都、蜀州、嘉州、荣州等地任地方官，写下了大量诗篇和游记《入蜀记》，生动反映了当时成都等地的民情风俗。在《成都》诗歌中，他发自肺腑的情感写出成都的风物掌故：“风物繁雄古奥区，十年伧父巧论都。雪藏海客星间石，花识文君酒处垆。”他对西蜀有深厚的感情，“乐其风土，有终焉之志”。后世崇敬他的文章功业，将他与黄庭坚一同供奉杜甫草堂的工部祠，配祀诗圣杜甫，被称颂为“异代升堂宋两贤”。

著名诗人范成大与陆游齐名，同被列为“南宋四家”。在成都任制置使期间，留下了不少诗篇和游记作品。有关蜀守李冰开凿都江堰水利工程的《离堆行》见地不凡：

> 残山狠石双虎卧，斧迹鳞皴中凿破。
> 潭渊油油无敢唾，下有猛龙跧铁锁。
> 自从分流注石门，西州粳稻如黄云。
> ……

他肯定李冰创建都江堰水利工程对成都平原稻作农业有着无与伦比的巨大

贡献。“西州”（指沃野千里的天府之国）“粳稻如黄云”的丰收景象，是李冰治水的不朽功绩，因而李冰被蜀民尊为“川主”，世世代代立庙祭祀。

上述著名文学家，不论是本籍，还是客籍，都以自己出色的才华和巨大的创造力在蜀中从事文学艺术创作活动，对成都城市文化的繁荣做出自己的贡献。

二、 音乐与戏剧

（一）锦城音乐

蜀地音乐源远流长，南朝时，梁简文帝就写下了《蜀国弦》：

铜梁指斜谷，剑道望中区
……
雅歌因良守，妙舞自巴渝。
阳城嬉乐盛，剑骑郁相趋。
五妇行难至，百两好游娱。
牲祈望帝祀，酒酹蜀侯诛。
……

据学者研究，隋唐音乐是音乐史上的新起点，隋代建立七部乐、九部乐宫廷音乐体制。宫廷燕乐和民间俗乐互动互补，如王建《梁州行》：“城头山鸡鸣角角，洛阳家家学胡乐。”随着蜀地四方移民的迁入，成都休闲文化的形成，管弦音乐也就应时而起。隋唐统一蜀地之后，皇族贵胄入蜀，必然将北方音乐带入蜀地。唐代玄宗、僖宗都因中原战乱入蜀避难，长安胡乐、霓裳羽衣舞也就自然南下西蜀。杜甫入蜀避难，就写下了《成都府》赞美锦城的优美音乐：

喧然名都会，吹箫间笙簧。
信美无与适，侧身望川梁。
……

杜甫居蜀时，多次为蜀中音乐、歌舞感动，诗兴大发。其《赠花卿》诗云：

锦城丝管日纷纷，半入江风半入云。
此曲只应天上有，人间能得几回闻。

杜甫来到成都，与中原对比，感到新鲜、奇特，他爱这里历史文化、风土人情，自然也爱上了这里独特的音乐歌舞。唐宣宗时，诗人陈陶写《西川座上听金五云唱歌》诗，其中抒发了对一个锦城歌女优美歌声的感受：

蜀王殿上华筵开，五云歌从天上来。
满堂罗绮悄无语，喉音止住云徘徊。
管弦金石还依转，不随歌出灵和殿。
白云飘飘席上闻，贯珠历历声中见
……

后蜀花蕊夫人《宫词一百首》之十九中对后蜀宫廷音乐会作了描述：

梨园弟子簇池头，小乐携来候宴游。
旋炙银笙先按拍，海棠花下合梁州。
……

抗战时期由著名考古学家冯汉骥主持发掘的前蜀王建墓“永陵”地宫中，就有 24 幅唐代龟兹乐队的女乐石刻画像。成都城市的音乐也影响了乡村的欣赏兴趣，《蜀梼杌》记载晚唐五代时期的成都风俗，成都城外“村落闾巷之间，弦管歌声，合筵社会，昼夜相接”不仅成都近郊，郊县也有音乐演奏，人所乐见。蜀州（今崇州市），音乐演奏也上了档次。宋代陆游曾任蜀州通判，对蜀州感情深厚，写了不少诗歌，如《忆唐安》中有诗句云：

唐安池馆夜宴频，潋潋玉船摇画烛。
红索琵琶金缕花，百六十弦弹法曲。
曲终却看舞霓裳，袅袅宫腰细如束。
……

看起来，蜀州的音乐、舞蹈都让人着迷，连见过东南大世面的陆游都为之感叹，居然连宫廷里的霓裳羽衣舞曲都在唐安池馆里表演得如此生动，神采飞扬。陆游在诗歌中自注说："蜀人旧语：谓唐安有三千官柳、四千琵琶。"所谓"旧语"，当指南宋以前，北宋，前后蜀，甚至唐代，蜀州就已经是音乐之乡了。回想白居易左迁九江郡司马，竟然找不到可听的音乐，"浔阳地僻无音乐，终岁不闻丝竹声。"对比起来，成都是值得李白、杜甫、陆游等名家流连忘返之地。

（二）蜀戏登台

蜀戏源远流长，殷周之际即有"武王伐纣，前歌后舞"等巴人歌舞。在器乐方面，有《周礼》记载的"金錞和鼓"。在戏弄方面，三国蜀汉有"倡家假为二子之容"。唐玄宗时，皇宫养育了演戏的大批梨园弟子，专门为皇室演戏，后世尊唐玄宗李隆基为梨园祖师。清代成都华兴正街的老郎庙（今川剧演艺中心）供奉的"老郎"即是唐玄宗李隆基（唐明皇）。安史之乱，玄宗幸蜀，东西两京沦陷，杜甫《观公孙大娘弟子舞剑器行》诗云："梨园弟子散如烟，女乐余姿映寒日。"晚唐卢求《成都记·序》云："大凡今之推名镇为天下第一者，曰扬益。以扬为首，盖声势也……管弦歌舞之多，技巧百工之富……熟较其要妙，扬不足以侔其半。"已故戏曲史研究专家任中敏（号半塘）在《唐戏弄》中有"蜀戏冠天下"的确论，还认为在传统戏曲演出方面，"天下所无蜀中有，天下所有蜀中精。"[①] 任先生立论精审，论据确凿，是不易之说。

中唐时，成都编演了科白剧《刘辟责买》与《义阳主》《旱税》《西凉

---

① 任半塘：《唐戏弄》上册，上海古籍出版社1984年版，第181、191页

伎》，并称唐代四大讽刺剧。《刘辟责买》讽刺地方官在地方实行所谓和籴、和市，就是官府低于市价征购民间粮食或布帛绢丝等物。在公演时，因讽刺激烈，参演演员还受到剑南西川节度使高崇文的惩罚，“杖优者，皆令戍边”。唐文宗大和三年（829），南诏掠成都，驱掠五万余人，其中就有“一人是子女锦锦，杂剧丈夫两人”。唐段成式《酉阳杂俎续集》记载：成都“贴衙俳儿千满川”，与白迦、叶圭、张美、张翱等“五人为火”。“俳儿”，杂剧演员；“五人为火”，五人组成一个演出班子。唐宣宗大中年间（847—858），成都杂剧盛行“弄假妇人”，即男扮女装。段安节《乐府杂录》载：“有孙干饭、刘璃瓶，近有郭外春、孙有态。僖宗幸蜀时，蜀中有刘真者，尤能。后乃随驾入京，籍于教坊。”

五代前后蜀时，教坊、俳优所在皆有，攻城、行军亦随行，王建攻东川时，曾令俳优骂阵。后蜀广政十五年（952），大宴群臣，宋张唐英《蜀梼杌》载：“教坊俳优作《关口神队》，二龙战斗之象，须臾，天地昏暗，大雨雹。”

北宋真宗祥符元年（1008），益州知州、枢密直学士任中正，“于衙南楼前盛张妓乐杂戏，以宴耆老，尊诏旨也。”（《茅亭客话》）宋人庄绰（季欲）《鸡肋编》记载：“成都上元（农历正月十五日）至四月十八日，游赏几无虚辰。使宅后圃名西园，春时纵人行乐。初开园日，酒坊两户，各求优人之善者，较艺于府会，以骰子置于合子中撼之，视数多者得先，谓之‘撼雷’。自旦至暮，唯杂戏一色。”观者“坐于阅武场，环庭皆官府看棚，棚外始作高凳，立于其上如山。”演出开始后，剧中“每诨一笑，须筵中哄堂，众庶皆噱者，始以青红小旗各插于垫上为记。至晚，较旗多者为胜；若上下不同笑者，不以为数也。”这种以掷骰决定演出先后，依观众的笑声判定演出质量的戏剧表演，与古代希腊的喜剧竞赛相似，应是一种群众评戏活动。① 宋代立春日，成都也有隆重戏剧演出活动。宋何耕《录二叟语》记：“将春一日，有司具旗

---

① 有关这条史料的可靠性问题，夏爕时先生在《中国戏剧批评的产生与发展》一书（1982年10月中国戏剧出版社出版）的《宋代戏剧批评》中作了考析，他认为，季裕之父元祐（1086—1094）中曾与苏轼等游，故季裕多识轶闻旧事。任职州县，又曾在西南一带，所以关于成都群众评戏活动的记载，应当是有根据的。

旌金鼓，俳优侏儒，百伎之戏，迎所谓芒八土牛以献于二使者。最后诣尹府，遂安于班春之所。”秋谷丰登，民间设置戏场，举行庆祝演出，陆游诗云：“高城薄暮闻吹角，小市丰年有戏场。”大族富家姻礼庆典，也有邀集优伶演出的事。《剑南诗稿》记：“成都双流县宇文化，大族也……家有姻礼，张乐命伎优伶之戏甚盛，诸生皆往观。”元代成都戏曲艺术并未湮没，依照伶人演唱专长，已初步划分出各色声腔，元人燕南芝庵《唱论》：“凡人声音不等，各有所长，有川嗓、有堂声，背合破箫管。”①

南宋时，蜀中杂戏在成都府各州县发展。在蜀戏编演的道白中，“蜀伶多能文，俳语率杂以经史，凡制帅幕府之宴集，多用之”。“蜀优尤能涉猎古今，援引经史，以佐口吻，资笑谈。当史丞相弥远用事，选人改官，多出其门。制阃大宴，有优为衣冠者数辈，皆称为孔门弟子”。从这些记载里，我们既看到俳优技艺超凡，有才有艺，又可见到权臣当政时，选用人才的腐败内幕。

三、蜀中文学艺术创作特色

唐宋时期成都地区文学艺术群星灿烂，硕果累累，与前代相比，其创作活动绚丽多彩，富有时代特色。其最具代表性的特色体现在以下两点。

（一）作品中的流寓情绪

首先，由于数百年间蜀中大体处于偏安之势，大量诗人墨客流寓成都，玄宗和僖宗两度幸蜀，随带大量乐工、伶人、工匠和文士，为成都文学艺术创作注入了新的活力，产生了巨大的外来影响，在诗歌、散文、绘画、音乐、舞蹈，戏剧方面出现崭新的面貌，表现出古蜀文化与中原文化的充分融合，正如李白《上皇西巡南京歌》所云：“北地虽夸上林苑，南京犹有散花楼。”“锦水东流绕锦城，星桥北挂象天星。”流寓文人常在作品中联想中原风物，寄托故国之忧思。唐代大慈寺的建筑充分表现了中原艺术对成都建筑的巨大

① 诗中“背合破箫管”句，元人陶宗仪《南村辍耕录》作“皆合被箫管”，似与原意切合。

影响。大慈寺是唐玄宗幸蜀时（756—758）敕修，寺庙工程浩大，全嵌京都形制，凡九十六院，八千五百区。先后参加寺庙设计绘画均玄宗、僖宗两次入蜀时随行工匠画师，“蜀自唐二帝（玄宗、僖宗）西幸，当时随驾以画待诏者皆奇工。故成都寺宇所存诸佛、菩萨、罗汉等像之处，虽天下号为古迹多者，尽无如此地所有矣。”（《彭州张氏画记》）因此，唐代大慈寺壁画为天下之冠，“举天下之言唐画者，莫如成都之多，就成都较之，莫如大圣慈寺之盛。”（《大圣慈寺画记》）大慈寺建筑艺术积聚了以长安为代表的中原佛教艺术，让人顾盼玩味。

（二）与游赏习俗相结合的倾向

其次，由于城市经济日见繁荣，成都与外地贸易往来增加，各地文人雅士、游旅商贾云集成都，加之统治者和富有居民生活日见奢靡，成都古典城市文化中出现了文学艺术与游赏习俗相结合、文化庆典与繁华商业结合的倾向。“成都游赏之盛，甲于西蜀”，宋元之际成书的《岁华纪丽谱》专门记述了成都各种文化游赏活动：

四月十九日，浣花佑圣夫人诞日也。太守出笮桥门，至梵安寺谒夫人祠。就宴于寺之设厅。既宴，登舟观诸军骑射。倡乐导前，溯流至百花潭，观水嬉竞渡。官舫民船，乘流上下，或幕帘水滨，以事游赏，最为出郊之胜。

五月五日，宴大慈寺设厅。医人鬻艾，道人卖符，朱索綵缕、长命辟灾之物，筒饭角黍，莫不咸在。

七月七日，晚宴大慈寺设厅。暮登寺门楼，观锦江。夜市乞巧之物皆备焉。

十八日，大慈寺散盂兰盆，宴于寺之设厅。宴已，就华严阁下散盆。

八月十五日，中秋玩月。旧宴于西楼，望月于锦亭，今宴于大慈寺。

文学方面，杰出诗人李白，杜甫、陆游在流寓生活中，也表现出对成都游赏文化的新鲜感受。李白有《登锦城散花楼》诗云："日照锦城头，朝光散花楼。金窗夹绣户，朱箔悬银钩。飞梯缘云中，极目销我忧。暮雨向三峡，春江绕双流。今来一登楼，如上九霄游。"后蜀赵崇祚编辑的最早词集《花间集》，正是文人对城市灯红酒绿、缠绵悱恻的感情生活的反映。

上层社会在游赏活动中更是奢华无度、竭尽人间享受。张唐英《蜀梼杌》记，前蜀王衍"出游浣花溪，龙舟彩舫十里绵亘，自浣花溪至万里桥"。"（孟）昶御龙观水嬉，上下十里。"庄季裕《鸡肋篇》记，成都浣花溪自城去僧寺凡十八里，"太守乘彩舟泛江而下。两岸皆民家，绞络水阁，饰以锦绣"。正如陈陶《西川座上听金五云唱歌》描述的情景："蜀王殿上华宴开，五云歌从天上来。满堂罗绮悄无语，喉音止驻云徘徊。管弦金石还依转，不随歌出灵和殿。"

这种古典文化与游赏习俗的结合，文化庆典与繁华商业的结合，正是成都城市文化和商业高度发展、推波助澜、互相渗透的实际表现。

第二节　学术文化的重要成就

与成都城市文学艺术的繁荣相比，这一时期学术文化的发展稍为滞后，但到北宋时期，以医学和史学为代表的学术文化也出现了繁荣局面。

一、三苏与宋代蜀学

宋代蜀学的引领者是苏轼、苏辙兄弟，其开创者是他们的父亲苏洵。父子三人并称"三苏"，苏轼、苏辙兄弟二人被称为"大小苏"，同为"唐宋八大家"之一。眉山三苏祠编印的《三苏祠楹联选注》中，蔡宗建题曰："是父生是子，家学一门，自昔声名弥宇宙；难兄更难弟，象贤两世，至今俎豆重乡邦。”冯建吾题曰：“其人其德其才，与历史共存不朽，斯为世仰；乃父乃兄乃弟，本家学渊源有自，故尔风高。”

许多人认为三苏的重要地位是在文学上，秦观却不以为然，他在《答傅彬老简》中回答友人说：

> 苏氏之道最深于性命自得之际，其次则器足以任重，识足以致远，至于议论文章，乃其与世周旋，至粗者也。阁下论苏氏而其说止于文章，意欲尊苏氏，适卑之耳！

（一）壮年发奋的苏洵

苏洵生于大中祥符二年（1009），字明允，号老泉；他的一生大致分为三个阶段：27岁以前，为“少不喜学”的时期；27至48岁为发奋读书的时期；48岁带着苏轼、苏辙进京应试；到58岁去世的这一时期，是他的文章名震天下的时期。他的文章很为欧阳修所看重，嘉祐元年（1056）欧阳修在读了苏洵的文章后曾经说：“予阅文士多矣，独喜尹师鲁（洙）、石守道（介），然意常有所未足。今见君（苏洵）之文，予意足矣。”（《邵氏闻见后录》）苏洵善于策论，其文风受《孟子》《荀子》《战国策》的影响颇深。曾巩在《苏明允哀词》中说苏洵的文章“少或百字，多或千言，其指事析理，引物托喻，烦能不乱，肆能不流。其雄壮俊伟，若决江河而下也；其辉光明白，若引星辰而上也。”

在欧阳修看来，苏洵的文章超过了前人。欧阳修认为苏洵是“通经学古、屡忠守道之士”，他对苏洵是极为赞赏的，他说：“其议论精于物理而善识变权，文章不为空言而期于有用，其所撰《权书》《衡论》《机策》二十篇，辞辩宏伟，博于古而宜于今，实有用之言，非特能文之士也。”（《荐布衣苏洵状》）

苏洵用“权变”思想来论述《易》《礼》《乐》《诗》《书》《春秋》的形成；朱熹指责苏洵说：“看老苏《六经论》，则是圣人全是以术欺天下也。”（《朱子语类》）苏洵认为，“权变”只是手段，关键在于运用权变的是什么人？

“权变”思想是苏氏蜀学的基础，苏洵认为，“圣人之道，有经有权有机”，“夫使圣人而无权，则无以成天下之务；无机，则无以济万世之功”，“有机也，虽恶亦或济；无机也，虽善亦不克。”（《嘉祐集》）蜀学与新学之间的抗衡，正是由于苏洵认为王安石没有权变思想；而与洛学的对立也是由于苏轼认为程颐缺乏权变，与“不近人情”的王安石等同。苏洵对《周易》的研究重在辩证思维，而对易学中的性命理论缺乏认识。

庆历六年（1046），苏洵归蜀奔丧；后举家迁往京师，被朝廷任命为霸州文安县主簿；从嘉祐六年（1061）到治平二年（1065），与姚辟同修《太常因革礼》；治平三年（1066）因病去世。

（二）蜀学泰斗苏轼

苏轼字子瞻，又字和仲，号东坡居士，眉州眉山县人，生于景祐三年（1036）；苏辙字子由，生于宝元二年（1039）。苏轼、苏辙兄弟的政治立场是一致的，但二人的性格却有所不同，正如苏洵在《名二子说》中所说：“轮、辐、盖、轸，皆有职乎车。而轼独若无所为者。虽然，去轼，则吾未见其为完车也。轼乎，吾惧汝之不外饰也！”“天下之车莫不由辙。而言车之功，辙不与焉。虽然，车仆马毙，而患亦不及辙。是辙者善处乎祸福之间也。辙乎，吾知免矣！”从中不难看出苏洵为什么给两个儿子取名轼、辙，以及苏轼、苏辙二人的不同性格和他对儿子的担心与希望。苏轼19岁时，与青神县16岁的王弗结婚，婚后感情甚好，但不幸的是，王弗年仅27岁就病逝了，苏轼为纪念亡妻，曾经写过一首脍炙人口的《江城子·乙卯正月二十日夜记梦》悼念王弗：

十年生死两茫茫，不思量，自难忘。千里孤坟，无处话凄凉。纵使相逢应不识，尘满面，鬓如霜。

夜来幽梦忽还乡，小轩窗，正梳妆。相顾无言，惟有泪千行。料得年年肠断处，明月夜，短松冈。

苏轼以后曾纳数妾，他最喜欢其中一个叫王朝云的女子，苏轼把她视为知己，《梁溪漫志》中有记载说，一天，苏东坡退朝回到家，吃罢饭捂着肚子慢慢行走。他看着身边的侍妾丫鬟，问道："你们说我这肚子里有什么东西?"一个丫鬟抢先回答说："里面全是文章。"东坡认为不对。又有一个人说："满肚子都是见识。"东坡还是认为没有说到点子上。最后，朝云说："学士一肚皮的不合时宜。"苏东坡闻罢捧腹大笑。后来苏轼贬官黄州、岭南期间，朝云一直与苏轼在一起。

嘉祐元年（1056），苏轼、苏辙在父亲的带领下进京应试。苏轼兄弟顺利通过举人考试、礼部考试、礼部复试，嘉祐二年（1057）三月仁宗殿试，苏轼、苏辙同科进士及第。欧阳修因苏轼的政治主张以及文风与自己相符，所以很赏识苏轼，他曾经对人说："读轼书，不觉汗出。快哉！快哉！老夫当避此人放出一头地!""更三十年，无人道着我也!"

苏轼的仕宦生涯是非常曲折的。嘉祐四年（1059）苏轼服母丧期满，与父亲、弟弟一同赴京时，曾经写过大量的诗章，其中一首《夜泊牛口》说：

人生本无事，苦为世味诱。
富贵耀吾前，贫贱独难守。
谁知深山子，甘与麋鹿友。
置身落蛮荒，生意不自陋。
今予独何者，汲汲强奔走?

苏轼在为官之初也无奈的嘲笑自己，"人生本无事，苦为世味诱。"《宋史·苏轼》中对苏轼的评价是："弱冠，父子兄弟至京师，一日而声名赫然，动于四方。既而登上第。擢词科，入掌书命，出典方舟。器识之宏伟，议论之卓荦，文章之雄隽，政事之精明，四者皆能以特立之志为之主，而以迈往之气辅之。故意之所向，言足以达其有猷，行足以遂其有为。至于祸患之来，节义足以固其守，皆志与气所为也。"

（三）苏氏学理

苏辙在学术上受父亲及其兄长的影响是很大的，《宋史·苏辙》对苏辙的评价是：

苏辙论事精确，修辞简严，未必劣于其兄。王安石初议青苗，辙数语柅之，安石自是不复及此，后非王广廉傅会，则此议息矣……元祐秉政，力斥章（惇）蔡（确），不主调停；及议回河、雇役，与文彦博、司马光异同，西边之谋，又与吕大防、刘挚不合。君子不党，于辙见之。辙与兄进退出处，无不相同，患难之中，友爱弥笃，无少怨尤，近古罕见。独其齿爵皆优于兄，意者造物之所赋予，亦有乘除于其间哉！

史论将苏辙性情、学术和政见作了简要评说，又将其兄弟关系作了贴切简述，是对苏氏一门人品、学理的结语。苏氏蜀学受佛、老思想影响，有专门论述经书的言论和专著；与此同时，也十分重视《论语》《孟子》等书。秦观在《淮海集》卷三〇《答傅彬老简问》中说："苏氏之道，最深于性命自得之际。"朱熹也充分肯定了二苏在儒学义理方面的造诣，他说："苏氏之学，上谈性命，下述政理。"又说："苏氏之学，却成个物事。"苏氏蜀学继承了苏洵的"权变"思想，又大量汲取了佛、老学说；程朱学派与苏氏蜀学敌对的地方就是苏学尚权谋，重人情，有经世之学的特点；并声称三教合一，有明显的佛、老思想痕迹。苏轼在《黄州安国寺记》中，对他"归诚佛僧"的原因是这样说的：

元丰二年十二月，余自吴兴（湖州）守得罪，上不忍诛，以为黄州团练副使，使思过而自新焉。其明年二月，至黄，舍馆初定，衣食稍给，闭门却扫，收召魂魄。退伏思念，求所以自新之方。反观从来举意动作，皆不中道，非独今之所以得罪者也。欲新其一，恐失其二，触类而求之，有不可胜悔者。于是喟然叹曰："道不足以御气，性不足以胜习，不锄其本而耘其末，今虽改之，后必复作。盍（何不）归诚佛僧，求一洗之？"

得城南精舍曰安国寺，有茂林修竹，陂池亭榭。间一二日，辄往焚香默坐，深自省察，则物我相忘，身心皆空，求罪始所从生而不可得。一念清净，染污自落，表里翛然（自由自在），无所附丽。私窃乐之，旦往而暮还者，五年于此矣。

从中不难看出，苏轼贬官黄州后，即“归诚佛僧”，他在黄州闭门思过时，感到一个人若想痛改其过，只有归诚佛僧，通过“物我相忘，身心皆空”，“一念清净，染污自落”来彻底解脱自己。

侯外庐先生认为，《老子解》最能代表蜀学融会三教的特点。这一点在该书附题中，苏辙叙述了他在筠州写此书时，与禅僧道全论道时的一段话：“予告之曰：‘子所谈者，予于儒书已得之矣。’全曰：‘此佛法也，儒者何自得之?’……予曰：‘孔子之孙子思，子思之书曰《中庸》，《中庸》之言曰：‘喜怒哀乐之未发谓之中，发而中节谓之和……盖中者佛性之异名，而和者六度万行之总目也。致中和而天地万物生于其间，此非佛法，何以当之?’全惊喜曰：‘吾初不知也，今而后始知儒、佛一法也。’予笑曰：‘不然，天下固无二道。’……是时予方解《老子》，每出一章，辄以示全，全辄叹曰：‘皆佛说也！’”苏辙认为道学中的“中”就是佛学的“佛性”，他用儒家思想注解《老子》，并自命为“佛说”。

苏学在当时的影响是很大的，苏氏众多门人弟子中，以秦观、张耒、黄庭坚、晁补之为最有影响，世称“苏门四学士”。元祐八年（1093），苏轼出守定州，“士愿从行者半朝廷”。

二、魏了翁与宋代经学、理学

魏了翁，字华父，邛州蒲江（今成都蒲江）人，是在南宋面临金、元强敌，国事危如累卵时期进入政界的一位蜀中理学精英。由于朝廷政治腐败，先有韩侂胄擅权，制造“庆元党禁”，围剿政敌；又狂妄自大，昧于时势，启动开禧北伐，失败后被杀。后有史弥远长期专权，结党营私，呼朋引类，政局更趋黑暗。魏了翁学识渊博又直言敢谏，其仕途生涯也就随着权臣喜怒无常而升沉起伏。但他富于思索、长于哲理，对前辈理学家博大精深的著述学而不厌，孜孜以求，在理学领域成为后起之秀，结合家国忧患，积累起自己的独特见解。在颠沛流离的宦途生涯中，结识了一批年轻才俊，于是设帐授徒，创办"鹤山书院"，薪火相传，成为南宋理学的一个支派。

（一）仕途生涯

魏了翁生于南宋孝宗淳熙五年（1178）。幼时聪慧好学，与诸兄入学，俨如成人。到少年时期，悟性超凡，日诵千余言，过目不再览，乡里称为神童。南宋宁宗庆元五年（1198），他二十岁就进士及第，进入统治集团，在朝廷和地方政府中担任要职。首授剑南西川节度判官。南宋宁宗嘉泰三年（1203），任学官国子正。宁宗开禧元年（1205），改秘书省正字。开禧二年（1206），召试学士院，因直谏获咎，迁校书郎；以亲老补外任，授嘉定（今乐山市）知府；行次江陵，时值蜀中守将吴曦叛乱，未赴任。嘉定二年（1209），丁父忧回乡守制，筑室白鹤山下，次年建成，名曰"鹤山书院"，意欲培育学子，为国求贤。乡居不久，他即被朝廷征召，先后任汉州（今广汉县）、眉州（今眉山县）知州，兴利除弊，厚伦止讼，以教化善俗为治本。均因"治行彰闻"（《宋史·魏了翁》），嘉定四年（1211）迁潼川府提点刑狱；八年（1215）兼任提举常平，旋改任转运判官。嘉定十年（1217）迁直秘阁学士，任泸州知州，兼管潼川府路安抚司，又改任潼川知府。丁母忧，免丧，差知潼川府，宽政裕民，绩效大著。

嘉定十五年（1222），魏了翁奉召回京，上疏二千余言，论及天理人事、举贤任能、淳化风俗、整饬吏治诸端。了翁出京十年，皇帝嘉纳雅言，进兵部郎中，旋改司封郎中兼国史馆编修官。对日益严重北方强敌压境，魏了翁难以安枕，又上疏，论及加强江、淮、襄、蜀四镇防御，择人以任，虚心以听，假以事权，资以才用，形成联络守御形势。又详述蜀边垦田以资国用等长远攻守谋略。

十六年（1223）任省试参详官，随迁太常少卿兼侍文修注官。嘉定十七年（1224），迁秘书监，兼起居舍人。因直言得罪权臣，被迫离京，以集贤殿修撰衔任常德知府；宝庆元年（1225），遭诬劾，又降三级，左迁靖州（今湖南靖州）居住。绍定四年（1231）复职，迁宝章阁待制，次年自湖南返回蜀中，任潼川府路安抚使，实授泸州知州。端平二年（1235），又奉召入朝，升任礼部尚书，十月同签枢密院事督师视京湖军马，并兼同修国史等职。旋兼吏部尚书。端平三年（1236），任资政殿学士知绍兴府浙东安抚使。

魏了翁还朝六月，“前后二十余奏，皆当时急务”（《宋史·魏了翁》），遂遭权臣忌恨，合谋胁迫他执掌当时已战云密布的江北边防重地兵马。他原本文臣，从未领兵出征，如何能担当重兵压境的长江防务？无奈只好辞职，又不许辞职，改任开府宣押同府奏事，又兼提举编修《武经要略》。他经受不住权臣步步暗算，不得不接受临邛郡开国侯的封号离京回乡。

不久又被再三征召，拜资政殿学士，先后任湖南安抚使、潭州知州、绍兴知府、江东安抚使等职。嘉熙元年（1237），改任福州知府、福建安抚使，同年逝于任所，享年60岁。他身后被封赠太师，谥“文靖”，赐宅苏州，累赠“秦国公”。虽然安享身后哀荣，但与同时代的爱国者一样，他目睹家国残破，壮志难酬，内心沉痛，抱憾以终。

（二）在经学、理学领域的不朽建树

魏了翁的一生，是在读书报国生涯中度过的。他在研究传统经学和前辈理学的过程中，对占据主导地位的程朱理学和后起的陆九渊的心学用力最多。同时他注意到浙东学派的事功之学，反对空谈义理，主张挽救危局，经国致用，抵御外侮。

魏了翁毕生学而不厌、诲人不倦的态度，成为他的经学造诣与理学建树的天然优势，构成他一生精神境界的亮点。他幼时熟读百家，过目不忘，被目为“神童”。十五岁时著有《韩愈论》，文笔清畅，抑扬顿挫，接近韩文风格。这以后，他开始涉猎理学著述，崇拜北宋以来诸家理学前辈。学者评说他在学术思想上宗仰朱熹、陆九渊，又兼有“永嘉经制之粹”。初登进士第，在官场“讳言道学”的萎靡学风中，他反其道而行之，著文论道。嘉定八年

(1215)，他上书奏请为已故著名理学大家周敦颐、张载、程颐、程颢定爵位、赐谥号，足以体现他宗仰理学的赤子之心。京都杭州是人文繁盛之地，他由此接触了政界名流和理学各派学术思想，特别是与朱熹门徒辅广、李方子等人的交往，深深地被程朱理学吸引，“招二公时时同看朱子诸书，只数月间便觉记览词章皆不足以为学”①。由此毕生致力于理学研究。

魏了翁治学有方，毕生耕耘经史之学，著述宏富。流传后世的著述有：《九经要义》263卷，《国朝会典》200卷，《鹤山全集》109卷，《经外杂钞》3卷，《周礼折冲》2卷，《读者杂钞》2卷，《周礼井田图说》《焦窗杂录》《豳风考》《正朔考》《古今考》各1卷。

古人读书有边读边抄的习惯，读与抄结合，既能加深记忆，又能手写古籍，保存善本，成为家藏本。家境寒微的读书人，借书阅读，更要抄书以保留抄本。很多保留在简册上的古籍，都因为辗转传抄才得以幸存下来。唐宋时期，我国雕版印刷工艺步入辉煌，印制的图书供不应求，读书人仍然以抄书作为读书的组成部分。所以在读书人的著述中，都有抄录的古籍和自己的著作心得两部分，还有对古籍进行分类、删节和评点结合的编纂本。这是我国藏书丰富的重要原因。

与古代学者的著述一样，魏了翁的著述中，也包含了上述三个方面的内容，由此可以了解魏了翁的治学门径与特色。在这些著述中，最有价值的当推《九经要义》和《鹤山全集》。前者聚集了他研究经学的主要成果，是总结九种儒家经典的厚重之作，受到后世学者的高度评价；当然也包括他对前辈成果的删繁就简，如《周易要义》10卷就是对孔颖达《周易正义》的删繁举要，以便寻览。从著述之渊博可以窥测魏了翁及其弟子税与权、史绳祖对易学研究着力极深。

魏了翁在对传统经学做了相当研究之后，曾计划以邵雍《观物》所定标准为决断：“著文王、周公正者八卦、变者二十八卦之繇辞于册，题曰《周易古经》上、下篇，冠于《十翼》，以还孔子韦编之旧，便百世之下学者复见全

① 胡昭曦等：《宋代蜀学研究》，巴蜀书社1997年版。

书，而附数公序、辨于末。”（《校正周易古经跋》）魏了翁恢复《周易》原貌的计划是胸有成竹的，可惜尚未着手，即不幸逝世。稍后，税与权、史绳祖继承其师遗志，在《周易》的探索方面确有所为，税与权刊定《周易古经》上下篇，史绳祖著有《易断》30卷、《九经要义》1卷和《周易古经传》。

此外，税与权针对朱熹《易学启蒙》的缺失，撰写了《易学启蒙小传》。朱熹著《易学启蒙》，意在发挥邵雍“先天图义”，而对邵雍“后天易”则未曾涉足。税与权在魏了翁易学思想的熏陶下，对邵雍“后天易”进行了深入研究，并参考了扬雄、孔颖达的见解，将“后天易”视为易学不可或缺的部分，在朱熹《易学启蒙》的基础上，补撰《易学启蒙小传》。《四库全书总目提要》卷三肯定他弥补了朱熹《易学启蒙》的缺略，称赞其书“持之有故，而执之成理”。

有了经学的深厚根基，在诸家理学方面，魏了翁更是勤于思辨，废寝忘食。他对北宋理学家邵雍和程颐的易学成就情有独钟，深感他们各有千秋，合二为一更加完美。于是，他致力于将程颐代表的义理易学与邵雍代表的象数易学融为一体，完成了《周易要义》10卷。论者评其书指归：“了翁以说经者但知诵习成言，不能求之详博，因取诸经注疏之文，据事别类而录之，谓之《九经要义》，此其中之第一部也……盖其大旨主于以象数求义理，折衷于汉学、宋学之间。故是编所录，虽主于注疏释文，而采掇谨严，别裁精审，可谓剪除枝蔓，独撷精华。”论者更有评曰：“孔颖达作《九经正义》，往往援引纬书之说，欧阳公常欲删而去之，其言不果行。迨鹤山魏氏作要义，始加黜削，而其言绝焉。则亦甚与以廓清之功矣。”于此可见，魏了翁《周易要义》治学路径，他力求将汉学与宋学融会贯通，以注疏释文为主旨，采掇谨严，别裁精审。对孔颖达《九经正义》中引述如谶纬之说，玷污儒学，欧阳忠公早已决意删除，但未能着手；在百年之后，终于由魏了翁在《九经要义》中将孔子厌谈的“乱力怪神”悉数删除。去其糟粕后，使后世学人从中获益匪浅。

在家国危机日渐深重的时刻，魏了翁也接受浙东事功派理学思想的影响，在奏议中提出一些针砭时弊、整饬朝政，甚至犯颜直谏的建议。其在《鹤山集》中提出“治国之术，始于正君”，要求皇帝“贤而远色，清心寡欲”，把理学“存天理、灭人欲”的要求指向君主。他认同民本思想，把庶民等同于天，“抑不知民与天一也，安有为欺民之事而可以应天？亦安有为欺天之事而可以助民?”他目睹政以贿成、内耗无节的财政虚耗局面，提出：“今赋入之数与兵官数约取中道，立为经制，以十分为率，七分为养兵及官省之费，以三分备水旱非常。”要求“计臣自今量入为出，不得更相为用，以紊经常之日，庶使盈虚可考而缓急不至无备。”宁宗崩，理宗即位后，时事改易，皇帝召见了翁，言“朕心终夕不安”。了翁对言：“人主之心，义理所安，是谓之天，非此心之外别有所谓天地神明也。”他建议皇帝虚心对天地、事太母、见群臣、亲讲读，皆随事反求，“则大本立而无事不可为矣”。同时强调治道不正之祸源在于：“讲学不明，风俗浮浅，立朝无犯颜敢谏之忠，临难无仗节死义之勇。”（《宋史·魏了翁》）其忠君爱民、救亡图存的事功观念溢于言表。但忠言逆耳，权臣史弥远不容，言官乘机弹劾其首倡异论，被贬逐出京，先后下挂湖南常州知州、四川泸州知州，仍不断奏言时弊，被权臣遣往边地，“出督京湖兵马”，逼其辞职。嘉熙元年（1237）卒。赠太师，谥文靖。

（三）创建鹤山书院

魏了翁初登龙门不久的开禧二年（1206），就因直言政事，触犯权臣韩侂胄，遭受贬斥。他以亲老为由，乞求还乡。遂有简放嘉定知府的诏谕。得知消息后，京城学林朋友馈赠他大量儒学、理学典籍；他也在杭州书肆选购一些蜀中稀缺书籍，为他回籍后培育青年学子做好充分准备。但因蜀中发生吴曦之乱，未能成行。次年，因父亲亡故，得以回乡守制，遂在故乡蒲江县“筑室白鹤山下”（蒲江中学所在地）。命名“鹤山书院”。他在眉州任上时，对号曰“难治”习俗进行改良，“乃尊礼耆旧，简拔俊秀，朔望诣学宫，亲为讲说，诱掖指授，行乡饮酒礼以示教化，增贡士员以振文风”。在潼川府任上时，他“约己裕民，厥绩大著”，一时门庭若市，蜀中名士如游侣、吴泳、牟子才等，均“造门受业”。贬逐“靖州居住”时，“湖、湘、江、浙之士，不远千里，负书从学”。于是他在城东兴办鹤山书院一所，广收门徒，通过这种方式，把经学传播四面八方。

魏了翁任礼部尚书兼直学士院时，入对“经纬进读”总能联系军国大事、明辨用人是非、修身、齐家、治国之道，予以深解。理宗皇帝“必改容以听”。魏了翁最终辞朝外放前，理宗曾御书严武诗相赠，又赐“鹤山书院”四个大字。鹤山书院内设“尊经阁”，以家藏十万卷书籍珍藏其中；又创设“师立斋”，得挚友叶適（水心）题名；并建“事心堂”，以表彰理学诸家立诚主敬之功。这些深思熟虑的安排，表明魏了翁决心退守桑梓，培育理学后生的意念。只因朝中难以舍弃这位孜孜于国事的骨鲠之士，不断征召授命，因此，他实际主持“鹤山书院”的前后时间大约四年多。①

由于魏了翁创办的鹤山书院，开蜀中风气之先，当年首批参加乡试的学生取得“十而得八”的优异成绩，“人竟传为美谈”，于是，鹤山书院誉满蜀中。对此，魏了翁却不以为然，他认为，书院不应以追求功名利禄为目标，而应以读书穷理为指归，传授经学、理学，培育栋梁之才，才是“不虚筑室、贮书之意也”。魏了翁依托书院，招徕精英，“以所闻于辅广、李燔（应为李方子）者，开门授徒，士争负笈从之。由是蜀人尽知义理之学”。鹤山书院在存续期间对传播理学、发展蜀学贡献甚大。前后就学于书院士子颇多，“负笈而至者，襁属不绝”，其中佼佼者有王万、牟子才、吴泳、高斯得、史绳祖等人。②

三、 史学的重要成果

《资治通鉴》是北宋官修的一部规模庞大、体裁新颖的史学巨著。《资治通鉴》的作者之一成都华阳人范祖禹，他也参与了《神宗日历》和《神宗实录墨本》的修撰。《仁宗实录》是成都华阳人范缜主持修撰，华阳人王珪参与监修或编撰。华阳范氏世代书香，著名学者范度、范缜、范百禄、范祖禹、

---

① 参见胡昭曦、刘复生、粟品孝：《宋代蜀学研究》，巴蜀书社 1997 年版，第 153 页。

② 参见胡昭曦、刘复生、粟品孝：《宋代蜀学研究》，巴蜀书社 1997 年版，第 153—154 页。

范冲均是这个家族的成员。范祖禹和范冲父子是宋代史学家。范祖禹负责完成了《资治通鉴》最翔实的唐代长编，同时写出了著名的《唐记》12卷。范祖禹之子范冲曾主持编写神宗、哲宗两朝实录，为当世学者所重。成都新繁勾涛曾主持重修《哲宗实录》和《徽宗实录》。

《蜀梼杌》一书，是北宋晚期成都新津人张唐英编著，此书用编年体裁记述了前后蜀史事，具有很高的史料价值。《蜀鉴》是由南宋史学家郭允蹈完成的一部四川地方史，所叙内容上起秦代，下迄宋初，是一部重要的通史性著作。

《续资治通鉴长编》是一部卷帙庞大、工程浩繁的史学著书，全书980卷，604册。本书用编年体，详尽叙述北宋160余年史事，是《资治通鉴》的续编。作者丹棱人李焘，勤奋好学，积40年功力，独立完成了这部巨著。此书搜罗宏富，考订精详，是研究宋史的重要史料。李焘还主修历朝实录并编修了《四朝会要》等典籍。《建炎以来系年要录》200卷，专记宋高宗一朝36年史事；《建炎以来朝野杂记》40卷，分门别类记叙南宋初期四朝历史，两书均有很高的史料价值。两书作者李心传，井研人，是勤奋好学、熟悉南宋史事的大史学家。还有成都人梁成的《晋鉴》，双流人邓至的《往事龟鉴》、邓绾的《驭臣鉴古》，华阳人范祖禹的《唐鉴》，均有价值。

除此以外，这一时期著名史学著作还有北宋吴缜的《新唐书纠谬》《五代史纂误》，对《新唐书》《新五代史》提出许多切中要害的批评；李焘长子李垕、四子李壁、幼子李埴均有宋史要著问世。李埴所著《皇宋十朝纲要》是颇具史家风范的史书。眉州丹棱人李垩用功甚勤的《校补华阳国志》，也有益于后世。①

四、唐慎微的《经史证类备急本草》

唐慎微，成都府蜀州人，生于北宋嘉祐年间，我国古代杰出的医学家。

---

① 贾大泉：《四川通史》卷四，四川人民出版社2010年版，第450—460页。

他精通古典医药学，长期在成都行医，经过刻苦努力，完成医学巨著《经史证类备急本草》，刊印后受到官府和民间高度评价。后由北宋中央政府组织修订，颁行全国，定名为《政和经史证类本草》。由于这部巨著的科学价值极高，曾多次再版，并传播国外，受到日本、朝鲜医学界的普遍欢迎。李时珍十分推崇唐慎微的巨大成就，在其《本草纲目》中说他“学识博，使诸家本草及各药单方垂之千古不致沦没者，皆其功也”。

除唐慎微的杰出贡献外，蜀中著名的医药学家还有三台人李珣，编有《海药本草》，研究域外传入的药物，具有很高的科学价值；五代时，后蜀医官韩保升编著了著名的《蜀本草》，是宋代修订《政和经史证类本草》的重要参考书。北宋洪雅人田锡编著的《曲本草》，是我国古代专门记叙制曲、酿酒，特别是制作药酒的重要著作。北宋眉山人史载之编写的《史载之方》，不仅有医论，而且收有药方 107 个，临床验证，疗效极佳。总之，这是我国古代医学发展的重要里程碑。①

① 冯汉镛：《古代四川在科学上的贡献》第十二至十六节，四川省文史研究馆编：《巴蜀科技史研究》，四川大学出版社 1995 年版。

第三编

元明清时期成都城市的兴衰

元明清时期，成都城市经历了宋元之际和明清之际的两次大规模战乱，均遭受了空前洗劫和毁灭性破坏，而以后一次战乱破坏最为严重，几乎造成了整个城市的毁灭；同时，经历了两次恢复和重建，又以后一次的恢复、重建规模最大，效果最好，最为完备，使成都城市的发展达到了一个新的阶段。

成都的两次毁灭和两次恢复发展，正是在旧有基础上的继承与创新，同时在城市完全遭到破坏的情况下恢复和建设新城市。特别需要指出的是，城市的曲折发展反映了社会经济的曲折发展，元代社会经济的衰退，直接导致成都城市的萎缩；明代社会经济的恢复和发展，也促进了成都城市的恢复和勃兴；清代社会经济的繁荣兴旺，使成都城市的发展进入了鼎盛期，为成都城市的近代化奠定了一定的物质和文化基础。

【第一章】

成都城市经济的曲折发展

元明清时期，成都城市经济的发展经历了复杂曲折的历程。南宋末，蒙古军入川，成都城乡经济遭到破坏，从此一蹶不振。由于宋末、元末和明末均遭受大规模战乱破坏，元明清三朝在立朝之初，都面临人口锐减、田地荒芜的残破局面。为恢复和发展社会经济，三朝各自实行了军民屯田、移民垦殖、轻徭薄赋等政策。这些政策的实施，在不同程度上促进了成都平原稻作农业的恢复和发展。元明清时期，成都平原农田水利工程继续得到维修兴建，水稻种植面积不断扩大，农业科技知识的积累和普及，稻作农业趋于完善。

明清实行恢复和发展社会经济的政策，城市经济恢复到一定的水平，但是，终明之世，也未能接近宋代的繁荣程度。明末成都城市经济遭受严重破坏，直至康熙初年仍处于残破萧条状态。清初实行招抚流亡和移民入川垦殖办法，又实行轻徭薄赋和永不加赋政策，经济因而恢复很快。乾嘉时期，城市经济又进入兴盛期，各方面都取得引人注目的成就。

第一节　元代成都城市经济的衰落

一、人口与农业

南宋末年，蒙古军攻入四川，蜀地残破，所存州县无几。成都于南宋端平三年（1236）、宝祐六年（1259）两次被蒙古军攻占，“郡城焚荡”。据《元史》记载，南宋盛时，四川人口千余万，到元世祖（1271—1294）时，全川人口仅存12万户，人口约60万左右，其中成都府路人口占总数的1/3，共3万余户，21万余口。居全川之首。元初，成都城市“地荒户少”，“十丧其八”，但仍“是一座方园三十二公里的壮丽的大城”（《马可·波罗游记》）。因户口太少，成都郊区隆州（今藉田区）只好裁并划入仁寿县。由于城内行人稀少，凡过桥者须向官府交纳“通行税”。

为保证军需民用，恢复被战乱破坏的经济，元朝统治者命令军队和官府在各地屯田。四川结束战乱前，已在夔州、潼川、顺庆及西川等地屯田垦荒。四川平定后，又先后在保宁、叙州、嘉定、广安、顺庆、夔州等府州措置了诸万户军屯。成都等八路一府的屯田民户，共33728户，屯田23.1万多亩，在四川行省中居主要地位。屯田政策的实施，使流民得到了安定，农业生产获得了恢复的可能。

元代至元十年（1273）以西川编民、东川义士军屯田。次年又在成都“置西蜀四川屯田经略司”，负责屯田事宜。至元二十二年（1285），“分四川镇守军万人屯田成都”；又在崇庆州义兴乡设置万户府军屯。据有关统计，元代成都路民屯户数为7475户、恳田数为118717亩。[1]

---

① 王颋：《元代屯田考》，《中华文史论丛》1983年第4辑。

都江堰自古以来是成都平原农业生产的可靠保证。由于长期战乱的破坏，“所过冲崩荡啮，又大为民患”。地方官因循守旧，不思改良，以役民敛财为能事，从元初开始，祸患长达60余年，对成都农业构成严重危害。元代中后期，全国出现短暂的安定局面，四川人口因流民的安置而有所增长。成都路所属汉州，因人口增加，由原领三县增至四县，新增雒县。崇庆州原领二县增至四县，新增县为江原、永康。金堂元初为县，升为德州。

据明曹学佺《蜀中名胜记》，元统二年（1334），新任四川廉访使吉当普巡视都江堰，实地调查，确定全堰要害32处，而后与地方官筹计说：“若甃以石，岁役可罢，民力可苏。”经四川行省和蒙古军长官批准，“征工发徒，即都江旧迹而治之……分江导水，因势潴堰。以铁六千铸大龟，贯以铁柱，镇其江源。然后诸堰皆甃以石，范铁以关其中，以桐油石灰杂麻丝捣熟，密苴罅漏。岸善崩者，筑江石以护之。上植杨柳，旁种蔓荆，栉比鳞次，赖以为固。”都江堰经吉当普认真规划整顿，省去了人民岁役，又很长时期没有发生大水患，使成都平原一度凋敝的农业得到了复苏。

二、手工制造业

元代成都地区的手工制造业没有恢复到宋代水平，但仍有自己的特色。

在纺织业方面，取得了一定的成就。当时官府设绫绵局作为官营纺织机构，按照元统治者的奢侈需求，督工织造绫锦制品，民间纺织业也有少量残存。意大利人马可·波罗游历成都地区时目睹了成都及附近州县有许多织造作坊，有些作坊能制造色调鲜美的布匹、绉纱和绫绸。现存省博物馆的一幅元代织金蜀锦残片长26.5厘米，宽20.2厘米，斜纹地，纬浮花，地呈紫红色，花纹由蓝、黄、银色组成，有金银线织成的1.3厘米宽的直条，在条纹间隔处，还有单个排列的万年青，变形图案显得庄重大方。1982年重庆江北明玉珍陵墓出土的实物反映出，当时织锦工艺高超，已能织造诸如斜纹绫、云凤纹缎花、锦缎被面、缎褥、缎龙袍、缎襦裙、云纹缎袍、青色软缎袍等高档丝织品。但是，元政府对手工业控制极严，对民间手工业压迫尤甚，除苛税外，还实行夜间“火禁”，使辛勤劳动的丝织手工业者难以进行夜间工作。元戴良《九灵山房集》有反映这种困境的诗歌：

成都妇，何太苦，官家火禁猛如虎；
夜长不得秉机杼，就中小姊最堪怜，箔桑已老雪团团。
欲缫新茧为匹帛，有烛当面不敢燃。

在元朝地方官府的严厉控制下，四川手工业生产处于萎缩状态。

印刷、造纸仍有延续，元人费著，“世为成都巨族、亦喜刻书，刻有大字本《资治通鉴》，世称龙爪本”。造纸作坊在百花潭，“以纸为业者家其旁”，“以浣花潭水造纸故佳，其亦水之宜矣”。其造纸法亦有别于它省，“今天下皆以木屑为纸，而蜀中乃尽用蔡伦法”。所造蜀笺纸种类不少，“有玉版、有贡余、有经屑、有表光。玉版，贡余杂以旧布、破履、乱麻为之，惟经屑、表光非乱麻不用”。造纸原料用杵臼舂烂，洗净，然后按预定尺寸制成纸张，蜀笺仍然保持各种花纹图案，有布纹、绫绮、人物、花木、虫鱼、鼎彝等，美观、雅致，其中有套色“百韵笺”，“则合以两色材为之，其横，视常纸长三之二，可以写诗百韵……人便其纵阔，可以放笔快书。”此外，还有大行张的“船笺”，背青而白的“青白笺”，适合书写的“学士笺”“小学士笺”，仿姑苏色调的“假苏笺”。各种笺纸“皆印金银花于上”，色彩绚丽。[①]

三、城市商业

元代成都商业贸易远逊于宋代，元政府虽然开辟了北通陕西、南达云南、西通康藏、东下湖广的水陆驿道和驿站，但主要是用于官方文书和钱粮、军械的输送。在元军攻打川东各州县的战斗中，所用舟楫、军械、粮饷，主要来自成都。为了运送这些物资，除官船外，还征发商船千艘参加漕运。从

① 参见西禾：《成都雕版印书漫话》，《历史知识》1980年第1期。

《马可·波罗游记》中，也可以看出元代成都水上交通盛况。当时成都水上船舶甚众，大川流经城内，“商人运载，往来不绝”。城内江北支故道，“其水运之盛，万船行泊，及目睹之景物，当非虚语。“世界之人无有能想象其盛者”。

元代成都市区大体仍沿宋代旧貌，罗城、子城虽有培修，均属临时修葺性质。城门四道：大西门、南门、北门、锦官门（笮桥门）。城市商业活动虽然衰微，但仍有商贾工匠列肆执艺，贩卖营生。大西门睿圣夫人庙前蚕市和玉局观药市仍定期举行，每逢7月7日，太慈寺前还有“锦江夜市”。

据费著《笺纸谱》，成都各类手工业产品贸易达于四方、“蜀笺体重，一夫之力，仅能荷五百番。四方例贵川笺，盖以其远号难致。”省外富有特色的商品亦流通成都，“徽纸、池纸、竹纸在蜀，蜀人爱其轻细，客贩至成都，每番视川笺价几三倍。”

元朝统治者征收商税特别苛重，成都商贾，日征商税“一百金币”。凡是屯田经营商业，盐业、茶叶、木、竹、山泽产业都要纳税，一岁的收入“羡衍弥倍”。沉重的赋税负担，成为成都商业衰落的主要原因。

第二节　明代成都城市经济的发展

一、人口的消长

由于宋末数十年战乱和蒙古军的肆行屠戮，明初成都人丁稀少、土地荒芜，垦荒成为当务之急，湖广等省移民大量入川垦殖。据《明太祖实录》，洪武二十三年（1390），德阳知县奏称：“成都故田数万亩，皆荒芜不治，请从迁谪之人开耕，以供边食。”直到正统二年（1437），移民迁川尚未停止，因重庆、武隆、南川等县土旷人稀，“户部议以四川、湖广所问罪囚，应徒流迁徙者，连家室迁往为民”，“拨田耕种”。前后两次移民，相距50年，但成都人口始终未能恢复到前代水平。

从明代天顺、嘉靖到隆庆时的编户情况看，成都、华阳两县编户共 25 至 41 里。以今成都、温江合并后的市区范围看，明代共计 136 里，折合 1.496 万户。其中，30%的人口集中于成都市区，与两汉时期成都城市人口数额相当。据天启《成都府志·赋役志》记载：天顺五年（1461），成都、华阳两县有人丁 13219 人丁，按每丁 6.8 人计之。[①] 四川人口史专家认为，明代洪武二十六年（1393）、弘治四年（1491）和万历六年（1578）四川总户数和人口的比例分别为 1∶6.8，1∶10，1∶12，这里以洪武比例折算，约为 89889 人。明后期的成都人口，据杨慎《药市赋》推测，明嘉靖时（1522—1566）成都大约有“八万四千人烟”，“人烟”即人户，按每户 10 人计之[②]，大约为 84 万人。这个人口数与明初相比，增长十倍有余，不大可靠。但是，考虑到天顺到嘉靖有百年左右的休养生息期，自然增长率会逐代提高；明初开始时外省向四川大量移民，造成的机械增长较大；成都又是四川经济文化中心、南北商业都会，必然是首当其冲的人口密集区，因此，数十万人口的规模大致是可靠的。

明代成都府垦殖数虽然达到 18.315 顷，但却低于重庆府的 32.276 顷。究其原因，除川东南地区垦殖活动加快以外，主要是成都大片肥沃土地都被王府、军队圈占。《明神宗实录》记载，成都农田“为王府者十七，军屯十二，民田仅十一而已”。因此，统计中额田减少，并不说明实际耕地减少。

二、 商品生产的恢复与发展

明王朝建立后，为了恢复处于衰落状态的四川经济，实行了一系列有利于发展社会生产力的政策。明前期和中期，地方官对年久失修的都江堰进行

---

① 有关历代户丁折算人口的研究，李世平先生的《四川人口史》（四川大学出版社 1987 年版）有很稳妥的测算方法。

② 以李世平先生《四川人口史》（四川大学出版社 1987 年版）有关弘治四年（1491）四川户数和人口比例 1∶10 折算。

了多次整修加固。为了减轻四川人民的负担，自明初开始，四川都司及行都司各卫所相继建立屯田机构，招募军民参加屯田，在相当长的时期，缓解了四川粮食供应的困难。明代地方当局还制定了奖励农桑的政策，四川到万历时，仅棉花种植面积达到29万余亩，总耕地面积增加到1340万余亩。人口也因此获得大幅度增长，在明初8.4万余户的基础上，增加到万历时的262694户。

与此同时，成都城市手工业得到了恢复和发展，传统蜀锦、金银玉器、蜀纸的生产比元代有所进步，《明书·方域志》所谓“俗不愁苦多工巧，绫锦刁缕之物被天下”。

但是，明代成都官手工业占据统治地位，民间手工业未能得到充分发展。从蜀锦生产看明代四川成都、嘉定、顺庆三大丝织中心中，成都居于首位。蜀锦“名天下”，四川地方当局特设织染局，为宫廷织造精美贡品。蜀王府也设“锦纺”，专门督工织造，以供给蜀王府享用。当时蜀锦织造工艺水平高，所产多为精品。

现有四川省博物馆收藏的两幅明代蜀锦残片，一为黄地双狮雪花球露锦，是纬三重纹织物，地为经重平，纬浮花，地呈黄色，花纹为蓝，浅绿、黄，赭等色组成。锦面由大小圆镜花纹构成图案，以雪花纹组成球路，小圆内织团风，大圆中心是栩栩如生的双狮戏球适合纹样，纹样内层饰以卷草云纹，空隙处嵌有小圆雪花纹。整个锦面层次丰富，浑然一体。

另一幅是变形牡丹蝴蝶锦，由四色纬线分段换梭织成的纬四重织物，致密、美观、秀雅。缎地纬浮花，地呈黄色，花纹由蓝、绿、浅红和黄色组成，花叶轮廓以浅色纬线包边。图案以变形牡丹和卷草花叶向四方伸展，互相勾连成蝴蝶纹样，结构谨严，构图优美，线条流畅，色彩鲜明。但是，由于蜀锦生产只满足少数人消费，需求量有限，原料又由官府配给，来源不广，生产规模不大。它的产品讲究工艺，质地优异，民间视为珍品，但由于产量无多，主要供给宫廷使用，民间不易购置。

印刷业和造纸业在这一时期亦有一定程度的复兴，雕版印刷继承宋代技艺。蜀献王雅好文学，藩蜀后，“招致天下名刻书傭集成都，故蜀多巧匠”。

为生产书写印刷用纸，蜀王又于玉女津（今望江楼）旁造纸，取甘泉井水制特等诗笺。其式仿薛涛之法，故其笺亦名薛涛笺，又名此井为薛涛井。[①]

此外，传统金银器、玉器、漆器、蜀扇、琉璃、瓷器均有不同程度的进步，其中，精美的工艺品，往往作为贡品。

三、城市商业的发展

明代成都为四川政治、经济、文化中心、又是全国30余个著名工商业都会之一，城市商业繁荣，与省内外贸易往来频繁。明张翰《松窗梦语》载："南则巴蜀，成都其会府也。绵、叙、重、夔唇齿相依，利在东南，以所多易所鲜。"

成都地区所产蚕丝，已远销东南沿海。宋应星《天工开物》卷二记载：

> 凡倭缎制造起东夷，漳泉海滨效法为之，丝质来自川蜀，商人万里贩来，以易胡椒归里。

商人不辞万里，运销川丝，贩回胡椒，往来获利。制作精美的薛涛笺贩运四方，成为享誉国内市场的名产。

一些名贵工艺品，如"缮锦香扇之属"，往往为官府、藩王垄断，"定为常贡"，因而"名色无多而价甚昂，不可易得"。一般日用品，如陶瓷、茶叶、生丝、布匹、药材产量不少，流通四方，如成都琉璃厂窑，生产规模很大，占地340余亩，所制青瓷器皿远销省内外。"茶为蜀中郡邑常产"，著名的蒙山茶、峨眉茶、泸茶、灌县青城山茶、夔门春茶，"初春所采，不减江南"，不少茶叶在成都集散，行销远近。善于营运的山陕商人，已开始进入四川活动。陕商贩运生丝、布帛，在这些领域中"有本自来"。

明代成都市区商业比元代繁荣，但未能达到宋代水平。由于宋末元军对成都市区的严重破坏，明初成都已无法恢复旧貌，只能"因宋元旧城而增

① 四川省文史馆：《成都城坊古迹考》，四川人民出版社1987年版，第446页。

修”。洪武四年（1371）秋，傅友德等平蜀，明太祖曾诏令“筑成都新城”，其后都指挥赵清、都督陈怀复浚修城隍，辟五门，门各有楼，城门外筑月城。明正德《四川志·城池》记载：“复修堤岸以为固。内江之水，环城南而下。外江之水，环城北而东至濯锦桥南而合……城周回楼一百二十五所。其西南角及东北角建二亭于上，俗传象龟之首尾。城东门龙泉路曰迎晖，南门双清路曰中和，西门郫路曰清远，北门新都路曰大安。”以后，又经过多次培修。从天启《成都府志·成都府治图》看，成都市区已具有创新的轮廓，城市街道纵横，以蜀王府为中心，街道形成东西和南北走向的若干通衢大道，再辅以各种坊巷，布局完整、谨严，城内外寺观密布，官衙相望。城市商业兴旺，商品种类繁多。明代成都商业具有以下特点。

（一）各类商品的专门市场日益增多，销售范围扩大

为便于各类商品的交易，市区已出现若干经售同类商品的专门销售区域，除唐宋以来经久不衰的花市，蚕市、锦市、扇市、七宝市、药市而外，重要的商品市场还有：皮革市、旧衣市、纱帽市、玉器市、钱纸市、猪市、栏干（丝线或棉线编织的装饰品）市、草市、骡马市、银器市、木市、珠宝市①，这些专门市场按商品进货路线或销售渠道自然分布全城，形成完整的商业网点，反映了成都城市供销情况。

（二）前店后厂，产销结合

在经营方面，形成工商结合的格局，许多商号附设手工作坊，以自产自销为主，如栏干、铜器、金银器、玉器、皮货等商号，自有店铺和作坊，作坊生产加工产品，而后在店铺销售。

（三）开拓原料市场，建立长效供应链

建立较为可靠的原料供应基地，从而使成都商业获得了充分的货源条件。

---

① 参阅四川省文史馆：《成都城坊古迹考》，四川人民出版社1987年版。

如玉器原料，玉石来自灌县，俗呼土玉，玉行设庄采购，运回成都，以金刚砂解之，琢而为器，富有特色。本市经售的木材，来自松潘、理县，水运来成都，由木商加工销售。其他农副产品均来自成都周围富饶的农村，使成都市场货源充足，品种丰富。

（四）形成商品、原料市场，辐射范围广阔

川西平原作为省内外商品集散中心，成都商品来自四方，川西平原的农副产品、川西北高原的牛羊马骡等畜产品，湖北、陕西的棉花，江南地区的特产纷纷运往成都，成都蚕丝、茶叶、金银制品、笺纸、中药材等远销四方，形成范围较广的商品辐射面。

（五）形成城市周边物资交易市场，使城市中心市场根深叶茂

成都市区定期集市有了进一步发展，各集市集中交易以某一类富有特色的商品为中心的各类物资商品。如大慈寺是历代享有盛名的商业贸易中心，侯溥曾描述它在繁盛时代的风貌，其《寿宁院记》云："成都大圣慈寺，据阛阓之腹商列贾次，茶炉药榜，篷占筵（竹專），倡优杂戏之类，坌集其中。"明代大慈寺，仍是万商所聚，行医卖卜，市集游乐之处，大慈寺前红布街，"青楼业也"。

第三节　清代成都城市经济的繁荣兴旺

一、人口的增长与稻作农业的恢复发展

（一）移民政策的成效

四川在明末清初遭受数十年战乱破坏，人口凋零，田亩抛荒。在明末战乱中，成都城市破坏严重。据康熙《四川总志》，康熙初，四川巡抚张德地

“奉命抚蜀”，所见郡邑，“城鲜完郭，居民至多者不过数十户，视其老幼，鹄面鸠形”。当时成都“举城尽为瓦砾，藩司公署久已鞠为茂草矣”。成都遭受毁灭性破坏，巡抚等只好移驻保宁。从清顺治到乾隆时期，四川地区终于从人烟稀少、野兽横行的荒凉、残破局面中恢复过来。由于经济地理条件的格外优越，成都社会经济恢复最早。乾隆初，四川已出现升平景象，成都更是提前进入了兴盛期。在雍正《四川通志》中，四川布政使窦启英著文描述说：

> 百余年间，海宇升平，人民乐业，向之川土荒芜者今皆已垦辟，向之川民凋瘵者今皆已生聚，熙熙然，郁郁然享太平之福矣。惟是成都虽为沃野，其余州县之田，有岁岁耕种者，有休一岁或休二岁或三岁更耕之者。

省外移民的大量迁川，促进了四川全省的恢复发展，更给自然条件优越的成都地区的快速复兴提供了强大的动力。其中，以陕西人来成都最早，“秦人随大军开辟，砍树白其皮为界，施棚帐于骨骼瓦砾间”。而后，“远近趋利者踵相接”。由此可见，陕西移民在恢复成都经济中起了重大作用。恢复后的四川，居民成分已起了相当大的变化，窦启英执掌事关民政的布政使司，在省会亲历了这场变化，因此能够勾画出移民社会全貌：

> 其民则鲜土著，率多湖广、陕西、江西、广东等处迁居之人，以及四方之商贸，俗尚不同，情性亦异。叙、泸、松、茂、重、夔、黎、雅、宁远之间，夷汉杂居，抚绥尤为不易。

这段描述更多地聚焦在成都地区，因为处于四川经济、文化中心地位的成都，也是主要的移民聚居区。成都人口在战乱中流失最多，清初人口主要由南北各省迁川人口和四方商贾构成。清末学者傅樵村说：“现今之成都人，原籍皆外省也。”根据他的统计：各省原籍在成都居民中的比率是：湖广籍占25%，河南、山东籍占5%，陕西籍占10%，云南、贵州籍占10%，江西籍占15%，安徽籍占5%，江苏、浙江籍10%，广东、广西籍占10%，福建、山西、甘肃籍占5%。

如果说这个统计范围局限在成都、华阳两县城区人口（尚不包括康熙年间由荆州调防到成都的数千满蒙八旗军），那么再将视野扩大到府属州县，他的统计也会得到大同小异的证实。如民国《温江县志》载，温江县劫余“仅存者范氏、陈氏、卫氏、蒋氏、鄢氏、胡氏数姓而已”，其余均为移民。金堂县移民人口的比例为：楚省占37%，粤省占28%，闽省占15%，其余各省合计占20%。清代隶属成都府的简州，共有80个姓、220个支派，其中土著仅存7个，外省移民支派213个，湖广移民占133个、广东移民占49个。这就足以证明，清代成都地区的主要居民是由外省移民构成的。各省移民来到成都，他们从事的职业多种多样，包括“士、农、工、贾、技术、胥役之类”，他们在恢复成都活力中各展其长，“惟力是视，俱伐树白之以为界，强有力者得地数十丈不止，远近趋利者日辐辏然”（民国《华阳县志》）。清初来川移民绝大部分从事垦殖，他们“记名开荒，携家入蜀者不下数十万”（雍正《四川通志》）。湖广、广东等省移民来自水稻产区，熟悉稻作农业的经营管理，通过他们的辛勤劳动，使成都地区很快恢复了“天府之国”沃野千里、人富粮多的旧貌，成为西部稻谷生产和供应大区。

移民中也有精于商贸活动者，如山西、陕西两省商人，他们多财善贾，在众多商贸流通领域大展宏图。江西移民也有许多经商之人，“赣省入川又稍后，大概以商业起家为多”（民国《资州志》）。移民中还有大量身怀绝技的手工业者，他们给成都带来了纺织、酿酒、印书、制革、金属加工等技术。众多南北移民来到四川垦殖，同心协力恢复四川经济，经过百年左右的拼搏，不仅让成都恢复了旧日的风光，而且创造出一个和睦相处的移民社会。这个移民社会通过不同省籍移民的长期友好交往，互通婚姻形成崭新的社会关系。生活在乾嘉时期的成都人杨燮（号六对山人）通过竹枝词对此作了生动写实描述：

大姨嫁陕二姨苏，大嫂江西二嫂湖。

戚友初逢问原籍，现无十世老成都。

康熙、雍正、乾隆三朝实行招抚流亡和轻徭薄赋政策，使社会经济逐步复苏，人口数额从顺治十八年（1661）的1.6万余人激增至嘉庆二十四年（1819）的2000余万人。[①] 来自湖广、陕西、广东、江西等南北各省移民，进入四川插占落籍。

清初，成都城市经济恢复较早，康熙六年，四川巡抚张德地在一封奏疏中说："以川西成都一府，则四方流氓艺业贸易，凑成省会，其属邑之荒凉如故也。"从清初到康熙六十一年（1722）成都人口陆续发展到12.7万余人，3.54万余丁。由于经济地理条件的格外优越，成都经济恢复最为迅速。省外移民的大量迁川，更给成都地区商品经济的发展带来了有利条件。

（二）清代成都城市的手工业

鸦片战争前，成都城市商品生产有了迅速发展。蜀锦织造、造纸印书业、棉纺织业、烤烟种植加工业都发展起来。彭懋琪《锦江竹枝词》描绘成都风貌说：

抱城十里绿荫长，半种芙蓉半种桑；
驷马桥边送客地，碧鸡坊外斗鸡场。

城郊农田全部种花种桑，环城十里，绿荫葱笼，一派生机。芙蓉花和芙蓉皮是制造薛涛笺的重要原料，"四川薛涛笺，亦芙蓉皮为料煮糜入芙蓉花末汁……其美在色，不在质料也。"（《天工开物》）桑叶是养蚕原料，大量植桑为成都发展缫丝和丝织业提供了重要的生产条件。蚕桑、缫丝、丝织，成为

① 严中平：《中国近代经济史统计资料选辑》附录。垦田数从顺治间的1万多顷增长到嘉庆十七年（1812）的4600余万顷。梁方仲：《中国历代户口、田地、田赋统计》，中华书局2008年版，第380页。

成都以至全省的高效产业。

以蜀锦生产为例，经明末清初战乱，成都“锦坊尽毁，花样无存”，流传到清初的工艺只有天孙锦（或曰通海缎）一种。那么，蜀锦织造业在清代是怎样得到恢复和发展的？根据近代学者推断，成都丝织业恢复于雍正时期，其工艺由浙江工师所传，传入路线是“自渝属璧山传至成都”。当时，蜀锦织造业规模不大，织造货色种类极简单。“成都织品除浣花、巴缎以外，有宁绸、素绸缎等品种。货色以真青、真珠红、藏青、靛蓝、元青色而已。”①

清代中叶，成都蜀锦织造业有了很大发展。织锦机械趋于大型复杂，技术分工更为细密，每机三人操作，互相配合，如清卫杰《蚕桑萃编》述：“一提花，一挽综，一贯梭，提花、挽综者听执梭人口中所唱，唱某字即知是某花，贯一梭唱一声，三人手口合一，即无停梭矣。”织造品种大大增多，缎类有：贡缎、提花缎、摹本缎、浣花缎。锦类有：蜀锦、回回（文）锦。绸类有：宁绸、宫绸、纺绸、川大绸、鲁山绸、曲绸、汴绸、裹绸。绉类有：线绉、平绉、湖绉、东绉。罗类有：熟罗、生罗、春罗。纱类有：库纱、官纱、实底纱、芝麻纱、亮纱。绢类有：大绢、小绢、生绢、熟绢。这些丝织品花色品种繁多，“寻常销售天青色，所以较多，此外，有罗绫缎、金丝缎、大云缎、阴阳缎、鸳鸯缎、闪缎、锦缎……金丝缎，‘金’系两层分面金底金花。”机房集中于成都市区东南，“业杼织者数百家”（民国《华阳县志》），形成规模可观的蜀锦生产区。其中著名机房有师兴、马天裕、长发美、马正泰、范裕顺等家，均拥有大量织机，织工各达百数十人。特别是马正泰、马天裕两家产品质量优异，在省内外久负盛誉。

清代四川印刷业也有很大的恢复发展。清乾隆（1736—1795）年间，严正古斋在指挥街开业，其刻字技艺高超，版式字体面目一新，能为顾主校勘版本，并不断培训技艺较高的工人，一时享誉蜀中。嘉庆（1796—1820）年间，张介侯氏又于卧龙桥街创二酉堂，除自刻外，复代销严正古斋书籍。除本地书商外，又有江西书商来成都开办印刷业，乾隆间，赣人周舒腾之尚友

---

① 民国20年（1931）《工商特刊》创刊号。

堂开业，贩运江浙刻本如《知不足斋丛书》《粤雅堂丛书》《十三经注疏》等，很受欢迎。此后一直到清末，江西书商来成都开办印书业的总数达50余家，世称“经元八大家”（堂号有“经”字，“元”字）。周舒腾的尚友堂除贩书外，又发展自刻业务，其子周承元增设九思堂，其孙周永德（字达三）又为志古堂创办者。周永德精通印书业务，熟悉四库书目，辛勤经营50余年，为成都一带木刻版本学专家。①

其次，成都棉纺织业在清代前期也有很大发展，成都近郊新津县棉纺织业遍及城乡，“男女多纺织”，所产棉布有“大布”“小布”“台镇”（道光《新津县志》）等类。成都绒线一业，是棉织业中的新创，“秦人寓蜀者多业此”（嘉庆《华阳县志》）。广汉县“四乡妇女，蚕桑外，半勤纺绩，谚云喂猪纺棉，坐地揣钱；布亦坚致甲他郡。”（嘉庆《汉州志》）

在成都郊区蓬勃发展的经济作物中，烟叶种植是引人注目的专业化生产。清代前期，成都地区烟叶生产已十分普遍，“蜀多业于烟艺者”，烟叶生产技艺相当成熟，在嘉庆《四川通志》中，彭遵泗《蜀中烟说》，对它作了完整的记述：

> 岁十月垡土，离为小区，一区曰一厢，孕种其上，厢各萌茆（茅）屋一，高五尺，宽称之，防霜雪也。春二月，移树腴田，分行通水道，从辰溉粪或日用艾猳（猪）溺，味更辛。小满去近土四围叶，令上梢遒劲，毋分岔。

烟叶收获后，加工工序繁多，每道工序一丝不苟，按成品档次的不同，进行不同形式的加工。

夏至前收积室中，蒙以簟石，谓之阏，气味色赖焉。七日之后，青黄间错出之，用疏竹格二，一承藉，一偃合，贯三横篾，曝烈日使干，名曰折叶，以草索络茎绷风檐隙日下阴之，名曰索叶，索酽于折，卷曲而不舒，嗜生烟

① 四川省文史馆：《成都城坊古迹考》，四川人民出版社1987年版，第426页。

者便之。治熟烟法，去叶梗，盛以席，菜油合红矾，口吸喷之，总入床中，床形近榨，两苇园木。高大各四尺，上中下三楔吃紧，人乘床用凹刃长刀划制成丝，纳热锅推拨，逾时收贮，不尔则色变质霉，不可久留。工细气味上者曰盖露；次曰长行；又一种曰姜黄，郁金草制之，多食头眩，总名曰油丝。不施油红，专行木质者曰乾丝。不言而喻，这种烟叶的种植和加工业完全是专业化生产，目的是按市场需求的不同提供各种消费需求的烟品，烟农也因此“获利过稻麦三倍，民争趋焉”。

根据清代前期成都地方志记载，仅在成都市区生产的流通的商品就多达数百种。

其中主要商品有：锦、巴缎、倭缎、宫缎、宁绸、绫、纱、罗、丝等丝织品，帽纬、布、云布、织绒、哈达等棉织品，麻、靛、铜盆、笺纸、漆、酒、蔗糖、蒟酱、烟、花椒、竹等日用品，稻、谷、黍、稷、高粱、苞谷、麦、荞麦、芝麻、豆等粮食产品，芋、龙葵菜、巢菜、瓜、瓠子、茄子、莱菔、葫芦、茭笋、菱、藕、海椒等蔬菜产品，红豆树、木密、青桐、桑、柘、桤木、桐、槐、榆、檀、杨柳等林木产品；牡丹、茶、千叶、刺榆、芙蓉、山茶、旌节花、长乐花、海棠、蜀葵、金雀花、地丁花、凌霄花、苴草、文章草、荔枝、樱桃、牛藤、杜鹃、桐花凤、木槿等花果产品。

成都地区城乡商品生产的蓬勃发展和为市场提供品类繁多的商品，不仅直接促进了成都商业的日益兴盛，而且沟通了本地与外地的流通渠道，使成都成为重要的商业都会。成都通过陆路（驿道、石板路）和川江水路与各地通商贸易。

二、 商业的繁荣兴旺

鸦片战争前，成都商业一直处于发展兴盛时期，其主要表现在以下几个方面：

（一）商品市场的激增

市区主要商业街区大大超过明代，主要商业街区有：

东御街：加工和经营各类铜器；皮坊街：售卖生熟牛皮及其制成品，贩制马鞍、辔头零件等；羊市街：市内羊市交易场所；东大街：商业集中街区。主要经营金银器：五金、杂货、饮食、疋头、茶旅各业，历来有夜市；盐市口：盐市所在地；忠烈祠南街、纯化街：旧货（荒）市场；玉石街：琢磨和经售各种玉器，特别是集中加工灌县所产玉石，俗称“土玉”；梓潼街：加工和经营纸钱；铜丝街：铜丝加工和销售场所；东珠市街（原为猪市）：市内猪市交易场所九龙巷，栏干业批发场所；暑袜街：主要经售麻布、罗纹、羊裘、毡毯、毡帽、油绸、油布等商品；总府街：皮裘市场；小十字街：经营旗、伞、铺垫、制作官府仪仗用品；新街口；山西票号集中场所；大科甲巷：雕刻、刺绣业集中场所；棉花街：经营棉花、棉絮店铺集中区域；糠市街：米糠饲料市场；油篓街：专门加工出售盛油竹篓；坛罐窑街：专门制作出售土陶器皿；北门、南门、东门、西门米市：为市区四大米市；草市街：主要是油市和草市；骡马市街：骡马交易市场；银丝街：明清两代银器、银丝业制作交易市场；金丝街：明清两代金器、金丝业制作交易市场；珠宝街：明清两代珠宝交易市场；状元街：南城木器加工销售市场；丝棉街：丝棉业集中区域；珠市街：生猪市场；上河坝街：木材交易市场，清初已有木行若干家；簸箕街：干菜杂货集散市场；石灰街：石灰市场；染靛街：染料市场；浆洗街：皮革加工交易市场；肥猪市街：南区猪市。①

城区市场外，郊区场镇市场的兴起，是清代成都大市场的一大特点。

据统计，乾隆（1736—1795）时期，成都地区（今成都市范围）共有大小场镇51个，嘉庆（1796—1820）时期共有场镇195个②，数十年间，增加近四倍。这些场镇星罗棋布，大小错落，互相间保持着一定的空间距离，并

① 以上均见四川省文史馆：《成都城坊古迹考》，四川人民出版社1987年版。

② 据高王凌：《乾嘉时期四川的场市、场市网及其功能》表一统计，《清史研究》第3辑，第84页。该表统计清嘉庆时期华阳县场市数为30个有误，经笔者查对应为36个。

有着填补交易空白的合理场期，每个场镇市场完成特定范围和时期的商品流通种类和数量。

场镇市场的主要交易商品有：粮食、豆类、花生、油菜籽、苕、盐、柴茅、蔬菜、茶叶、水果、药材、棉花、线子、布、麻、麻布、蚕丝、蓝靛、甘蔗、猪、牛、马、羊、鸡、鸭、鱼、竹、木、纸、瓷器、草、炭、杂货等。在经济作物产区的专门场镇，存在着大宗土特产品的贸易。例如，双流县簇桥镇为蚕丝大市，蚕丝来自温江、简州、丹棱等州县，由专门贩运蚕丝的商贩在各地收购，而后再集中转销于簇桥大市。再如灌县青城山一带盛产川芎、泽泻、山栀、黄檗、木通、大黄、独活、柴胡等中药材，附近太平场、中兴场商贩以收购中药材为主要商业活动，所购中药材初步集中运销药材集散大市石羊场，由石羊场药材商贩再运销崇庆州北部占据水运要冲的药材集散地元通场。元通场药材商人再将石羊场和其他场市的药材集中，然后再大批地运往省内各地和其他省区销售。由此可见，在成都郊区场镇市场中，也有一部分场镇市场担负着大宗长途贸易。

（二）城市商业流通功能增强

清代前期成都城市商业，适应商品种类、数量的急剧增加，流通规模、范围的空前扩大和贸易方式以及渠道的多样化，出现了繁荣兴旺的局面，一个庞大而较为稳定的商业流通网络已经形成。从经营性质、规模、流通范围和贸易方式看，成都商业大致可以划分为以下几种类型。

1. 商号、堂、行。

这是清代成都商业中层次较高、数量较少的经营单位，它经营规模较大，介于生产与流通领域之间，主要经营业务为大宗商品的购销（包括收购原料，加工成品），其产品销售范围广阔，遍及省内外。

例如，乾隆五年（1740）开业的同仁堂药店，直接在产地收购制药原料，精工制作中成药，所产膏、丹、丸、散驰名全川，远销湘、黔、陕、甘、青诸省。其中，惊风丸、灵宝丸、归脾丸、金灵丹、红灵丹、白痧药、鲫鱼膏、人马平安散等有很高的疗效，为广大病家称道。

在清代前期经营丝织品的商号中，以马正泰、马天裕号最为著名，他们自有机房生产锦缎，又在市区设立绸缎庄，专营机织摹本，宁绸、蜀锦，自产自销，在省内外有很高的声誉。

清代前期，成都有规模较大的烟行多家。烟行收购和加工成都郊区所产烟叶，加工条件好的烟行所产烟品已成名产，如交通便利的什邡、绵竹、新都等县。据彭遵泗《蜀中烟说》：

> 乾丝成都制者上，曰庄烟，曰屈烟，曰高烟，以姓著；……曰甜烟，以味著，曰黑虎，以色著；又汉中烟，造式如汉中，或汉中人售，故名而数者。

清代前期，成都地区金融业，以山西票号势力最为雄厚，约共 20 余家。山西票号主要经营大宗银钱存放、汇兑、抵押业务，同时办理政府筹饷、报捐、汇兑、收发军饷、丁粮款项，其经营规模大，活动范围广阔，不以省区为限，是成都银钱业的主宰。

上述商号、堂、行，是成都商家中的翘楚，他们资金雄厚，加工条件良好，特别讲究商品质量，经营有方，在流通领域占据特殊优越地位。

2. 商店、铺、坊。

这是属于中间层次的经营单位。其经营规模不大，其主要经营业为各类商品的批发、零售，不少店铺兼有加工作坊，自作自卖，前店后厂。“或列肆居奇，或籴粜运卖，贸迁有无，日中为市，各随其业。”（道光《新津县志》）其活动于大商号与消费者之间，包括城市服务性行业，如饭店、旅馆、茶社等，在成都商业中具有十分重要的地位。经营范围主要在成都地区。这类商店、铺、坊在商家总数中占居多数，遍布全市各行各业，如五金行业中，“银楼”为大商号，“其余铜铺、锡铺、铁铺，各有专业”，主要加工售卖日用品，“铜锡较为切用，惟铁器尤日常必需”（民国《华阳县志》）。明清时代，银丝街、金丝街大量聚集金、银器商店、铺坊、多属此类。

如成都粮食大市在东、西、南、北门，大粮号与各产地粮商在大市进行大宗购销贸易，各零售粮店则分散于各街，以批发方式从大粮商手中购进为数有限的粮食，而后零售于附近街区居民。这些零售粮店还同时兼营食油及银钱兑换业务。在山西票号之外，成都地区较小的银钱业，则有钱庄、当铺，规模小，店铺数量多，遍布大街小巷。其资金有限，主要业务是银钱存放、兑换、典当等项，活动范围多局限于本地。

3. 行商。

清代前期，随着与省外贸易的日益兴旺，成都行商开始崭露头角，行商主要业务是向外地输送成都商品，或向成都运销外省各产，从事这种往来贸易的人，既有四川人，也有外省人。这种长途大宗贸易，需本至多，获利甚厚，因而趋之者渐众，对成都商业发展具有很大影响。时人杨垕《三峡猿声歌》云：

> 嗟汝万里人，远作成都贾。
> 成都贾，积金钱。
> 青衣江水下如箭，一壶千金绝可怜。
> 朝炊不敢食，暮睡不敢安。

它生动道出了成都行商万里贸易，旅途艰险，心神难安的情状。成都行商进行长途贸易的主要地区除本省外，还有陕西、甘肃、贵州、湖北、湖南，以及东南沿海诸省。长途贸易的主要货物有：生丝、锦缎、药材、苎麻、茶叶、五金制品，等等。如成都簇桥蚕丝大市，“每新丝熟时，乡人鬻茧及商贩贸丝者麕集”，交易十分兴旺。蜀锦生产“前清盛时，供全省之用，并销陕甘云贵”（民国《华阳县志》）。

道光初，成都李姓巨贾携万金贸易云南。由于行商利厚，清初督抚司道多以出资借本方式，交行商射利。四川巡抚年羹尧即支使其吏目符吉“贸易江湖，兴贩米粮、木植，家累巨万”。这时期，贵州的银丝面销到成都。[①] 成都西部盛产大黄，清初已远销东南各省，乾隆间已由“江广客商贩运大黄来浙”。成都市郊新津县所产大布、小布、台镇布，质地良好，畅销远近，“有贩至千里以外者”。而云南“每年买用川布，计价银二十余万两”[②]。清初，成都所需燃料煤炭，由煤商“远由嘉定运售，脚重价昂”。乾隆时，由官府批准，“查寻煤线，酌无碍处开井”，当即于崇庆、灌县试采，“产煤甚旺”，使成都获得了较为近捷的商品煤源。

4. 小商贩。

小商贩在成都商业活动中占有相当重要地位，也是与市民生活息息相关的城市商业服务。他们资金短少，从大商店批发少量货物，从事零售商业，利在速售周转。此种商贩，分布各行各业，其经售商品种类繁多，甚至大商店未予囊括的细小商品亦无所不售。其经营特点是，平日无固定店铺，走街串巷，沿途呼卖，以填补大商业空白的形式活动于市区，彭懋琪《锦城竹枝词》云：“百花潭对百花庄，小小朱楼隐绿杨。听得门外花担过，隔廉呼买夜来香。”此诗反映了清代前期成都市区小商贩的活动情况。其次，小商贩最兴旺的营业机会是在场日、会期。成都市区的夜市日，“黄昏后百货萃集，设摊肆于阶上，游人摩肩接踵，有如赶集……城守署至走马街口为售饮食之摊贩，走马街口至南新街口售旧字画、铜器；南新街口以西售古玩、铜器、鲜花，再西至盐市口一段售旧书、玩具、乐器、铜器、首饰、鞋、帽等”[③]。成都传统专业会期，就是小商贩云集的大市场。成都周围密集的场镇的场日，则是小商贩追逐的购销机会。小商贩在各镇场日向农民出售种类繁多的日用消费品，同时零星收购农民在场日用于交换的农产品、手工业产品和家禽家畜产品，集零成整后，运销外地。

---

① 南京大学历史系明清史研究室编：《明清资本主义萌芽研究论文集》，上海人民出版社 1981 年版，第 266 页。

② 彭泽益：《中国近代手工业史资料》第一卷，中华书局 1962 年版。

③ 四川省文史馆：《成都城坊古迹考》，四川人民出版社 1987 年版，第 457 页。

（三）商业资本对生产环节的控制

清代前期，成都各行商业均有商帮，商帮是同行业同地区商人的自发组织，其目的在维护共同利益，协调同业纠纷，共同对付帮外商贾的侵销活动。由于成都地方工商业已形成大致集中的专业商品市场，因此，商帮便很自然地按专业市场而发展起来。在众多商帮中，最著名者为长机帮，金、银、铜、铁、锡帮，药材帮，因陕西商自清初起就在成都经营典当业，以后又迅速发展到盐、茶等其他商业，因而形成势力最大的商帮——陕帮。商帮为聚合同业，除有帮规约束外，还集资建庙，约期烧香、敬神、演戏、联谊，以促进同业的互相约束。乾隆中，成都金、银、铜、铁、锡五帮同建守经街“太清宫”，酱园帮建立酱园公所；酿酒帮建立酒坊公所；木器帮于北大街立“火神庙”；成都药材帮不仅在本地十分活跃，而且在川药贸易口岸长江中游的巨镇汉口组成药帮，专营长途货运的船舶业组成船帮，以谋业务畅旺。①

成都商贾中，省外客商为数颇巨，主要来自陕西、广东、山西、湖北、湖南、江西、甘肃、安徽、福建、浙江、云南、贵州等省。外省客商从清初起，由长途贸易入川，多属行商性质，往返贩运。清初外省商人多住成都兴隆巷，故以兴隆名之。以后一部分客商资本积累激增，开始在四川建立商号，转为座商，经营典当、盐、茶、蜀锦、粮食等业。如乾隆时，成都开设当铺33家，大都由陕商经营。与此同时，川省盐茶引积课悬，各地引商向陕商出租盐茶引，收取引息，于是陕商资本开始进入盐茶业。成都严氏家族（严树森）即以运销川盐起家。成都各县茶叶，亦开始由陕商代购代销。此外，外省商人也从事其他行业的经营活动。如江西药贩陈发光创设的同仁堂药店，浙江药商在冻青树街开设的“上金堂中药店，能制中成药200余种，多用浙江古法，颇获信誉”②。山西商人在成都开设的蔚丰长、蔚丰厚、蔚长厚、协同庆等票号，专营银钱汇兑、存放，在省内外商业中财势雄厚。

外省商贾身在异乡，以寄情桑梓，联络同乡为名，建立了不少外省会馆、

---

① 童书业：《中国手工业商业发展史》，齐鲁书社1982年版。

② 四川省文史馆：《成都城坊古迹考》，四川人民出版社1987年版。

公所；本省的同业公会亦在商业竞争中联合起来，组成同业公会。根据成都和华阳两县地方志记载，兹将清代前期成都地区主要会馆、公所胪列如下：

三官堂，城南陕西街，始建于康熙二年（1663），嘉庆二年（1797）重修。

陕西会馆，一在城南陕西街，与三官堂同建，嘉庆二年（1797），建铸铁桅杆二，竖正殿前；一在县北六甲 25 里三河场，乾隆五十二年（1788）建修。

河南会馆，城南状元街，原杨升庵故宅，清代卖与前任川东道符兆熊，其媳节妇项氏（梁山县知县符永培字子由继妻），于同治二年捐作河南会馆。

山西会馆，城东，始建于乾隆二十一年（1756），嘉庆、道光年间时有培修。

三邑会馆，城东卧龙桥街，年代不详。

川东会馆，城南西御街。同治二年（1863），川东机房陈兴顺等募资创建，内祀三皇。

陕甘公所，城北得胜西街，道光二十七年（1847）陕甘同乡捐资公建。

酱园公所，治北头福街。咸丰三年（1853），酱园行捐资公置。

安徽公所，城北品阶街，创建年代不详。

万寿宫，即江西会馆，共有两处：一建于乾隆二十七年（1762），在县北一甲 25 里三河场；一建于嘉庆八年（1803），在县北四甲 25 里崇义桥。

南华宫即广东会馆，在县西南五甲 15 里苏坡桥北岸，粤人来川兴建，始建于清初，乾隆三年（1738）重修，嘉庆、道光间屡有培修。另建有南华宫若干所：一在县北六甲 25 里三河场，乾隆二十五年（1760）建，五十九年（1794）重修；一在县北四甲 25 里崇义桥，乾隆四十七年（1708）建；一在县西四甲 15 里金泉场，建于清初，道光二十五年（1845）黄杨氏舍地以扩其基。

天上宫即福建会馆，在县北六甲 25 里三河场，建于道光十六年（1836）。

楚南宫即湖南会馆，在县北四甲 25 里崇义桥，建于乾隆五十八年（1793）。

楚武宫即湖北会馆，在县北四甲 25 里崇义桥，建于乾隆三十三年（1768）。

黔南宫即贵州会馆，在县北六甲 25 里三河场，建于乾隆五十九年（1794）。

帝王宫即湖北黄州会馆，在县北四甲 25 里崇义桥，建于嘉庆二十五年（1820）。

仁圣宫，县北四甲 25 里崇义桥。咸丰二年（1852）建。

三圣宫，两处：一在县西北六甲 14 里复兴场，乾隆二十四年（1759）建，嘉庆四年（1799）、道光四年（1824）、咸丰元年（1851）重修；一在县北四甲 25 里崇义桥，嘉庆二年（1797）建。

此外，还有一些外省地方会馆：陕西泾县会馆，建于清道光前后；皖江公所即安徽会馆，建于清道光前后；江西吉水（县）会馆；湖广会馆，创建年代不详；广西会馆，创建年代不详；仁寿宫，在县北六甲簸箕街，古名东岳庙，创建年月无考，乾隆四十六年（1781）重修；浙江会馆，俗称三道会馆，创建年代不详；露泽寺，道光十三年（1833），陕西旅蓉同乡人公建；甘露寺，道光十三年（1833）山西旅蓉同乡人公建；小天竺，为旅蓉浙江同乡人公建，创建年代不详。①

从上述会馆、公所、寺院统计可以看出，从清初开始，旅居成都经商的客籍商人来自十余个省区，不少省区建有多处会馆，甚至其省区以下的州县均建有会馆，充分证明了外省商贾在成都人数众多，营业畅旺。在这些商人中，涌现了资财雄厚、营运数省的大商人。如新津客籍商人胡人宇，继承其父的家产，继续经商，以至“货累巨万”②，是清代成都商业中不可忽略的势力。

与此同时，成都商业资本已开始通过高利贷形式支配生产，井研县蚕丝

① 上述会馆统计据清同治《重修成都县志》卷二，民国《华阳县志》卷三〇《寺观》附《乡馆公所表》，四川省文史馆：《成都城坊古迹考》有关资料综合而成。

② 《四川简史》编写组：《四川简史》，四川省社会科学院出版社 1986 年版，第 185 页。

生产者已遭遇到这种状况。清光绪《井研志》载：

> 井研丝在成都市称上品，织户争购，取名曰东路丝，以别异于嘉、眉、潼、绵等郡。其类分二等，贾视细粗为高下，细倍粗贾什二，资本费亦如之。岁入丝贾殆数十万金，农民资以为生计甚众。凡国赋田租及一切馈遗叩喑偿负赁庸之赀，常取给于此，命曰丝黄钱。贫户假贷子钱、以丝黄为期，无弗应者……值桑叶翔贵及蚕病之年，因之负债累累者，十室恒八九。

成都丝商通过贷给“丝黄钱”，牢牢地把丝户掌握在自己手中，让他们长期提供廉价生丝，终至于负债、破产，变成一无所有的劳动者。

成都商业资本达到相当积累后，已开始投资盐场井灶。道光七、八年（1827、1828），成都典当兼茶商的陕西人高某，投资白银 3000 两，与自贡灶户李四友堂签订“开山约”，合办盐井，先后成功开凿了卤井 7 眼，天然气井 3 眼，日产卤水 200 余担，日产天然气可烧盐锅 600 余口，两姓因之巨富。[①]商业资本通过投资生产，逐步向产业资本转化，成为资本主义生产关系的一个要素。

---

① 黄植青等：《自流井李四友堂由发轫到衰亡》，《自贡文史资料选辑》第 7 辑，第 79—81 页。

【第二章】

元明清时期成都城市的毁灭与重建

元明清时期，成都城市遭受两次毁灭性破坏。

一是南宋末年，蒙古军进攻成都，千年古城，全被毁坏。

蒙古军三次攻打成都，第一次是端平二年（1235）蒙古军入蜀，初犯成都，虽未破城，防务已陷入困境，“师老财殚，兵分力薄”，已有力不能支之势。第二次是端平三年（1236）十月，“蒙古军安笃（《元史》作刘禄）招徕吐番诸部族，赐以银符，略定龙州，遂与库端（《元史》作阔端），合兵攻破成都。会闻皇太子库春薨，库端旋弃成都而去。”这次破城，成都破坏惨重，史称“郡城焚荡”。第三次是宝祐六年（1258）六月二日，蒙古耨埒（《元史》作纽璘）率领前军攻成都，四川制置使蒲择之御敌守兵溃逃，城中乏食，乱军杀主将投降蒙古军。成都城市遂遭空前毁败。元朝统治四川后，成都城市残破、人口凋零，故家文物，荡然无存，地方官虽对城市间有兴作，亦属修葺性质，无法恢复旧貌。元至正十七年（1357），明玉珍占据重庆，分兵攻取成都，二十二年（1362）称帝，号大夏，成都设制使府。明玉珍父子据蜀十年，亦未增筑城垣。

二是明末清初四川大规模战乱，使成都城市遭到了彻底破坏。这两次的严重破坏之后，新王朝都不遗余力地进行了恢复和重建，城市规模和格局较之前代，仍有创造和发展。

第一节　明代成都城市建设的重要成就

明洪武四年（1371），大夏降于明，此后，蜀地社会安定，经济逐步恢复发展，历任封疆大吏对成都城市建设较为重视，续有建树，其中最大的建设是兴修大城和蜀王府。

一、明代兴筑大城

明代大城称府城，或曰省会。洪武四年（1371）平蜀后，明太祖派李文忠入蜀安抚，并规划蜀地建设。在此期间，李文忠首先增筑新城，高垒深池，形制略备。

稍后，都指挥赵清继续完成府城的建设，正德《四川志·城池》说："因宋元旧城而增修之，包砌砖石，基广二丈五尺，高三丈四尺，复修堤岸以为固。内江之水，环城南而下。外江之水，环城北而东至濯锦桥南而合。"

对府城的城门、月城、敌楼均作了细心规划和施工重建。据正德《四川志·城池》记载，府城"辟五门，各有楼，楼皆五间。门外又筑月城，月城两旁辟门。复有楼一间，东西相向。城周回建敌楼一百二十五所。其西南角及东北角建二亭于上，俗传象龟之首尾。城东门龙泉路曰迎晖，南门双流路曰中和，西门郫路曰清远，北门新都路曰大安。其小西门曰延秋者，洪武二十九年（1396）塞之"。

洪武二十二年（1389），蓝玉在成都练兵，督修城池。

宣德四年（1428），总兵官左都督陈怀镇压了松叠少数民族反抗后，认为成都是关系全川安定的"根本之地"，又加固城池，并在四门月城各建城隍庙宇一座。

崇祯年间（1628—1644），刘汉儒又培修府城一次。

综上所述，明代洪武至崇祯年间共修筑大城五次。曹学佺《蜀中名胜记》卷之一《成都府一》认为，明代大城大致恢复到唐宋子城旧貌：

> 予观扬子云《答刘子骏书》，有少时所作《成都城四隅铭》，则今之东西南北四门，颇为近古。西门者，古之宣明门也；南门者，古之江桥门也；东门者，古之阳城门也；北门者，古之咸阳门也。

这种说法，在明代地方志中找不到佐证。天启元年（1621）绘制的《三衢九陌宫室图》，只有大城及蜀王府，与唐宋子城实无关系。由此可以表明，明代修筑的大城，是在废墟上重建的，旧有的子城已被蒙古骑军彻底破坏，湮没无存。

二、兴建蜀王府

明代蜀王府的建设，是朱氏皇族在成都建立藩王特权的标志，也是明太祖朱元璋防范权臣叛乱的重大措施。洪武十一年（1378），朱元璋封其十一子朱椿为蜀王，因朱椿年幼和成都残破，无法就藩。受封七年之久，朱椿仅仅是名义上的蜀王，并没有到成都履职。洪武十八年（1385），父皇见他长大成人，可以离开京城自立了，于是命他暂驻凤阳老家，同时命地方官兴建蜀王府。谕旨说：蜀地为西南邦国之首，羌戎等族众望所归，如不新建雄伟壮丽的王府就不能显示王权威严。

景川侯曹震奉旨兴工，建设蜀王府。王府基地选择在大城中央，位于五担山之南，显然仍在前代王宫废址。明代蜀王府形势森严，府邸周围，环以砖城，周围五里，高三丈九尺；城下蓄水为壕；外设萧墙，周围九里，高一丈五尺，于是形成三道屏障：内城、护城壕和外城。真所谓宫墙万仞，咫尺天涯。嘉靖二十年（1541）又复增修。

蜀王府外城萧墙之南有棂星门，门的东面有过门，南临金水河，河上建金水桥，为三桥九洞沟通南北，桥南设石兽、石表柱各二尊，气势雄伟、壮丽。

蜀王府内部结构复杂、紧凑，廊庑众多，殿阁重叠。据正德《四川志·藩封·蜀府》记载说，内城砖墙设四门：东门体仁，西门遵义，南门端礼，北门广智。端礼门在外城棂星门内，门左右列顺门二道，直房各四间。端礼门内为王府承运门，门左右为东西角门。门前有东、西庑和顺门。承运门内为承运殿，殿前有左右庑，东西殿左右有东西府。东西偏（屋宇）为斋寝凉殿，后为园殿。园殿后有养心殿，又后为宫门，红墙四周外，左右顺门相向。门内为正宫，鳞次五重。山川坛在萧墙内西南隅。山川坛之西为社稷坛，又西为旗纛庙。承奉司在遵义门左。其他长史、仪卫司、典宝、典膳、典服、典仪、良医、工正、奉祠、审理八所，广备仓库、左护卫均错居萧墙内外。

嘉靖《四川总志·藩封·蜀府》对蜀王府的环境作了细致描述。关于承运殿内的房屋结构情况是：殿前有东西殿庑，左顺门入内为东府，前为斋寝；右顺门入内为西府，前为凉殿，均南向。端礼门前的环境状况是：前有水横流如带，瓮月池、砌洞桥，桥上铺平石，端礼门左右有过门，东西列直房，南临金水河，并设三桥，桥洞各三。桥南设石狮、石表柱各二，再往南有平旷地，中设甬道，旁列民居，有东西向街衢四道。正南建忠孝贤良坊，外设石屏，以便往来。又在四街衢建坊，东南坊名益懋厥德，东北坊名永慎终誉，西南坊名江汉朝宗，西北坊名井参拱极。萧墙内有菊井，为成都八景之一，号称“菊井秋香”。

明大城和蜀王府在明末清初先后遭到灾难性破坏，使这些具有重要历史文物价值的古建筑荡然无存。蜀王府的败落在前，万历四十一年（1613）五月，蜀王府遭到一场大火灾，重要的门坊殿阁全部化为灰烬。万历末，曹学佺任四川右参政、按察使，奉命调查蜀王府损失情况和修复的可能性，估算修复工程需白银七十万两，大大超出了明王朝对宗藩的财政补贴数额。因此，终明之世，蜀王府没有得到重建。明崇祯十七年（1644），张献忠建立大西政权于成都，以蜀王府为皇宫，改承运门为承天门，承运殿为承天殿。因蜀王府半为瓦砾废墟，不宜居住，不久，张献忠移居城外中园（今华西坝）。顺治三年（1646），清肃王自陕甘入川，南明势力和地主武装也对成都构成军事威胁，张献忠不得不放弃成都，率大西军离开成都。撤离成都时，他命令部下纵火焚烧成都宫室庐舍，夷平城垣垛堞，一时全城火起，公府私宅、楼台亭阁，全部陷入火海。使成都继元末之后再次遭受毁灭性破坏，在这场空前浩劫中，明大城和蜀王府基本上化为尘埃飞灰，成都人口又先后遭受战乱肆虐、杀戮、饥毙，百存一二，基本上处于人烟灭绝状态。

成都自子城在元代湮没后，仅有罗城被作为大城。明代建筑蜀王府，俗称皇城。从此，蜀王府为内城，大城为外城。

三、 地方官署的建置

明代蜀王府在大城中心（位于今展览馆基址，“文化大革命”中修建展览馆时，掘得蜀王府正殿基址适在至公堂下，两端各伸延十米，殿基长度约七十米以上），蜀王之子例封郡王，以县名为王号，王府均建于成都，如城东有南川王府、庆符王府，城西有富顺王府、德阳王府、太平王府、内江王府等。康熙四年（1665），于蜀王府内城旧址兴建贡院，四周建围墙。除王府改建贡院外，地方官署的建置如下：

清军督察院，为清军御史官署，在大城东门内正街，清军御史主要职责是监察地方军事。镇守府，为监察地方官吏而设置的中央派出机构，由太监主持，官署在东门内大街。巡抚督察院，地方最高官署，景泰四年（1463）建，在按察使前街，即今督院街。都指挥使司，官署在东门内正街，即今城守东大街。总兵府，在都司署后，相当于今总府街或提督街。都指挥司，官署在东门内正街，洪武四年（1371）置。布政使司，在城西北隅武担山南麓，武担山包括在署内，洪武九年（1376）建。按察使司，官署在东门内正街，即今春熙南路，洪武五年（1372）建。

提学道，在清提督学院地址，即今学道街。贡院在府学西，在清尊经书院地址。即今文庙西街之西。

成都府治。在城北，沿宋代之旧。成都县治、华阳县治，分别在府治西东。与清代成都府和成华两县位置相同。成都府学，在城南，即周公礼殿遗址，今为石室中学。永乐年间重建。成都县学，在布政使司东，即文圣街。永乐年间重建。

华阳县学。在县东南，即清大城东南隅。永乐年间重建。①

四、 文化、文物胜迹和寺观、园林建设

明代成都是全省政治文化中心，作为文化古城的胜迹遗址，得到应有的重视，逐步恢复重建。这种重建工作，又与明代文化专制统治的迫切需要结合，使它具有鲜明的时代特征。

（一）文化、文物胜迹

1. 石室书院、成都府学和文庙的重建。

西汉文翁石室（在今成都文庙前街西段北侧石室中学）为历代太学府学所在地。元代将文翁石室列于学官，设石室书院。明末曹学佺任四川右参政时，曾视察文翁石室经堂，如其《蜀中名胜记》所述："按以上诸刻今皆不存。所存者，孔门七十二子像，又近时摹宋本而刻者。人物衣褶，差有古意。"明代重视科举，对文翁石室的建设十分重视，在保留前代书院的基础上，又扩建成都府学。文庙祭祀活动也十分兴盛。天启《成都府志·府学图》所绘明代书院、府学、文庙范围十分宽广，南面已抵达南城垣。

2. 扬雄遗迹的重建。

西汉扬雄故宅，宋人认定在城西北龙堤旁（今成都青龙街）。龙堤遂被作为洗墨池遗址加以修复保护，并于池心筑台、构亭其上，名曰"解嘲"。张羽《勾曲外史集》记载：元初，蜀帅纽璘将扬雄墨池列入学官，并出资建墨池书

① 以上官署位置，凡未标明今址者，均以明正德《四川志·公署》、明嘉靖《四川总志·监守》、明天启《成都府·学校·成都府志图》所标明的明代街区为准。

院。嘉靖《四川总志》记载：明弘治初，蜀王府承奉宋景复加修建，建有书堂、书楼，并置经书万卷。成都知府耿定力立碑池畔，并镌“墨池”二字。万历中，墨池荒芜，布政使程正谊鸠工重修，扩大墨池面积，并圮石为岸，绕池为栏，池前建西蜀子云亭。池北为草玄堂。墨池旁扬雄遗址，已被圈在成都县署内。

洗墨池的水面虽然逐渐缩小，但是直到清末民初仍然存在，仍然是有亭有桥，绿荫接地，游人还可以垂钓。清道光元年（1821），四川提学使聂铣敏在原址兴建了著名的墨池书院。咸丰三年（1853），又从帘官公所街迁来了芙蓉书院，成为当时成都的一个教育中心。清末兴新学，在墨池书院原址于光绪二十九年（1903）开办了成都县立高等小学堂，三年之后改为成都县立中学堂，而在其隔壁另建成都县立小学堂。民国时期又在成都县中的旁边开办了成都县立女子中学（大门开在背后的署前街）。

3. 司马相如遗迹的重建。

有关司马相如和卓文君的琴台故居，始终成为人们探寻的疑踪。据汉魏史家考察，司马相如宅在少城中笮桥下百步，即今通惠门之东，原金水河上金花桥一带，但在唐宋以后，琴台位置已不能确指。明嘉靖时，陈鎏曾在城外建坊，以为纪念。但建坊处实非琴台故地。今琴台路庶几旧址。

4. 惠陵先主庙、武侯祠的重建。

蜀汉昭烈帝刘备及其甘、吴二皇后死后合葬惠陵，陵在今成都市锦江南岸倒桑树街之西，南郊路之北。南宋四川制置使王刚中重修先主庙，诸葛亮武侯祠亦在先主庙侧，同享祭祀。明代时，庙已毁圮，巡抚张时彻复修先主庙，并重镌南宋任渊《重修先主庙记》碑文，强调君臣大义，“宗王为本”以供后人观瞻。

明初，蜀献王朱椿认为君臣宜融为一体，撤去武侯祠，将诸葛亮神像移至昭烈帝正殿内东侧。蜀献王有《祭汉昭烈皇帝文》昭告其事。

嘉靖时，巡抚王大用认为诸葛亮应有专祠，乃建祠于浣花溪畔草堂寺东侧，人称浣花武侯祠。此外，北门外及九里堤亦有民间所建丞相祠及诸葛庙，张时彻继任巡抚后撰文立碑。明成化间，唐元和四年所立古碑碑文剥蚀，滕嵩主持补刻。《潜研堂金石跋尾》有载，世称三绝碑，成都尹武元衡、节度掌书记裴度、营田副使柳公绰等为纪念诸葛亮而立。度撰文，公绰书，名工鲁建刻石。嘉靖时，祠内古柏尚存，后被人砍伐，万历中，已不复见于世。

5. 摩诃池的兴废。

隋唐五代时期著名风景区摩河池，到宋以后逐渐衰败，明初兴建蜀王府，填去池面大半，但残存部分仍为明代风景名胜区，曹学佺《蜀府园中看牡丹》诗云："锦城佳丽蜀王宫，春日游看别苑中，水自龙池分处碧，花从鱼血染来红。"由此可见，游人对残存的摩诃池尚有很浓的兴味。

6. 筹边楼的重建。

明代在恢复成都名胜古迹时，重建了唐代名胜筹边楼。此楼系唐代剑南、西川节度使严武、李德裕经略川西南地区所建，原址在节度使署侧（节度使署在今成都市展览馆东）。前蜀永平五年（915）失火全焚。南宋淳熙三年（1176），四川制置使范成大重建筹边楼，在子城西南。著名诗人陆游曾作《筹边楼记》，略言唐时筹边楼故基已难稽考，大约在"子城西南隅"。南宋末，成都遭到焚荡，楼也毁灭无存。明代筹边楼已非旧观，曹学佺《蜀中广记·名胜记》成都府四说，楼在都察院东，大致在今大慈寺附近。明天启《成都府志·府治三衢九陌宫室图》作镇边楼，绘于都察院东，下莲池附近。

7. 杜甫草堂的重修。

南宋末年，成都城市为蒙古兵焚毁，位于成都西郊的杜甫草堂幸免于难。至正元年（1341），元朝廷追谥杜甫曰文贞。稍后，太监纽璘之孙倾家资在草堂创建少陵书院，元末废弃。明洪武二十六年（1393），蜀献王朱椿在废址重建草堂，其《祭工部文》：

> 先生距今之世，数百余年。而成都草堂之名，至今而犹传。予尝纵观乎万里桥之西，浣花溪之边，寻草堂之故址，黯衰草兮寒烟。是以不能无所感也，于是命工构堂，辟地一廛。扁旧名于其上，庶几过者仰慕乎先贤。然人之所传者，先生之遗编也；而予之所羡者，盖以先生一饭之顷，而忠君爱国之惓惓。虽其出巫峡、下湘川。罔不恋恋于此，而先

生之精神犹水之在地，无往而不在焉。

草堂建成后，方孝孺特作碑记。此后，草堂又经多次修缮，并得到妥善维护。弘治十三年（1500），巡抚都御史钟蕃见堂奥朽坏，倡议重修。门临官道，望之翘然，筑祠三楹，中奉遗像，大致形成近代草堂的格局。嘉靖十五年（1546），巡按御史姚礼复加规划，祠后更筑书院，楹如祠数，左右各翼房廊，引水为槛流，建桥其上以通往来。命名前门曰浣花深处，院后隙地尽属之，规制益宏。其东则奉佛殿香火，绕以围墙，栽种名花果蔬，再往东辟为池，引桥下溪水流注池中。夏日，绿水微澜，莲荷争辉，鱼游池底，鸟飞水上，桤柳摇曳，古柏森森，如子美草堂之旧。两次扩建，使草堂面积大大扩展，杨廷和、张时彻均撰有碑文。万历三十九年（1611），华阳知县何宇度摹刻杜甫石像一尊。草堂园林建筑、石刻经过明代扩建充实，已是规模大备，成为明代成都著名园林名胜。

8. 蜀王府苑园（中园）的改建。

明代蜀王府有别苑，名曰中园。此园在五代时为蜀王御苑的一部分，宋代为成都府属。陆游《故蜀别苑》诗自注说："故蜀别苑在成都（府）西南十五六里，梅花至多，有两大树，夭矫若龙，相传谓之梅龙。"别苑至明代成为蜀王外囿，名曰中园。因前代梅树遗留不多，乃改种梨树。费密《荒书》记述："中园者，蜀王外囿，有梨花千余……成都俗以三月三日于此走马饮酒为戏。"明末张献忠攻占成都，建立大西政权后，驻军于中园，"尽伐梨树，益广其地作宫室，筑驰道，练兵于此，名御营。"其驻军情况是，"立大营十、小营十二于南门五里外。中置老营，献（忠）自居之，名为御营"。据近人考察，华西后坝原有一圆形土台，高丈余，凡三级，下阔上狭，土人呼之曰"将台"或"点将台"，应是张献忠据成都时，所筑阅兵台。

9. 薛涛墓、薛涛井、望江楼的重建。

晚唐著名女诗人薛涛由长安流寓成都，居住西郊浣花溪畔，晚年迁入城内西北隅的碧鸡坊，创吟诗楼，栖息其上。宋人记载薛涛用浣花溪水制作精美笺纸，世称薛涛笺。明代浣花溪水源不畅，百花潭淤积，不便处理造纸原料，蜀王府改于城东锦江南岸望江楼下玉女津制作薛涛笺，并在每年三月三日取玉女津旁甘泉井水对二十四幅笺纸进行特别处理，以十六幅贡献京师，此井遂名薛涛井。天启《成都府志·古迹》记载：

> 薛涛井旧名玉女津，在锦江南岸，水极清澈，石栏周环，为蜀藩制笺处。有堂室数楹，令卒守之。每年定期命匠制纸，用以为入京表疏。

明人王士桢《陇蜀余闻》也说“薛涛井在万里桥东锦江之滨”。与此同时，好事者又在玉女津附近构筑薛涛墓，使胜地平添一段哀伤情趣。总之，薛涛遗迹在明代发生了位移，从西郊浣花溪畔变迁到东郊锦江南岸，制笺用的玉女津井水被作为薛涛井而受到重视和保护，新筑薛涛墓也更成为游人的怀古胜迹。

（一）寺观丛林

1. 青羊宫的重建。

明蜀王朱椿重建青羊宫，规模宏大，“竹树青葱，殿宇宏丽”，气势不减两京。正殿内有铜羊，曹学佺《蜀中广记》说：“有青铜铸成羊，其大如麋。”青羊宫同时又是道纪司所在地。明末清初遭战乱焚毁，仅存正德时铁铸花二株，铁烛台二座。

2. 文殊院的重建。

文殊院在成都城北头福街，初名信相院。曹学佺《蜀中名胜记》记载：“唐高骈筑罗城，碑记在城北信相院。”冯时行有《信相院水亭》诗：“青天行月月行水，水月相去八万里。天公大力谁能移，月在水中天作底。”明代庙小，明末为张献忠所毁。清初康熙帝曾手书“空林”二字以赐寺僧，于是文殊院名声大振。嘉庆时复得官府大力资助，始重修庙宇，其山门及大殿多用巨大圆石柱。道光十年（1830）住持僧本圆亲赴云南采购精铜，铸造释迦牟尼、迦叶尊者、阿弥陀佛、大悲观音、海岛观音和观音、文殊、普贤三大士，以及接引佛、大肚弥勒（布袋和尚）、地藏菩萨、韦驮菩萨、白衣观音诸像。

建筑宏伟，神像精妙，成丛林翘楚。截至清末，重大法会多集于此。民国时，能海法师于此受戒。文殊院遂成十方丛林，为各地僧徒习经之地。寺内建有说法堂，收藏珍贵佛经，及多种镂版印刷资料。

3. 大慈寺的兴衰。

大慈寺为唐代以来成都第一大禅院。寺院宏伟壮丽，千拱万栋，数百年间壁画梵王帝、释、罗汉、天女、帝王将相瑰玮神妙，不可缕数。古市集中蚕市、扇市、药市、七宝市、夜市均麕集其间。香火最盛时，寺庙西抵今锦江街、江南馆街、金玉街、棉花街一带；北至天涯石北街、四圣祠、庆云庵街；东达城垣一线；南至东大街。明代成都僧纲司设大慈寺，宣德十年（1435），寺内发生火灾，主要殿宇化为灰烬，到成化十七年（1481），才勉强完成修复工作，但规模大为缩小。明末成都全毁，寺亦不存。

4. 宝光寺的重建。

宝光寺在城内书院街，始建于唐代，本名兴福寺，元末焚毁。明代隆庆四年（1570）重修，寺内有铜铸毗卢佛、卢舍那佛、阿弥陀佛和侍者像各一躯，天涯石在寺内（石至今尚存）。因寺庙基宇狭小，无庭园之胜，为与新都宝光寺同名，俗呼小宝光寺。清代、民国均为进香游赏胜地。

5. 净居寺的兴废。

净居寺创于明代，遗址在市东静居寺街。规模宏大，蜀惠王改葬宋濂于此，寺宇兼作祠奉。嘉靖十八年（1539），杨慎曾借净居寺旁宋、方二公祠编修《全蜀艺文志》。明人王士祯《秦蜀驿程记》记载寺庙情况说：

> 过新桥至净居寺，气象疏豁。入山门为明王殿，次弥勒殿，次大雄殿，皆有画壁。最后藏经阁。西出为文殊阁，即宋（濂）、方（孝孺）二公祠，有宋文宪公（濂）像。殿后文宪墓，高如连阜，其上修竹万竿，扶疏栉比，无一枝横斜附丽，想见先生清风高节而终不免于文种、南阳之叹，为可悲也。前有成化二十二年丙午（1486）经筵讲官吏部左侍郎彭华撰《潜溪先生迁葬记碑》，四川按察使周鼎书。苔蚀斑驳，未能细读。寺僧普光贻佛果禅师《语录》。门人季守戎、咸瑛治具清风亭。亭下

为明月池，荷叶田田，菡萏已花，颇起故园之思。

王士祯的游记，将净居寺的殿堂楼阁、相关人物、变迁情况作了简洁记述。

| 第二节 清代成都城市建设的重要成就 |

明末清初，四川经历了大约 20 年的战乱，成都城市遭到多次焚掠破坏，几乎接近毁灭。清朝统一四川后，开始着手恢复重建城垣、官署。清代前期，为适应商品经济蓬勃发展和人口集聚的需要，开始增修扩建城市，市政建设规模空前扩大，布局谨严完整，商业街区和商品交易市场齐全繁盛，名胜古迹、寺观园林也恢复了旧日的风貌，千年古都在战火废墟上展现了她的新姿。

一、 明末清初成都城市的残破局面

清代沿袭元明旧制，省治和府治同驻成都，因此，成都称府城，又成省会或称会城。

顺治三年（1646），成都被焚毁后，成为荒凉无人之地。次年，清军李国英部入成都，留张德胜守城，无房可住，辟草莱而居，后南明军入踞成都，杨展设四镇于城中，“分葺（甃）城居之”（《蜀难叙略》）。由于川北保宁、顺庆、龙安、潼川诸府受战乱破坏较轻，稍具生机；保宁又与重庆府一水相通，是陕西运川军饷的枢纽，因此，四川省治暂迁保宁府（今阆中）。据清李馥荣《艳滪囊》载，清初十余年间，成都地区“尸骸遍野，荆棘塞途，昔之亭台楼阁，今之狐兔蓬蒿也；昔之衣冠文物，今之瓦砾鸟鼠也；昔之麻桑禾黍，今之荒烟蔓草也。山河如故，景物顿非，里党故旧，百存一二”。顺治八年

(1651)，四川巡抚高民瞻率清军由保宁收复成都，成都城市人烟灭绝已达五六年之久，如清沈荀蔚《蜀难叙略》所述："惟见草木充塞，麋鹿纵横，凡市座间巷，官民居址，不可复识。诸大吏分寓城楼，盖前四镇所葺者也。"顺治十六年（1659），清廷决定四川省治由保宁移回成都，但成都城内院、司、道、府、厅、县、将领大小衙门"并无一署存留"，巡抚司道"无官署，建城楼以居"（同治《成都县志》）。

康熙三年（1664），四川巡抚张德地抵达成都，所见省城，"城鲜完郭，居民至多不过数十户，视其老幼，鹄面鸠形，及至村镇，止茅屋数间，穷赤数人而已"。随即着手恢复重建"葺城署于荒烟蔓草之中"（康熙《四川总志》）。清初开始了恢复重建成都城市的工作。

二、清代成都大城的重建

康熙初年，四川巡抚张德地、布政使郎廷相、按察使李翀霄、成都知府冀应熊，成都知县张行、华阳知县张湩共同捐资重修大城城垣。城垣高三丈、厚一丈八尺，周长二十二里三分，计四千零一十四丈。垛口五千五百三十八处，东西相距九里三分，南北相距七里七分，敌楼四座，堆房十一处，门四道（东迎晖、南江桥、西清远、北大安），外环以池。康熙五十七年（1718），随着四川社会经济逐渐恢复发展，清廷谕令再修成都大城。这次大修由官拨经费，动员全川军民参加，由各府、州、县分段包工，对砖样、土质、形制等各方面作了统一规定。雍正五年（1727），四川巡抚宪德又组织力量，对康熙年间重建的城垣进行了增补维修。清同治《成都县志》载，乾隆四十八年，四川总督福康安"奏请发帑银六十万两彻底重修成都大城，周围四千一百二十二丈六尺，计二十二里八分，垛口八千一百二十二，砖高八十一层，压脚石条三层，大堆房十二，小堆房二十八，八角楼四，炮楼四，四门城楼顶高五丈。东博济、南浣溪、西江源、北涵泽"。由于工程浩巨，在福安康任期内尚未完成，李世杰继任川督后，"承其乏，乃督工员经营，朝夕二年而成"（《重修成都县志》）。大城完工后，"其楼外观壮丽，城堑完固，冠于西南"

(嘉庆《华阳县志》)。大城经这次重修，坚固壮丽，不亚于京师，终清之世，未再大修，直至民国 21 年（1932）被人为毁鬻，以充军费。

三、 兴筑满城

清初，在恢复重建成都城市时，满城的新建，是与清朝专制王权息息相关的要图。康熙五十七年（1718），四川巡抚遵照皇帝谕令，在成都大城西垣内新筑一城，以驻八旗官兵。此城名曰满城，习惯呼为少城。满城城垣周四里五分，计 811.73 丈，高 1.38 丈。设城门五处：迎祥门又名大东门，与西御交界；崇福门又名小东门，与羊市街交界；延康门又名小北门，与西大街交界；安阜门又名小南门，与小南街交界；清远门与大城西门相望。满城最初驻副都统一员。康熙六十一年（1722）由荆州分拨满蒙八旗军驻防成都。至乾隆四十一年（1776）金川之役后，始设成都将军一员管辖。将军以下协领 5 员（均兼一佐领），其中满洲旗 4 员，蒙古旗 1 员。再下设佐领 24 员，其中满洲旗 16 员，蒙古旗 8 员。设笔帖式 2 员。甲兵共计 1600 名。最盛时，连同家眷约 3 万余人。满城按八旗编制，每旗一街，披甲兵丁小胡同 3 条，共计八旗官街 8 条，兵丁胡同 33 条。

满城作为清王朝种族歧视政策的标志，地位特殊，总督不能过问，汉人被禁止入内，城内等级森严，官兵世袭其职，衣食仰给于官，子弟不治生计，难免走向穷途末路。辛亥革命后，满城已失去了它存在的意义，民国 2 年(1913)，四川地方政府下令拆除城垣，与大城合而为一。

四、 皇城改建贡院

清初对成都城市进行恢复重建时，皇城改建为贡院，是市政建设中一项重要创置。

明蜀王府内城旧址，俗称皇城，清初奏准改修贡院。贡院的四围筑城墙，城南开三门，正门居中，旁门居左右。城东面为东华门，城西为西华门，城北为后子门，城南敞地俗称皇城坝，左右石狮分立，更南建大石牌坊一座，上刻“为国求贤”四个大字。内城俗称皇城，清代四川举行乡试，皇城是考场，内部课堂、号舍经清代地方官不断增修扩建，同治时期已达13935间。贡院正门在明蜀王府端礼门所在地，高悬匾额“天开文运”。正门之北为龙门，凡三进，乡试时，主考、监临、提调集中此处，参加乡试生员分三次点名进场。门北为明远楼，修建颇精，楼窗皆装玻璃，极为明净。楼北为至公堂，是一座工坚料实的大殿，气象雄伟，是历来重大事件集会之所。堂前有石柱牌坊，匾额书目“旁求俊乂”，坊建于乾隆四年（1739）。堂东为誊录官厅，厅后东北角为誊录所，又东为界墙。堂西为大厨房，其北为弥封所。堂北为清白堂。再北为严肃堂，堂前西北有唐宋时摩诃池一角残迹。严肃堂北为衡文堂，最北为文昌宫，宫北为界墙，墙上有狐仙洞。

贡院基址仅占明代蜀王府旧基的大部分，界墙之外的小部分旧基改建了宝川局的仓库和成都府试院。

五、 地方官署的建设

成都自顺治三年（1646）全城被毁，四川行政官署暂迁保宁府。顺治十六年（1659），各官署迁回成都时，建城楼以居。康熙初，成都城市重建时，地方官署也开始兴修，主要建设如下。

（一）省辖官署

1. 巡抚、总督衙门。

清初设四川巡抚，衙署在今督院街。自乾隆十三年（1748）开始，四川正式设总督兼管巡抚事，至清末未改。原巡抚衙署改建为总督衙署，在今督院街。

2. 提督衙门。

清顺治十七年（1660），四川设署提督，总管全省制营，官署在提督街原成都市劳动人民文化宫。

3. 成都将军、副都统衙门。

清康熙五十七年（1718），成都驻防副都统，衙署在满城内副都统胡同（在今商业街）。乾隆四十一年（1776），四川设成都将军，统帅文武及兼辖松潘、成绵、建昌文武各官。衙署在满城内（今将军衙门），规模宏伟壮观，大堂以外，一切仿照督署。二堂内有红梅一株，大可合抱，开时寒香满署，设衙署时所植。

4. 按察使司署。

清顺治六年（1649），四川设按察使司，执掌全省司法。因明代按察使司署于明末焚毁，康熙四年（1665），按察使李翀霄于旧址重建，在今城守东大街，于1924年军阀杨森拆署建春熙路。

5. 布政使司署。

为全省用人、理财、行政长官。因旧署于明末焚毁，康熙六年（1667年）四川布政使郎廷相迁建于城西，在今商业街。康熙中建筑满城，原署改为副都统衙门，布政使司移建于城东藩署街。

6. 学政官署。

掌管全省学务、科举考试。清顺治七年（1650）设，光绪三十二年（1906）改设提学使。官署建于今学道街。

7. 盐茶道署。

专管盐、茶产销和征收盐茶税课。清初，盐茶道署设鼓楼之南，后移城南，在今盐道街。

8. 成绵龙茂道署。又称川西道。驻省城，辖成都、龙安两府；松潘、理番、懋功三直隶厅，绵州、茂州两直隶州，兼管都江堰水利。道署在东城皇华馆街，光绪三十四年（1908）成绵道裁撤后，道署改为通省巡警道署。

（二）成都府署、县衙

1. 成都府署。

成都府知府驻省城，又称首府，辖两同知（理事同知、水利同知）、一通判（督捕通判）、十六州县（崇庆州、简州、汉州、成都县、华阳县、双流县、温江县、新繁县、金堂县、新都县、郫县、灌县、彭县、崇宁县、新津县、什邡县）。府署内设一佐治（府司狱）、二学官（教授和复设训导）。知府掌管成都府行政，课税要务，并兼理成都关务。府署在城北正府街，大门外有“古天府”三字横匾，相传为蜀汉时诸葛亮故第基址。

2. 成都、华阳县衙。

清代成都仍属成都、华阳县分治，两县治自喇嘛寺、署袜街、绕丁字街分界，西北两门属成都县，城外地面也以西北两方为县境。幅员甚狭，纵横均不到 40 里。华阳县辖成都东南两门，城外地面也向东南方伸延，幅员较成都县大一倍，东西 120 里，南北 40 里。成都县署在成都府治西署前街，华阳县署在府治东，正府街东。府、县衙署均为清初重修。

六、 整齐划一的市区街坊建设

清初开始，在进行城垣、官署建设的同时，成都街坊也陆续恢复重建。

成都古代街坊，经宋末、明末两次战乱，已基本堙没，明代和清代两次恢复重建，均依前代废墟基址，渐次恢复。清康熙年间开始恢复重建官衙和街坊时，即沿明代旧基筹建。因此清代成都市区基本布局，仍在很大程度上保存了古都风貌，但在这个基础上又有不少的创新。

据嘉庆《成都县志》，乾隆四十二年（1777），四川布政使查榕巢“下令通城修砌街道，清理沟渠，不使积水”。乾隆四十八年（1783），四川总督福康安以及继任总督李世杰在大规模重修城垣的同时，对城市街坊进行了总体规划和全面建设，这一工程，耗银 60 万两，为时两载，建立了成都街坊的基本框架。街坊建设完工后，李世杰又“命有司于内外城隅遍种芙蓉，且间以桃、柳”。于是，成都渐次恢复了旧日的风貌，芙蓉满城，绿树成荫，通衢广宇，气象万千，无愧名都称号。李世杰《成都城种芙蓉碑记》记述了当时下令全城种植芙蓉的初心：

……此时弱质柔条，敷荣竞秀，异日葱葱郁郁，蔚为茂林，匪惟春秋佳日，望若画图，而风雨之飘摇，冰霜之剥蚀，举斯城之所不能自庇者，得此千章围绕，如屏如藩，则斯城全川之保障，而芙蓉桃柳又斯城之保障也。

（一）成都县属街巷

有关清代前期成都市区街巷基本情况，保存至今的比较完备的资料很少，已无法窥其全豹。同治《成都县志》记载了当时成都县属的街巷名称，不包括华阳县属和满城街巷，兹著录如下：

1. 贡牌。

东鹅市巷、永清街、板桥街、西辕门街、贡院街、西御街、兴隆桥；

2. 南牌。

东御街、锦江桥、卧龙桥、青石桥、状元街、丁字街、向阳街、烟袋巷、染坊街、梨花街、转轮街、光华街、陕西街、半边街、君平街；

3. 中牌。

西大街、南暑袜街、北暑袜街、沟头巷、九龙巷、鱼市口、西顺城街、东华门、兴隆街、东御河、大有巷、小红土地庙、中顺城街、上翔街、皮房街、提督西街、观音阁、太平街、提督东街；

4. 北牌。

鼓楼街、升平街、梓潼街、童子街、康公庙街、会府西街、白丝街、梵音寺、三元巷、大墙后街、内姜街、兴隆街、青果市街、菜市街、新开寺、女儿碑、东岳庙、古佛庵、珠市街、珠宝街、北顺城街、文殊院、头福街、锣锅巷、红庙子、草市街、老关庙、铜丝街、济裕街；

5. 府牌。

白云寺、楞伽庵、金丝街、圆觉庵、金马街、白家塘、银丝街、打铜街、什邡堂、文盛街、文庙街、学署街、品升街、骡马市、青龙街、青龙巷、西府街、正府街、铁箍井、山西馆、上陞街、玉龙街、玉带桥、线香街、羊市街、小东门、平安桥、大树拐、西城墙街、字库街、五福街、守经街、灯笼街、宁夏街、王家塘、苦竹林、武担山、高家口街、后子门、九思巷、东二巷、西二巷、西御河、碑亭子。

（二）华阳县属街巷

民国《华阳县志》保留了清代华阳县属街坊名称：赤里街、君平街、北街、马务街、国清寺街、天涯石街、观街、三井道、石笋街、五块石、石马巷、红布街、红照壁街、书院西街、前卫街、指挥街、文翁坊、金马坊、万绣坊、书台坊、金城坊、忠义坊、际会坊、宋公坊、度人坊、状元坊、南川王府石坊、顾公坊、岑公坊。

县属所辖贡牌、南牌、中牌、北牌、府牌，街巷总名 114，其中街名 67，巷名和地名 47，这个数字反映了成都同治以前所辖市区的街巷基本情况。

光绪五年（1879）和光绪三十年绘制的省城街道图①，是目前保存清代成都街巷基本情况的可靠资料，以下依据这两种资料对清代成都街巷情况作一粗略探讨。全城划分为中城、东城、北城、西城、南城五区段；城外分为外东、外北、外西、外南四区段，共为九区段，反映了光绪五年到光绪三十年的街坊情况。②

1. 中城。

中城以皇城为中心，分为辕门、东华、御河、西华内四线，南城、东城、北城、西城外四线，共八线。

2. 东城。

南由东门沿东大街至盐市口，西由西顺城街经上西顺城街、玉带桥街至北门，北以大城北垣为界，东以大城东垣为界，分为十条主要的街区干线。

3. 北城。

东自北门至玉带桥街为界，南由西玉龙街经羊市街至东城根街南口为界，西以大城西垣为界，北以大城北垣为界，共划分为六条主要街区干线。

---

① 四川省文史馆：《成都城坊古迹考》，四川人民出版社 1987 年版，书末附图：《光绪五年图》《光绪三十年图》，均据原图简绘。

② 张学君、张莉红：《成都通史》卷六《清时期》，四川人民出版社 2011 年，第 66—75 页。

4. 西城。

北由西门至八宝街转东城根上街为界，东由东城根下街至东城南街为界，南由南较场经石牛巷、君平街转半边街为界，西由上同仁路至西较场西垣为界，共分为三个主要街区干线。

5. 南城。

西自西、南两较场间城垣起，经石牛巷、君平街、陕西街西头北折，经半边桥街抵西御街西口，北由西御街至东御街和东门至盐市口为界，东以大城东垣为界，南以大城南垣为界，共分为五个主要街区干线。

6. 外东。

西以东城外垣为界，东以城乡交接处为界，南以东南城外角锦江北岸为界，北以东北城垣外角为界，共分为两个主要街区干线。

7. 外北。

南以北城外垣为界，北抵驷马桥街，东以东北城垣外角为界，西以西北城垣外角为界，主要街区干线一条。

8. 外西。

东以西城外垣为界，西抵犀角河，南抵西南城垣外角，北抵西北城垣，共分为两个主要街区干线。

9. 外南。

北以南城外垣为界，南以城乡交接处为界，西以西南城垣外角为界，东以东南城垣外角为界，共分为主要街区干线四条。

成都市区街巷繁多，布局紧凑、密集，大约在 12 万平方米的长方形市区内按东西和南北向规则分布着数量繁多的大街和街巷。这一面积是根据光绪三十年（1904）实测街道图计之，东西城垣距离为 3650 米，南北城垣距离 3200 米，计 11.68 万平方米，如加上外城街巷面积，城市街巷面积应不小于 12 万平方米。

（三）晚清成都街巷统计

根据有关统计，光绪五年（1879）全市约有大街 137 条，支街巷 196 条；

光绪三十年全市约有大街169条，支街巷289条。根据四川省文史馆1959年调查统计，迄止到1949年，成都城内城外九区段，共有大街229条，支街巷505条。[①] 如以这两个数字为基数，那么，光绪五年大街数约占1949年大街数的60％，光绪五年支街巷约占1949年支街数的39％；光绪三十年大街数约占1949年大街数的74％，光绪三十年支街数约占1949年支街数的57％。由此可见，现代成都市区主要街巷在清代已基本形成。

从城垣内外九区段街巷分布情况看，清代主要街巷集中于城垣以内的中城、东城、北城、西城、南城五区段。光绪五年（1879）城内大街为127条，约占当时大街总数的93％，城内支街巷为173条，约占当时支街总数的88％；光绪三十年城内大街为150条，约占当时大街总数的90％，城内支街巷为250条，约占当时支街巷总数的87％。这说明，清代主要市区仍局限于城垣之内，到晚清时期，城内街巷占当时街巷总数比例略有下降，反映了市区已开始由城垣内向城垣外扩展的趋向。清末记载，属于成都公众的名胜古迹、著名园林主要有：城内方正街的丁公祠、贵州馆，城外武侯祠、望江楼、二仙庵、草堂寺；属于私家园林的园林有：布后街的孙家花园、小福建营龚氏遽园、三槐树街王家花园、东门外双林盘钟家花园、草堂寺侧冯家花园、青羊场的双孝祠花园（今称马家花园）、文庙西街的汪家花园、城北洗马池畔的芙蓉池馆。

再者，从光绪五年（1879）和光绪三十年两次街巷统计看，大街均明显地少于支街巷，光绪五年大街总数为137条，支街巷为196条，后者与前者为1∶1.43，光绪三十年大街总数为169条，支街巷为289条，前者与后者之比为1∶1.71。大街主要为城市工商业集中之地，支街巷一般为居民聚居之地。这说明，清代成都工商业虽有很大的发展，但是城市闲散人口仍然保持着非常大的数额，这就决定了成都城市商业性和消费性并存的基本性质。

---

① 见四川省文史馆：《成都城坊古迹考》，四川人民出版社1987年出版，第304—305页。

七、文化、文物胜迹和寺观、园林建设

恢复和重建文化、文物胜迹、寺观园林是清代成都城市建设的一个重要方面，反映了清代思想文化领域的一些基本情况，也受到迅速恢复发展的社会经济的影响。二百余年的移民社会留下了不少值得后世关注的文化建设遗存。

（一）文化、文物胜迹

1. 文庙和锦江书院的建设。

明末清初，文翁石室遭到严重破坏。清顺治二年（1645），文庙也失火焚毁。顺治三年，成都城市遭到大西军焚毁，石室文物几乎全部破坏，其中尤以隋唐五代所刻石经损失最为惨重。石室旧貌在清初已荡然无存。顺治十八年，四川巡抚佟彩凤在前代文庙、石室书院和成都府学遗址上动工重建文庙和府学（在文庙西），历时三载，到康熙二年（1663）竣工。全部建筑采用仿古手法，形制崇宏，殿阁巍峨，其主体建筑大成殿尤其壮观。康熙四十三年，四川按察使刘德芳在成都文庙之西设立锦江书院。书院依北宋王安石创太学三舍之法，将院舍分为外舍、内舍、下舍三等，以适应书院考察和选拔院生的需要。康熙六十年锦江书院规模扩大，招生人数增多，四川提学使方觐又增修讲堂学舍。乾隆三十九年（1774），四川总督文绶、布政使钱鋆又扩建书院讲堂，并增置学田，使书院规模进一步扩大。嘉庆十九年（1814），成都知府李尧栋又增修讲堂于石室之后。锦江书院经过历次增修扩建，院舍完备，规模宏大，成为成都乃至四川书院之冠。

2. 新建墨池书院。

明代万历年间曾经重修洗墨池，池北建有草玄堂，池前建有子云亭，但是在明末清初的战火中尽毁。清初，扬雄墨池旧址已改作民居，也曾重建子云亭。道光元年（1821），提学使聂铣敏筹建书院，购得墨池故址民房三大院，空地数亩，以中院建墨池书院，将左院辟为东园，以右院建廉泉精舍。

并就原有堂庑斋舍加以修葺，作为讲堂学舍，其余隙地分设亭榭蔬圃，遍植花草竹木。此外，还置学田百余亩，作为经费来源。聂去职后，书院为当事者所坏。民国时期仍然存在。

3. 培修惠陵和武侯祠。

明末战乱中，成都先主庙、武侯祠均毁圮。康熙七年（1668），巡抚都御史刘格培修惠陵，立有石碑并镌碑记。在陵前建牌坊一座，上嵌成都知府冀应熊书额："汉昭烈陵"。康熙十一年，川湖总督蔡毓荣在惠陵之东重建先主庙，以其后殿作武侯祠。乾隆五十三年（1788），成都、华阳两县县丞黄铣敏在牌坊中门嵌入"汉昭烈皇帝之陵"石碑一通，并将冀应熊书额移嵌在牌坊后，只留两个耳门出入。道光二十九年（1849），刘沅主持修葺惠陵和武侯祠，在汉昭烈陵牌坊前又增建寝陵三楹，并在陵前约 50 米处建照壁一堵，在照壁与寝陵间建小厅壁厅。不久，又在寝殿东西两端筑成垣墙，围绕基地四周。改建后的汉昭烈庙和武侯祠，人们不称昭烈庙，而称武侯祠。祠宇南向，一条中轴线贯穿大门、二门、刘备殿、过厅、诸葛亮殿等五重主要建筑，古冢惠陵在殿宇之西。

经清代历次修建后，规模宏大，气象一新，松柏竹木茂盛，殿阁亭台壮丽，成为城南主要游赏之地。

4. 恢复重建杜甫草堂。

经过明末清初的战乱破坏，杜甫草堂建筑，园林几成废墟。清初开始恢复重建，川湖总督蔡毓荣和四川巡抚罗森均撰写碑记。乾隆四十三年（1778），杜玉林以杜甫后裔身份培修草堂。嘉庆十七年（1812），四川总督常明又重修草堂，并以南宋爱国诗人陆游配享。同时绘制草堂全图刻石，以记其盛况。光绪初，复以北宋著名诗人黄庭坚配享。陆游、黄庭坚生平际遇类似杜甫，均曾客居四川，因此，人们纪念杜甫时，自然以陆、黄作为配享。明清时期，草堂是成都重要游览胜地，特别是每年旧历正月初七日（人日），人们早已养成游览草堂的习俗。

5. 薛涛井、薛涛墓和崇丽阁的恢复重建。

薛涛井、薛涛墓在清代受到高度重视，成为成都著名名胜区。康熙三年

（1664年）三月，清人冀应熊在明代薛涛井旁立石碑一通，题“薛涛井”三字，此碑至今尚存。乾隆六十年（1795），编修周厚辕与成都通判汪镌游薛涛井，汪镌刻王建《寄蜀中薛涛校书》诗暨周厚辕和诗石碑，立于薛涛井碑旁边。嘉庆十九年（1814），川督常明奏敕建雷祖庙，由布政使方积主持，在薛涛井左侧修建房宇亭台，作为祭祀雷神之用，同时在右侧建吟诗楼、浣笺亭，吟诗楼，以石为基，矗立水中，刻“锦波丽瞩”四字于西侧，形方宽敞，可坐数十人，其右有竹静风清轩，与楼相接，东壁镌山阴陆文杰诗。轩右有庋室达楼，楼高数仞，近水遥山，岛屿风帆，尽收眼底。轩后有绿竹十九丛，蚓布四围。上百步为浣笺亭，亭右数步为井。陶澍《蜀辅日记》记载：道光时，薛涛井“井水芳冽”，已成为总督衙署专用，每日汲取十余斛。薛涛井附近有专门酿制薛涛酒的酒家，惜乎酒味欠佳，饮者寥寥。咸丰初，楼亭均毁于兵燹。华阳县令朱凤梧曾培修吟诗楼。光绪九年（1883），海昌、沈寿榕修薛涛墓，墓在井后约两里许，并照旧碑题曰“西川女校书薛洪度之墓”。光绪十年，县令马绍相（长卿）以回澜塔（同庆阁）毁后，县中科第衰微，倡议在薛涛井前创建崇丽阁，阁凡五级，碧瓦朱栏，觚棱壁当，井干六角，塔铃四响，登高眺望，江天风物，一览无余，其型制仿回澜塔（同庆阁），但更为雄伟、壮丽。因取左思《蜀都赋》“既丽且崇，实号成都”一句题名。崇丽阁建成于光绪十五年。光绪二十五年，翰林院编修伍崧生等，大兴土木，先后重建吟诗楼、浣笺亭，并建濯锦楼、清婺室、五云仙馆、流杯池、泉香谢、画桥碧阴、枇杷门巷、大花厅、小书房、薛涛赞碑，游人始呼其地为望江楼。光绪二十九年，立薛涛像碑于清婺室。至此，薛涛井建筑规模大备，环境清幽，为军政权要、文人墨客和一般市民聚会游乐之所。

（二）道观、寺庙

1. 青羊宫。

著名道观青羊宫明末清初遭战乱焚毁后，清初开始重建。康熙七年（1668），四川巡抚张德地捐修青羊宫，康熙七年开工，十年竣工。经过四年的重建，青羊宫不仅恢复了原貌，还有所更新。他有《重修青羊宫碑记》，叙其原委：

> 成都治南十里许有青羊宫，相传老子过函谷，谓令尹喜曰："千日外遇我于蜀之青羊肆，"即其地也。粤昔珠庭琳馆，干霄迴日之盛，邦人艳成焉。今遗碣已尽，不识建置何昉矣……搜遗址，有殿曰青羊、三清、五凤、万寿；有台曰紫金、八卦、降生、说法；有堂曰真武、纯阳、三官；以暨左右庑、山门、垣墉之属，故老犹得追识焉。不穀遂捐金，计徒虑材，以令于群工，举循其旧，以次而新之。始康熙丁未（1667）之秋，成于辛亥（1671）之春。

乾隆六年（1741），华阳知县安洪德重修青羊宫，由武侯祠道士张清夜主持营造，并广收徒众，共襄其事。其后，道士秦复明于嘉庆十三年（1808）、陈教忠于同治十二年（1873）均曾增修扩建。今所见殿宇，即为有清一代旧观。

2. 大慈寺的重建。

清初，大慈寺仅存残垣断壁，其后在废墟中新建殿堂，但也只有简陋殿宇一二栋及铜佛一尊。四周均为民房、农圃、荒滩。同治六年（1867），僧真印发原开工重建大慈寺，直至光绪四年（1878）告竣，寺院总面积也仅占地40余亩。虽则不能恢复唐宋旧观，但古刹、文物却有少许残存，如位于第五重佛殿的铜铸普贤神像，高二丈五尺，背刻"永镇蜀眼李冰铸"，实为晚唐韦皋所铸。夜市盛况，至民国亦不衰，不过夜市仍位于古大慈寺西南的今东大街一带。

3. 昭觉寺。

清初，前代昭觉寺遭受战乱破坏，殿宇半为瓦砾，全寺荒废20年无僧人住持。清康熙三年（1664），丈雪通醉禅师归蜀，始力图复兴，惨淡经营积40年，其间还得到平西王吴三桂和成都地方官襄助，才逐渐恢复旧貌。清康熙五年，巡抚张德地、布政使郎廷相、按察使李翀霄捐俸重修。当时，丈雪和尚卓锡于此，知府冀应熊书有《说法堂碑记》、昭觉寺匾额。据说昭觉寺正殿梁上有吴三桂题名，方丈室中有陈园园供奉丈雪和尚的黄缎僧鞋。康熙皇帝曾在康熙四十一年（1702）御赐《心经》《药师经》《金刚经》各一部，清同治《重修成都县志》中有诗一章：

入门不见寺，十里听松风。
香气飘金界，清阴带碧空。
霜皮僧腊老，天籁梵声通。
咫尺蓬莱树，春光共郁葱。

乾隆五年（1740），御赐《藏经》全藏。乾隆时期，昭觉寺步入辉煌，佛殿、禅堂、僧房、客舍共计千余间，甲于本市各禅院。

4．文殊院。

明末与整个成都城一道毁于兵火。康熙三十年（1691）由慈笃海月禅师主持重建，初名信相文殊院，“信相”二字是延续唐宋时寺院的名称。康熙三十六年始定名为文殊院（今天尚存的文殊院前的照壁上的“文殊院”三个大字相传就是慈笃禅师手书）。康熙四十八年颁赐御笔“空林”匾额一道。[①] 此后，文殊院名气渐彰，香火日盛。嘉庆时又得到地方官大力资助，重修庙宇，多所建置，其山门及大殿中多用巨大圆形石柱，气宇不凡。

清嘉庆、同治年间，在第七代方丈本圆禅师的主持下对寺院进行了历时17年的大规模的整修与扩建，才奠定了今天文殊院的规模宏大、典雅古朴、布局严谨、气象庄严的格局。特别是令今天朝拜与参观者叹为观止的支撑寺院中主要建筑的82根巨型石柱，全部都是本圆禅师到金堂峡口亲手挑选石料，运至成都。寺中大型铜佛所用的精铜也是本圆禅师亲自到云南去选购的。由于北门城门洞不能通过运送石料的车辆，还特别把城墙拆开一个豁口，才把石料运到建院的工地。

文殊院自从清代后期扩建之后，一直是我国著名的十方丛林，也是成都市城区最重要的佛寺，各种佛事活动大多在此举行。民国年间，著名高僧能海法

① 摹刻碑在今天的说法堂内戒坛后壁，正因为有此匾额，所以文殊院也曾被称为空林堂。

师就是在此受戒。这里在民国年间还曾经设立佛经流通处，印刷过不少佛经。

如今的文殊院是我国最著名的佛寺之一，四川省佛教协会所在地、四川省级文物保护单位，主要建筑有山门、天王殿、三大士殿、大雄宝殿、说法堂、藏经楼、钟鼓楼和新建的千佛和平塔，收藏有佛祖舍利和不同造像400多尊、名人字画500件、经籍12万多册。民国时期的十五代方丈禅安曾经把众多文物中的最精品称为“空林八观”。1955年4月，郭沫若有诗赞颂文殊院是“西天文物萃斯楼”。在文殊院现藏文物之中，以玄奘顶骨和发绣《水月观音》最为珍贵。

玄奘在长安故世之后，初葬于北麓原，后迁兴教寺。其顶骨珍藏于终南山紫阁寺。北宋初，被迎至南京长干寺供奉。明初永乐年间，建报恩寺与三藏塔。太平天国时期，寺与塔均毁于战火。1942年11月，日本侵略军在雨花台下意外地挖出了装有玄奘灵骨的石函，打算秘密运回日本珍藏。但是此事很快不胫而走，在我国各方面人士的强烈抗议之下，日本外相重光葵将灵骨除截留部分之外，在1943年2月23日将长约四寸、宽约二寸的灵骨一块交付给汪伪外长褚民谊。经国内佛教界多次研究，灵骨被分为三份，在北京、天津与四川三地供奉。

四川所以能够得到一份，除了因为是抗战大后方之外，主要是因为主持与日本交涉和迎接灵骨的是当时北京的著名居士白隆平，而白隆平是四川西充人。1949年，白隆平将分给四川的灵骨交与四川的著名学者、佛学专家蒙文通老师，由他转交能海法师。能海法师将灵骨供奉于近慈寺，并计划在彭县龙兴寺新建宝塔供奉，但未能如愿。新中国成立以后，先是由四川省博物馆保管，1962年移交给大慈寺供奉，1965年移入文殊院中供奉。经过几十年的变迁，现在存世的玄奘灵骨已被分为10份在中国、日本、印度保存，但是可以供人瞻仰的只有成都文殊院与西安大慈恩寺两处。

5. 清真寺的创建。

成都清真寺始建于明代。明代天启《成都府治·府治三衢九陌宫室图》作回回寺。清代成都伊斯兰教徒大多聚居皇城附近，墓地在北郊和西郊，清真寺也分布在这些地带。据同治《重修成都县志》卷二“寺观补记”并据有关调查材料统计：全市城乡共有清真寺 14 所，分布于永靖街（清真皇城寺）、鼓楼街（清真鼓楼寺）、东御街（清真东寺）、西御街（清真西寺）、玉带桥（清真北寺）、纱帽街（清真江南寺）、东华门（清真七寺）、西华门（清真八寺）、羊市街（清镇九寺）、鹅市巷（清真十寺）、贡院街（甘南义学寺）、外西北巷子（清真西关寺）、外北驷马桥（清真北关寺）、西郊土桥（清真寺）。①

清真皇城寺：位于永靖街西，建于清初，至咸丰臻于完善，为全市清真寺的中心，历任掌教多为名望甚高的长者。寺中培养的阿訇，常为各县寺庙礼聘。在极盛时，拥有教民 1200 余户。清真东寺：位于东御街。清代甘肃回民贩皮货来成都，多住九龙巷、顺城街，为便于礼拜，遂于邻近的东御街建寺。经费由甘肃秦州、符乡两地教民认捐，故名秦符寺。因地近皇城前门，或称前门寺。又因与西御街清真寺相对称，又名东寺。此寺气势宏伟，构造坚固，为清真寺建筑中的佼佼者。清真西寺：原在祠堂街，康熙五十七年（1718）筑满城，由陕西凤翔回民马忠义捐地构筑于西御街，与东寺相对，又称西寺。清真七寺：位于东华南街东侧，建于雍正初年，因兴建次序为本市清真寺第七，故名七寺。同治四年（1865）重修。清真九寺：位于羊市街，建于乾隆元年（1736）。清真十寺：位于东鹅市巷南侧。清真鼓楼寺：位于鼓楼南街，建于清初，构造精美，甲于各寺，此寺现为市重点文物保护单位。

八、 市政建设

除上述几方面的城市建设外，在与城市经济和市民生活有关的市政设施方面也陆续得到兴建和增设。

（一）道路的修筑

清初，由于市区道路年久失修和战乱的破坏，行旅已无法通行。据同治

① 据四川省文史馆《成都城坊古迹考》（四川人民出版社 1987 年版）调查，又据清末傅崇榘《成都通览》统计：城南清真寺共有九处，分布于中纱帽街、白丝街、鼓楼南二街、东华门街、西御街、贡院街、东鹅市巷、西华门、东御街。

《重修成都县志》，雍正七年（1729），巡抚宪德奏准以明蜀王府废坏的围墙砖铺砌街道，使残破的街道得到了初步整修。但是，主要的通衢大道仍未得到应有的改善，特别是外北官道为川陕驿传大道起点，又是成都与北方诸省长途贸易的必经之路，“行旅往来如织”。由于地势低洼，“每于夏秋之交，积雨未消，淖深数尺，车马困于泥泞”，不仅使商旅裹足，而且“凡朝报封章或因此而迟滞”。乾隆四十八年（1783），李世杰任四川总督后，倡议修建官道，率僚属捐俸作为修路经费，采附近山石铺砌道路。李调两江总督后，后任总督保宁等继续修筑官道，达到三河场。完工后的北门外道路，“宽平修整，履之坦然”。时人竹枝词赞曰：“驷马桥头石路平。”

与此同时，由布政使主持，修建了城中石街。但官方承办的这类为数有限的街道工程远远不能解决成都数百条街道的更新问题。因此，大量的零星修路工程，多由地方绅商承头，以举办慈善事业名义，募捐兴工。如钟明吉“捐修西关外麻塘坝石路二里许”，傅廷秀“竖石街衢，使背负者得以息肩”等。

（二）桥梁的架设

成都地处都江堰水系，城内外河道纵横，随着城市经济的发展，商业贸易活动的增加，兴建桥梁成为成都市政建设的迫切要务。对此，《成都府志》及《华阳县志》多有记述。

万里桥（今南门大桥）：旧桥毁于明末战乱，康熙五年（1666），巡抚张德地、布政使郎廷相、按察使李翀霄率同府县官捐俸重修，仍覆以屋，匾额书“武侯饯费祎处”，知府冀应熊书“万里桥”勒石。乾隆五十年（1785）总督李世杰进行补修。桥高三丈，宽一丈五尺，长十余丈，旁有栏楯，中部隆起，架石为梁。

安顺桥（旧名长虹桥）：位于治城外东大佛寺前，跨内江，长二十丈，阔一丈，架木为之，上覆屋顶，创建年月无考，乾隆十一年（1746），县令安洪德重修，并题匾额。

九眼桥（旧名洪济桥）：亦曰镇江桥。明末遭战乱破坏，乾隆五十三年

(1788)，总督李世杰补修，更名九眼桥。

长春桥（旧名濯锦桥，俗称东门大桥）：位于府城东门外，跨油子河，明天启《成都府志·津梁》已有记载。桥长十余丈，宽二丈，高二丈，石砌拱式，有三洞，中部稍隆起，两侧翼以栏楯。遭明末战乱破坏，乾隆五十年(1785)重修，光绪十二年(1886)再次重修。

龟化桥（俗称青石桥）：位于城东南青石桥街，明天启《成都府志·津梁》已有记载。桥为石砌平式，桥洞一，桥上有覆屋。乾隆五十七年(1792)重修。

太平桥：位于城东半边街，跨金水河，桥为石砌平式，桥洞一。乾隆五十五年(1790)创建。

一洞桥：位于城东半边街，跨金水河。桥为石砌，拱式，一洞。同治十二年(1873)创建。

余庆桥：位于城东南半边街，跨金水河。桥为石砌，拱式，一洞。乾隆十八年(1753)创建，同治九年(1870)重修。

卧龙桥：城东南南打金街，跨金水河。桥为石砌，拱式，洞一，桥上有覆屋。创建年代不详，清光绪三十年省城街道图有记载。

景云桥：城东南龙王庙街，跨金水河。乾隆五十三年(1788)重建，光绪三十三年(1907)改建。

金水桥（俗称拱背桥）：位于城东南东岳庙街，跨金水河，桥为石砌，拱式，一洞。创建年代不详，光绪三十三年(1907)重修。

普贤桥：城东清安街，跨金水河，旧桥为木板桥，嘉庆六年(1801)重修，桥为石砌，拱式，一洞。

大安桥（俗名下里桥）：位于城东珠市街，跨金水河，创建年代无考，嘉庆十五年(1810)重修。

总汇桥：位于城内顺城街，乾隆二十二年(1757)兴建。

梓潼桥：位于城东古梓潼街，创建年代无考，乾隆三十九年(1774)重修，因系梓宫官所在地故名。

双庆桥：位于城东庆云庵左侧，嘉庆四年(1799)建。

化成桥：位于城西，跨磨底河，创建年代无考，咸丰六年（1856）重修，石桥。

成都水系密集，桥梁关津甚多，上述17桥仅仅是清代新建、重建市区桥梁的一部分。例如金水河上桥梁，宋代仅8座，清雍正年间合计不过10座，经乾隆大规模新建、重建，桥梁总数增加到20余座。再以城东华阳县属为例，清初新建、重建桥梁只有二座，乾隆时期达到12座，华阳县近城十里的集市贸易繁荣地区，清初无一座新修、重建桥梁，乾隆时期却达到19座。由此可见，清代成都城市经济的繁荣，促进了桥梁建设的发展。

清代成都新建、重建桥梁的费用，少量的来自地方经费或地方官捐俸，如乾隆时期，川督李世杰修复万里桥、九眼桥，华阳县令安洪德重修安顺桥等。主要的工程费用则由地方绅粮、商贾和市民行善捐资。如陈继舜“创修孔道桥梁”，傅廷秀对“桥梁有损坏者，修补之”，苟登元见“城东安顺桥车马辐辏，岁久木穿”，慷慨捐献厚木板作桥板，使桥梁“坚固如初，行旅便之”。由于通衢要津上的大桥是成都商业贸易的生命线，地方官、绅粮、商贾一般乐于捐资修建。如成都东门长春桥，“出东门自西而东者轮蹄络绎，视他路较多，百货交驰，是以本地繁庶而毂击肩摩自朝达旦，必以东门桥为最”。乾隆年间，东门石桥将圮，于是“谋重修者数十人”。修建大型桥梁的经费，少则数百两，多则愈万金。

（三）河道建设

自秦代李冰穿检江、郫江于成都市区，用于行船、灌溉以来，开凿人工河渠，为城市经济发展服务，一直是历代成都城市建设的要务。唐贞元元年（785），韦皋任西川节度使，凿解玉溪，自西北引内江水入城，斜流东南至大慈寺前，于东城垣入内江。大中祥符七年（853），白敏中任西川节度使，于城中开凿金水河。金水河导源于郫江之石犀渊，向东流入解玉溪，解玉溪和金水河沟通两江，连贯成都东西两面的新水道，自唐迄清，是市区用水的重要来源。唐乾符三年（876），高骈为防御南诏，于旧城外扩筑罗城，为此，于郫江西北縻枣堰筑堤，阻挡南流之水，使郫江水注入新开凿的清远江。清远江绕罗城北垣而向东，太玄门（北门）外有跨江大桥，后称清远桥（今北门大桥），大东门外亦有跨江桥曰长春桥（亦名濯锦桥或东门大桥）。内江水源枯竭后，自然废弃。据学者考证，成都城南，自石犀寺（指新石牛寺）沿上、中、下三莲池，可能是内江故道。内江断流后，解玉溪与金水河上游又向西新凿一段河道，才得到高骈新开西壕之水。同时，金水河流注解玉溪，溪流入内江，迨内江断流，溪又遭湮塞，金水河下游不得不增凿一段河道以注入新开的清远江。晚唐至清季一千年间，为解决绕城二江和金水河、解玉溪的水道问题，历代均有许多疏浚措施，明清两代擘划尤多。

明初筑蜀王府，在内城（皇城）与萧墙（王府外城）之间，凿御河，城下蓄水为濠，环绕内城。清初御河湮塞，雍正九年（1731），四川巡抚宪德于三桥西北，重浚御河，环贡院（建于旧蜀王府内城）外，又增辟河道沟通金水河，以利舟楫。

明嘉靖时，金水河年久淤塞，仅存一线，巡抚谭纶主持疏浚，疏浚后的金水河，广三尺余，深尺余，又作石堰一，闸一，桥一。清雍正九年（1731）成都知府项城再浚金水河，自磨底河起，经城中以达东门外府河，共1526丈，河西首当满城入口处密布铁栅，只令通水，不得通船。水船由东门进者，仅能到达满城东水关，两岸均为商贾辐辏之地。东关货物行李，城外米、蔬、柴炭，均可船运入城，在三桥集中贸易，以利商便民。

清代地方当局对城市河道的管理有一定规章制度，疏浚经费来自都江堰岁修工程费盈余，由水利同知衙门主管开支。而都江堰岁修经费由成都、华阳、温江、灌县、崇庆、新津、郫县、新都、新繁等九个用水县计亩分摊，按年解交，城市水道疏浚经费也因此得到保证。金水河主要流经成都、华阳二县，疏浚工程关系二县利害，因此，成华二县往往主动担负疏浚任务，使金水河疏浚工程有了切实保证。清代金水河常年畅通，水上运输、沿岸商业、手工业行店密集，三桥附近更成为各类商品货物集散中心，这不能不归功于地方官民对城市水道的维修和管理工作。

（四）下水道的设置

由于成都城市人口众多，如何排放污水，成为城市建设中十分重要的问题。从唐宋时期的记载看，当时的城市污水主要是通过环街渠道与城内外河道沟通而加以排除的，因此，历代疏浚市内渠道的记载不绝于书。这种排污方式虽然有一定的效用，但在河渠枯水季节，污水便不易流出市区，积蓄的污水很容易造成城市污染，危害居民健康。清代排污方式较前代进步，开始挖掘下水道（阴沟），作排污专用。下水道密布市内各街区，纵横交错，支道与主道间保持一定的落差，使污水排放顺利。同时，为避免污染环境，下水道上部扣以石板，有的还用油灰合缝。为防止下水道阻塞，市区下水道实行定期疏浚，由当地居民筹资或担负劳务，各街区设有土地会，每年清明由土地会会首集资募工，对下水道进行清理工作。这样，在每年夏秋多雨季节，就可以避免因下水道阻塞而发生污水浸漫。

综上所述，明清成都城市建设虽然侧重点仍在体现封建专制统治的城池防卫和官署王府建设方面，但是，对体现成都古典文化传统的名胜古迹、寺观园林方面的建设也受到地方官和民间的重视，在恢复和重建中投入了大量的财力、物力和人力，杜甫草堂、武侯祠、崇丽阁（望江楼）等重要名胜，就是在明清两代达到它恢宏规模的。由于明清两代城市经济，特别是商业贸易的蓬勃发展，必然给城市建设以巨大的促进，市区范围扩大，街巷不断增加，通衢大道、桥梁水系，适应城市人民生存需要的公共设施都以崭新的面貌出现。这表明，明清成都城市建设已进入两千余年来最有生气的阶段。

【第三章】

元明清时期成都城市文化建树

元明清时期，是成都城市文化又一富有特色的发展阶段。宋元之际和明清之际的两次大规模战乱之后，均出现成都城市文化的复苏与创新，造成破坏、停滞与发展、进步交替出现的变化。由于封建专制主义文化与随着城市工商业繁荣必然出现的市民文化并存，又使城市文化呈现新旧交织，雅俗分立的局面。

第一节　学校和书院的兴建

一、官学的设置

元世祖即位后，为保持对中原的牢固统治，开始笼络汉族地主，在京都和地方设置学校，恢复科举考试。明代建立之初就建立了一套文化教育制度，各省设提学使，全国府、州、县开办学校，设教官，课程为“四书”“五经”、大明律和文诰（大明律以外的特殊法令）。省、府、州、县学的生员经过地方上的考试，才能取得入学资格。生员一生埋头苦读“四书”“五经”，致力于不同规格的科举考试，经县考、州考、乡试、会试、殿试才能取得做官资格。

明统治者通过这种方式，钳制知识分子的思想，使之永远不超越孔孟之道，泥守儒家经典。

明初，成都府学开设于文翁石室，成都县、华阳县、双流县也率先分设县学，成都府学设教授1名，训导4名，生员定额40人，成华县学各设教谕1名，训导2名，并生员20至30名，府、州学均设训导，师生月廪食米6斗，有司供给鱼肉，学官月俸有差。在校生员专治一经，按礼、乐、射、御、书、数设科分教。为惩罚犯规生员，还将洪武十五年（1382）颁布的禁例十二条镌文卧碑，安置明伦堂之左，凡犯规生员，按违制论处，所谓“庠声序音，重视叠矩，无间于下邑荒徼，山陬海涯”，通过这种方式，由此而达到“无地而不设之学，无人而不纳之教”的目的。朱元璋用这种方式，将天下读书人纳入彀中，以杜绝异端邪说。

清代沿明之制，各省设督学道，设府、州、县学，并设八旗、宗室官学，实行科举考试。顺治十八年（1661），四川巡抚佟凤彩在明末毁圮的文庙和学堂废墟上，重建成都文庙和府学，稍后，成都、华阳二县也分立县学。但是，清代旧学仅仅是敷衍门面的官学，府学例不讲读，每月仅召集生员训示一次，学官不事教授，士子不重读书，实际上仅仅是为科举考试预备的演习场所。

二、城区的书院

明清成都官学以外的书院勃兴，是成都文化史上值得重视的一个领域。

（一）元明两代的书院

元明两代继宋代以来由民间创办书院的余绪，成都开办了有地方文化特色的书院。元初，蜀帅纽璘奏请以文翁石室、扬雄墨池、杜甫草堂列入学官，并捐资修建石室、草堂、墨池书院。[①] 元罗焘《成都赡学田记》对学田制度作

① 成都市地方志编纂委员会、四川大学历史地理研究所整理：《成都旧志·专志类·石室纪事》。

了阐说：

> （元代）列圣绳承，诏郡国崇学，给田养士，以风天下。成都在蜀为会府，昔以武定，故所授多莱田。少中大夫赵公世延使指蜀道，悯士习之颓弊，教养道息，无以承流宣化，乃选秀民年二十上下者，复其身，补弟子员。定章程，树令于学，以明经治行为业。步其地，得其田，得其亩，制其域，如市地法，会其利入，岁以为赡学永业。所输入廪，师弟子有度，所司时其出纳焉。

明弘治中，巡按御史姚祥在杜甫草堂附近开设浣花书院，先设于草堂后，因游人喧哗，移建草堂前。嘉靖十二年（1533），成都草堂浣花书院旧址重修少陵书院。正德时，垣败屋颓，布政使熊相命成都知县张纶重修。同时，还恢复重建了石室书院。正德十三年（1518），提学佥事王廷相建大益书院（在今书院街）。嘉靖三年（1524）四川巡抚许廷光修，嘉靖十三年（1534）巡按熊爵等重修。[①]

明代书院的经费来源虽与官学无异，但其办学形式与内容均与官学有别。书院“多以名贤遗址为之。其在蜀者，比如北岩（程颐贬谪涪州著书处）、紫岩（宋张浚在绵竹的读书地）、青莲（李白在江油的故居）、金华（陈子昂在射洪的故居）书院，皆名人遗址。元明成都的四个书院中，文翁、草堂、墨池书院也都建立在前代名人遗址上。选择名人遗址作为书院之址，具有光大前贤业绩、激励后学奋发的重要意义。书院的规模虽无官学庞大，但一般也有讲堂、藏书楼和斋舍，还辟有祭祀先师圣贤的堂庑。书院山长不由官府委任，而往往聘请饱学之士执掌。书院教学较少受封建官府干预，学术空气比较浓厚，学生思想活跃，关心时政，臧否人物，因此引起物议，有人认为“书院之建，非制也”（嘉庆《四川通志》）。南轩书院在汉州城西房湖北，始建于明嘉靖元年（1522），由成都府丞尹究创建。万历五年（1577），张居正

---

① 胡昭曦：《四川书院史》，巴蜀书社 2000 年版，第 71 页。

正式提出革除宇内书院，目的在于“毋使诸生聚议”（嘉庆《四川通志》），成都书院也因此遭到查禁。

（二）清代开办的书院

清初，成都文化教育开始恢复发展，在重建官学的同时，书院也渐次兴建。举其要者如下。

1. 锦江书院。

康熙四十三年（1704），四川按察使刘德芳为振兴蜀学，培育人才，在文翁石室遗址之上，成都府学之旁重建讲堂斋舍，取名锦江书院。刘德芳在《锦江书院碑记》中记载：

> 今建此（锦江）书院，延访贤士，可为人师者主其席，定课试之，约筹膏火、廪饩之资，日与诸生揖让、讲习乎其中！将见蜀之士皆蹈德咏仁、追前贤懿轨，上达天子升平文治之功，以无孤我公之教，且以继石室之流风于无穷。俾后之周览学舍，自文翁以来，上下千百余年，其间之建而废、废而兴者，仅公继高公而三。政教盛衰，视乎其人，顾不重欤！遂为之记，一垂永久，而告来者。

于是，锦江书院成为四川最有声望的学府，“为通省作育人才之所”，开办时，“驰檄各庠，拔取才隽，延师教授之，其时之负笈来游者盖踵”。锦江书院师资和学生质量要求很高，“为全川书院之首，规制崇宏，它无与比，名师较多，人才辈出”。

在教学方面，锦江书院仿北宋王安石创立太学三舍办法。将院生划分为三舍，始入书院学生为外舍，以后每月、每年参加课读考试，成绩优秀者逐年升迁，经内舍、下舍而卒业。锦江书院学生名额，最初正课 50 人，附课 50 人，外课根据成绩和正附课人员名额盈亏情况而定，约 20 人，为候补性质。正课月给米一斗五升，银一两五钱；附课生减半；外课生不给津贴，属自费性质。

由于社会经济的恢复和发展，成都文化教育出现繁荣局面，教育事业中富有特色的书院受到官方重视，开始纳入地方要务。康熙六十年（1721），锦江书院规模扩大，在四川提学使方觐主持下，增修了讲堂学舍，招生名额有所增加。雍正十一年（1733），清廷谕令北京设金台书院，各省省会设立书院一至二所。于是，锦江书院成为全国规定的22所书院之一，书院条件因而有了改善，学生学习、生活津贴一律由官府划拨的学田开支。乾隆三十九年（1774），四川总督文绶、布政使钱鋆等，再次扩建书院讲堂，并增置学田地产，作为书院常年经费，书院办学经费有了可靠的保障。嘉庆十九年（1814），成都知府李尧栋又增修讲堂于石室之后。道光二十八年（1848），书院学生名额增加，正附课各60人，外课约30人，共约150人。咸丰七年（1857），院生名额又有所增加，附课学生名额扩大28名，正附课生共计148名，加上外课生52名，总额达到200名。

锦江书院教学讲求治学方法，“先经义而后时文”，要求学生从经义入手，认真读书；同时，注重学生品德修养，“先行谊而后进取”。开设课程，有《古文辞》，“十三经”“廿二史”《资治通鉴纲目》《御纂经解》《性理》《历代名臣奏议》《文章正宗》五言八韵诗等。书院学风良好，尊师重道，“石室云霞思古梦，锦江风雨读书灯”，正是当时读书环境的写照。为了保证高水平的教学，书院延聘许多经学大师和著名学者主持教学，先后担任讲席的名家有彭端淑、高白云、杨彦青、姜尔常、敬华南、张普生、侯度、易简、杨锡麟、李惺、顾汝修等，其中雍正十一年（1733）进士、丹棱人彭端淑，嘉庆二十二年（1817），进士、垫江人李惺，均先后在书院执教20年。名师出高徒，锦江书院在乾、嘉时期造就了许多人才。乾隆二十四年（1759）书院诸生中乡试者十余人，著名“锦江六杰”绵州李调元、崇庆何希颜、成都张鹤林、内江姜尔常、中江孟鹭洲、汉州张云谷，以文章著于时，都是锦江书院廪生。当然，由于科举制的影响，锦江书院不可能成为世外桃源，它也不能不服务于腐朽没落的“仕途经济”，书院规定月课仍以八股制艺为主，经史、道德沦为附庸。为了将锦江书院置于封建文化专制主义的严厉控制之下，嘉庆二十四年（1819），四川总督蒋攸铦还专门指定《锦江书院条规十条》，虽在整饬纪律方面有积极作用，但在根本上是维护封建道德、钳制士子思想，使锦江书院师生不能越雷池一步。

2. 潜溪书院。

潜溪书院在成都外东五养乡（静居寺侧）。乾隆十二年（1747），华阳县令安洪德为满足士子求学热望，于成都外东五养乡创办潜溪书院。因为院后有明代文学家宋濂之墓，故定名为潜溪书院，以表追思纪念之意。据嘉庆《成都县志》，书院开办之后，“延名师，设讲席，集生徒，朝夕肄业于其中”，“一时负笈者户外之履满焉”。潜溪书院执教者多为知名人士，其中，新都杨凤廷（乾隆丙辰举人）博览群书，精通《易》学；江西上元县马秉肃（贡生），游蜀有年，其诗文有法度，工书法；江陵朱云焕（乾隆辛卯举人），曾任永宁县令，主讲潜溪书院数十年，著有《浣花溪锦集》；遂宁张问安（著名诗人张问陶之兄，乾隆戊申举人），以诗知名，著有《小琅嬛集》《亥白诗集》。由于这些名师的辛勤努力，潜溪书院成为著名学府。

道光十三年（1833），华阳知县高学濂以潜溪书院距城太远，每逢阴雨，道路泥泞，官长生徒行走不便，于是集资购置梨花街屋宇一区，改建讲堂，将师生迁入新校教学，同时，重订潜溪书院章程，从县财政中划拨书院经费，将书院置于官府直接控制之下。光绪二十九年（1903），教育改革中，潜溪书院直接改为华阳县小学，以后又升为华阳县中学堂。

3. 芙蓉书院。

芙蓉书院创办于嘉庆六年（1801）。据同治《重修成都县志》，成都知县张人龙重视培育人才，认为“化民须隆学校，教士应首重师儒”，首倡募捐兴学，自捐银200两，集绅耆募资7000余两，与县儒学教谕王子诏在北署袜街拐枣树购民房一所（今帘官公所街省建一公司），动工修建书院，命名芙蓉书院。书院占地不大，但规模齐备，“自门而庭，而讲堂，而山长书斋、诸生书院，共三十余间”。并购置水田200余亩，“为修圃膏火之资”。芙蓉书院办学认真，其课程设置虽也是经史时艺，但考得严格，“与锦江（书院）、潜溪（书院）遥相辉映”。

4. 墨池书院。

墨池书院重建于道光元年（1821），据同治《成都县志》，四川学使聂铣敏游览“扬子云洗墨池”，生思古之幽情，决心在先贤故址重建书院，以补锦江书院之不足，“继文翁之兴学，复子云之遗迹”。首倡集资办学，自捐俸禄，购得墨池故处前剑南道郑氏私宅三大院，房屋200余间，空地数亩，重修院舍。将中院作为墨池书院，左院为东园，右院为廉泉精舍。经过增修补建，房舍作为讲堂、学舍，其余亭榭作为游览之所，园圃栽培蔬菜，庭院广植花卉，环境幽静，别具洞天，“较之锦江（书院）规模又有别焉”。学者在此环境，既可静心读书，又有游赏雅趣，是成都书院中独具特色的读书佳处。墨池书院在温江白家碾有学田70余亩，还有数量较多的房屋铺面，田租铺税收入丰裕，足供书院修圃膏火之费。道光元年以后，学生参加乡试，多人中式，足见其教学效果良好。

道光二年（1822），聂铣敏去职后，墨池书院一度衰落，“奈事无专主，不肖之辈从而破坏之，各种什物、图书大量失散，房舍、亭榭益剥落倒塌。”道光十三年，聂铣敏之子聂有湖、聂有浣派人来川，将书院房契交成都知县，作为公所，什物、舍宇价值万金，均移交知县。以后，书院经费无着，陷入困境。书院日益衰落，“向之月榭风亭渐为荒烟蔓草，向之净几明窗，今且破瓦颓坏矣”。咸丰二年（1852），地方当局打算将帘官公所迁到墨池书院①，士绅反复恳求，愿意将原芙蓉书院作为帘官公所，辟墨池书院多余之地为芙蓉书院。经官方批准，芙蓉书院从拐枣树迁入墨池书院西侧，中间划墙为界。帘官公所则占用了拐枣树芙蓉书院旧址。

此外，尚有元音书院、八旗少城书院、景贤书院、万春书院、繁江书院、绣川书院、龙门书院、岷阳书院、唐昌书院、岷江书院、九峰书院、凤山书院、崇阳书院、通津书院、方亭书院，名重一时，培育了不少青年才俊。

---

① 清代，乡试时由该省督抚择调各知县学识高深者充内帘官，分阅试卷并荐之于主考；并抽知县中精明能干者充外帘官，纠察考场。帘官于入闱前到考试毕在贡院外住地曰帘官公所。咸丰二年前，帘官公所在湖广会馆。

三、义学

除书院兴盛以外，成都地区还有义学的大量开办。据嘉庆《四川通志》记载，迄止嘉庆二十年（1815），成都府的义学主要有：

金堂义学二所：一为怀口镇塾，开办于乾隆四十九年（1784），由县民蒋蘭芳等筹建；一为冯家祠塾，开办于嘉庆八年（1803），由县民邱佑汉等公建。

郫县义学三所：北门义塾开办于嘉庆十三年（1808），由县民顾清捐资筹建；南门义塾开办于嘉庆十四年，由县民高文开捐资筹建；东门义塾由县令捐设。

彭县义学四所：开办于县城东、西、南、北四门，由县令捐办。

简州义学二所；一所在龙泉驿，一所在城东北盘龙寺，乾隆十九年（1754），署知州沈濂拨寺田之半作为馆谷开支。

汉州义学在州城十字口，署知州鲍成龙在已故知州张万寿遗爱祠筹设。

什邡义学建于学宫西，康熙二十一年（1682），由知县俞白都筹建，程雯移于废社学，知县史进爵分义学为二处。

书院和义学是在官学或儒学以外，由县民筹资或由地方官划拨部分社、学田产作为经费而建立起来的，具有民间办学的性质。明清书院、义学的大量开办，反映了成都文化、教育事业随着经济繁荣，人口增殖而日益发展。书院和义学有何区别？时人林丹云在《开县新设义学记》中指出：“书院以育英俊，义学以养蒙童。”可见，书院的职能是培育高层次的专门人才，义学则属于儿童启蒙教育，相当于现在的小学教育。义学大部分散布于偏僻城乡，是广大城乡人口识字读书的重要场所。

第二节　文学成就

元明清时期，成都在文学、科技方面虽不及宋代，但也有不少重要成就。本节所写元明清各代成都作家与作品以本籍人（成都府）为主，也兼及与成都关系密切的外籍人。

成都以诗文为主的文学创作也受到明末清初战乱的影响，战后有一个恢复、振兴的过程。这个过程又与经济社会的重建与兴盛过程息息相关，在清初是恢复期，虽然人才凋零、作品不多，但作品大多真切感人；到雍正、乾隆、嘉庆时期，就进入了繁荣期，作家辈出，作品涌溢，色彩也就绚丽起来了。

一、元代作家与作品

元代成都文坛沉寂，作品传世不多，这一时期的作者和作品主要有：

邓文原，蜀人，有《巴西文集》1卷，《素履集》无卷数，“所作皆温醇典雅，大德、延祐之际（1297－1320），为元代文章之极盛，实文原有以倡导之”，可惜文集散佚，此本仅杂咏诗文70余首。

谢文安，蜀人，有《谢文安遗文》，无卷数。

宇文公谅有《推桂集》《观光集》《壁水集》《以斋诗稿》《玉堂漫稿》《越中行稿》等传世。公谅为成都人，后迁吴兴，初馆富家，后历任江淮地方官，官至国史院编修，国子监丞提举，江浙儒学廉访使等。

虞集有《道元学古录》50卷，《道元类稿》50卷（二书互有出入）、《道元遗稿》6卷。集首虽题“崇仁虞集”，集实则为蜀人，其诗文均自称蜀人。诗共90余首。

蒲道源，青神人，后徙兴元，有《闲居丛稿》26 卷，凡诗赋 8 卷，杂文乐府 18 卷。道源曾为郡学正，后罢归，不言仕进。晚年以隐逸征入翰林，改国子博士，旋引退。

赵天泽，新都人，通春秋，擅长诗文，好画梅竹，元末弃官遨游江南，有《赵天泽集》。

元代成都作家和作品数量不多，其诗文大多纤巧浅露，其模拟痕迹太重，仅有个别诗作取得了成功，虞集和蒲道源的诗文，就是较为出色的作品。对虞集的《道元学古录》，清人评论说："此录所收，虽不足尽集之著作，然菁花荟萃，已见大凡。迹其陶铸群材，不减庐陵之在北宋。"兹举他抒写成都的诗三首：

赠闲闲宗师

草堂长忆蜀西郊，屡十归休自折茅。
司马檄传惊父老，少陵诗苦入神交。
山多美竹深宜屋，江有嘉鱼远致庖。
乞得闲身当及早，尧时元自有由巢。①

代祀西岳，至成都作

我到成都才十日，驷马桥下春水生。
渡江相送荷主意，过家不留非我情。
鸬鹚轻筏下溪足，鹦鹉小窗呼客名。
赖得郫筒酒易醉，夜深冲雨汉州城。②

① 诗中"司马檄"，指司马相如喻告巴蜀父老的檄文；"嘉鱼"，乐史《太平环宇记》："细鳞如鳟，蜀人谓之拙鱼。蜀都山中处处有之，每岁二、三月随水出穴，八、九月逆水入穴。""由巢"，唐尧时隐士许由和巢父。时虞集代祀西岳至成都。

② 诗中"郫筒酒"，《华阳风俗录》："郫县有郫筒池，池边有大竹，郫人刳其节，倾春酿于筒，苞以藕丝，蔽以蕉叶，信宿香达于林外，然后断之以献，俗号'郫筒酒'"。

题王庶山水

蜀人偏爱蜀江山，图画苍茫咫尺间。
驷马桥边车盖合，百花潭上钓舟闲。
亦知杜甫贫能赋，应叹扬雄老不还。
花重锦官谁得见？杜甫啼处雨斑斑。

这些诗作写景抒情自然真挚，格调清新雅致，对仗工稳，的确堪称一代英才。

蒲道元诗、赋、杂文、乐府“皆词意真朴，无所雕饰”，与当世文风迥然有异。

二、 明代作家与作品

明代成都文学较元代略胜一筹，诗文虽远逊唐宋，但作者和作品数量甚多，经笔者粗略统计，主要有如下诸家：

王彝（字常宗），其先本蜀人，父仕元为昆山教授，随父迁嘉定。洪武初，以布衣召修《元史》，迁翰林，以母老乞归养，因文祸与高启同遇害。有《常宗集》4卷，其中文3卷，诗1卷，补遗1卷，续补遗1卷。

虞堪（字克用），客居长洲，先世为蜀人，一生往返蜀地，有《希澹园诗》3卷，诗中自称“我亦本是青城人”，自署籍里“西蜀”。其诗“时有忧时感事之言，古体气格颇高，近体亦音节谐婉。惟七言律诗刻意欲效黄庭坚，而才力浅薄，终不相近，然大致婉约秀逸，颇绕情韵，无当时浓艳之习，亦可谓娟娟独立矣”。

徐祷（字山南），华阳人，正统丁卯举人，会试不第，绝意仕进，遍游吴越，以山水诗文自娱，有《忠爱堂稿》。

杨廷和（字介夫），新都人，成化戊戌进士，历仕宪宗、孝宗、武宗、世宗四朝，官至内阁首辅，有《石斋集》8卷。

李宗泗，彭县人，成化辛丑进士，有《挹清轩集》。

刘寅，双流人，弘治己未进士，官河南布政司参议，有《东谷集》。

杨慎（字用修），新都人，正德六年，殿试第一，授翰林院修撰。嘉靖三年（1524），因议大礼，受廷杖，谪戍云南永昌卫，投荒30余年，卒于任所。有《升庵集》81卷，其中赋及杂文11卷，诗29卷，外集41卷。论者谓“有明一代，博洽者无逾于慎”，“其诗含吐六朝，于明代别立门户。其文稍逊于诗，而亦具有古法。”《四库全书总目提要》集部评论杨慎著述说：“慎以博学冠一时，”“至于论说考证，往往恃其强识，不及检核原书，致多疏舛，又负气求胜，每说有窒碍，辄造古书以实之，遂为陈耀文等所诟，致纠纷而不可解。”是为平实之论。

郑仕阶（字子升），成都人，嘉靖间举人，曾任白水令，辞官归里，优游林下20载，日以诗酒为乐，有《浣花诗稿扇影集》。

周逊，成都人，嘉靖丙辰进士，有《五津诗集》。

刘应，邛州人，隆庆丁卯举人，有《拙隐小稿》《当勿篇》。

姚继先，成都人，隆庆丁卯举人，官平凉府知府，有《绍菴文集》。

李元龄（字仁卿），华阳人，万历丁丑进士，官至山西副使，有《李元龄集》。

刘纲，邛州人，万历乙未进士，官至翰林院编修，有《馆阁草》。

刘纪，邛州人，刘纲弟，乡试中魁，除汉阳知县，养田乞归，有《佩韦集》，并传《二刘文集》。

王慥，邛州人，县诸生，天性聪慧，不求仕进，退居西山，以诗词自娱，有《西山咏诗集》。

朱之臣（字无易），成都人，万历甲辰进士，官江西右布政使，累官至南京兵部左侍郎，明亡后隐居金陵，年九十卒，有《梅龙集》。

杨锵（字德甫），成都人，万历戊午举人，宏才博学，风流俊逸，工填词，有《生绿堂集》。

马桢峨（字仁石），新繁人，万历举人，为南京郎官，不久罢归。有《吉人集》。

刘道贞，邛州人，天启辛酉举人，有《人华斋集》。

吴应琦（字雅玉），邛州人，有《梦游草》集。

刘明遇（字浣松），崇庆人，曾任地方官，明末隐居，讲学给养，著作甚丰，有《云劝斋集》《石仓诗》。

释宗止（字长白），崇宁人，居成都草堂寺，有《烟波集》。

释宗壁（字印密），简州李氏子，在成都大慈寺出家，云游湖海，有《石岩草》，费密为之序。

释茹白，成都大慈寺沙门，有诗数十首，词十数首，其中五言诗云：

风静池邀月，云飞花放颠。
修花储石瘦，爱月放墙低。

费密曰：《释茹白诗集》皆有逸致。

释祖嵩（字友苍），蜀人，住金陵报恩寺，后迁宁国水西寺，有《释祖嵩诗集》。

这些作者和作品大致反映了明代成都文坛的基本情况。从作者和作品数量看，明代较元代兴旺。明代不仅文学作品数量多，而且其中还有不少佳作。但是，明代诗文刻意仿古，创新者甚少，大多数作品内容枯燥，形式呆板，深深打上了复古主义的时代烙印。

这一时期，独占鳌头的优秀作家是新都杨慎。他的诗作在充分吸取前人优点的基础上，开创了富有特色的创作道路。杨慎是成都文学方面的杰出代表。其父杨廷和曾任内阁首辅，主持朝政。他自幼秉承庭训，24 岁举殿试第一，钦点状元。由于明中叶政治昏暗，他又不愿同流合污，因此仕途坎坷，一生不得志。但他醉心学术研究和文学创作，做出了多方面的巨大贡献。在文学创作方面，尤其在诗歌上的成就引人注目。他抛弃前七子独宗盛唐的门户之见，力主清新，沉酣六朝，融会三唐（初唐、中唐、晚唐），别树一帜，开一代诗风。他留下的著述多达 100 余种，仅文学方面，诗词、歌赋、元曲、杂剧、散文，无所不精，还有为数可观的文学理论、文学批评、训诂考据方面的作品。杨慎出身名门，禀赋极好，少年时才华横溢，颇受六朝诗风影响，如他的感奋诗：

燕台九日罢登临，节物萧条入楚吟。
关塞骅骝迷去路，朔风鸿雁滞归音。
仙游御宿山川近，白露清霜日夜深。
天际侧身愁北望，天涯怀抱何能禁！

他37岁贬谪永昌（云南保山县），至72岁逝世，在云南边陲度过了35个春秋。这期间，其诗风如清陈田《明诗纪事》中言："渐入老苍，有少陵、谪仙格调，亦间入东坡、涪翁（黄庭坚）一派。"他在贬谪路上写的几首诗，不落古人窠臼，已似独辟蹊径。如《宿金沙江》：

往年曾向嘉陵宿，驿楼东畔栏干曲。
江声彻夜搅离愁，月色中天照幽独。
岂意飘零瘴海头，嘉陵回首转悠悠！
江声月色那堪说，肠断金沙万里楼。

又如七绝《于役江乡归径板桥路》：

千里长征不惮遥，解鞍明日问归桡。
真如谢朓宣城路，南浦新林过板桥。

这些诗篇音节亢爽，思绪深曲，富有很强的艺术感染力。

谪居云南边陲后，心境转而恬淡，在领略无比美好的南国自然风光后，他感到一种自然的解脱。如他的《月夕》：

月出五天空，苍山玉境中。
琴歌来走马，笛唱引飞鸿。

宛在星河上，飘然却御风。

这首诗写大理苍山、洱海的月夜，笔调清新、自然。

此外，杨慎还写过一些具有浓郁民歌风味的诗作，极有生活情趣，如《送余学官归罗江》：

豆子山，打瓦鼓。
阳坪关，撒白雨。
白雨下，娶龙女。
织得绢，二丈五。
一半属罗江，一半属玄武。
我颂绵州歌，思乡心独苦。
送君归，罗江浦。

诗的前五句即宋代歌谣《绵州巴歌》①，它把蜿蜒明净的罗江水比拟为龙女织成的绢素，又从瓦鼓声中联想到龙女出嫁的盛况。如此奇妙而富有浪漫传说的故乡，怎不令人神往？但诗人却回乡无望，只能通过抒写家乡歌谣来寄托自己的离愁和乡思。强烈的前后照应，别具一格的构思，前促后缓的音节，把诗人复杂矛盾的内心情感表现得淋漓尽致。

杨慎的词、曲也具有较高的艺术造诣，明代散曲研究者认为"杨俊而葩"，恰如其分的概括了杨慎词、曲的艺术特色。他的《洞天元记》《陶情乐府》《续陶情乐府》等，脍炙人口，盛极一时，佳句广为传诵，如：

费长房缩不就相思地，女娲氏补不完离恨天。别泪铜人，共滴愁肠。兰焰同煎。和愁和闷，经岁经年；又僦霜雪，镜中紫髯。任光阴眼煎赤电，仗平安头上青天。

① 其地唐宋时属绵州巴西郡，故名"巴歌"。

感情真挚，笔调深沉、酣畅。此外，杨慎还将词曲通俗化，创作了《廿一史弹词》，在十字句的唱词间，穿插词曲，以咏史为题，文字浅显，笔调浑厚，构思独特，深为群众喜爱，如《廿一史弹词》第三段说秦汉开场词《临江仙》：

滚滚长江东逝水，浪花淘尽英雄。是非成败转头空。青山依旧在，几度夕阳红。白发渔樵江渚上，惯看秋月春风。一壶浊酒喜相逢。古今多少事，都付笑谈中。

作品以比兴手法说古道今，寓庄于谐，意味深长。

在此需要补书一笔的是杨慎夫人黄峨。她出身书香之家，《列朝诗集小传》闰集评其诗作，“博通经史，工笔札”，擅文辞，工于诗、曲，但她“诗不多作，亦不存稿，虽子弟不得见”。杨慎戍云南边关，35 年间，夫妇间赖有鸿雁传书、互表相思之苦。黄娥《寄外》一首最有代表性：

雁飞曾不度衡阳，锦字何由寄永昌。
三春花柳妾薄命，六诏风烟君断肠。
曰归曰归愁岁暮，其雨其雨怨朝阳。
相闻空有刀镮约，何日金鸡下夜郎。

此诗写情如泣如诉，真挚动人，令人一读三叹，据此可以看出黄峨的才情。在明代女诗人中黄峨是应该受到重视的。

杨慎以后，成都诗人庄祖谊（字宜樨）曾加入复社，《静志居诗话》记载：“全蜀入复社者八人，宜樨诗名特著，惜流传无几。”明清之际，四川文人纷纷避乱流寓江南，其中，青神余杰（字生生）、成都庄祖谊、内江王担四最有诗名，余杰在鄞县结七子诗社，清初，隐居不仕，以卖文为生。

三、 清代作家与作品

清初成都的作家有新繁费密、费锡琮、费锡璜父子。费密，字此度，号雁峰，其父费经虞，曾任崇祯时云南昆明知县。费密曾参加杨展组织的抗清武装，失败后避居江苏泰州，著书 32 种，122 卷，诗文集有《燕峰文钞》，《燕峰诗钞》各 20 卷。其子费锡琮有《白雀楼诗集》，费锡璜有《掣鲸堂诗集》，均有诗名。

新繁杨宏绪（字裕德），康熙辛丑进士，官至浙江按察使，著有《直养斋诗集》4 卷。

成都人向日升，康熙丙子（1696）举人，官韩城知县，著有《焦园诗文钞》。

华阳毛振翥，字翥苍，康熙壬子（1708）举人，官宣化同知，著有《半野居士集》12 卷。

新繁杨氏弟兄三人，杨峤、杨岱、杨昆均有诗名。杨岱有《郫山诗集》，岱为康熙丙午举人，官上杭知县，人称其诗“气力雄健，知为词坛英俊”。其弟杨昆，有《三树堂集》，《全蜀诗汇》云：“杨氏昆仲，矫矫者东子（其为杨岱），此外则葛山（杨昆），亦俨然成家。”

成都岳钟琪，官至川陕总督加太子太保，进爵威信公，有《蔓园诗草》2 卷，《蛩吟草》1 卷，《复荣草》1 卷。《全蜀诗汇》云：“公于军旅之闲，辄寄啸于笔墨，边塞诸作多慷慨悲歌之气，而退居林下，寄情花鸟，又复神似放翁、石湖诸君，所谓奇人，真无所不可。”

清代雍正、乾隆、嘉庆时期，成都文学领域出现群星璀璨的局面，有诗文集传世者数十人，要者计有：

彭端淑（1699—1779），雍正十一年（1733）进士，由吏部郎中升任广东肇罗道。彭虽是丹棱人，但在锦江书院执教二十年之久。他“以清慎自矢，舆论翕然”，后辞官还乡，专事创作，诗文均有古风，著有《白鹤堂诗文集》。其弟彭肇洙、彭遵泗，皆名重一时。肇洙有《抚松亭稿》2 卷，遵泗有《丹溪遗稿》2卷。

成都宋泷，自号卧霞道人，著有《樊余草》1卷。

李化楠，字廷玉，绵州罗江人，乾隆七年（1742）进士，先后出任浙江余姚知县和顺天府同知，有《石亭诗集》10卷。

成都李其昌，字子伯，乾隆壬戌（1742）进士，官南笼知府，著有《涟溪诗钞》2卷。

向大洋，字冲如，成都诸生，著有《玉泉诗草》6卷。

郫县许儒龙，字岷南，县诸生，乾隆丙辰举博学鸿词，著有《岷南诗钞》4卷，时评论说："岷南诗脱去尘言，独摅新思，其沉郁深细，冷然引人于幽香中，使阅者尘机俱息，而气格坚老、法律整严，未尝放空一字，非沉酣其中数十年者未易臻此。"

成都张翯，字鹤林，乾隆庚辰（1760）进士，官翰林院检讨，著有《鹤林诗草》10卷，《鹤林故》2卷。

成都李光绪（字耿堂），成都诸生，著有《红梨书屋诗集》12卷。

张翥，字仪延，乾隆庚辰（1760）举人，官钱塘知县，著有《丹崖诗钞》2卷。

金堂傅育贤，字哲楷，乾隆壬午（1762）举人，曾任知县，著有《山谷草堂集·山居集》。

李调元，字雨村，康熙十二年至嘉庆七年（1734—1802），籍贯罗江，肄业于成都锦江书院，乾隆二十八年（1763）进士，由翰林放直隶通永道，因事罢官，"啸傲山水，以著述自娱"，有《童山文集》20卷，《童山诗集》42卷。

李鼎元，字墨庄，绵州罗江人，乾隆庚寅（1770）进士，官翰林院检讨，兵部主事，出使硫球，有《师竹斋诗集》42卷，文集16卷。

李骥元，字凫塘，绵州罗江人，乾隆甲辰（1784）进士，官翰林院编修，历詹事府右中允，有《凫塘诗集》12卷。

金堂巫珍儒，字泰岩，著有《甘泉诗草》。

双流解绂，字方来，著有《星亭诤集》。

金堂伍礼彬，字均桥，乾隆辛卯（1771）举人，官永平知县，著有《均桥集》4 卷。

成都李元芝，字九茎，官汾州府通判，著有《谦福堂诗存》2 卷。

成都李元符，字信菴，乾隆己酉（1789）进士，曾任知县，著有《信菴诗集》4 卷。

张问安、张问陶兄弟，籍隶遂宁。张问安，字亥白，“诗才超逸”，有《小琅嬛诗集》4 卷。张问陶，字仲冶，号船山，乾隆五十五年（1790）进士，由翰林院检讨放山东莱州府知府，因与上司不睦辞官，游吴越间，卒于苏州。有《船山诗草》20 卷，《船山诗草补遗》6 卷。

张邦伸，籍隶广汉，有《云谷文钞》4 卷，《云谷诗钞》8 卷。并辑有《锦里新编》《全蜀诗汇》12 卷。

金堂陈竺山，乾隆甲寅（1794）举人，著有《竺山诗集》5 卷，《文集》5 卷。

丹棱彭蕙芰，字树百，号田桥，是彭端淑七弟彭大泽之子，嘉庆庚申（1800）举人，有才名，著有《鸥梦轩诗集》12 卷。

成都赵遵素，字玉山，著有《玉山诗集》8 卷。

华阳余峄桐，字仲乡，县诸生，著有《十三楼稿》。

清初成都作家中，以新繁费密父子最为著名。费密诗歌造诣很高，嘉庆《四川通志》有言：“为诗淋漓歌啸，精练之语，峻远之格，人所推服。”人或谓有汉魏风骨，《蜀雅》称之为“西蜀巨灵手”，惜乎他的大量作品散佚不存，其诗以《朝天峡》为代表，略见一斑：

一过朝天峡，巴山断入秦。
大江流汉水，孤艇接残春。
暮色偏悲客，风光易感人。
明年在何处？妻子共沾巾！

这首诗寓情于景，情景交融，格调雄骏、新颖，文笔浑厚、自然，令人百读不厌。

费密二子费锡琮、锡璜均有诗名。如锡琮的《黄河》诗："灵脉来天上，浑流昼夜奔。"气魄宏大，出手不凡，与其父诗风相近。锡璜的《湖上》诗："烟光随地尽，水色到天无。"对景物观察细致入微，字句工稳，是诗歌上乘。

雍正、乾隆、嘉庆时期（1723－1820），锦江书院成为成都文化教育中心，其间，人才荟萃，群贤毕集，成都诗文创作达到了又一高峰。诗歌散文的著名作家有时称丹棱三彭的彭端淑、彭肇洙和彭遵泗兄弟，李化楠及其子侄李调元、李鼎元、李骥元兄弟，遂宁二张张问安、张问陶兄弟等。

彭端淑《白鹤堂诗文集》诗文俱佳，而以散文最富特色，文风朴实、清畅，笔调深入浅出，叙事说理均有法度，其作品影响较大。彭肇洙、彭遵泗均以诗文名重一时。遵泗重视明末史事的收集整理，又熟悉四川的风土人情，有《蜀碧》4卷，《蜀故》27卷，并参与撰写《丹棱县志》，对明清文化学术事业有突出贡献。

罗江李化楠及其子侄李调元、李鼎元、李骥元是乾嘉时期对成都文化很有影响的诗人，各有诗文集传世。李化楠的《欠粮户》《种田户》反映了广大贫苦农民在横征暴敛下"不敢言兮，焉敢怒"的痛苦遭遇。李调元文学成就很高，他一生酷爱读书、藏书，博学多闻，才气横溢，创作了大量的诗文和文艺理论著作。他的诗作无论咏史写景之作，还是反映真实的篇章，感情自然、真挚，笔调清新诙谐，兹举几首，可见一斑：

三月三日东门踏青遂登白塔寺并谒薛涛墓三首

一

红粉年年上冢多，女儿能唱女儿歌。
不知风土因何变，今岁焚钱尽阿婆。

二

不见薛涛惟见井，琅玕①万个绿阴阴。
何人刻竹留题满？我欲编诗入笑林。

---

① 琅玕：此处指竹。杜甫：《郑驸马宅宴洞中》"留客夏簟青琅玕"。

三

薛坟抛在麦田中，劈草全凭刺史功。①

生与高骈缘不断，如今酹酒又高公。②

李调元文学理论著作《赋话》《诗话》《曲话》《剧话》对古代诗歌、元明散曲杂剧、当代地方戏剧作了独特的深入研究。他的《蜀雅》20卷，荟萃了四川诗人的主要作品，并给予评点。

张问安、张问陶兄弟，特别是张问陶，在乾嘉时期文坛上是颇负盛名的诗人。这里选录张问陶几首描写成都景物的诗：

咏薛涛酒③

浣溪何处薛涛笺，汲井烹泉亦惘然。

千古艳才难冷落，一杯名酒忽缠绵。

色香且领闲中味，泡影重开梦里缘。

我醉更怜唐节度，枇杷花④里问西川。

惠陵

偏安王业苦经营，豪杰都从乱世生。

直与皇天争败局，恨无余地出奇兵。

笙箫呜咽刘郎浦，旌旆苍凉白帝城。⑤

两汉有亡关一死，荒陵愁绝杜鹃声。

---

① 清李调元题下注："墓久芜没，华阳徐明府始为剪除。"

② 清李调元题下注："酹酒高君，为华阳的高若愚。"

③ 清陶澍《蜀輶日记》："井旧名玉女津，其水宜作酒，又宜造纸，粗俗不入格。唯酒味尚佳，谓之薛涛酒云。"

④ 前蜀王建《寄蜀中薛涛校书》云："万里桥边女校书，枇杷花里闭门居。"

⑤ "刘郎浦"，一作刘郎洑，在湖北石首县西北，传说为蜀先主纳吴女处；"白帝城"，在四川奉节县东白帝山上，东汉初，公孙述筑城。述自号白帝，故以为名。刘备为吴将陆逊所败，退居于此，死于城西之永安宫。

成都紫薇书屋杂诗[1]

芙蓉花下小帘栊，春草秋苔地数弓。

敞尽北窗新绿满，一篱瓜蔓作屏风。

这些作品，咏史、抒情、写景均词句工稳，细腻生动、极富情趣。船山特别长于写景，在他笔下，清幽别致的小小书屋跃然纸上，可谓神来之笔。

特别值得一提的是张问陶之妻林韵征，富有才情，尤工于诗。兹录其《寄外》绝句一首：

爱君笔底有烟霞，自拔金钗付酒家。

修到人间才子妇，不辞清瘦似梅花。

此诗写于张问陶乾隆五十年（1785）在顺天乡试落榜，越二年与林氏新婚之后。林氏以无比真挚的爱和闺中知己的信赖，激励问陶钻研学业，表明自己矢志不移与丈夫同甘共苦的高尚情怀。

四、 独具一格的竹枝词

竹枝，本是流行在川东地区的民歌，所以又有称为巴渝歌者。作为民歌的竹枝，本来是载歌载舞，而且很可能是手执竹枝而舞，脚踏地为节拍。竹枝词作为一种民间歌舞，自有其发展过程，但因时光流逝，民间舞蹈淡出人们视野。人们仅仅注意到唐代诗人刘禹锡、白居易停留川东时，听竹枝、爱竹枝、仿竹枝而创作出《竹枝》诗歌的轶事。当时称竹枝，而无竹枝词之说。[2] 宋代苏辙、黄庭坚、范成大滞留川东一带时，也都创作了《竹枝》。这

① “紫薇书屋”，当为乾隆五十二年（1787）九月张船山再婚后，与爱妻林氏（韵征）生活期间所置书屋。

② 参见任半塘：《成都竹枝词·序》，四川人民出版社 1982 年版。

类由诗人文士创作的《竹枝》，已失去原汁原味，与民间竹枝有了差异，有学者称之为《竹枝词》。因为只有这类竹枝词得以在文集、诗集中存留，所以我们所能了解到的就是这些仿民歌体的文士《竹枝词》。

自唐宋以来，竹枝词的创作在各地均有，有所谓北京竹枝词、江南竹枝词等。但是，作为竹枝词的故乡，四川地区的竹枝词创作一直都相当发达，唐、宋、元、明，代代有作品传世，尤以明清时期留下的作品为多。据统计，四川有 73 个县市有竹枝词流传下来，成都数量最多，居第二位的是竹枝词的故乡三峡地区。不仅汉族地区有，少数民族地区如巴塘、德格、康定、小金、理县、峨边、雷波、越西、冕宁等县，也有汉族文人在当地写的竹枝词流传下来。所以，在四川从古代到近代的文学创作大花园中，竹枝词是一束别有风味、最接近于民歌的野草闲花。

（一）清代蜀人创作的成都竹枝词

清代成都成为《竹枝词》创作基地，从清初开始，就不断有文人雅士即兴创作，动辄数十以至百首左右《竹枝词》，格调清新、内容广博，涉及成都民风民俗、年节庆典、技艺倡优、三教九流，现将主要作者及其成果介绍如下：

1. 刘沅及其《蜀中新年竹枝词》。

刘沅年 81 岁时作《蜀中新年竹枝词》31 首，自序云："民俗相沿，可笑者多，愚居乡久，新正无事，就所闻见书之，或亦笑谈之一助，时年八十有一。"数年后去世。《蜀中新年竹枝词》收入《壎篪集》卷 7，刘沅《蜀中新年竹枝词》集中写成都新年习俗，反映了乾隆时期成都送旧迎新风貌，善写年节风俗和底层社会的年关窘况。

2. 六对山人及其《锦城竹枝词》。

六对山人是杨燮别号，杨燮字对山，成都人，生活在乾嘉时期，写了《竹枝词》百首之多。其创作动因是："癸亥（嘉庆八年，1803）七月，钱学宪以《锦城竹枝词》题考试成都古学，六对山人闻之，因有是作。"学政钱栻以《锦城竹枝词》作为"古学"试题，于是激发了他的创作欲望，竟然写了百余首，宗师和学生竟然都对《竹枝词》有那么大的兴趣，真是古今奇闻。这其中最值得重视的，是保存了不少着意反映当时社会中民生疾苦、世态百象的内容，蕴藏着相当丰富的清代成都社会史材料，让我们可以观察到当时社会生活中若干侧面和细节的特写镜头。现存嘉庆甲子（1804）嗜钞书斋藏版《锦城竹枝词百首》，此外还著有《树茶轩存稿》。

3. 定晋岩樵叟及其《成都竹枝词》。

定晋岩樵叟，生平不详，侨居成都近二十载，时间应在乾嘉时期。晚年患痹疾。其竹枝词30首后夹有注文云："三十首落稿之后，因思风土人情尚有未尽，复续二十首。"可见他先著30首，然后再续作20首。在20首后又有注文云："再续竹枝50首"，后面的50首是再次补作的。定晋岩樵叟所作《竹枝词》100首，题材广泛、内容丰富，写尽了成都城市商业繁华、年节岁时、风土人情、戏曲技艺。他创作的《成都竹枝词》亦庄亦谐、雅俗并存，挥洒自如、褒贬兼顾，因此具有很高的史料价值。其作品保存在成都嘉庆乙丑（1805）成都心太平斋新刊《成都竹枝词》中。

4. 吴好山及其《成都竹枝辞》。

吴好山，字云峰，彭县东乡人，少壮遨游梁、益、云、楚间。四十绝意仕进，以著述自娱，80岁时去世。所著《成都竹枝辞》，大约95首，收录在咸丰乙卯（1855）结集的《笨拙俚言》稿本（藏四川省图书馆）中。此外，光绪二年（1876）刊行有《自娱集》《野人集》等十数种文集。其作品表现悠闲自在的城市生活、古色古香的锦城风物、形形色色的世态人情。

5. 王再咸及其《成都竹枝词》。

王再咸，字泽山，温江县人氏，咸丰二年（1852）乡试中举，少喜谈兵，隐然有用事之志，只身走大江南北，后流滞京师20余年，卒不用。退而作诗，惜多散佚，里人赵光璧辑《泽山诗钞》上下卷刊行，卷2为《成都竹枝词》，共计12首，吟咏史迹、风光、景物居多。

6. 筱廷及其《成都年景竹枝词》。

筱廷，生平不详，《成都年景竹枝词》旧抄本（存四川省图书馆），收录30余首。抄本首页有朱文印一方，作"文轩"；白文印一方，作"建章"。其作品抒写成都年节流程，家家必办的要事，从准备年货、年关收债、吃年夜饭、辞旧迎新、春联门神、拜年贴门、火炮锣鼓、春鞭灯市、春酒拜年、请客出行，等等，细致入微，富有地方特色。

7. 彭懋琪及其《锦城竹枝词》。

彭懋琪，成都人氏，生平不详。同治十二年（1873）《重修成都县志》卷11选有“乙丑暮春谒杜公草堂”七律一首，应为同治四年的作品。① 彭懋琪所作竹枝词数量不详，现存4首，收入四川人民出版社1982年整理出版的《成都竹枝词》中。四首竹枝词均为抒写成都城市景物、风光的佳作，作品如诗如画，令人流连。

8. 冯骧及其《江楼竹枝词》。

冯骧，同光时期（923—926）人，籍隶华阳县，字健程，别号影庐主人。在所著《寄影庐诗存》中收录《江楼竹枝词》12首，集古人绝句而成，前自序云：“成都东关外有‘濯锦楼’，俗呼‘望江楼’，胜境也。西接岷江，东通夔万。揽益州之胜景，据长江之上游。楼阁高标，云山环绕，水波浩瀚，沙鸟纷飞。每当春和景明，天清气爽，骚人墨客，因选胜而遥临；绿女红男，共寻芳而缓步。此凭栏而载酒，彼破浪而乘风，其胜慨豪情，盖与登楚之‘黄鹤楼’、湘之‘岳阳楼’无以异也。至若云峰高矗，夏令初新，瓜浮益甘，梅炎方藻，芳徐延于水榭，暑净涤于尘襟。曲沼展鸳鸯之衾，红真欲笑；琼筵斟鹭鸶之盏，白定能浮。岁岁秋风，竞泛闹红之舸；年年冬雪，咸携光碧之樽。所谓美景良辰，赏心乐事非耶?”

9. 吴德纯及其《锦城新年竹枝词》。

吴德纯，别号雪溪居士，清同光间人，原籍归安，壮年屡举不售，侨居成都十四年，著有《听蝉书屋诗钞》，其《锦城新年竹枝词》收入《听蝉书屋诗钞》卷7。其竹枝词抒写新年乡村习俗，兼及儿女情长。

① 四川人民出版社1982年出版的《成都竹枝词》第114页谓：“按乙丑即嘉庆十年（1805年）。”此说误在漏掉了同治四年的“乙丑”。

10. 冯氏兄弟及其《竹枝词》。

冯誉骢，字雨樵，什邡县举人，曾任东川、广南知府。现存《观灯竹枝词》二首，在其《七砚斋诗草》卷4。此外，还有《秀华百咏》《西山唱和集》。冯誉骧，誉骢之弟，字芗甫，肄业于尊经书院，光绪十七年（1891）登贤书。年三十余去世。所著《药王庙竹枝词》《锦城元夜竹枝词》收入文集《留余草堂诗集》卷一、卷二。前者记述药王庙会期游人如织，刻意描写“游女”情态，为庙会演出的“新腔”感动、祈祷神灵激发的虔诚；后者抒写成都“元夜”灯彩遍地、香车宝马、闺中少女看灯情态。

11. 赵熙及其《下里词送杨使君之蜀》。

赵熙，字尧生，号香宋，四川荣县人，光绪十八年（1892）会试中进士。著有《香宋词》《峨眉纪行诗》《香宋诗前集》。《石遗室诗话》卷12记载：“尧生尝与弢庵、昀谷、余数人联句，往往占句独多。昀谷改官将至蜀，君成《竹枝词》三十首送行，专写入蜀山水，自鄂至成都者。”30首中，写成都风物、名胜者，有14首，韵律娴熟、描述景物细致入微，有大家风范。

12. 方旭及其《花会竹枝词》。

方旭，字和斋，桐城人氏，光绪十三年（1887）拔贡，选知蓬州，调署华阳知县，后擢升四川提学使。寓蜀数十年，80余去世。早期诗文多散佚，60岁以后有《鹤斋诗存》。《花会竹枝词》12首在《鹤斋诗存》卷2。其《花会竹枝词》笔触生动、细腻，成都春天花会盛况通过描绘人物的各种情态反映出来。

13. 方于彬及其《江楼竹枝词》。

方于彬，简州人，字颉云，方旭称其诗“庄雅清新”。去世后，其子辑其遗诗为《觚斋诗存》上下卷，所作《江楼竹枝词》8首在卷上。其竹枝词专写望江楼景色、风物，描写细腻、生动，人物、景物均能勾画出神韵。

14. 闵昌铨及其《辛亥竹枝词》。

闵昌铨，新都人，生平不详，著有《辛亥竹枝词》5首，收录在文集《问聃杂俎》中。闵昌铨以竹枝词为载体，着意刻画了辛亥年（1911）成都发生的督署血案、其后引起的兵变和保路同志军起义，生动写实，有史料价值。

上述专辑、稿本收录《竹枝词》总数五百首左右，加上散存零星的词作在内，大约有六七百首。这些词作，早在乾隆年间，晚至清末。[①] 清代竹枝词题材广泛、内容丰富，反映了成都城乡社会官民生活的各个方面，有很高的史料价值。

（二）成都竹枝词的价值

成都竹枝词创作成为清代社会的一种时尚，文人雅士只要有兴致、有观感、有题材，往往以竹枝词作为写人、写事、写景的表达方式。因此成都竹枝词深入社会生活的各个方面，其中，城市风貌、士农工商，人心世态、贫富生活，历史文化、名胜古迹，民风民俗、年节岁时，会馆庙会、戏曲杂耍，无不可入竹枝词。

1. 雅俗共赏、褒贬皆宜。

大多数作品都是有所感而发，因此其作品反映的是现实生活，必然要揭示社会矛盾。关于这一点，一些竹枝词的作者曾经明确谈过他们的创作意图。例如清嘉庆年中，有一位署名为“定晋岩樵叟”的文士，在他撰写的《成都竹枝词》[②] 所附《再续竹枝词序》中就宣示，竹枝词的创作应当遵行“俗中带雅，褒中寓刺”的原则。在这类“忧民忧国”“褒中寓刺”的竹枝词中，有大量写贪官、写盘剥、写民怨、代穷苦百姓立言的佳作。

例如上面提到的定晋岩樵叟所写的竹枝词：

> 八月新收稻谷多，千仓万厢尽收罗。
> 富家粮已三年积，无怪穷人受折磨。

这首词，展示秋收季节、粮食丰产，但绝大部分进入了富家的粮仓，穷

---

① （清）杨燮等著，林孔翼辑录：《成都竹枝词》五卷，计 1600 首，包括清代、民国两个时期创作的竹枝词。

② （清）杨燮等著，林孔翼辑录：《成都竹枝词》，四川人民出版社 1982 年版。

人辛苦一年，还得受穷挨饿。作者用直白的话语，将农村贫富悬殊的现实揭示出来。

例如清末新津人陈经所写的一首《春官说春》：

漫道春官也是官，双手捧着滥盘盘。
而今宦味真情苦，墨染胡须纸作冠。①

这就把当时农村中已不多见的“春官”送春的景象写得十分生动，也通过隐喻，讥讽了现实官场“无官不贪”的贪婪、腐朽风气。

六对山人《锦城竹枝词》② 中，有写正月牛日（初五）“送穷”习俗：

牛日拾来鹅卵石，富贫都作送穷言。
富家未必藏穷鬼，莫把钱神送出门。

这天要将贫穷扫地出门，暗拾鹅卵石而回，象征不空手归家，怀藏大量元宝，发来混财。通过抒写送穷习俗，隐喻现实财迷，语富讥诮。

定晋岩樵叟的《成都竹枝词》，写善于摇唇鼓舌的三姑六婆，专门哄骗闺阁钱财：

老媪卖花兼卖玉，骗人闺阁善能言。
夏穿纱葛冬皮袄，稳坐肩舆也耐烦。

类似上述描绘生活习俗的竹枝词，数量很多，读来意味深长。

---

① 袁庭栋：《巴蜀文化》，辽宁教育出版社1998年版。

② （清）六对山人：《锦城竹枝词》，载杨燮等著，林孔翼辑录：《成都竹枝词》，四川人民出版社1982年版。

2. 描写城市风貌，刻画士农工商。

清代成都竹枝词表现城市风貌，例如六对山人《锦城竹枝词》中两首：

一

一扬二益古名都，禁得车尘半点无。

四十里城花作郭，芙蓉围绕几千株。

二

鼓楼西望满城宽，鼓楼南望王城蟠。

鼓楼东望人烟密，鼓楼北望号营盘。

六对山人杨燮生活的乾嘉时期，距离清初残破不堪的废城已经百余年，成都城市恢复了旧日的风采，成都不仅美丽，芙蓉花围绕城垣；而且干净，没有灰尘。可以让作者重提唐代中晚期成都的辉煌岁月，那时成都仅次于天下第一的名都扬州。作者选择“鼓楼”作为鸟瞰城市面貌的视点，往西看见宽阔的“满城”，往南看见“王城”（俗称皇城，明蜀王宫城），往东看见人烟稠密的市区，往北看见北校场的军营。通过如此瞭望，成都城市面貌尽收眼底。

在《成都竹枝词》中，刻画士农工商的竹枝词占据相当的比例，这里述评几首：

锦江院与芙蓉院，多少文人考课勤。

若论武功前辈有，府传岳李两将军。

锦江书院、芙蓉书院都是当时著名书院，生员学子在书院里刻苦攻读，忙于岁考和科考，这是科举取士的必由之路。也有通过武功取得名位的前辈，如岳、李两将军，他们出身行伍，积累军功而得以显达。

佃户入城送年礼，黄鸡白酒主人贤。

芭蕉叶大贴甜饭，味似年糕方似砖。

农村中无地农民租佃田主土地，称佃户。腊月年关将近，佃户进城给田主送年礼。田主为人厚道，用黄鸡、白酒招待佃客。年礼似乎年糕，方正如砖块。

每逢佳节醉人多，都是机房匠艺哥。
一日逍遥真快活，酒楼酌罢听笙歌。

成都蜀锦名闻天下，这些五彩缤纷的上等锦缎都出自“机房匠艺哥”之手。他们不分昼夜、终年劳碌，只有年节假日才能休息。他们趁此机会，快乐逍遥，在酒楼大醉之后，再听笙歌。只在这时，他们才感受到人生少有的欢快。

典当衣裳总是银，利钱按月要三分。
每逢岁底穷民苦，吵闹相争足色纹。

成都的典当业，是城市商业中的暴利行业，利息高达三分。穷人难以过年，在行店典当衣物，不仅利息高，而且付现的纹银成色不足，两头吃亏。

3. 描述社会生活、涉及三教九流人物。

除了上述这类反映民生疾苦的内容之外，在竹枝词中还可见到多方面反映社会生活的内容，如反映清初大量外地移民入川情况的竹枝词就不少。嘉庆年间，六对山人在《锦城竹枝词》中写成都：

傍陕西街回子窠，中间水达满城河。
三交界处音尤杂，京话秦腔默德那。

清代成都陕西街，是陕西移民聚居街区，有金水河流向满蒙八旗兵丁驻扎的满城，在两个区域之间的皇城正阳门前，还有西北回民聚居区。

在反映经济生活方面，我们可以见到清代四川各地种植木棉、烟草和吸鸦片的记载，如康熙年间温江举人李启芄在《邑竹枝词》记清初种烟草：

隔年编草搭蓬庐，护惜烟苗得长无。
三月掘蚕时打岔，趁晴收摘淡芭姑。①

由此可见，早在康熙年间，烟草就在成都地区种植，而且已有娴熟的种植技艺。

咸丰年间，不少成都人吸食鸦片。《成都竹枝词》中写道：

流毒中华隐祸深，红闺日午傍鸳衾。
不辞典卖金钗钏，鸦片烟迷女眷心。

作者目睹烟毒泛滥，深入闺阁。红粉佳人染上烟瘾后，连最心爱的金钗、首饰也拿去变卖，只因无钱购买鸦片，无可奈何。

满州城静不繁华，种树栽花各有涯。
好景一年看不尽，炎天武庙赏荷花。

在清宣统以前，汉人很少进入少城游览，旗人也少到大城活动，彼此界限森严。旗人爱种树、栽花，满城内一年四季景色秀美，荷花是其一大特色。同治《重修成都县志》卷 14《艺文》载：

武庙，在满城军署前，国朝乾隆癸卯年（1783）建修，名关帝庙。左有莲池，右有太极池。引金水河由正殿前横过。

傅崇榘在《成都通览》中对满城也有类似描述：“城内景物清幽，花木甚

① 袁庭栋：《巴蜀文化》，辽宁教育出版社 1998 年。

多，空气清新，鸠声树影，令人神畅。”清末，有关成都袍哥的竹枝词出现了：

> 袍哥也要出钱捐，拼得龙洋几个元。
> 岂慕史迁游侠传，只因公口焰熏天。

清末四川袍哥组织遍地开花，成都是袍哥活动的密集区，码头众多、公口林立。作者目睹的情况是：因为袍哥组织吃香，所以参加袍哥也不容易，需要捐出银洋数元。难道是因为民众像倾慕司马迁笔下的“游侠”一样倾慕袍哥吗？非也，只是因为袍哥公口气焰熏天，才不得不去巴结他。

> 中元日子四川城，大帅开枪打好人。
> 数十街民皆倒毙，德宗牌位也横陈。

宣统三年（1911）是干支“辛亥”年，四川抗争川汉铁路路权的斗争进入白热化阶段。川督赵尔丰顽固不化、与民为敌，悍然下令对前来总督衙门请愿的无辜民众开枪，当场屠杀数十人，一手酿成“督署血案”。中枪倒地的民众，手里还捧着先皇（光绪皇帝）牌位，上书：“庶政公诸舆论，铁路准归商办”。“督署血案”发生后，川民对清廷彻底失去信任，四川路权抗争转变为全川保路同治军起义。清廷将驻防湖北的新军调往四川镇压，武昌防务空虚，同盟会趁机发动起义。不久，清廷陷入土崩瓦解之势。孙中山对四川路权抗争活动作出高度评价，称其“为辛亥革命打响了第一枪”。

第三节　戏曲艺术

一、 明代戏曲的发展

成都作为名城都会，民间戏曲艺术源远流长。明代蜀戏如何编演，以史为证。

明代四川戏曲艺术更为专业化，演员从倡优乐伎向“游食乐工”的巡回演出团体转化。他们不仰仗达官贵人的豢养，身怀技艺，携带演出服饰道具，往来于各地城乡，流动献艺谋生。据明张谊《宦游纪闻》：“嘉靖己丑，有游食乐工乘骑者七人至绵州……其所携服饰，整洁鲜明；抛戈掷瓮，歌喉宛转，腔调琅然，咸称有遏云之态。适余宪副至，举城士大夫、商贾无不忻悦，以为奇遇，搬作杂剧，通宵达旦者数日。”这些戏曲演员，以习艺卖艺为生，四方求食：

【北耍孩儿】身长力壮无生意，办砢的谁人似你，三三五五厮追陪，不着家四散求食。生来一种骨头贱，磨枪多遭脸脑皮，攘动了妆南戏，把张打油篇章记念，花桑树腔调攻习。

这里看到的是专业演出戏班，他们流动演出，依靠演出收入为生。他们上演“南戏”，还攻习曲牌，“花桑树”是曲牌之一。艺人以戏班为演出单位，对演员的身段、化装、唱腔要求很高，演员们勤学苦练，十分艰苦。再看一些曲牌，如王利器《明代的川戏》引明环翠堂《精订陈大声秋碧轩稿》：

【八煞】（则说到）靳广儿那一班，韩五儿这一起，桩桩脚色都标致。妆兴等地梳斜了鬓，爱晃平空纹细了眉，快刀常把髭须剃。官司差遣，形法临逼。

【七煞】黄昏头唱到明，早辰间唱到黑，穷言杂语诸般记。把那骨牌名尽数说一片，生药名从头数一回，有会家又把花名对。称呼也称呼的改样，礼数也礼数的跷蹊。

一些质量很高的杂剧作品在成都地区受到欢迎，比如根据唐代诗人白居易所著《长恨歌》编演的戏曲《长生殿》，演出最为广泛，因其词句优美，音律和谐，如吴舒凫在《长生殿》序中言：“爱文学者喜其词，知音者赏其律，以是传闻益远。畜家乐者，攒笔竞写，转相教习，优伶能此，升价十百。他友游西川，数见演此。”新都著名文学家杨慎对地方戏曲艺术亦有很大贡献，著有《洞天元记》《陶情乐府》《续陶情乐府》《太和记》诸杂剧，脍炙人口。杨本蜀人，受川腔影响，故多用川调。其中《太和记》按二十四节气，每季填词六折，用六古人故事，每事必具始终，每人必有本末，曲折离奇，多由南曲演唱，每折演出时间约一更漏（二小时）。

二、 清代戏曲的兴盛

清代康、雍、乾时期，随着成都城市商业的繁荣，城市娱乐业也兴旺起来。其中最有代表性的要数戏曲的兴盛。

明末清初，四川戏曲虽受战乱影响，演出活动很少，但并未完全绝迹。顺治十六年（1659），张献忠部将高承恩、杨国明嘉定会合，置酒盛宴，“兼奏女乐演传奇，以侑酒”。当时演戏已作为酬神的必要内容，“川主祠前卖戏声，乱敲画鼓动荒城”。康熙癸巳科进士向日贞，少年时曾“为人诓去，诱入梨园学戏”。乾隆间，南北各地声腔纷纷传入四川，王利器辑录《元明清三代禁毁小说戏曲史料》载：“……昆腔之外，有石碑腔、秦腔、弋阳腔、楚腔等项，江、广、闽、浙、四川、云、贵等省，皆所盛行。”当时演出内容，除元代杂剧外，一些文人学士参与创作。著名戏曲家杨潮观，多才多艺，“尤工戏曲，通音律，编成杂剧三十二种”。“取古今可观感事制乐府付梨园歌舞”。有四桂先生，“性喜丝竹，不能寂居。又工乐府小令，家有数童，皆教之歌舞”。外省著名演员，云集成都，艺坛群星灿烂，新人辈出，甘肃名伶张银花，“工弦索……亦习秦腔”，乾隆三十六年（1771）随其班主咸阳张某来成都演出，“以其地人众，可渔利”。江苏吴县邹在中，“侨居成都，善昆曲”。

昆曲或曰昆腔，原为江苏地方剧种，大约在清初南北各省移民大量迁川的时候即已传入四川；清代前期，已成为四川戏曲中的重要声腔。由于昆腔唱词骈丽典雅，内容多取材于乐府、杂剧，以檀板合拍，丝竹伴奏，抑扬顿挫，悠扬婉转，在社会上有一定影响，尤为士大夫阶层欣赏，尊为雅部，如乾隆时四川著名文学家李调元自置小梨园一部，“因就家僮数人，教之歌舞。每逢出游山水，即携之同游”。小梨园主要演唱昆腔杂剧，吴县邹在中侨居成都，善昆曲，调元即延聘到家请他教授昆腔。每逢冬季，调元即“围炉课曲，听教师演昆腔杂折，以为消遣”。小梨园还排演过《红梅传奇》《十五贯》等优秀杂剧。

与昆腔差不多同时传入四川的秦腔、弋阳腔等，“曲文俚质”，多取山歌、俗调声腔，“虽妇孺亦能解”。时人称之为花部，多为民间喜好，比之于“极谐于律”，但又使一般观众“茫然不知所谓”的雅部昆腔来，其市场要广阔得多。

昆曲虽受到花部声腔挑战，但由于它有着别的声腔无法取代的优点，因而在四川戏曲艺术中仍有较高地位，“梨园共尚吴音”；在文化素质较高的人中，更具有特殊的魅力。道光间，成都剧部昆曲最盛，士大夫闲暇“多为丝竹之会”。成都著名昆曲演员曲玉凤，被公认为“昆部旦色第一”，她唱腔优美动听，声情并茂。其妹美艳绝色，为督府一幕僚纳为偏房，生一女，年十三，能度曲，擅长表演古典杂剧。演出《绣襦记》《浣纱记》《紫钗记》等名剧时，声腔曲折韵逗，引吭转声，高唱低吟，清柔无比，闻者叹绝，技艺可与其姑母媲美，一时名噪锦里。稍长，家道零落，常常出入官宦名门聚会，作精湛表演。著名昆曲乐师崔荆南，华阳县人，道光丁未（1847）进士，选庶吉士。荆南善解音律，演奏昆曲箫笛，极富特色。少年时已列名词林曲苑，顾影自喜，踌躇满志。成都每开曲会，无小崔之笛不乐。此外，昆曲乐师中，还有擅长击鼓的蒋八。他的精湛鼓点，给观众留下了美好的印象。[①]

当时的曲会，大多在官宦贵胄官邸私宅举行，谓之堂会。每次演出，大府首县毕集，幕僚清客如云，江南籍官员往往携带眷属赴会。女眷中，不少人熟悉声乐，演出时，还跻身乐队，敲击檀槽、丁宁或吹奏箫管，场面十分热烈。咸丰间，李蓝义军横行全川，士大夫惶惶不可终日，无暇顾及声色之乐；加之秦腔、弋阳腔、徽调深入民间，为广大群众偏爱，昆曲暂告衰歇。

清同治六年（1867），两江总督吴棠调任四川总督。吴棠通解音律，尤精昆曲。在江淮任上时，就招致昆班，教习技艺，常令举办大型曲会演出。来川任职后，苦于川省无昆班可供消遣，不久在苏州招募昆班名伶十余人来成都，名其班日“舒颐”。每日午后公事毕，即招舒颐班入署演剧，在署内习静园与二三幕友吹笛度曲。他考虑到舒颐班曲高和寡，担心日后难以自给，遂集资购置良田百亩，作为养生之资。并将成都江南会馆拨给舒颐班，作为剧班常住地。迨吴棠光绪初死后，舒颐班在官民中已渐有知音。除昆曲外，舒颐班还善摆灯，最宜卜夜，变幻莫测，不可名状。每逢冠盖云集，必招之献技。由于食住均有常资，直至民国改元后，舒颐班诸伶始告星散。

其他剧部声腔对成都戏剧影响也很大，本地演员中才艺出众者亦不少，成都金堂人魏长生，排行三，专攻秦腔花旦，乾隆三十九年（1774）上京演出，“名动京师”，“凡王公贵胄以至词垣粉署，无不倾掷缠头数千百，一时不得识魏三者，无以为人”。其他名伶还有万县彭庆莲、成都杨芝桂、达州杨五儿、叙州张莲官、邛州曹文达、巴县马九儿、绵州于三元、王升官等。魏长生的弟子刘玉郎、陈银官、蒋四儿等，亦成为梆子花旦名角。伶人组织班部，作为演出单位，较为有名的班部有：“庆华班”“金贵班”“双庆部”，稍后有“玉泰班”“舒颐部”“上升班”。

众多的戏曲班部，首先是供驻省城各级军政官僚纵情享受，“一般民间扮

① 参见中国戏曲志四川卷编辑部编、戴德源辑录：《四川戏曲史料》，1986 年。

演戏剧，原以藉谋生计，地方官偶遇年节，雇觅外间戏班演唱”，督署内“自养戏班”，“教演优人及宴会酒食之费，并不自出己资，多系首县承办，首县复敛之于各州县，率皆股小民之脂膏，供大吏之娱乐”。

其次，为适应众多本地人口和外省客商的娱乐需求，成都戏曲班部亦集各省地方戏之长，兼收并蓄，形式多样，昆高胡弹灯各展其长，加之剧目丰富，多姿多彩，深受群众欢迎。时锦城竹枝词说：“见说高腔有苟莲，万头攒看万家传；生夸彭四旦双彩，可惜斯文张四贤。”民间年节，迎神、报赛、宴会、酬宾，均有演出活动。描述玉泰班二月沿街演出的“春台戏”说：“玉泰班中薛打鼓，滚珠洒豆妙难言；少年健羡多花点，学问元宵打十番。戏演春台总喜欢，沿街妇女两旁观；蝶鬓鸦鬓楼檐下，便益优人高处看。”成都演戏开场，一般不限时间，但演出内容精彩，观众情绪高昂。唯独陕西会馆规矩甚严，约定放纸爆为节，一、二、三爆后不开场下次即不再招雇此班。“庆云庵北鼓楼东，会府层台贺祝同；看戏小民忘帝力，只观歌舞扬天风。戏班最怕陕西馆，纸爆三声要出台；算学京都戏园子，迎台吹罢两通来。”成都年节盛行“社火”戏，情景动人，热闹非凡。“迎晖门内土牛过，旌旆飞扬笑语和；人似山来春似海，高妆女戏踏空过。”

客籍会馆是经常演戏的场所，各省客商习俗爱好不同，大多偏爱本省地方戏。成都陕西会馆最多，馆内秦腔梆子最叫座，生活情调浓郁的四川灯戏也颇受欢迎：会馆虽多数陕西，秦腔梆子响高低；观场人多坐板凳，炮响酬神散一齐。过罢元宵尚唱灯，胡琴拉得是淫声；《回门》《送妹》皆堪赏，一折《广东人上京》。[①]

戏曲之外，成都娱乐业尚有评书、洋琴、杂技、莲花落，六对山人《锦城竹枝词》说：“清唱洋琴赛出名，新年杂耍遍蓉城。淮书（即评书）一阵莲花落，都爱廖儿哭五更”。都市生活在各种娱乐文化点缀下更显示出她的繁华景象。

---

① 参见中国戏曲志四川卷编辑部编、戴德源辑录：《四川戏曲史料》，1986 年。

第四节 学术成就

元、明、清三朝是中国历史的又一个特殊时期，遭遇两度毁灭性战乱和两度文化复兴。在异族严酷统治下，华夏文化艰难崛起，蜀中学术也在顽强生存和发展。

一、元代费著的学术状况

南宋晚期蒙古军入侵四川、攻占成都的数十年的大战，蜀中历史、文化典籍焚荡殆尽。元代四川人口凋零，成都学术方面略可称道者，应为费著仕元后对搜求地方史志的贡献。成都华阳人费著，元泰定元年（1324）进士，任太史院都事、翰林学士。官至汉中廉访使、重庆府总管。对故乡文献有浓厚兴趣，利用自己的职权，动员下属广为搜求，终于找到南宋庆元《成都志》和《成都文类》不同抄本的残卷，包括《岁华纪丽谱》《笺纸谱》《蜀锦谱》《楮币谱》《钱币谱》《蜀名画记》《成都周公礼殿圣贤图考》《氏族谱》《器物谱》等九种谱、考、记。在此基础上编纂出至正《成都志》，他于元至正三年（1343）二月为该志所撰写的《序》中如实记述了至正《成都志》的编修原委：

> 全蜀郡志无虑数十，惟成都有《志》、有《文类》，兵余版毁莫存。蜀宪官佐搜访百至，得一二写本，乃参稽订正，仅就编帙。凡郡邑沿革与夫人物、风俗，亦概可考焉。遂鸠工锓版，以广其传。

费著序中所说的《志》及其《文类》，就是南宋庆元间任四川安抚制置使兼成都知府的袁说友主持编撰的庆元《成都志》和《成都文类》。袁说友是一位德才兼备、极富学术眼光的地方大吏，在他为庆元《成都志》撰写的《序》中，可以看到他对唐宋时期成都文献的明辨功夫和对所聘八位学者的倚重。有了如此优越的编撰条件，庆元《成都志》和《成都文类》才能在那时诞生。这些文献囊括了成都历史文物、文学艺术、民情风俗、土产工艺、掌故方物，有很高的史料价值，是研究唐宋四川地方历史的重要资料。但是，南宋晚期数十年蒙古军对四川的毁灭性战争，几乎毁掉了历代积存的重要典籍，庆元《成都志》和《成都文类》幸存下来是一个奇迹，也是一个偶然。我们今天能看到这些珍贵文献，是费著及其同道的功绩。他在至正《成都志》的《序》中，证实材料来源是庆元《成都志》和《成都文类》，就“一二写本”作了“参稽订正，仅就编帙”。而且他在至正《成都志》中还保存了袁说友的《序》，应该是实事求是的严谨态度。

二、 明代杨慎的学术成就

明代成都学术方面的杰出代表为杨慎。《明史·杨慎传》载，杨慎天资聪明，又勤奋好学，他认为：“资性不足恃，日新德业，当自学问中来。”他博览群书，富有探索精神，有明一代，“记诵之博，著作之富，推慎为第一，诗文外杂著至一百余种，并行于世。”杨慎兴趣广博，其著作被人认为浮繁庞杂，精深不足，视为“杂学”。但是，不能因此否定杨慎著作的学术价值。他在哲学、史学、音韵、文字、天文、地理、金石、书画、草木、虫鱼、医学等许多方面有独特、精深的见解，做出了重要贡献。

杨慎热爱故乡，关注乡邦文化，整理古典文献，咏赞山水乡情。天道酬勤，博学鸿著，贻文采于后世，传文化于乡邦，他为巴蜀和滇南地方文化的传承做出了卓绝的贡献。杨慎对巴蜀文化的文献整理，编纂《全蜀艺文志》一书，是他最受人赞赏的功绩。

嘉靖二十年（1541），谪戍去云南的杨慎已经54岁，炎暑刚过，他受到四川巡抚刘大谟的礼邀，回川参与修撰《四川总志》的工作。刘大谟欲弥补遗憾，决定编修一部周详完善的《四川总志》，邀请名笔杨慎，茂州王元正、遂宁杨名协同编纂。杨名编撰《建置》《山川》等志；王元正编撰《名宦》《人物》等志；杨慎修《艺文志》。杨名、王元正所撰志稿经按察司副使周復俊、佥事崔廷槐删削，统编为16卷。杨慎所撰《艺文志》64卷，无一改动，为正志内容的4倍。

嘉靖二十四年（1545），这部嘉靖《四川总志》刊行，杨慎《全蜀艺文志》附于后，相形之下，正志太弱，全书比例失衡，前轻后重。万历七年（1579），郭怀忠、郭棐修撰《四川总志》34卷，将杨慎《艺文志》作为附录。

万历四十七年（1619），吴之皞、杜应芳修撰《四川总志》27卷，合新旧本，而补入职官、科甲、经略等内容，将杨慎《艺文志》附刻于后。杜应芳还作《补续全蜀艺文志》56卷，因为杨慎《艺文志》基本上不收明代人作品，而杜氏《艺文志》保存了大量明代四川的文献资料。

杨慎编撰的《艺文志》，另有单行本，书名为《全蜀艺文志》。他在《序》中说："开局于净居寺宋、方二公祠，始事从八月乙卯（初二）日，竣事以九月甲申（初一）日。"全书杀青64卷，明人作品基本不收，"以避去取之嫌"。全书收录诗文1873篇，有姓名者共631人，唐宋名家诗文最多，约140余万字。在28天的短暂时间，得同乡进士刘大昌、周逊两位协助校正，编辑出如此巨献，足见他的博学多才和对古文献的熟练程度。家藏宏富的书籍与资料，为他提供了便利条件和雄厚基础。《全蜀艺文志》对巴蜀地方文化的不同方面进行了系统梳理，辑录、保存。内容十分丰富：卷1是汉至唐朝的赋；卷2是宋以后的赋；卷3至卷24是诗，包括从远古至明关于风谣、楚辞、都邑、城郭、宫苑、江山、堤堰、桥梁、学校、寺庙、亭馆、台观、怀古、纪行、时序、题咏、馈赠、哀挽、杂赋等方面的诗歌；卷25是词；卷26、27是诏策、赦文、敕、表、疏、状；卷28至32是书笺、书、序；卷33至42是记；卷43至52是檄、难、牒、箴、铭、赞、颂、碑文、论、说、辩、考、述、议、弔文、诔等杂著；卷53至57为谱（包括氏族谱、蜀名画谱、器物谱、笺纸谱、天彭牡丹谱、蜀锦谱、钱币谱、楮币谱等）；卷58为《岁华记丽谱》；卷59为跋；卷60为赤（尺）牍；卷61、62、63附录陆游《入蜀记》、范成大《吴船录》和《峨眉山行记》；卷64附各类题名、行记、石刻、留题，等等。仅此卷目胪列，可深知传统文化之丰富，深知杨慎学识深厚而对蜀学的博大精深。因他分门别类的整理、刊行，前人著述得以保存，后世学者得以方便，实在是功莫大焉！《全蜀艺文志》所收诗文中，有350余篇不见于留传至今的其他文献，全赖此书得以保存下来。又如，李光《固陵文类》，记载南宋时四川，尤其是夔州地区的军事、经济、民俗、山川，此书今失传，而赖《全蜀艺文志》保存了不少诗文，成为宝贵的历史资料。

《全蜀艺文志》一书价值极高，俞廷举为嘉庆元年（1796）成都重刻本作序中指出："余读之，卷帙浩繁，各体具备……各极其妙，皆名元名志，纸贵洛阳者也。"嘉庆十二年（1807）安岳人谭言蔼重校指出："升菴博洽，为胜朝冠一"，此书"网罗放失，赅备靡遗"。此书被翻刻的版本不少，至民国3年（1914）铅印本，共有五六种。由于流传久远，翻刻次数多，舛误不少。为这部珍贵四川乡邦文化珍集臻于完善，四川大学古籍所刘琳教授，在全国古籍整理出版领导小组支持下，与王晓波先生一道点校了此部巨著，此书于2003年5月由线装书局排印精装为上、中、下三册，为巴蜀文化研究做了一件大好事。

杨慎出生在北京，做官在北京，37岁前，5次从北京返回新都。谪戍云南后，11次返回四川，其中有9次回到成都。一生中，在云南生活的时间比停留在成都的日子还多。那是他内心酸楚而行为放荡的岁月，也是他沉醉著述的岁月。云南可算是他的"第二故乡"。杨慎对于云南地方文化的探访、整理做出了显著贡献。在云南永昌、安宁、大理等地结交士子、招纳弟子，有"杨门六学士""杨门七子"之言，师生一同研究学问，访古寻幽，游山玩水，也是一种乐趣。

嘉靖十年（1531），杨慎与李元阳一道考察滇西北南诏文化遗存。翌年，云南巡抚礼邀，参与《云南通志》的编纂工作（后因巡抚遭祸未果）。杨慎也曾为《大理府志》写序。杨慎对云南地方文化的搜集、整理而成的专著有《滇载记》《滇程记》《滇候记》《云贵乡试录》《古今风谣》《古今谚》《云南山川志》，等等。这其中《滇载记》详细记载了南诏国蒙氏、大理国段氏及元明历代统治者家族的兴衰，是一部重要的云南民族史籍；对于滇风谣、滇民谚的调查与记载，为云南地方民间文学史保留下了珍贵的资料。杨慎对于云南历史文化，尤其是开边疆民族地区文风做出了贡献，在至今编修的地方史志中仍占有重要的一页。①

三、 清代成都的学术成就

（一）费密生平及其学术成就

费密字此度，号燕峰，新繁县人。出身于书香世家，祖父费嘉诰为前明四川大竹县训导，崇祯末父亲费经虞为云南昆明知县。他六岁从师读书，好学穷理，深得长辈的赞赏。据何元普《繁川费氏先茔十八塚记》记载："闻其族甚众，地亦甚广，向有费氏祖墓在。当其家未入秦时，墓门左右皆种松柏、桃花，相望数里。每值春游，士女如云。"（民国《新繁县志》）二十岁时，张献忠大西军攻下成都，建立大西政权。他不愿归附，只身去昆明探望父亲，途中为土人掳劫，幸为父亲赎回，受到镇守嘉定的明将杨展任用。后来杨展被张献忠旧将武大定所杀，费密也曾被俘。顺治九年（1652），费密回故乡新繁，见祖传房屋已成灰烬，遂携家北行到陕西沔县避难。在沔县，他谢绝了当地总兵官的重金礼聘，而专心研究医学。顺治十四年（1657），他再次携家到江苏扬州定居。当时海内名流钱谦益、龚半千、王渔洋、屈大均、万斯同、朱彝尊、孔尚任等都与他有文字交往。为了不断增长学识，他于康熙十二年（1673）徒步数千里，专程到河南卫辉县苏门山问学于儒学名士孔奇逢，得其真传。次年春他又到浙江与思想家吕留良切磋学问。费密一生学而不厌，诲人不倦，直至老死，葬于泰州野田村。

费密守志穷理，一生讲学著述，手不释卷，笔不停挥，在文学、史学、经学、医学、教育和书法等方面都有很高造诣。王渔洋《池北偶谈》："州守

① 本节引用了陈世松、李映发合著的《成都通史》卷五《元明时期》，四川人民出版社2011年版，第408—413页"文献整理上的功绩"的内容，谨此致谢。

知其贤，为除徭役。”他著书32种、122卷。据嘉庆《四川通志》：“论者谓蜀中著述之富，自杨慎后，未有如密者。”可惜其著作在辗转迁徙中大多亡佚，仅存《弘道书》3卷，《荒书》《燕峰诗钞》各1卷。

在学术上，费密以汉儒为宗，力倡实学，反对宋儒空疏积习。流寓江南期间，他曾北赴苏门，奉孙奇逢为师。孙奇逢、黄宗羲、李颙被称为清初“三大儒”，其思想取宋明诸家，糅合折中，没有门户之见，而且比较强调人伦日用。在其《弘道书》中，费密认为，“道”并非超然物外的幻象，认为“人道”是切实之“道”，“人道”分“君道”与“臣道”，“君道”确立仁政，要居安思危、励精图治；“臣道”确立职分、责任，“文武臣僚奉令守职”，各尽其责。人们在寻常生活中都有行道、得道的机会，“公卿百僚，布道之人；师儒，讲道之人；生徒，守道之人；农工商贾给食成器，尊道之人；女妇织纴酒浆，助道之人。”从帝王将相到贩夫走卒，莫不与道息息相关。在他看来，“事者，道之要”。道贯穿在日常生活中，“非事业外又有所谓道德”。在此基础上，费密将“圣门之道”作了如下概括：“通诸四民之谓中，信诸一己之谓偏；见诸日用常行之谓实，故为性命恍惚之谓浮”，“既中且实，吾道事矣”。儒家的“中”，无论“中和”还是“中庸”，都侧重于个人的内在修养。费密反对求诸心性这类空疏无用之学，提出“中实之道”，使其“通诸四民”又“见诸日用”，不仅扩大了“中”的境界，而且包含着理论必须结合实际的思想倾向，是难能可贵的。清初启蒙思想家，如顾炎武、颜元等人，都主张把“学”与“行”、“义”与“利”、“道”与“功”统一起来，以经世致用、利国利民为目标。在这个问题上，费密同他们的思想理念是基本相通的。

费密遭逢乱世、九死一生，国破家亡的残酷现实迫使他不得不反思儒学发展的历史。他肯定汉唐诸儒在学术上的成就和贡献，对宋明理学的“道统论”进行深刻的批判，他感慨道：“自宋以来，天下之大患在实事与议论两不相侔，故虚文盛而真用薄。”值此兵荒马乱之际，空言“即物穷理”“致良知”，无济于事，“岂古经之定旨哉？”所以他抨击宋儒的道统论，认为程朱的性理学说不符合儒家正宗学说，这是有进步意义的，在开创一代学风方面起了积极作用，在清代学术史上具有重要的地位。

（二）李调元与万卷楼

清代乾嘉时期，李调元以藏书宏富、学识渊博、著述丰富知名于世。他一生酷爱读书、藏书，“所得俸，悉以购书。”在任京官，得近大内藏书，他拼命抄读，“御库藏本，无一不备。”他弃官回乡后，购地十亩，建“万卷楼”一座，藏书十万卷，周围辟为园林，取名“函园”，时人称之为“川西藏书第一家”。

李调元一生著述多达 130 种，有对前人著述的校刊、纂辑，更多的是自己多年苦心研究的成果。内容包括经学、史学、文学、训诂、音韵、文字、书画、金石、民族、民俗、姓氏、农学等各个专门领域。尽管涉猎范围广泛，探讨内容庞杂，他却始终以一丝不苟、刻苦钻研的精神从事研究，因此获得出色的成就。

1. 倾毕生之力构筑《函海》。

李调元是清代前期一个异才，他在学术文化上的巨大成功绝非偶然，首先要归结到他的家学渊源，同时也是他个人先天禀赋与后天坚持不懈、刻苦努力的结果。

李调元的父亲李化楠，号石亭，清乾隆七年（1742）进士，历任知县、府台同知等，一生力行善事，任上颇有政声，著有《万善书稿》《石亭诗集》《醒园录》等书。李调元受父亲影响，自幼爱好读书，涉猎范围极广，凡诸子百家、经史子集、诗词歌赋、天文地理，无所不览。他利用在吏部任职的机会，饱览大内典籍、御库秘本，勤奋披阅，废寝忘食地抄录，据同治《罗江志》，“内府秘藏，几乎家有其书矣”。在任职京师或奉旨外巡期间，虽不能埋头读书，但在“公余之暇，犹手不释卷”。去职回籍后，他更是以读书、写作为乐，“啸傲山水，以著述自娱”，与钱塘袁枚、阳湖赵翼、丹徒王文治诸先生齐名，人称“林下四老”。他深感学海无涯、光阴催人，“念日月之以逝，恐文献之无征……恐一旦填沟壑，咎将谁归?”因而他废寝忘食，以苦读为乐事，无一日之懈。

李调元一生手不释卷，笔不停挥，著述极为丰富。按照杨懋修《李雨村先生年谱》统计，一共 130 种。兹将其主要著述分年列下：

乾隆二十一年（1756）以前完成者：自刻《李太白集》。

乾隆二十八年（1763）以前完成者：辑《蜀雅》三十卷，《易传灯》四卷，《古文尚书》十卷，《程氏考古编》十卷，《敕文郑氏书说》一卷，《洪范统一》一卷，《孟子外书》四卷，《续孟子》二卷，附《伸蒙子》三卷，《大学旁注》一卷，《月令气候图说》一卷，《尚书古文考》一卷，《音辨》二卷，《左传事纬》四卷，《夏小正笺》一卷，《周礼摘笺》五卷，《仪礼古今考》二卷，《礼记补注》四卷，《易古文》二卷，《遗孟子》一卷，《十三经注疏锦字》四卷，《左传官名考》二卷，《春秋三传比》二卷，《蜀语》一卷，《蜀碑记》十卷，《中麓画品》一卷，《卍斋巢录》十卷，《博物要览》十二卷，《补刻金石存》十五卷，《通俗编》十五卷，《六书分毫》二卷，《古音合》三卷，《蔗尾丛谈》《奇字名》十二卷，《四家选辑》十二卷，《制义科巢记方言藻》二卷，《墐户录》一卷，《醒园录》一卷。

乾隆三十二年（1767）以前完成者：《唐史论断》三卷，《藏海诗话》一卷，《山水纯秀全集》一卷，《月波洞中记》一卷，《蜀梼杌》二卷，《翼元》十二卷，《农书》三卷，《刍言》三卷，《常谈》一卷。

乾隆三十四年（1769）完成者：《江南余载》二卷，《江淮异人录》二卷，《青溪弄兵录》一卷，《张氏可书》一卷，《珍席放谈》二卷，《鹤山笔录》一卷，《建炎笔录》三卷，《辩诬录》一卷，附《采石瓜洲记》一卷，《家训笔录》一卷，《旧闻正误》四卷。

乾隆三十六年（1771）完成者：辑《建炎以来朝野杂记》上、下共四十卷，《州县提纲》四卷，《诸蕃志》二卷，《省心杂言》一卷，《三国杂事》一卷，附《三国纪事》一卷，《五国故事》二卷，《东原录》一卷，《肯綮录》一卷，《燕魏杂记》一卷，《夹漈遗稿》三卷，《龙龛手鉴》三卷，《雪屡斋笔记》一卷，《日闻录》一卷，《吴中旧事》一卷，《鸣鹤余音》一卷。

乾隆四十六年（1781）以前完成者：《世说新语旧注》一卷，《山海经补注》一卷，《庄子阙误》一卷，《艺林伐山》二十卷，《古隽》八卷，《谢华启秀》八卷，《哲匠金桴》五卷，《均藻》四卷，《谭苑醍醐》八卷，《转注古音略》五卷，附《古音后语、古音丛目》五卷，《古音猎要》五卷，《古音附录》

一卷，《古音余》五卷，《奇字韵》五卷，《古音骈字》五卷，《古音复字》五卷，《希姓录》五卷，《墨池瑝录》二卷，《法帖神品目》一卷，《金石古文》十四卷，《古文韵语》一卷，《风雅逸篇》十卷，《古今风谣》一卷，《古今谚》一卷，《丽情》一卷，《燃犀志》二卷，《异鱼图》六卷，《补刻全五代诗》一百卷，《翼庄》一卷，《古今同姓名录》二卷，《素履子》二卷，《说文篆韵谱》五卷，《古算经》一卷，《主客图》一卷，《苏氏演义》二卷，《淡墨录》十六卷，《出口程记》。

上述著作（尚未包括《童山文集》《童山诗集》），按类别划分，其中少量是对前人著述的整理，包括校刊、纂辑和刻印；大部分则是自己多年苦心研究的成果。李调元刊刻《太白集》时才二十二岁，名儒袁守侗看了他写的序言后，认为其水平不在皇甫谧之下。并说："蜀坊无书，独此刻耳！"

通过精卫填海般的努力，李调元终于完成了包括150种著述在内的学术总构——《函海》，并于乾隆四十九年（1784）全部刊行。这部巨著的刊行，使李调元成为学贯古今，博大精深的一代学者。时人评论他的文章，有苏轼神韵；他的诗师法王维、孟郊；而学术著作，无论从数量，涉猎范围或学术水平看，都与杨慎有惊人的相似。

2. 西川藏书第一家。

李调元罢官后，回到家乡四川罗江县，在南村买地十亩，建楼一座，名曰"万卷楼"。书库建于乾隆五十年（1785）。其楼四周"风景擅平泉之胜，背山临水，烟霞绘辋川之图，手栽竹木渐成林"。他以赞赏的心情将"万卷楼"所在园林取名"囦园"，并赋诗：

囦园初筑亦悠然，地狭偏能结构坚。
叠石为山全种竹，穿池引水半栽莲。
拈花偶笑人称佛，戴笠行吟自谓仙。
曾到名山游脚倦，此生只合老丹铅。

李调元"万卷楼"实际上是一座藏书十万卷（省称"万卷"）的庞大书

库，时人称为“西川藏书第一家”。李调元诗：“我家有楼东山北，万卷与山齐嵯峨。”藏书“分经、史、子、集四十橱，内多宋堑，抄本尤夥”。李调元每天“登楼校雠”，手不释卷。

李调元“万卷楼”的宝贵藏书，应是他和父亲两代人不辞辛劳、辗转购求的丰硕成果。父子两人爱书成癖，尤喜藏书，只要遇到前朝珍稀本、善本，不惜重金求购。李化楠在浙江、河北任知县、知府时，遍购古今珍贵书籍。李调元从浙江省亲返川，将父所购书籍船装航行数千里运回老家入书库。李调元成年后，购买珍稀、善本书籍也是他一生中最大的嗜好。在做官期间，“所得俸，悉以购书”。①

除了多年大量购买外，藏书中还有不少李调元手抄版本。李调元有抄书怪癖，凡家中所无之书，即借别人所藏图书抄写。作京官时曾如饥似渴地广抄大内藏书。因此，他藏书中“抄本尤夥”。更可珍贵的是，在他的藏书中，“御库抄本，无一不备”。

自刊而藏是李调元万卷楼藏书中的另一部分。他的《函海》《续函海》《童山诗集》《童山文集》均有自刻本。

李调元“万卷楼”珍贵藏书，是四川文化史上的一大丰碑。这一巨大的宝库，不料于嘉庆初年焚于匪患，尽化飞灰，这是四川文化史上一重大损失。李调元“万卷楼”被焚情况是：嘉庆初，四川白莲教起事，当时各地警报频传，社会混乱，嘉庆五年（1800），李调元全家避乱成都，而“万卷楼”“忽被土贼所焚”。李调元归来后，但见平地瓦砾飞灰。他当时悲痛欲绝，“收灰烬瘗之”，并吟诗纪实：

不使坟埋骨，偏教冢藏书。
焚如秦政虐，庄似陆浑居。
人火同宣谢，藜燃异石渠。

① 参见罗江县文化体育广播影视新闻出版局、四川省民俗学会编：《李调元著作选》，巴蜀书社2013年版。

不如竟烧我，留我待何如？
云绛楼成灰，天红瓦剩坯。
半生经手写，一旦遂成灰。
獭祭从何检，尤杠漫逞才。
读书无种子，一任化飞埃。

"万卷楼"被焚后，李调元"意忽忽不乐"，忧郁哀伤，完全失去了生趣，嘉庆七年（1802）十二月二十一日悲痛万分地离开了人世。

（三）刘沅与槐轩学派

刘沅，字止唐，一字讷如，号青阳居士，四川双流县人，生于乾隆三十三年（1768），卒于咸丰五年（1855），享年88岁。他创立"槐轩学派"，学者称槐轩先生，在四川学术界有深远影响。清末民初蜀中国学大师，多出其门。乾隆五十七年，刘沅由拔贡中试举人，此后三次会试皆落第，遂绝意仕进，专注学术研究；同时设帐授徒。道光六年（1826），清廷选授刘沅湖北天门知县，他以侍奉年迈母亲为由婉拒；改授国子监典簿虚衔，仍坚持在成都讲学以终。

嘉庆十八年（1813），刘沅从双流县柑梓乡三圣村（旧名云栖里）祖宅移居成都南门纯化街（又名三巷子，1959年修建锦江宾馆时拆除殆尽），自建宅院，新立门户。因宅院中有百年老槐，浓荫掩映，清爽洁净，刘沅遂名其宅院曰"槐轩"。此后四十二年，他一直在此讲经治学。他秉持有教无类，尽可能为求学者提供学习机会，就学弟子不计束脩多寡，家贫无钱学子一样可以受教。教学内容，除了传统经史之外，还教学生练"坐功"，晨昏晏坐，修真养性，以强健身体。

刘沅称自己从学之初是"仰承庭训"，其家庭教育至关重要。易理之学，算是刘家的家学。刘沅曾祖刘嘉珍因体弱而以读书为业，祖父刘汉鼎则好读《易》，曾著有《易蕴发明》一书。刘沅之父刘汝钦则精于易学，洞彻性理。刘沅关于融道入儒的思想，关于追求纯一即《大学》止至善的思想，主要渊源于此。南怀瑾先生在《禅海蠡测》中提到“成都双流刘沅（止唐）为乾嘉时之大儒，讲道学于西蜀，世称为‘刘门’，传为亲受老子口诀，独居青城八年而道成。著作丰富，立论平允，于三教均多阐发。”拨去传言迷雾，可知道家思想对他影响确实很大。

刘沅“平日裁成后进，循循善诱，著弟子籍者，前后以千数，成进士登贤书者百余人，明经贡士三百余人，熏沐善良得为孝子悌弟贤名播乡间者，指不胜屈”。其受业弟子遍巴蜀，而其学术则浸浸乎有遍及西南各省与大江南北之势，清萧天石《刘止唐与四川刘门道》中言：“学术界人士，不少以得遊其门庭，为高尚其事也。”刘沅数十年诲人不倦，门生弟子有如桃李满门墙，世称“槐轩学派”，还被誉为“塾师之雄”。当时学子均以“槐轩门人”自豪。其门人在他身后编辑其遗著为《槐轩全书》，咸丰以后间有刊本行世，计收《四书恒解》11卷、《诗经恒解》6卷、《书经恒解》6卷、《易经恒解》5卷、《周官恒解》6卷、《礼记恒解》49卷、《仪礼恒解》16卷、《春秋恒解》8卷、《史存》30卷、《庄子约解》4卷，共30种。

学者认为，刘沅所著《槐轩全书》“是一部以儒学元典精神为根本，汇通儒家学说、道家学说和佛家学说，融道入儒，会通禅佛，而归本于儒，用以阐释儒、释、道三家学说精微，揭示为人真谛的学术巨著”。同时认为，“这部著作，辨章学术，考镜源流，博学多方，不仅所涉领域十分广博，而且在学术上和方法上自成体系。其内容之宏富，方法之独特，论述之精深，为当世所罕见，堪称鸿篇巨制，具有很高的研究价值。”《槐轩全书》以十三经《恒解》所占比重最大，此外，又有《蒙训》《豫诚堂家训》《保身立命要言》《下学梯航》《子问》《又问》《俗言》等篇，都“言显理微，足资启发”。①

在《槐轩全书》中，刘沅认为，自己深入探究儒学元典精神的根本原因，是因为宋代性理之学兴盛后，许多人曲解了先儒经典，自两汉以后“圣道弥晦”，解经者“执私见以妄测圣人，而实未能，所言皆谬；欲彰圣人，反失圣

① 参见段渝：《一代大儒刘沅及其〈槐轩全书〉》，引自四川师范大学巴蜀文化研究中心：《巴蜀文献集成》。

人之真；欲觉斯民，反为斯民之累”。他对“历代诸儒”种种“不达圣人之意”的“发明”持否定态度。

正因为如此，刘沅才决心穷毕生之力，寻求儒学真谛，以儒家元典精神为根本，兼容了宋代陆九渊、明代王阳明的心学要义，同时吸纳了佛家和道家学说的精髓，究心于三家学说关于天人之际的精微要义，相互发明，透彻精研，身体力行，刘沅独创由“存心养性”达于“至善”“纯一”“天人合一”的学说。他认为：

> 天命之谓性。性者，理气之原而人与天地共者也，以其所自出言之，则曰命。从古圣贤教人尽性必由养心，心者神气之主，而或仅以穿穿寂守为治心，则必废天地民物之常经。气者，理所载以行，而或以口鼻吐纳为养气，则必为偏枯怪诞之异学。三代以后，儒释道分门，历代先贤扶而抑之，可谓详且切矣。然不究乎理所之主宰与吾身所以相关之故，则人固不知此心何以与天地参，而不明言养气存心之所以然，则人尤不知此身可以与乾坤一气也。

他指出，存心养性，必须以动、静、内、外相结合，静固然是动之本，但由于人心浮躁不宁，若不养浩然之气，则性无所居，心终难静，“《大学》言止于至善而后定静安，即此义也。果能定静安矣，则先天之性可以有诸已，由是而充实光辉以至化神”，达到至善、纯一而天人合一的最高境界。

刘沅在世之时，其学术影响已远播他省，被人尊称为“川西夫子”；逝世后，光绪三十一年（1905），川督锡良奏准在国史馆为刘沅列传。作为一个学问家和宗教家，刘沅的学术和宗教事业都后继有人。刘沅教业的真正继承者是第六子刘棖文，在刘棖文掌教的二十余年间，“刘门教”从初期创立的理论缔造阶段，发展到扩充教门、进行宗教实践活动的阶段。除了一些例行的斋醮和法会外，还进行了一些大规模的慈善活动，在巴蜀民间产生了深远的影响。刘沅学术上的继承者是孙子刘咸炘。刘咸炘对其父刘棖文的教业不感兴趣，他专攻学问，学术上融文、史、哲于一炉，虽在壮年去世，但是著作已经等身。著名学者梁漱溟、陈寅恪、蒙文通都对他推崇备至。蒙文通称他为“一代之雄，数百年来一人而已”。

刘沅晚年喜致力于公益，集资筹办慈善事业，修复祠庙。如于道光二十九年（1849）主持修葺成都武侯祠，重新审定树立祠内文臣武将塑像。现在，武侯祠内 47 尊蜀汉历史人物塑像中，有 25 尊是在刘沅的主持下重塑的，至今人们所见仍为刘沅调整后的风貌。刘沅为成都武侯祠、杜甫草堂、望江楼几处名胜古迹挥笔题咏，遗存多处锦绣诗文。还在祠内留下了 33 通碑碣，除两廊每尊塑像前的小石碑计 28 通外，另有《汉昭烈庙从祀功臣记》碑、《巍然庙貌》诗碑等 5 通。今天成都武侯祠尚存刘沅撰书的《巍然》等碑石，杜甫草堂尚存刘沅撰书的一块七律诗碑。书法圆润遒劲，取法甚古，风采动人，此外，刘沅还重修了位于成都西郊的黄忠墓。而刘家人自刘沅开始，五代人关爱武侯祠，堪称蜀中佳话。

（四）纪实史学

清代四川史学著述，以顺治、康熙时期成就最大，价值最高，其特色是纪实史学。明王朝倾覆之后，四川遭遇三十年左右的乱世。在饱受颠沛流离、杀戮死亡威胁之后，不少文人士子出于求实存真，为后世保留历史真相的考虑，喘息初定，就着手撰写自己的离乱实录。由于大多是亲身经历，笔触之细腻、事件之写实、过程之详尽，超出一般历史记述。《蜀乱》的作者欧阳直坦诚表明：“余蜀人，知蜀事，即以蜀论。”《蜀难纪实》的作者杨鸿基也说他在四川战乱中九死一生的经历，“至今思之，尤为心悸。故详忆见闻，传之笔札。事皆考实，言非无稽”。同时他也表明，部分传闻可能与事实有出入，“将来有事蜀乘之君子，补掌故之遗，或可证传闻之误云尔”。笔者认为，这是较为客观公正的态度。因此，我们既不可因个别史书无限夸大张献忠杀人数量就否定其暴虐滥杀的史实，同时也要认真研究这些纪实类著作披露的史实，对其中的传闻要多方核实，才能决定取舍。兹将与成都有关的清初纪实史学著作摘要作一简述：

1.《荒书》。

《荒书》1卷，新繁费密撰，全书约2万余字。此书完成于康熙八年(1669)，是纪实史著中出炉较早的一部。费密采用编年体记述崇祯三年(1630)到康熙三年(1664)张献忠及其大西军在四川的活动情况。所记内容多系作者亲身经历，耳闻目睹。叙事详明赅实，文笔简洁流畅，不失大家风范。这里节录一段崇祯十七年(1644)八月张献忠攻占成都时费密的史实记述：

> 八月七日，张献忠至成都，以火攻轰破成都北角楼，成都遂陷。龙文光、刘镇藩死战中。蜀王并妃赴井死。蜀王世子平□内江王奉鉴，巡按御史刘之勃守西道。陈其赤同知、方某、推官刘士斗、华阳知县沈云祚皆执于贼。封世子为太平公，数月杀之。刘之勃等皆不屈，死。

费密以一段简练的记述，就将张献忠攻占成都的史实表达出来。我们由此知道，大西军采用火攻方式，轰破城北角楼，进入成都。守将龙文光等战死，蜀王及其妃子均投井死。巡按御史刘之勃被俘后，宁死不屈，被杀。蜀王世子归顺后，被封为“太平公”，数月后也被杀害。如此宝贵的原始资料，有赖史书保存下来。

《荒书》最早流传大关唐氏刻本《怡兰堂丛书》本。新繁杨氏又以其抄本校勘。1983年10月，浙江人民出版社将此抄本纳入该社编辑的《明末清初史料选刊》，并据《怡兰堂丛书》本改正误字，并加以标点正式出版。

2.《蜀乱》。

《蜀乱》1卷，亦名《欧阳氏遗书》，或名《蜀警录》，四川嘉定欧阳直撰。该书内容分为首次两篇，首篇记述张献忠大西军和其他农民军的活动：次篇记述自己“历二十余年之颠沛流离”，九死一生的苦难生活。欧阳直被大西军俘获后，被任命为“记室”(书记官)，很受重用。其后乘机逃出后，先后在杨展军和入川清军担任知县、通判等职。刘文秀令其掌管四川财政、司法，后又担任永历政权高官。他对张献忠大西军、四川地方武装以及入川清军内部情况了解甚多，成为《蜀乱》的资料来源。这里节录《蜀乱》中有关张献忠建立大西政权的一段记述：

献贼僭称帝，改元大顺，以蜀王府为宫阙。加孙可望监军、节制文武，平东将军刘文秀挂先锋印，抚南将军李定国，安西将军艾能奇，定北将军王尚礼总理皇城，都督汪兆麟为阁部，余晋级有差。全设部、院、监、寺、科、道各衙门，升成都为西京。四道设学院四员，取士察吏。

从欧阳直的记述可以看到，张献忠攻占成都后，也曾堂而皇之地改元称帝，定都成都，除强化他的军事部署、加封各路将军外，也设立了内阁宰辅和各类执事衙门；还分设四道学院，准备开科取士。只是因为大西政权建立后，面临敌对势力反扑，不能实现偏安梦想，成都难以保全，张献忠思想情绪才发生突变。

3.《蜀难叙略》。

《蜀难叙略》1卷，太仓沈荀蔚撰，全书约2.2万字。该书记述了崇祯十五年（1642）到康熙三年（1664）张献忠大西军及夔东十三家在四川的军事活动。沈荀蔚为崇祯末年四川华阳知县沈云祚之子。沈云祚被大西军杀害时，沈荀蔚已经七岁，与母随舅父张叔度逃往洪雅县止戈街避难。据同治《嘉定府志》，顺治十二年（1655），“补眉州庠，旋客中丞署”。《蜀难叙略》所记内容多属沈荀蔚亲身经历及采访记录，史料价值相当高。这里节录一段发生在成都的杀人纪录：

献忠调远近乡绅赴成都，尽杀之。调各学生员听考，到即禁之大慈寺。齐集之日，自寺门两旁各站甲士三层至南城。献忠坐街头验发，如发某一庠过前，一人执高竿悬白纸旗一副，上书：某府州县生员。教官在前，士子各领仆从行李在后，鱼贯而行至城门口，打落行李，剥去衣服，出一人，甲士即拿一人。牵至南门桥上，斫入水中，师生主仆悉付清流，河水尽赤，尸积流阻十余日，方飘荡去尽。

张献忠以西王之尊，调集远近乡绅到成都，然后全部屠杀。然后又以省城“听考”的名义，调集府、州、县学的生员到成都，集中关押在大慈寺。进行更大规模的屠杀，尸首投江，锦江为之阻塞十余日。其惨绝人寰的罪行，令人发指。

4.《五马先生纪年》。

《五马先生纪年》，原稿已散佚，现存抄本分上、下卷，约 1.4 万字。[①] 作者傅迪吉，字石公，成都府简州人士。他在顺治二年（1645）冬由五马桥到简州城，准备在大西军营地出售蜀绸，被捕获。在关押期间，他投附军官张洪宇，被收为义子。不久，他在行军途中逃离，辗转简州各地，于顺治四年（1647）回到家乡五马桥。此后，曾迁居蒲江、眉山等地，又到过成都。顺治十年（1653）回到简州。屡试不中，遂先后在家乡教书，并去荥经贸易。晚年设馆训蒙。

《五马先生纪年》是傅迪吉的自传，他用编年体裁，简要记述了崇祯十年（1637）傅迪吉十一岁直到七十岁以上的经历和见闻。其中特别有史料价值的是，他投附大西军前后的亲身经历，有关张献忠军中情况、入川清军和南明军的部分见闻，以及顺治、康熙时期四川社会经济情况。

此稿是当事人记当时事，为不可多得的原始资料。此稿经胡昭曦教授校勘、标点并撰写《出版说明》，由四川人民出版社于 1981 年正式出版。[②]

（五）方志成果

明清成都学术成就还包括经久不衰的地方史志。有关全省性的方志有：明熊相纂修的正德《四川总志》37 卷，明刘大谟、王元正等纂修的嘉靖《四川总志》16 卷，明虞怀忠、郭棐等纂修的万历《四川总志》34 卷，明吴云皞、杜应芳等纂修的万历《四川总志》27 卷，清蔡毓荣、钱受祺等纂修的康

---

① 其抄本有二：一为道光二年（1822）简州傅锦涛据原稿的抄本，二为光绪三年（1877）傅春霖据道光二年本的抄本。

② 参见胡昭曦：《〈圣教入川记〉附〈五马先生纪年〉出版说明》，《巴蜀历史文化论集》，巴蜀书社 2002 年版，第 460—465 页。

熙《四川总志》36 卷，清查郎阿、张晋生等纂修的雍正《四川通志》47 卷，清常明、杨芳灿、谭光祐等纂修的嘉庆《四川通志》204 卷。有关成都市区的方志有：明冯任、张世雍等纂修的天启《新修成都府志》58 卷，清佟世雍、何如伟等纂修的康熙《四川成都府志》35 卷，清王泰云、衷以壎等纂修的嘉庆《成都县志》6 卷，清董淳、潘时彤纂修的嘉庆《华阳县志》44 卷，清李玉宣、衷兴監等纂修的同治《成都县志》16 卷。私家地方史志著述有价值者亦不少，明代杨慎研究云南历史的《滇载记》、搜集整理编辑的四川古代文献汇编《全蜀艺文志》，陆深的《蜀都杂钞》、杨学可专写明玉珍史事的《明氏实录》，谭学思记载四川各少数民族情况的《四川土夷考》、宦游四川的明代学者曹学佺编纂的有关四川的大型文献资料《蜀中广记》，费密记载明末四川史事的《荒书》，苟廷昭记载明代以前蜀中史事的《蜀国春秋》，陈祥裔《蜀都碎事》，李馥荣记载明末清初四川史事的《艳滪囊》，张邦伸记载蜀中史事的《锦里新编》16 卷，彭遵泗记载明末清初四川史事的《蜀故》27 卷，张澍补正《四川通志》的著作《蜀典》12 卷，等等，均有很高史料价值。

这些地方史志著述，对我们研究四川地方历史文化仍有重要的现实意义，可以成为今日城市文化建设的一个重要参考，反映了清代思想文化领域的一些基本情况，也受到迅速恢复发展的社会经济的影响。

清王朝建立后，即要求全国各省纂修地方志。顺治十七年（1660）完成的《河南通志》，带动了全国编修地方志书的热潮。因清初四川战乱不断，人口大量死亡、流离，直到康熙二十年（1681）以后，才将地方志纂修提上议事日程。

清代成都府及其所属州县共计纂修府、州、县三级志书 41 部。除康熙《成都府志》外，州、县志共计 40 部（州志 8 部、县志 32 部）。

从清代成都府地方志纂修情况看，康熙朝刚刚起步，只有《成都府志》《崇庆州志》《新津县志》3 部，大都极为简略，除《成都府志》差强人意外，其余两部仅 1 卷或“不分卷”。纂修地方志的高潮从乾隆朝开始，直至光绪时期，主要的州县志都在这个时期杀青告竣，证实了经济与文化息息相关的论题。

在编修县志之余，金堂、双流、郫、崇宁、灌、新都、新繁、新津等8县还编写了本县《乡土志》，灌县彭洵撰写了《灌记初稿》，汉州张邦伸还撰写了《绳乡纪略》。这种前所未有的地方修志盛况，表明地方文化随经济持续发展而兴。

第四编

近代成都城市的演变

经过清代前期百余年的不断建设与完善，鸦片战争前后，成都城市已是一座宏伟壮丽、繁华秀雅的古典城市，又是中国西南地区首屈一指的商业大都会。

第二次鸦片战争后，以英国商人为代表的国际资本开始向四川地区渗透，到19世纪晚期，成都受其某些影响，城市建设方面出现了近代化趋势。

【第一章】

近代成都城市商品经济的发展

成都商品经济在清代前期已有相当程度的发展，但它仍然植根于成都平原自给自足的农业经济基础上，没有出现质的变化。鸦片战争后，外国资本主义入侵我国东部各省区。经过第二次鸦片战争，特别是中英烟台条约签订后，四川开始成为国际资本期盼的目标。输入洋货和输出土货，是国际资本开始进入四川等长江上游地区。在这个过程中，四川原有商品经济的格局逐步瓦解，四川进出口枢纽、川东门户重庆成为四川进出口商品经济中心，僻处西部的成都商品经济优势逐渐消失，并开始向近代经济转化的过程。

第一节 晚清成都城市经济的近代化趋势

一、城市人口及其职业统计

继清代前期成都城市人口高速增长之后，晚清成都人口随着政治状况和社会经济的动荡出现了新的变化，其人口绝对数呈直线上升趋势；城市职业新旧纷呈，无业游民人数激增。嘉庆二十至二十一年（1815－1816），成都、华阳两县户口共计 15 万余户，77 万余人，其中男丁数 43 万余人，妇女数 34

万余人。到宣统元年（1909），成华二县户口达到17万余户，85万余人。从城区人口增长看，同治八年（1869），成都县城区（相当于今西城区）人口为2.3万余户，8万余人，华阳县无统计资料，但华阳所辖城区大于成都，其人口数应多于成都城区。光绪三十四年（1908年），成都城区（应为成华二县共辖城区）人口达6.3万余户，29万多人。到宣统二年（1910）三年间增加到32万多人，三年间净增3万余人。城区人口占总人口的比率，以宣统二年（1910）的城区人口32万多人除以宣统元年（1909）成华二县总人口85万，约为38.8%，可见城区人口密度很大。①

与成都经济社会状况相适应的人口构成情况，出现复杂纷繁，新旧并存的特点，兹列举几类。据傅崇榘《成都通览》上册，《成都之执业人及种类》统计：

城市劳动者队伍。传统匠作、力行有：木工、泥工、石工、篾工、篷匠、裁缝、蒸酒、刻工、顶棚匠、油漆匠、包金匠、纸扎匠、画工、铜匠、锅匠、镔铁匠、铁匠、皮匠、染房、梳花匠、轿子匠、棕匠、弹棉匠、各色织工、理发、澡堂、修足、接生、挑水、抬夫、背子、女仆、奶妈、东房、伙房、厨子、店中幺师、看门、打更等。与近代工商业联系的劳动者有：印刷匠、倾销匠、钟表匠、机器匠等，仅官办兵工厂、造币厂、白药厂，工人即不下3万人。

成都商帮有：茶帮、金号帮、布帮、当铺帮、票号帮、衣铺帮、捐号帮、栏干帮、瓮业帮、油米帮、京货帮、玉器珠货帮、银号帮、丝绵帮、钱帮、苏货帮、倾销帮、盐酒帮、扇庄帮、靴鞋帮、珠子帮、红纸帮、木行帮、白纸帮、百货帮、出口货帮、干菜帮、彩票帮、盐号帮、药材帮、绸缎帮、烟土帮、柴炭帮、烧房帮、烟帮、棉花帮、草纸帮、典锡春茶帮、糖帮、钱纸帮、皮货帮、绫绢帮、丝帮、湖绉帮、皮革帮、书籍帮、麻帮、水果帮、棉纱帮、木器帮、船帮、竹器帮、油漆帮、铜船帮、铁帮、笔墨帮、染坊帮、帽铺帮、机织帮、古玩帮、香货帮、玻璃帮、顾绣帮、匹头帮、砖瓦帮、客

---

① 参见西禾《成都历代城市人口的变迁》，《成都地方志通讯》1984年第2期。

栈帮、茶食帮、颜色帮、酒席帮。

商人、商贩队伍。除4209个商号的富商大贾外、小商小贩难以数计，号称“七十二行”，其主要行当有：收荒、人贩子、房贩子、首饰匠、线牌子、线箱子、线担子、花担子、花婆子、玉器担子、布壳匠、裱褙匠、补缸匠、补凉席、补扇子、补伞匠、打秤匠、纸捻子、牛肉摊、花生摊、水果摊、烧腊摊、卖花、换碗、蚊烟，等等。

宗教职业者。成都近代佛教、道教盛行，僧人、道士云集寺观，共有僧人597人，道士266人；天主教、基督教教士3979人。此外，伊斯兰教民亦有相当可观的数量，共2594人。

成都城市为四川省政治中心，清代总督、将军、提督、学政以及各司道官员驻节之地，所属军政文武官吏、八旗兵丁以数万计。“而候补者，褫职而谋开复者，为数更不下万人。”[①] 这批为数众多的军政官僚及其庞大的附庸阶层也是成都城市人口的重要组成部分。此外，尚有戏曲、杂耍、术士、迷信、诈骗、赌博、娼妓等品类复杂的各流人口，难以数计，兹不备录。

二、国际市场对成都城市经济的影响

道光二十年（1840）以后，随着国际资本的不断开拓中国市场，中国自给自足的自然经济开始走向分化瓦解。由于地理条件的限制，四川晚至19世纪70年代中叶，第二次鸦片战争之后，才开始直接受到第一次全球化浪潮的冲击。光绪二年（1876）中英订立《烟台条约》带来的直接后果，就是清廷被迫开放长江上游口岸，设立海关，并允许英国及欧美、日本各国开展长江上游的航运贸易；开放重庆并作为长江上游对外贸易的口岸，允许外国商人在重庆考察商务。

国际资本对成都经济的影响。首推光绪三年（1877）官办四川机器局。丁宝桢是四川机器局的创办者，他深受洋务派“求富”“自强”观点的影响、

① 马尼爱：《戊戌时期法国人眼里的成都》，《四川文史资料选辑》第二十辑。

认为“中国自强之术，于修明政事之外，首在精求武备”，而振新武备，必须建立机器局，“令其自办机器制造”。四川机器局开办之初，即从外国购买“外洋大小紧要机器”，费银9000余两。① 以后这一购买活动迅速增加，生产出为数不少的新式军火和各种机器设备，成为国内洋务企业中卓有成效的一家。

光绪二十一年（1895）以后，四川机器局抛弃了已有相当进步的枪炮、机器生产，迷信洋枪洋炮，对国际市场的依赖越来越严重，除机器设备零件外，从钢铁到铅笔，几乎所有原材料均购自外洋，仅光绪二十一年一年间，用于购买原料的经费就达3.4万余两。这一事例说明，成都近代官办军火工业，是直接受到国际市场影响开办起来的，并且随着国际资本对四川经济影响的加剧而日益变成国际市场的依赖者；不如此，它就无法生存下去。

由于国际资本在19世纪末到20世纪初加紧向四川输出商品和收购原料，成都经济不能不受到更大的影响。戊戌（1898）时，法人马尼爱在成都所见“洋货甚稀，各物皆中国自制。而细考之下，似有来自欧洲者，但大半挂日本牌记”②。至20世纪初，洋货已充斥成都市场。宣统二年（1910），法国驻川领事巴达，给法国总商会的报告说：“法商在川贸易日益繁盛，其最获利者，玻璃、花瓶、肥皂、钟表、洋酒、香水、香粉及绸缎并洋铁器具等类。”（《云南杂志》第20号）

当时成都主要行销的洋货有：洋纱、洋布、匹头、绸缎、栏干、毛纺织品、五金制品、染料、药品、化妆品、火柴、肥皂、皮革等。仅以成都近郊郫县为例，行销“棉花、棉纱、洋货、匹头”，“每年约值银三十万两”（《成都通览》）。由于质高廉价的洋纱大批输川，包括成都地区在内的四川棉纺业遭到致命打击，“新繁之贫妇，多勤纺织，每一日能纺棉花半斤。近来洋棉线稍夺其利，村巷夜深，机声微矣”（光绪《新繁乡土志》）。洋纱取代土纱的地位，土布亦逐步被洋布所取代。过去，成都妇女“多以织栏干为大宗，今则

① 汪敬虞、孙毓棠主编：《中国近代工业史资料》第三辑，科学出版社1957年版。

② 马尼爱：《戊戌时期法国人眼里的成都》，《四川文史资料选辑》第二十辑。

栏干几于歇业”（民国《华阳县志》）。这样，在商品流通领域里，一部分洋货以填补空白的新产品的形式占据成都市场，如火柴、肥皂、洋油等；而另一些洋货，则以质高价廉的优势，取代了传统土货的地位，如洋纱、洋布、洋绸缎、洋染料等。这说明，洋货在成都商品市场基本上站稳了脚跟。

与此同时，国际资本的代理商为着提供市场工业原料，亦加紧在成都地区收购土特产品，其购出的主要为农副产品：猪鬃、鸭毛、赤金、人发、牛骨、牛皮、生丝、草帽、兔皮、破布、火麻、茶叶、名贵中药材等。随着洋货的大量拥入和作为国际资本工业原料的土货成批输出，成都地区出现了专门经销洋货和收购出口土货的大批商号，据傅崇榘《成都通览》，最著名的有：公泰字号（西东大街）、从仁祥号（科甲巷）、光裕厚号（总府街）、正大裕号（暑袜街）、马裕隆号（西东大街）、章洪源号（东大街）、大有征号（总府街）、元利生号（西东大街）。这样，国际资本通过他们的代理人，在成都商业中确立了他们的地位并产生了与日俱增的影响。

在交通闭塞的四川盆地，川江航道成为大宗长途贸易的主要运输线，因此，地处长江上游口岸的重庆，成为近代洋货入川和土货出川的集散地。重庆大商号垄断了四川的进口贸易，以洋布输入为例，“重庆洋布进口贸易全部操纵在27家商号手中，他们直接派有代理人常驻上海”。他们从上海购运洋布回川后，再向包括成都在内的四川各地推销。重庆商号将洋布批发给广货铺，再由广货铺批发本地大小布店和来渝采购的各地水客，水客将洋布销售四川各地城镇市场，形成完整的洋货运销网络。外国商人在重庆开设洋行、公司等51家，其主要业务是向四川各地收购土货和积零成整，在重庆设厂加工而后输送出川。如日商新利洋行为垄断全川山货来源，“曾一次开设了四十八个分庄，控制了全川的重要山货产区。”新利每年派赴川西各县收购各种山货土产的采购人员达六七十人，成都地区的羊皮、羊毛，完全为其垄断，这就使重庆很自然地成为近代四川进出口贸易中心，取代了四川传统商业中心成都的地位和作用。①

在国际资本的直接影响下，成都商业开始具有程度不深的近代化性质。但是，不能过高地估计这种变化的程度，根据有关研究，迄止辛亥革命前夕，四川棉织业中使用洋纱（包括国产机制纱）的比重为52%左右，较同一时期全国平均比重73%低。洋布对于土布的取代，辛亥前夕，洋布替代率为11.8%，而较同一时期全国平均替代率34.7%低得多。棉纱和棉布居洋货输入量之首，其他商品可想而知。迄止20世纪初，四川主要土货鸦片、生丝、蔗糖、茶叶、烟叶、桐油和其他山货商品总值为4830万元（其中鸦片占1800万元），以当时四川人口平均，每人仅1元左右，只相当于19世纪60至70年代全国平均水平。在自身商品率极低的情况下，尽管国际资本对四川的商品输出率也低，对旧有的城市有限消费性商业产生了轻微的震荡，主要影响是削弱了成都在四川商业中的传统作用。在这种情势下，成都商业多少渗入了一些新兴产业因素。

三、 传统工商业仍居近代城市经济主要地位

成都商业虽然受到国际市场商品输出的影响，使传统商业的地位大为削弱并抑制了它在全川商业中的支配作用。但是成都商业却未因此发生质变。受到削弱的传统商业仍居城市经济主要地位，城市商品生产，特别是技艺高超的手工业产品，仍然有销路，部分农副产品作为出口土货转运重庆销售，但仍有大量的农副产品，特别是生活资料，按传统销售方式在成都集散。

据宣统二年《四川官报》统计，在20世纪初，近代成都工商行帮共有51个，公司2家，商号4460家，资本银总额293.4万两。

① 参见姚贤镐：《中国近代对外贸易史资料》第三册，中华书局1962年版；《重庆工商史料》第1辑，重庆出版社1982年版；隗瀛涛、周勇：《重庆开埠史稿》，重庆地方史资料组，1982年。

（二）成都市区流通商品仍以日用商品为主

从上述成都工商行帮统计资料看，成都城市商业仍以传统商品（包括手工业工艺品、日用消费品、农副产品）居主要地位，在商号总数中占绝大多数。其中特别是玉器、金银制品、丝织品最富特色，玉器、金银制品大多由商号自有的手工铺店，作坊依传统方法生产，这是成都传统名产。

如蜀锦的生产，由于19世纪五六十年代太平天国占领江南丝绸产区，清廷织造府的贡锦缎采办转至成都，自同治四年至光绪二年（1865—1876）共采办7次，仅光绪二年即“令四川采办锦缎绉绸等件二千九百余匹”，因此，传统绸缎长机业非但未衰落，反而有所繁荣，迄止20世纪初，尚有机房400余家，织机11000余部，工人4万至5万人，绸缎帮经销的绸缎，大多保持了传统蜀锦的工艺特色，在全国丝织品中享有盛誉。

根据20世纪初统计成都地区16县（今成都市范围）流通的商品共251种，其中123种由本地生产，128种由外地输入。本地生产的商品中，销于上海、北京、广东、外洋者有猪鬃、鸭毛、烟土、赤金、麝香、五倍子、牛骨、牛羊皮、兔皮、牛羊毛、皮渣、人发、生丝、草帽、巴缎、破布、火麻、白木耳等20种，在本地产品中所占品种不到1/6。外地输入的商品中，洋货主要有洋纱、洋布、洋油、洋广杂货等，在整个外地商品种类中占极少部分。由此可见，近代成都商业与外国资本主义市场的贸易关系十分薄弱。成都市场流通的主要商品仍是生活消费品，可分为以下几类：

（1）天然纤维和纺织品：棉花、蚕茧、蚕丝、丝棉、湖绉、巴缎、锦缎、宁绸、摹本、丝线、顾绣、栏干、织绒、草帽，布匹、匹头、夏布、苏杭绸缎、棉线、黄麻、火麻、麻索。

（2）食品：菜油、花生油、牛油、烧酒、老酒、绍酒、普茶、毛茶、干菜、红糖、白糖、酱油、海菜、蜂蜜、猪、牛、羊。

（3）药材：通草花、红花、土药、麝香、鹿茸、虫草、贝母、芎䓖、泽泻、郁金、白芷、姜黄。

（4）燃料：木柴、㭎炭、兰炭、煤。

（5）日用品：叶烟、蓝靛、牛胶、牛皮、铜、铁、锡器、纸、钱纸、卤漆、坛罐、杂货、木料、黄白蜡、洋油、桐油。

从经济增长的角度看，国内市场的扩大，与其说是靠消费品推动，不如说是靠生产资料的增长，生产资料的增长应当超过了消费品的增长。而上述状况，从反面说明，近代成都商品市场尚未出现向近代商品流通体系转化的趋势。

从金融业看，迄止19世纪末叶，成都仍是旧式票号、钱庄、当铺林立。咸丰间（1851—1861）统计，成都有山西票号20余家，其主要业务仍为筹饷、报捐、丁粮汇兑及官府赈济周转等。20世纪初统计，成都市区有钱庄（铺）189家，当铺32家，其业务是存放、抵押、盘剥农民和城市小商贩。只有银行业兴起，山西票号才会走向衰微。

总而言之，由于外国资本主义对四川的商品输出远未造成自给自足自然经济解体和商品经济的迅速发展的历史条件，因而，成都传统商业、商品市场虽然受到洋货市场冲击，但直至20世纪初，基本上维持传统格局，并未发生转变。

四、 新式工商业的缓慢发展

四川近代工商业的产生和发展。始于19世纪70年代，20世纪初期达到高潮；首倡于洋务运动，继行于维新运动，勃兴于光宣新政。其间，先后在川任职的开明官僚张之洞、丁宝桢、锡良、周善培等均能明察时势，求富自强，积极引进资本主义科技和经营管理方法，举办了不少官办、官商合办工商实业。自甲午战后，民族危机日深，四川商民以实业救国为己任，“商务以挽利权为宗旨，必以广制造为要着”，提出“凡洋货所运销于内地者，先择成本少，仿造易，行销多者，由粗而精，逐渐推广，纵未能骤行于外洋，少可抵制进口之洋货”。20世纪初，四川商办工商企业蔚然成风。兹分类简述如下：

（一）创办新型企业

1. 书报印刷业。

19 世纪 70 年代初，张之洞任四川学政，提倡通经读史，开办尊经书院，四川学风一时大变。张之洞以白银 300 两资助周永德（达三）志古堂扩大印书业务。志古堂先后刻印《说文解字》《玉海》《十七史商榷》《读通鉴论》《读史方舆纪要》《天下郡国利病书》《文史通义》等百余种重要典籍。由于版本精善，校勘认真，志古堂在成都印刷业中声誉卓著。

光绪八年（1882），原在双栅子街经营涤雪斋画像业务的吴绍伯，在桂王桥南街开办石印和照相业务，所印《四川盐法志》插图极为精美。

外省书商来成都经营铅石印书业的，首推光绪十年（1884）外省书商樊孔周等在学道街开办的二酉山房，除转贩江浙刻本外，还代销商务印书馆、点石斋、扫叶山房图书和上海发行的新书报。

光绪二十六年（1900）以后，上海铅石印、铅印新版书在成都大量流行。上海商务印书馆率先在成都青石桥北街开设分馆。主持人朱锦章善于营运，所印新书销路很好。中华书局于民国 2 年（1913）在成都卧龙桥开设分店。稍后，世界书屋、开明书店在春熙路、祠堂街均设分店。

光绪十年（1884），本地书商裴子周开办铅石印书店绿海山房于东御街，其重要业务是以蜀版书贩运上海交换洋版书。宣统元年（1909），四川官办木刻书店存古书局开办，大量印行锦江、尊经书院原刻典籍，并于学道街开设书店。

成都机器印刷业始于光绪二十九年（1903），本系童某由上海购回小型铅印机一架，在三道会馆开办文伦书局，曾代印《蜀报》创刊号，刻印《新版应试必读》六卷。光绪三十年（1904），铅印官报书局设立，初印《四川官报》，后增加印书业务。民国初改名四川印刷局，民国 14 年（1925）停办。此外，商办木刻，铅印企业，还有光绪三十四年（1908）开业的福昌印刷公司，1912 年开办的聚昌印刷公司，以及随后开业的日新印刷公司。这些企业规模虽小，有的技术却很先进，如日新公司，已能照相制版。[①]

2. 四川机器局、兵工厂。

光绪三年（1877），丁宝桢升任四川总督，他认为，清王朝要在内忧外患中生存下去，“于修明政事之外，首在精求武备”，经奏报清廷，创办四川机器局于成都东南郊下莲池，委派候补道夏时、劳文翔总理局务，成绵道丁士彬会同办理，曾昭吉总理工务。光绪三年至十年（1877－1884）机器局 8 年间（中间停办两年）共开支经费银 51.5 万余两，共造机器和机器部件 1142 部（件），前后膛洋枪 15461 杆，以及部分洋炮，其成效是显著的。

光绪十二年至光绪二十一年（1886－1895），刘秉璋督川期间，大幅度压缩四川机器局经费和职工，全局业务从制造军火转向修理枪械。光绪三十一年总督锡良又在东门外建立新厂（今南光机器厂），专门生产军火，称兵工厂，旧厂专门造币，称造币厂，此外又建白药厂，生产火药。光绪三十年，机器局试行发电，安装电灯，可照明 2000 盏左右，这是成都有电灯之始。

3. 造币厂。

四川铸造银圆，开始于光绪二十六年（1900）。总督奎俊委任机器局总办赵鸿猷（山西平遥人）兼任银圆局（全名“户部四川银圆总局”）事务，在机器局设计银圆样币，由德国进口制造银圆的机器设备，于光绪二十七年正式开工铸造。银币种类，龙大圆（重库平银 7.4 钱，作 7.1 钱行使，内含 9 成纹银，一成铜珠），伍角、贰角、壹角、半角（重量照龙圆类推，内含 8.8 成纹银，1.2 成铜珠）。造币厂原料由藩库、盐库指拨。成品在总府街设立四川银圆总局兑换，银圆兑换银锭，银圆作 7.1 钱计算，每 10 枚银圆付给银锭贴水三分。造币厂还铸造戴冬帽人头图像藏圆（每枚重 3.2 钱，内含纹银 7.5 成，钢珠 2.5 成），专供西藏地区行使，一般称藏洋。光绪二十九年，又铸造当十、二十铜圆两种，作为面值较小的货币流通。[②]

---

① 刘东父：《清代成都木刻书业和外省书商的发展》，《四川文史资料选辑》第八辑。

② 刘东父、周询：《四川兵工厂、造币厂的创立》，《四川文史资料选辑》第二十辑。

4. 劝工总局。

光绪二十九年（1903），川督岑春煊奏准在成都创办劝工总局，局址在旧皇城后子门内东侧宝川局，委任原成都府沈秉望为督办，有员司 30 人，先设在正副厂，后设织造厂及东区外厂区，内分刺绣、染织、陶瓷、卤漆、竹丝、丝棉、麻织等 30 余个生产项目，改良工艺 20 余种，先后培养熟练工人 2000 余人，并兴办各厅州县劝工局 54 处。

5. 官商合办乐利造纸公司。

光绪三十二年（1906），由劝业道沈秉堃发起，开办乐利造纸股份有限公司，资本 6 万元，采取官商合办方式，每股 50 元，共 1200 股，周年行息 6 厘，一切章程均照商律，据《四川官报》，“附股人不论官大小，均只认为股东，与无职的付股人一律看待”。公司一切办事权归总理，总理及各司事人员由董事“照章选派”，而董事“由众股东照章公举”。为吸取日本静冈纸厂技艺，由劝工局选派学徒 6 名，赴日培训，并购办机器，延聘总工师一人，公司因买地建厂，订购机料，延聘技师及脚力关税，原集股本告罄，由商务局、劝工局附入官股 400 股，又由股东会议续招商股 400 股，合计 800 股，4 万元，新旧股合计 10 万元。乐利公司主要生产“着色洋纸”。受四川总督“通饬”，承造 8 种公牍纸张和四川暗记官状格式，劝业道“已定价值，公牍纸每张二文半，官状格每张三十文”①。

6. 商办裕德肥皂厂。

光绪三十四年（1908），由商人创办，资本 1.9 万元，雇工 12 人，年产化学肥皂 1.8 万打。

7. 商办自来水公司。

商办自来水公司创办于光绪三十二年（1906），由成都商会分董马正泰发起，“集股本多金，仿沪上办法，用机器汲水，分注各家门首”。开办以后，颇受市民欢迎，成效显著。

---

① 杨大金：《现代中国实业志》上册，商务印书馆 1938 年版。

8. 商办启明电灯公司。

宣统元年（1909），商办启明电灯公司创立，实收资本 34850 元，购买锅炉、电机 2 部，可供电灯 1500 盏。供电区域在南新街及西东大街一带。宣统二年（1910），实收资本 59795 元，购置瑞生洋行 70 马力的锅炉一台、直流电机一部，供电区域从东大街、春熙路起，至盐市口止。宣统三年（1911），实收资本 61560 元，购置捷成洋行火管式 60 马力的锅炉一台及 72 千瓦直流电机一部。由于保路运动兴起，公司经营活动时有中断，负债 34869 元。辛亥革命后，启明电灯公司虽然遭受四川军阀内战祸害，但仍在不断发展，成为成都少数几个较为成功的近代企业之一。

9. 商办四川实业机械厂和华昌电镀厂。

据《华阳县志》等史料载，宣统元年（1909），商办实业机械厂和华昌电镀厂建立，这两个厂是以较为先进的机器设备进行生产的企业。实业机械厂“专造民间小工业需机械，颇著成效”。华昌电镀厂锅炉设备齐全，聘请宁波技师三人负责生产，专门对金属制品进行电镀加工。以上两厂是成都较早的民用重工业。继起的励济水电厂，则利用成都河道水量丰富的特点，发展电力，兼营化工，“先设制碱及水力发电二部，其余若炼钢铁、造机器，凡关于日用，轻而易举者逐渐推行”。

上述企业不论官办、官商合办和商办，除四川机器局外，其共同弱点是生产规模小，以手工操作为主，资本不足，产量不高。在严格意义来说，其实际水平并未超过手工业工场。但其开办宗旨大多出于保利权、反侵略的目的，应属于民族资本主义初级阶段。

（二）创办新兴商业

1. 城市商业的繁荣。

19 世纪末至 20 世纪初，成都商业中开始出现了资本主义经营方式，首先表现在商品流通范围进一步扩大，与外国资本主义市场建立了日益频繁的联系，一些商号开始专门经销洋广货品。行帮商号中，如绸缎帮中的“林德裕长号”“长荣发生号”“金荣成文号”“张清德厚号”“珠子帮 70 家商号”，专门经销洋货。由于适应外国资本主义市场对四川商品的需求，川西地区出产的大宗土货，如生丝、绸缎、萱麻、白蜡、漆器、草帽辫、蜜饯、酒类、动物皮以及250余种药材，都依靠成都市场运销重庆口岸。成都商品市场上，一些农、牧、副业产品交易量猛增，成都商号开始与外国资本主义市场建立贸易关系。成都商号一般通过重庆商号与国际市场联系，"每年在一定的季节里，商人从偏僻和辽远的成都……来到重庆，运来他们的土产——鸦片、药材、生丝，等等，并运回洋货"。仅生丝一项，成都每年通过重庆出口的数额就有109万两，但是，值得注意的是，成都商号中，已有三家"直接在上海采购"，他们从四川运来土货与上海洋行交易，并向洋商采购洋货。①

为了扩大商品流通渠道，促进物资交流，推动川省农工商矿等业发展，商务局、劝业道多次在四川各地组织开办商品展览会和劝工会。光绪三十二年（1906）初，经通省商务局批准，将一年一度的成都青羊宫花会加以扩充，更名为"四川商业劝工会"，并制定章程。凡各府、州、县出产及其制成品或货物，均可来会参加比赛、陈列展销。这是四川通省第一次商业劝工会，初次展销会规模较小，展销商品较少，影响不大。周善培主持劝业道成立后，又陆续举办了两次大型的"商业劝工会"。光绪三十三年三月十一日至十八日（1907年4月23—30日），成都举办第二次商业劝工会，有千余家厂矿企业提供了产品，并有学界、工界、商界发展之应用机器和模型标本，售货价值达40万元。光绪三十四年（1908）春，劝业道举办第三次商业劝工会，并对产品进行了评比，璧山的织绸机、泸州的纺纱机被评为头奖。还悬赏奖励机器制造，发布《晓谕商民白话告示文》，宣传开辟利源，抵制洋货，借以"耸动商情"。在这些大型展销会的影响下，各地也仿此法举办了一些综合性或专业性的展销会和劝工会。

四川当局除了组建有助于发展川省工商实业的机构外，还开办了不少实业学堂或训练班，以培养各类工商实业所需的人才。光绪三十年（1904）成都办工务学堂，光绪三十一年办艺徒学堂，光绪三十二年四川劝工局办艺徒

① 姚贤镐：《中国近代对外贸易史资料》第三册，中华书局1962年版。

培训班，光绪三十二年四川农政总局办中等农业学堂，光绪三十三年四川学务处办中等工业学堂，光绪三十四年四川商务局办实业学堂，作为“四川救贫起弱之基础”。宣统元年（1909），成都办财政学堂。宣统元年，通省劝业道办劝业员养成所，培训劝导实业人才。宣统二年四川学务公所办实业教员讲习所，同年通省劝业道办四川商业讲习所、会计学堂，等等。这些学堂或者培训班、讲习所涉及工、农、商各种行业，为这些行业培养了众多的生产、经营、管理方面的人才。伴随着成都商业的繁荣，出现了商品市场的扩大和商会的成立，兹简述如下：

（1）新式商场的不断扩大。光绪二十九年（1903），成都总商会鉴于旧有的商品市场，无法满足成都商业发展的需要，强烈要求四川当局扩大商品交易场所。四川劝业道周善培为推行“新政”，与成都总商会筹商创办全国第一所以“振兴实业，发展工商”为要旨的“劝业场”（最初名“劝工场”）。“劝业场”定为商办，由商会筹资 4 万两，鸠工兴建。劝业场位于成部总府街，前后长达 100 米，分前场、后场，中有东西支路。前后场口辟有舆马场地。场内铺房鳞次栉比，一楼一底，共有 150 余家商行、店铺。每户商品各有专业特色，集中了成都工商产品精华。场内划出 10 平方丈场地，建立商品陈列馆，罗列中外制造商品，表示对新式商品的奖励。为吸引主顾。成都商会还集资 2 万两，在场内开办电灯。商会规定，在场内营业的商号店铺，无论本地土产，抑或外来洋广货，均应定价出售，悬挂价目牌，革除旧商弊病。因此劝业场很快就成为成都商业贸易中心，营业非常兴旺。宣统元年（1909），全场交易总额为白银 33 万余两。宣统二年，改名商业场，全年交易总额为 46 万余两，其中洋广货贸易额占了相当比重，仅以专门经营洋广货的谦益祥、田玉记、章洪源三家，营业总额达白银 5 万两（不包括兼营洋广货品的商家）。可见，民营资本在成都商业中已有了一定程度的发展。①

除商业场外，民国元年（1912），成都名胜锦华馆被辟为新式商场，作为大型商品交易场所。民国 8 年至 9 年，成都昌福馆建成又一综合大商场，后

① 参阅陈祖湘、姜梦弼：《成都劝业场的变迁》，《成都文史资料选辑》第三辑。

作为银器交易中心。民国13年，成都现代最繁华的商业街区春熙路被开辟出来，分为南北两段，南通东大街，北至总府街，形成四通八达的商业大市场。各大商号、金融行业鳞次栉比，中西百货荟萃，顾客络绎不绝，游人如云，观者如堵，成为成都最大的百货卖场。

（2）成都总商会和公司的建立及其活动。19世纪末至20世纪初，成都商民激于反帝爱国热忱，以振兴实业、收回利权为己任。据《渝报》等史料载，"因谓欲挽利权，必在商务，风声所被，达人竞兴，局厂公司之设，遍于行省……趋时审变者，矫首而谈商矿制造之学，衣冠几筵，盈耳皆是"。为协调各行各业商帮关系，活跃商品流通和对外贸易，光绪二十九年（1903）成立成都总商会，光绪三十一年（1905），制定章程17条，由各商帮选出帮董1至2人，组成总商会，选举正副会长。总商会设总府街。[①] 在成都总商会和重庆总商会的积极筹划下，光绪三十年（1904）成立四川通省会联合会。该会通过四川省商务总局颁布的招商开设公司章程15条，对日益扩大的四川对外贸易作了若干重要决议；首先表明，由商会统一进行对外贸易，设立"制造"和"转运"两大公司，"土货行销出口者归入转运公司；改造土货及仿造洋货者归入制造公司。每项商业以出本承办者为本项商总，由总局……酌定章程，分别咨详立案……俟该项商业试办有准，始行推广，出票集股，以昭公信"。总商会在省内制造和转运方面享有充分的自由。对大宗进口货物，须预筹销路者，"俱先与行销口岸各行议定价值，订立合同……如数采运，按期交货，始无跌价亏折之虞"。各制造转运商总，可申请专利年限，"别家不得仿办"。章程对外国投资者予以限制，"各公司均不准招集洋股"。这一招商章程的出现，是四川商业，特别是进出口贸易蓬勃发展的产物，它反映了民族资本主义工商业上层为确保自身利益，抵制帝国主义商品和资本输出，要求实行行业垄断的强烈愿望。此外，为解决日益增多的商事纠纷，四川商务总局还在成都设立了"商事裁判所"。

---

① 张达夫：《清末的"维新变法"在成都》，《成都文史资料选辑》第四辑。

2. 城郊场镇商业网络的初步形成。

成都近代商业发展的一个重要方面，是城郊场镇经济网络的形成。根据各县志书统计，华阳、双流、温江、新繁、金堂、新都、郫县、灌县、崇庆、新津、邛州、大邑、蒲江、彭县等13个郊县，从19世纪上半叶到20世纪初，场镇数量有一巨大增长。19世纪上半叶，成都郊县共有场镇195个，迄止20世纪初，共有场镇370个，增长率为89.1%。[①] 如此众多的场镇密集川西平原，每场之间，间距短者，二三公里，长者五六公里。各场镇人口，少者数十户，多者数千户。场镇为各地农副产品、手工业品和舶来品的定期交易市场。场镇商业，"以米、面、油、盐、丝、绵、谷麦等项为大宗，牲畜、布帛、药材、杂粮、杂货为次。外此则蔬果、鞋、袜、针、线、糕饼而已"。这些场镇按其商品交易种类不同形成若干类型：

如郫县场镇，以农副产品为盛，"县市奇日一集，在北郭外者曰米市坝，乡农晨集，所售者有米、有麦、有莜、有豆、有糠，名曰小市。大市初在城中之南华宫……其市则米为大宗，菜籽及油次之，麦又次之。赶集日，县境商贾咸至，他县如成都、新都之商亦至，交易之金或数十万或万，或数千。至大小烟市，五月后川东南之烟商至……市又逢月之朔望，女红出品甚盛。"温江"邑商大小八千有奇，高货出境，米油麻烟为大宗，入境盐、茶、布匹为大宗，岁值二百余万金"。

灌口镇是川西北山区药材、赤金、羊毛等山货集散地和青城山名茶产地，商业极为繁荣，"城内外尘肆罗列……商贾麇集，以贩运药材、羊毛者特多，行销渝、宜、汉、沪，岁值十万元。鹿茸每年一市价，亦二三万元，麝香、赤金为数复夥，是皆产自松懋诸属，而类聚于此。"茶叶精品甚多，"有雀舌、鸟嘴、麦颗、片甲、蝉翼，盖就早春嫩芽之状而名"；粗茶"通称毛茶"，"民间恒饮"。"植茶者曰园户"，专门设置茶房制茶。灌县茶叶行销成都平原者，

---

① 据高王凌《乾嘉时期四川的场市、场市网及其功能》中"四川各州县的场市数量"统计。19世纪上半叶的总数，以嘉庆数为基数，缺项由前后时期数补入。20世纪初的总数，以光绪数为基数，缺项由前后期数补入。见中国人民大学清史研究所：《清史研究集》第三辑，四川人民出版社1984年版。

称“腹茶”，行销川藏边区者，称“边茶”，每年销数达2万至3万包。

簇桥镇仍是成都生丝和丝织品交易中心，双流、新津、彭山、邛崃、蒲江、丹棱等县所产生丝均汇集此处，由各地商人购买，而后销往成都、重庆、上海。①

坐落水陆要冲的场镇，以其交通运输线为优势发展起来。如温江县赵家渡，清末时，“坐而贾者千余家，待而沽者不胜计，河下船筏辐辏，状如梭织，其往来负贩、运送、角逐之人，络绎不绝”。同时也存在率先受外国资本主义商品输出影响的地方市场，如南川县福寿场“贸易洋线布匹”；南充县城外五显庙米市，“旧日又为土布市，近日洋布盛行，土布市废”。场镇经济网络的形成是成都地区商品经济发展的必然结果，它不仅促进了城郊经济的繁荣，加强了本地与外地商品流通，而且对成都工商业的繁荣，也是一个有力的促进。

从商品流通情况看，每一个场镇，都是特定地区的区域性市场。各地场镇除交易本地商品外，长期存在互相调剂有无，以各自土特产辗转贸易的习惯。虽然由于洋货输入，在某些方面改变了这种习惯性贸易。但是，洋货仅仅取代了场镇市场部分土货的地位，远远没有瓦解区域性市场基本的贸易格局。因而，成都郊区区域性市场仍然存在，只是某些商品的运销路线发生了改变。成都县属市场“贩运往来处，如丝来自川北及嘉定一带”，“药材、皮货由雅泸松宁各地运来，省自所产之绸缎、栏干、绒纬各货则行销滇黔两省为多”，这些商品的往来贩运与清代前期没有不同。而布匹、洋油、广杂货等洋货，则“由重庆转运而至”。崇庆州出产中药、农副产品11种，“运销下河”，而行销洋纱、洋货、棉花、匹头等，“由江口运销本境”。据有关研究者统计，以金堂、新都两县行销商品为例：两县合计商品流通总额中，省内商品占78%，省外占10%，洋货占12%。两县人口847865人，平均每人购买外地商品价银不超过0.69两，如以人均年生活费银12两计，每人仰给于外

---

① 姚贤镐：《中国近代对外贸易史资料》第三册，中华书局1962年版。

来商品比率仅达5.75%，其中99%由本地自给。[①] 因此，成都城郊场镇是以省内和本地商品为主、省外和国外商品为辅而形成的区域性市场网络。

五、 城市消费生活的增长

近代成都在物质和精神生活方面表现出复杂畸形的状态，出现了新旧并存、贫富悬殊、文野分离的巨大反差，成为中国内陆文化名城中的典型代表。

近代成都城市人口庞杂、众多，决定了城市经济生活的复杂、多样。总的来说，城市以官僚、富商为代表的上层市民经济生活趋于奢华、淫靡，而品类复杂的市民队伍亦有各种不同的需求与享受。为满足80万左右城市人口的巨大消费，成都城市除开设4万余家商号，尚有其他大宗消费。

（一）誉满天下的成都餐馆和名菜

晚清时期，成都饭馆多而无考，比较讲究的“南馆”（即承包筵席），有楼外楼（劝业场）、曲香春（咸平街）、醉霞轩（玉沙街）、式式轩（湖广馆）、云龙园（纱帽街）、培森园（白丝街）、隆盛园（卧龙桥）、正丰园（棉花街）、万发园（棉花街）、味珍园（东顺街）、平心处（红庙子）、瞍园（总府街）、可园（会府北街）、一家春（华兴街）、新发园（德盛街）、清心园（天涯石）、龙森园（正府街）、义和园（东华门）、协盛园（学道街）。以上这些南馆，菜可出堂，其馆内可以招客，开账时有折扣，食毕另加小费。常以菜肴齐全、制作精美而著称。较南馆更阔绰的包席餐馆为正兴园、复义园、西铭园、双发园，专门烹制燕菜全席加烧烤、玉脊翅全席、鱼翅席、海参全席、甜席等大菜。

这些餐馆菜肴烹制正宗川菜，其风味特色可以概括为：清鲜醇浓并重，以清鲜为上；广集民间风味，以麻、辣兼备见长；烹制方法多种多样，以干烧干煸、爆火煎炒驰名；选料范围极广，以禽畜鱼品蔬鲜为主；刀工技法特殊，贵在快、稳、精、巧，能雕出动人图案，能切出赏心悦目的菜肴花样，

---

① 谢放、王永年：《近代四川市场研究》，《四川大学学报》1987年第1期。

如凤尾、腰花、荔枝肉花等。川菜佐料十分讲究，如名产叙府芽菜、资中冬菜、涪陵榨菜、永川豆豉、郫县豆瓣、夹江豆腐乳、保宁醋等均为正宗川菜调味佳品。仅以主要佐料酱油而论，成都正宗川菜使用的老号名品就有犀浦酱油、德阳窝油、中坝口蘑酱油、成都太和酱油、白豆油、甜红酱油等十余种。厨师依据不同菜肴的色香味要求，配备不同佐料，制作出色香味美、花团锦簇般的菜肴。川菜特别注重色、香、味、形，尤其强调口味，因此人们对川菜的评价有："一菜一格，百菜百味。"

如大众化的川菜"回锅肉"，要求肥、瘦各半的二刀肉、煮成八九分熟，切成肥瘦相连的薄片，下锅爆火煎熬，直到肉出油，呈灯盏窝形时，和少许豆豉、豆瓣、甜酱煵炒，煵出干香味，再加蒜苗合成起锅。回锅肉肥瘦匀称，细嫩化渣，味道香美，是川菜中风味独特的大众化食品。

又如宫保鸡丁，传说是四川总督丁宝桢发明的，因他加太子少保衔，故其菜冠以"宫保"。宫保鸡丁选取鲜嫩鸡胸脯肉切丁，将短节干海椒下油锅煎成棕红色取其红油香味，而后和鸡丁爆炒，加花椒、油酥花生米，调以糖醋合炒而成。宫保鸡丁热烫鲜嫩，富有糊辣香味，又略带荔枝般的甜酸香味，成为脍炙人口的美味。

川菜名菜多达300余种，按其烹制方法不同，可分为凉菜、炒菜、蒸菜、烧菜、汤菜等数十种，凉菜一类，就有红油、麻辣、椒麻、姜汁、蒜泥、白油、芥末、麻酱、糖醋、怪味、酸辣、咸甜等十多种风味。即使汤菜一类，亦分清汤、奶汤、红汤、鱼汤、毛汤等，制作方法精细、考究、风味迥异。

川菜讲究配菜，按价格高低，配材高、中、低档全席。高级筵席，代表菜有干烧鱼翅，家常海参、红烧熊掌、清蒸江团、蟹黄凤尾、凉办麂肉、孔雀开屏、熊猫戏竹、开水白菜、鸡蒙葵菜、干贝菜心、烤酥方、樟茶鸭、鸡豆花、干烧野鹿筋、冰糖银耳羹、枸杞牛尾等等。这类席桌用料考究、制作精细，色香味俱美。普通筵席代表菜有粉蒸肉、咸烧白、甜烧白、烧什锦、烧杂烩、清蒸鸡鸭、清蒸肘子、酥肉汤，再配以韭黄肉丝、宫保肉丁、白油肝片等几样炒菜。这种席面，民间称之为"九大碗"，特点是就地取材，菜味鲜香、经济实惠。

（二）风味独特的成都名小吃

晚清成都，已是全川风味独特的名小吃荟萃之地。从各色面食到豆类制品，从腌卤佳肴到凉拌冷食，从锅煎蜜饯到糕点汤圆，品类繁多，琳琅满目。兹简述数种：

蛋烘糕：道光年间成都文庙前街师姓老者创制，以新鲜鸡蛋、发酵面清、红糖调配烘烤，加芝麻、核桃、花生、樱桃等，为甜食；加猪、牛肉馅、菜馅为麻咸鲜味，香酥可口，五味俱备，老幼咸宜，食者接踵。当时，石室书院一位老儒吃到这种美食后，连声称赞："耋长八旬，无此口福，食之晚矣，真乃天宫珍馐味，人间哪得几口尝！"他当即提笔书写对联一副，联曰：

> 齿存蛋香，锦绣文章增异彩；
> 口留甜酒，龙凤巨像生奇花。

麻婆豆腐：同治年间，成都北郊万福桥头小客栈陈大嫂创制。此店地处成都通往新繁、彭县的大道，粮油贩运络绎不绝。常有挑油篓的负贩力夫在店歇脚吃饭。他们从店坊买来新鲜豆腐、牛肉，再从自己油篓里舀出一勺菜油，请陈大嫂加工烹制。陈大嫂用上等花椒、海椒，与足量菜油单锅煎烧，做出的豆腐麻、辣、烫、嫩、香，独具特色。自此，陈氏豆腐享誉四方，因陈大嫂脸有天花痘疤，此菜遂称"麻婆豆腐"。

担担面：原本成都街头夜宵，小贩挑担沿街叫卖。担中火炉清汤，锅碗勺箸，新鲜面条，各类佐料俱全。面条以小碗煮制为佳，用红油、花椒末、太和酱油、芽菜末、葱花、香醋作调料，外加肉馏，麻辣香鲜，是成都风味独特的大众小吃。

赖汤圆：光绪年间，赖姓汤圆店创制。汤圆粉用上等糯米制作，汤圆心用黑芝麻油酥、洗沙心、冰橘、玫瑰等四色原料，汤圆细腻，不混汤，不粘碗筷，皮薄心子香，是甜食中的佳品。

此外，见于晚清资料记载的食品还有澹香斋茶食、抗饺子、大森隆包子、钟汤圆、都一处包子、点心、嚼芬坞油堤面，开开香蛋黄糕、允丰正绍酒、官兴正席面、三巷子米酥、广益号豆腐干、厚义元席面、德昌号冬菜、王包子瓤肠、腌肉、山西馆豆花、科甲巷肥肠、九龙巷口大肉包子、王道正直酥锅盔、便宜坊烧鸭、青石桥观音阁水粉、楼外楼甜鸡等。

（三）成都茶馆

晚清时代，成都市区已是茶馆林立，据清末傅崇榘《成都通览》统计："省城共四百五十家"。茶馆亦名茶铺、茶社，是成都城市独特的饮茶、休息、摆龙门阵的场所，是斗雀、评理的自由天地和评书、扬琴的说唱书场。成都茶馆座椅以本地所产斑竹和硬头黄做成，柔软舒适，高低适度，又有扶手靠背，可任意坐躺休息。茶具为三件头，茶碗、茶盖和茶船，茶碗、茶盖为瓷器，茶船为金属制品，正中有圆形凹坑，茶碗圈足刚好放入，茶盖在冲茶后覆盖碗口。可视茶叶浸泡程度和水温高低调整角度；茶盖又可用于搅和茶汁，阻挡浮叶入口。茶船有端茶不烫手、茶溢不湿衣的妙处。因此，这种饮茶方式俗称"盖碗茶"。茶馆专司泡茶、续水的服务员，成都称"堂倌"，堂倌冲茶手艺高明。七八位茶客围坐茶桌呼茶，堂倌应声而至，右手提锃亮长嘴紫铜壶，左手五指分开，夹着七八副茶具，放壶挥手，叮当连声，七八只茶船散布每位茶客面前，然后将茶碗分别放入茶船，铜壶如赤龙吐水，前后左右一一冲满，不溢一滴，再扣上茶盖，动作干净利落，令人叫绝。茶客中，官绅商贾，九流三教，本土外地，无所不包。茶客坐茶馆，有的谈生意，有的解决民事纠纷，更多的是吃闲茶，休息娱乐，因此茶馆内往往开设说唱书场，供茶客消遣娱乐。吃闲茶的人，大都爱摆"龙门阵"，俗话又叫"吹壳子"。摆龙门阵不分生人、熟人，萍水相逢，围坐闲谈，从市场行情到神怪故事，从天南海北到秘闻佚事，漫无边际，东拉西扯，吹者自吹，听者自听，"壳子客"间，各说各的，互不干扰。茶馆实为成都城市中特具一格的生活方式。

（四）成都夜市

近代成都夜市集中在东大街、西大街，上自城守衙门，下至盐市口，百物萃集，游客众多。商品市场大约分为四段，城守署至臬台署走马街口（今春熙路南口一带），饮食业销售区，由臬署（春熙路南口）至新街口，笔墨纸砚、书画铜器销售区；新街口至鱼市口，古董、玩器、鲜花销售区；鱼市口至盐市口，鲜花、旧书、玩具、洋货、杂器、冠帽、铜首饰销售区。商贩售货均摆地摊。夜市从黄昏时起，二更后（晚上九十点钟）散。夜市在20世纪初已逐步扩大范围，以原有市场为中心，伸延到走马街、青石桥、东御街口。地处夜市区的香货铺、中药铺夜不闭户。市区的洋广货铺，亦照上海方式，均开夜市，成都彩票多在夜市出售，绸缎铺、洋布铺等，夜市时一变而为彩票铺，每至旧历腊月除夕，购货尤其便宜。夜市商品中，有不少伪劣品，奸商也混杂其间，良莠难分，游客难免上当受骗。

（五）成都客栈

随着成都与各地贸易往来、文化交流的增多和旅游路线的开辟，旅馆开始兴旺。20世纪初，成都旅馆达到318家，此外，还有寄宿人家367处。旅馆有官店、商营客栈、鸡毛店三类。官店以打金街、青石桥、华兴街、棉花街、水花街、湖广馆为最好，客栈以东大街、西大街为最多，外地商号大多住此。城外客栈，住宿条件恶劣无比。东门鸡毛店主要是贫民及乞丐、游民所住。

劝业道周善培提倡改良旅馆，成都商会樊孔周等邀集同人合资建立了第一家文明旅馆——悦来旅馆。悦来旅馆于宣统元年（1909）五月十八日开张，位于劝业场东部，旅馆可接待旅客近百人，床位舒适整洁，房间富丽堂皇，前有盥洗场地，后有专备旅客携带眷属住宿的小院平房。有浴室、电灯、冷热自来水最新设备。并雇请名厨，主理中西餐品；充任招待的员役，工作分段负责，有的专供洒扫，有的代客送信购物，各司其职，有条不紊，使旅客有“宾至如归”之感。其正中一座三层洋楼，更为考究，专为达官显贵所设，收费昂贵，每客每日高达数枚银圆，非一般客商所敢问津。悦来旅馆的出现，标志着成都商业走向近代化。①

① 陈祖武、姜梦弼：《成都劝业场的变迁》，《成都文史资料选辑》第三辑。

六、 金融业的变化

晚清时期成都的金融机构，适应鸦片战争国内外金融混乱而出现如下变化：

（一）官钱局

鸦片战争前，四川通行货币主要是银两和制钱，银两仅限于田赋征收和其他大宗商业贸易的支付，一般流通使用制钱。白银听任民间的冶炼铸造，制钱则由户部宝泉局和工部宝源局制造，属于政府专利。

道光二十年（1840）以后，由于清廷对外承担战争赔款，对内镇压反清起义，军费激增，国库奇绌。开始制造各种大钱并大量印制银票“户部官票”和钱票“大清宝钞”，并规定银票与现银按五成搭放、搭收，银票一两抵制钱二千，宝钞二千抵银一两，强制推行，同时成立官钱局，大力推行银票、钱票，四川系大省，银票、钱票共计推行 12 万两（中省 8 万两，小省 6 万两）。由于发行太滥，官吏又从中舞弊，任意折收，如地丁税银按银八票二搭收，结果票价低落，民间拒用，官钱局被迫关闭。

（二）银圆局

海禁大开后，外国银圆大量流入我国，美观、轻便，经济耐用。19 世纪晚期，清廷决定在四川、广东等十二省仿造银圆，户部虽然规定了银圆重量、质量和图案，但各省以铸造银币为渔利捷径，所铸银圆，轻重、成色不一，流弊丛生。四川从光绪二十六年（1900）开始筹备铸造银圆，光绪二十七年（1901）清廷准许川厂除铸一元银币外，添铸五角，二角、一角、半角银质辅币。但银圆与制钱比价悬殊，不便流通。光绪二十九年（1903），川省开铸铜圆，分当五、当十、当二十的三种。由于铸数日多，铜钱对白银比价逐渐下跌。光绪二十七年（1901），白银一两换钱 1200 文，宣统三年（1911），白银一两可换钱 1600 文。铜钱贬值物价上涨，使城乡人民陷入贫困的深渊。

（三）票号

由于国际资本对华输入商品、采购原料，开辟内地市场，造成各地商品流通数量和频率的快速增加。民营工商业在国际资本影响下，也得到较大的发展。商品交换范围和货币流通范围扩大后，迫切需要金融机构办理异地银钱汇兑业务。清代前期兴盛的山西票号，主要职能是银钱存放、兑换，汇兑业务，有一定的发展，主要是替官方汇解库银、饷需，其次是为商号汇兑货款。在19世纪晚期，票号业务得到了很大的发展。不仅官方解款数量频率急剧增加，商号之间的银钱往来、汇兑、借贷、存放、兑换也更为频繁。光绪二十一年（1895），户部分派四川指拨甘肃饷银98万两，即由“天成亨”号办理汇兑。光绪二十七年（1901），四川分摊庚子赔款，第一次付银220万两，是由“协同庆”号承汇的。兹据宣统二年（1910）统计，将晚清成都票号分布街区及号名附列如下：

新街：新泰厚、天成亨、蔚盛长、天顺祥、蔚泰厚；东大街：百顺通、协同庆、日升昌、裕川厚、恒丰裕、巨川源、天长厚、永盛明、公顺同、兴隆号、享盛号、大川丰、致和祥、新兴老、万亿源、新盛长、兴盛长；青石桥：存义公；走马街：蔚丰厚、恒裕银；暑袜街：裕川银、蔚长厚、全兴号、德成裕；老古巷：宝丰银、宝丰隆；学道街：宝丰厚；顺城街：金盛元；半边街：四达亨。

上述山西票号共计34个，主要集中于东大街，达到17个，其次是新街5个，署袜街4个，走马街和老古巷各2个，青石桥、学道街、顺城街、半边街各1个。从票号的分布情况，可以看出晚清成都城市商业的繁华地段。

（四）钱庄

金融实力稍逊于山西票号的是钱庄，钱庄业务肇端于清代前期，一般是由换钱铺和倾销店演变而来。换钱铺主要是为顾客兑换银钱，有的是油、粮杂货店兼营，在成都市区，每个十字路口几乎都有一家。倾销店主要代客倾销银两，同时开展借贷、存放业务。换钱铺和倾销店与中小工商业的活动联系密切。商家如需大批制钱，可先交一定数量的白银与换钱铺或倾销店，而后陆续取用制钱。换钱铺或倾销店即可将白银暂借油、粮、杂货店，收取短期利息。同时利用银贵钱贱、银紧钱荒行市，低昂钱价，操纵金融，获取高额利息。在这个过程中，换钱店和倾销店积累了大量资本，近而扩大业务范围，成为专门的金融机构——钱庄。钱庄除进一步扩大银钱存放、兑换、借贷业务外，还运用自身的资金和信誉保证，为往来商家代办收款交款业务，并出具钱庄间互相过账专用付款凭证（相当于现在的支票），大大减少了大批量现金的往来运送交割的困难，为商品流通，特别是为大宗商品的远距离贸易提供了方便。

四川商人在进出口贸易中对票号和钱庄的依赖特别大。因洋货质高价昂，土货质低价贱，进出口货物货款差额较大，川商向上海定购洋货，都需要上海的汇票，于是钱庄就先放款给进口商，取得他们卖货后的申票（或曰申汇），再卖给川商，这样，钱庄又增加了代办汇兑的业务。19 世纪末，成都商号中，已有三家“直接向上海采购”，他们从四川运送土货到上海，与洋行交易，再从洋商手里采购洋货，成都和重庆的票号与钱庄，则充当了他们与上海间汇兑现金的业务。①

（五）当铺、质店、小押当、利民局

典当铺或质铺是清代遍及城乡的高利贷金融行业，多为陕西帮商人开设，川商也有一定势力。典当铺和质铺开业前须领取官方执照，其高利贷活动具有合法性。它的主要业务是进行有实物抵押的现金借贷，同时也兼营存放款业务，晚清时期，地方政府多以公款存当，发当生息，利息八厘一分二，用以弥补行政费用的不足。按官方规定，利息不过三分，但质物均系值十当五，加之当期较短②，实际是一种高利贷剥削。19 世纪下半叶，由于外国资本主义商品输出摧毁了城市手工业，也使自给自足的农业难以为继，城乡经济陷

① 姚贤镐：《中国近代对外贸易史资料》第三册，中华书局 1962 年版。

② 一般以十月为限，若到期无款赎取，可另换新票，再定期限，并付全年息金，名曰“销利”。若期满仍不能赎，即算“死当”，实物由典当铺处理，公开拍卖，收回本利。

入困境，人民生计艰难，求当者甚多，典当铺营业兴旺，新开当铺、质铺很多。据清傅崇榘《成都通览》记载，成都共有当铺 32 家，兹将其分布街区和号名附列如下：

济昌当（布后街）、新生当（北门大街）、谦益当（义学巷）、惠远当（草市街）、恒茂当（东门内）、清贻当（打铜街）、恒昌当（东门外）、新盛当（代书街）、德裕当（东门外黄伞巷）、致和当（西门外）、余庆当（毗晁巷）、庆顺当（骡马市）、利贞当（前卫街）、益亨当（羊市街）、益泰当（老古巷）、积庆当（沟头巷）、清周当（东丁字街）、德益当（双桂堂街）、恒裕当（南门内）、公益当（九龙巷）、义兴当（南门外）、庆余当（西玉龙）、福元当（江西街）、庆聚当（唐子街）、广誉当（东门二巷子）、益丰当（打金街）、泰和当（华兴街）、恒隆当（桂王桥南街）、悦和当（七家巷）、积英当（玉沙街）、恒发当（老关庙）、积芳当（鼓楼北街）。

上述当铺分布街区与前述票号，钱庄完全相反，票号、钱庄集中开设于商业繁华的市区中心，而当铺开设分散，各当间保持相当距离，绝无两家并存一街的情况。同时，当铺多设于居民稠密的老街巷和市区通衢要津，繁荣商业中心东大街、新街、署袜街竟无一家。这说明，当铺面向的是广大城乡居民和过往客旅，而不是富商大贾。在这些当铺中，势力较大者有济昌、新生、谦益、惠远、协茂等五家。自光绪二十三年（1897）起，清廷决定每家当铺每年课税由五两加征至五十两，而当商在完课之外，每逢三节对官署还另纳规费，多者五六十两，少者二三十两。如果当铺盈利不丰，是无法承担如此沉重的课税、规费的。

由于晚清时期典当行情日益畅旺，大当铺生意兴隆，对价值不高的抵押品失去兴趣，于是大街小巷就有不少“小押当”开张营业，家数超过当铺。这些小押当不须登记批准，只要向街坊执事人等打个招呼，取得当地袍哥大爷同意，即可开门营业，有的在铺面上写“押当”二字，有的不写。小押当的利息比当铺高，赎取期限仅三个月，很快就成死当。有物主无力赎取，就在会府（忠烈祠）将当票出售。于此可见，小押当的盘剥手段较当铺更为凶狠。

晚清四川地方政府迫于财政收支入不敷出，也直接从事高利贷剥削。光绪二十九年（1903），川督岑春煊曾以救济贫民名义，在成都创设“利民局”（也称便民局或因利局），利民局规定，每借钱一千，按日还钱十一文，限百日全还，所得余利备充地方行政公费。光绪三十四年（1908），川督赵尔巽便极力倡导开办利民局，在《吏治三十条》中，饬令劝办利民局说“绅富为之，官为补助，繁庶之处，可以设局，若乡间则随时可办”，以“救济穷民”，“扶助小贸”。宣统元年（1909），四川地方当局更明令颁布通章，对利民局加以保护支持，大力推广。这种官办和官助绅办的利民局分为三类：月息不过一分的称“惠济局”，一分以上至二分的称“因利局”，二分以上至三分的称“借贷局”。但不论那一类局，只要从劝业局领取了执照，并照章缴纳劝业费，就是合法营业单位，受到官方保护。但在实际上，利民局往往名实不符，弊端丛生，官绅利用其合法性，任意剥削小民，从通都大邑到穷乡僻壤，构成了官商结合的高利贷剥削网络。

（六）民间运输、汇兑行麻乡约

咸丰初，綦江县号坊乡陈家坝人陈洪义（又名陈鸿仁）经过个人艰苦奋斗，创立了民间运输汇兑行。其初为大帮轿行（当时客旅行路，大都坐轿），同时兜揽货运业务，往返于四川、云南、贵州、湖南、湖北各省。各重要口岸设有分行。由于客运、货运均稳当可靠，业务日益发展。为该行担任运力的脚夫，身强力壮，又会武功，有一定防卫能力，途中很少失误。该行深受成都商帮信赖，接受了成都与上海间的进出口货运任务。由成都运上海的土货多为中药材、肠衣、毛皮、猪鬃、银耳、麝香等大宗货物，由上海运回的是布匹百货。沿途接力运送，一站转一站，数十年来，有“麻乡约”标记的货担络绎于路。最初，商帮货款也由麻乡约送，一个运力，可以背肩800到1000银圆，而沿途分行收取运费又需巨额现金，成渝各商帮携带大量现金前往上海等处购货甚感不便，各票号又忙于为官方汇兑公款，难于接受商家托汇。于是麻乡约凭借多年来在商界建立的信誉，代办汇兑业务。由于收取的汇费比票号低，麻乡约汇兑业务迅速发展，一直经营到20世纪40年代，才告衰歇。

（七）蜀通官银钱局

甲午战争后，四川银紧钱荒，川督鹿传霖虽已奏准在四川开铸银圆和铜圆，但因铸造设备需由外洋进口，非短时可至，开采银铜矿产，也需假以时日，方可见效。为缓解银钱市场的紧张局面，鹿传霖奏准于光绪二十三年（1897）在成都开办蜀通官银钱局，借拨藩库银 5 万两，宝川局制钱 5 万串，作为成本，强力推行石印官票，仅成都一地，即发行 41 万余张，换钱 54 万余串。官银钱局将成本及官票换取的现款一并存商生息，全省数月之间，榨取民间白银 3.6 万余两。当年因鹿传霖调离四川，乃告停办。

（八）户部银行、交通银行、浚川源银行

清廷为便利全国财税的收拨汇兑，由掌管全国财政的户部于光绪三十年（1904）开办“户部银行”，并于各省省会及重要商埠设立分行，支行，组织、规模、章程均较完善。光绪三十四年，改名“大清银行”，作为国家银行，有发行通用全国纸币之权。该行四川分行设在成都新街。光绪三十三年，清廷邮传部奏准成立“交通银行”，并在各重要城市成立分行，成都也开设分行。

20 世纪初，四川地方政府为不断加剧的财政赤字所困扰。除了支付数额巨大的京协各饷和偿付赔款、债款外，四川常年军费就高达五六百万两。据《四川官报》《汇报》等，为了缓解财政危机，川督锡良于光绪三十一年（1905）五月奏准清廷，设立了“浚川源银行”。他说：“货币贵于流通，利源期于开广，泰西各国以商战雄视环球，莫不有总汇财政之区，以为枢纽，其力既厚，其用自宏。”浚川源银行采取官商合办，“由司库筹拨银三十万两，另招商股二十万两，先于成都、重庆两处开设银行，并以股款试行大小钞票，无论盐粮厘税一切交纳公款，均准搭用”。值得注意的是：（1）银行资金一律实行支发票项，不准挪作别用；（2）银行业务在于“维持财政，扩大商业”。可见，浚川源银行的创办宗旨和经营方针，已不同于旧式票号，已多少具有一些资本主义性质。辛亥秋，成都发生兵变，藩库存银 200 余万两被洗劫一空，浚川源银行成都总行库存银 23 万余两亦被抢光，该行乃告歇业。

这一时期，成都开办的新式银行，还有“信立钱业有限公司”。该公司发起人李念祖等，“筹集资本，仿各国储蓄银行规则，在省创设银行”。

七、 社会习俗的变化

受时代风气影响，成都社会习俗在晚清，特别是在20世纪初期，出现显著变化。因社会习俗变化涉及范围太广，以下笔者仅就妇女、官场习俗变化简言之。

（一）妇女习俗的变化

清代成都妇女，向以“女子无才便是德”作为立身楷模，从不讲究家庭教育，更难有普通的学问；间有聪慧者，欲读书写字，每每受到父母劝阻或夫家的压制。因此，在西学传入前，成都没有女学，更无女性为社会服务的可能性。

20世纪初，省城女学堂，逐渐发达兴旺，首创者为留日学生陆慎言的淑行女子学堂，极为完善；闻风继起者，颇不乏人。据当时的调查，女学生实有五百数十人。如教堂所立女学，其性质不同，但影响却不小。女子体操一门，近日亦甚完备，操练形式，日见进步，这是成都人闻所未闻、见所未见的变化。旧时妇女中，若有能书画文字者，偶有一艺，就名盛一时，如神仙中人。新政时期，女学发达，文艺、绘画各科，颇不乏人。旧时成都有名的左氏冰如，已不能独占鳌头了。

缠脚之风，相习已久。光绪二十八年（1902）清廷谕令全国妇女放脚，从此也不得再缠小脚。四川总督岑春煊、锡良先后刊颁白话图册，遍谕民间，要求妇女“一律全放不缠”，脱离苦海，永免残疾。虽经官绅提倡劝导，尚未见实行，收效甚微。所能看见的成效，只是省城内读书的女学生，及稍明事理之家，均已放脚。成都“天脚会”创立于光绪三十年（1904），英人立德之妻及启尔德之妻，在玉龙街龚氏蘧园公开演说，鼓动妇女放脚。赞助临会者：翰林院编修胡峻（雨岚）的母亲、举人龚道耕（向农）的母亲及其夫人，知县肖捷三的夫人及其女公子，知县朱曾兰的如夫人（妾），知州成述仁的太夫人及其妹并其女公子，知县苏星舫的女公子，知县刘福田的女公子，名人陆绎芝的夫人及内子雷氏笠。当时摄影纪念，气氛热烈。成都改良派出版家傅崇榘专门刊布《勿缠脚歌》，印送十余万张，馈赠路人。成都之风气一开，不缠脚之女子，约有十之三四。大脚风行后，鞋铺添出一种特别生意，专售放脚后所穿之靴鞋，蛮靴样小，颇觉可人。

成都妇女衣服也出现变化，旧派衣着，大袖大衫，镶缘宽阔；时新派衣着，窄袖窄腰，不满不汉也；学生派衣着，小袖窄边，淡妆无华。衣服装束，随时改变，一年一变，大约因戏台上优伶衣服式样，为妇女衣服改革之模范。脂粉一项，以监视户及公馆内之销场为最多，若学生等则洗净铅华矣。

成都妇女从前很少出头露面，当时出现公开社交，妇女有了特别嗜好，好看戏者十分之九，好斗麻雀者十分之八，好游庙者十分之七。

妇女参与庆吊事件后，出现了麻烦事，有了女客，则闹杂不堪，主人不胜其扰。一因随行仆婢太多，难以应酬；二因为支付来回轿钱，讨价还价；三因衣包、捧盒、烟袋、脸盆，堆杂难清；四因小儿哭啼；五因迎送礼节太多，问答言语难断。故俗语有云“女客虽只两三席，丫头娃娃占半百”，可以知其烦扰矣。

（二）官场习俗的变化

旧时省城督抚，治尚无为，深居简出，连年不见一纸告示，所见者，无非佣解津捐之例文告示。光绪二十八年八月（1902 年 9 月），川西红灯教起事，廖观音毁教堂、杀教士，率众万余进至成都近郊，川督奎俊才有安民告示一张。自岑春煊督川，政治界为之一变，官吏之有局差及有职守者，不能稍懈也。锡良督川开始，政局为之一变。锡良时常亲赴各局署视察，又裁去扈从，这个轻车简从的先例延续下来，开了官场新风。赵尔丰护理川督时期，官场风气又有一变，官吏畏法而守职。赵尔巽督川时代，政局也有变化，制定吏治三十条，认真整治经征等百余局的陋习，百姓怨气稍舒，但清末省城吏治积重难返。据傅崇榘《成都通览》，略举恶陋习气如下：

官得一缺，不先问地方之利病，必先探该缺之优劣。任大缺，饱囊橐，必对人曰："税契不旺。"总结尚未缴，私累数十金。

各局委员当差年满，由总办详情酌委，例也。故当差者，只望光阴如流，混过三百五十余日，便须他适。如十二个月，月都小，尤为快事。俗云："委员望月小，当兵望月大。"月大可多一日之饷，月小可少一日之久也。

凡人缘优者，不到一年即入局，数日亦可得差，并可得优差。人事劣者，即当差十年，虽日日劳碌，亦不得调剂也。

见上司之衣服，多聘旧色。拜客之衣服，多尚辉煌。每日用两样冠服出门者甚多。

用门丁之弊，近来虽经革除，尚未尽也。然门上大爷之势焰，不能如上年之煊赫矣。

官场固以得缺为荣，即得一差，亦可敷衍，因得有差使，便有无数财路也。指差借贷，向甲处借路费，得手后，又向乙家借路费，复向丙家借路费，竟有未行禀辞，即已筹得千金者。故遮手之差事，必谋得一个，方有生路。

又有支使太太联络同寅之太太者，此术尤妙，因妇人女子之运动，尤捷于老爷之运动也。或打麻雀，或请会金，或结干亲，或拜门生，或认为后家同姓。而太太之衣服首饰必讲究珍贵，虽老爷无衣无褐，而太太可绮罗摇曳也；虽老爷无肉无鱼，而太太可一箸万钱也。不如此，不能入太太之党派，即不能得意外之富贵。

官场互相联络，近日现出一种妙法：一曰登堂见母也；一曰内眷通往来也，一曰叉麻雀，银钱不拘也，或让吃碰，不使生怒也，一曰不惜小费，可以小往大来也，一曰窥其心眼，即降心相从，投其所好也；一曰饮食丰富，时常留客也，一曰代买婢妾，乱其神志也。

有事必请假一日或二三日，或请病假，病假多系感冒假。其实真假病，非病假也，所以请假之"假"字，用得恰当。感冒假之"感"字，可改为"敢"字，用"敢冒假"三字，更合。

附官场之现形，录自旧报：

戴眼镜，闻鼻烟。买古董，拜新官。接姨太，信跟丁。招轿班，派传事。叫茶房，学麻将。订幕友，收门生。说京话，怕洋人。闹洋派，吃潮烟。提小轿，用大餐。开点心，撑体面。跟班马，搜山狗。吃番酒，带洋元。结干亲，嫉能员。认远亲，通内眷。拜同乡，入会馆。联票号，交名条。打帘子，泡茶来。拜会来，到答去。占香班，放臭屁。上衙门，回公馆。老妈子，小爷们。小帽盒，朝衣箱。漱口盂，打脸帕。衔烟袋，行令杯。换手本，护身符。鼻烟壶，翎管子。查好缺，谋优差。求调剂，学应酬。勤联络，讲圆通。法政学，辕门抄。假病请假，会办不会。大人恩点，卑职照行。开门送客，借故支差。打恭上轿，收礼做生。想人烧冷灶，见客假热肠。轿前红日照，炕上白风灯。带肚负大利，丫头称小的。知府蓝呢轿，行装红羽缨。解京饷引见，图采买出洋。优差支应局，苦事警察员。十二钟早饭，八九点晚餐。句句新名词，个个官模样。呼下人叫来，对上司曰是。坐省送单子，东房抱护书。救大不救小，认钱不认人。与老爷叩喜，为百姓担心。新旧骑墙派，富强刮地皮。双桃花扣带，一根葱捐班。以势换谱帖，当钱制衣衫。气不愤之蓝翎，烧料子之青顶。承启即是门丁，轿班亦称夫子。假八行以求差，到三更而过瘾。只愁教民找我，哪怕绅士告他。媳妇称少娘子，绅士称老父台。四荤四素之饭菜，两班四人之高轿。经征局禁止放炮，布政局打点挂牌。善贴赔必得一缺，熟路径可兼数差。几个心肠待下属，一副脸面对上司。拜客新衣上院旧，著名苦缺暗中肥。假三日照例禀到，得一差到处借银。未挂牌先寻上门。写履历尽置靴中。面上任他撑架架，背后有人掌竿竿。新禀到请假三日，旧章程试用一年。上条陈请人作稿，批词状估我现形。下人伶俐稍免失格，上司道乏自觉无颜。老爷碰钉跟班受气，一案上控百姓遭殃。局员望局宪快去，优差比优缺还多。无事妄希红点子，得时即变黑心人。

上辕抄一回百二，养大班每人三千。功牌之钦加五品，翎照之赏戴花翎。快脚步家下弯弯轿，开点心院上蒸蒸糕。含纸烟口掩芙蓉臭，点灯火箱熬茶叶香。定日报一元有五角，阅电抄三节各二金。有七凑八拼之家属，负三分九扣之利金。见□□用官衔真不要脸，聘教民办文牍实具深心。同宪台打牌绝高赌品，在官厅说话最要留神。喊轿铺之轿夫侈言自养，打官场之官话假说相知。道台之跟班马又大又高，杂职则磕头虫自卑自小。家母舅现日总文案，我兄弟当年留学生。头一句天时尚好，想半晌风气不开。

第二节　民国时期城市经济的变化与发展

一、城市人口及职业状况

（一）抗战以前人口及其职业状况

民国时期，由于战乱频繁，成都城市人口变动较大。兹据1936年施居父《四川人口数字研究之新资料》，将有确切人口统计资料的年份记述如下：

民国元年（1912），华阳县119201户，481192人，其中，城区44345户，185380人。

民国5年（1916），成都县64981户，425215人；华阳县123772户，790363人。两县合计188753户，1215578人。

民国15年（1926），成都市68453户，302895人。

民国21年（1932），成都地区82177户，438995人。①

民国21年（1932），成都县乡区18647户，127173人；华阳县乡区74856户，295812人。两县乡区合计93503户，422985人。

民国22年（1933），成都市82177户，438995人；华阳县乡区34700户，

① 西禾：《成都历代城市人口的变迁》，《成都地方志通讯》1984年第2期。

404998 人；华阳县城区 44345 户，185380 人。

民国 23 年（1934），成都市 81481 户，440895 人。①

民国 24 年（1935），成都 50 万人，成都、华阳两县乡区合计 114647 户，641615 人。②

从上述人口统计看，民国时期成都城市人口处于稳定发展时期，民国初年以民国 5 年（1916）统计为准，成都、华阳县城乡合计 188753 户，1215578 人，城市人口大约为 30 万左右，平均每户 6.4 人，城市人口占人口总数的 25%。民国 17 年（1928）成都正式设市，三十年代，成都人口除个别年份外，大致保持在 40 多万，成都乡区人口约 64 万余人，城乡人口总数为 110 万左右，城区人口占总人口约为 36%。③

在各项职业中，从事商业者比率最高，娱乐、迷信和无业者次之，从事工农业生产者更次之，从事家庭、佣役和苦力者占第 4 位，从事公务和自由职业者微乎其微。由此可见，抗战以前的成都是以商业消费为主要特征的都会。

（二）抗战时期和战后人口及职业状况

全民族抗日战争时期，民国 26 年（1937）成都市区人口约为 463154 人，民国 27 年（1938）为 453476 人，民国 28 年（1939）由于日本飞机轰炸成都，人口减少为 303104 人，民国 29 年（1940），日本侵华战火扩大，华北、华东，中原各地区相继沦陷，大批经济、科技、文化机关和工厂企业以及各类专门人材陆续迁川，沦陷区人口也回时蜂拥入川，使成都城市规模空前增

① 施居父资料中所列 1934 年人口 438995 人与 1933 年相同，可能有误。又，《四匪祸的科学记录》中，成都警备部、市公安局、市政府自调查数分别为：440895 人、598691 人、302895 人，歧异甚大。笔者将此三个统计数与 1933 年和 1935 年统计数略加比较，即知后两个统计数可能性太小，因此选择第一个统计数。

② 神田正雄：《四川省综览》，昭和 11 年（1936）10 月东京株式会社共荣会，第二卷第一章。

③ 《民间意识》1936 年 2、3、4 期，第 22 页；《四川月报》5 卷 3 期，1934 年 9 月；《全国银行年鉴》，中国银行经济研究所编；1935 年，俞鸿钧：《中国省地方银行概况》，1935 年。

大，人口数量急剧增长，达到 462150 人。[①] 民国 33 年（1944），外来人口和农村劳动力蜂拥而来，使成都人口猛增 10 万，达到 562838 人，民国 34 年（1945）升至高峰，达到 742118 人。

从抗战时期成都经济人员资料统计看，抗战初期，成都人口的主要成分中，公务人员、服务行业、农业、矿业、工业、交通运输业人数较之战前的民国 25 年（1936）均有不同程度的增加；而自由职业、商业、其他职业都出现大幅度减少的状况。同时，还出现了数量很大的失业人口。这一趋势表明：在抗战初期，外省人口的内迁尚未形成高潮，除代表党政机关的公务人员和代表社会生产部门的农业、工矿业、交通运输业人口有一定程度的增加外，作为社会流动人口数量的基本标志的自由职业、商业、其他职业因此呈现负增加。

进入抗战中期，由于东部国土大片沦陷，东部各省人口开始大规模内迁，根据国民党政府的工厂内迁计划，东部重要工厂均迁移西南各省进行生产。因此，这一时期成都人口数量的急剧膨胀，主要是东部各省内迁居民、工人、教师、学生、科技、文化工作者集聚成都造成的。

以内迁工厂为例：自民国 26 年（1937）开始，随着抗战形势的严酷，东部省区陆续迁到成都的工厂有数十家，并成立 50 家工业合作社，以发展各类工业。其中，最具影响的是轻工纺织企业，如武昌内迁的裕华纱厂、汉口内迁的上海申新第四纺织公司成都分厂、浙江宁波人董一峰集资在成都创办的民康染厂、江苏宜兴人顾伯森与陕西西安华兴机器厂经理刘奉璋合作开办的成都华兴电机弹花厂、由重庆大川实业公司和宝元通百货公司合作在成都开办的大星面粉厂以及纸烟厂、制药厂、肥皂厂等。重工业方面，如蜀华实业公司、西南矿业公司等成为抗战期间四川重要的经济开发实体。这些企业的内迁与兴办给成都带来了巨大的资金和数以万计的劳动力资源。

抗战以后，由于政治、经济、文化重心的东移，抗战期间移川的工商企业、学校、机关陆续迁回原籍，滞川人口也随之回流，成都人口由民国 35 至

---

① 乔希曾、李参化等：《成都市政沿革概要》，《成都文史资料选辑》第五辑。

36 年（1946—1947）两年的 72 万人锐减至民国 38 年的 60 余万人。但从绝对数量看，仍高于战前和抗战初期的水平。

二、城市工商业

民国时期，由于四川对外贸易中心重庆的逐步繁荣，四川商业重心进一步东移，成都作为四川传统商业中心的地位大大削弱。加之，自 1917 年成都巷战揭开的四川军阀长期战乱和抗战以后全面内战，严重摧残窒息了成都商业的发展。但是，由于城市人口数量的激增[①]，造成消费品生产和销售畅旺；某些历史年代（如第一次世界大战期间和第二次世界大战时期）国内外市场需求的增加，也不同程度地刺激了成都商业的复苏。

（一）城市工业

在成都商品生产中，以传统手工业为主要行业的轻化工业占居主要地位，动力、机械工业虽有较大发展，但始终处于次要地位。

1. 手工业和轻化工业的发展。

据有关资料统计：成都传统手工业和轻化工业在民国时期均有不同程度的发展，兹列举有代表性的行业简述如下：

（1）长机帮。1935 年统计共有开业机房 350 余家，开动织机 971 台，有工人 1712 人，年产丝织品 48000 余匹，其中锦缎 14800 余匹，织锦被面 9260 床。有的机房已相继改产丝毕叽、丝贡呢等仿洋织品。抗日战争开始后，洋货来源锐减，国内需求剧增，成都丝织业发展较为迅速。据 1943 年统计：开业机房增加到 1300 余家，其中织锦机房约为 900 家，开工机器 3000 余台，生产工人 6000 余名，年产丝织品 8 万余匹。[②]

---

① 据西禾《成都历代城市人口的变迁》（载《成都地方志通讯》1984 年第二期）统计，民国初年成都城市人口为 30 万左右，30 年代为 40 多万，抗战时期为 80 余万。

② 《成都长机帮〈织锦业〉工人运动史略》，成都市总工会工人运动史研究组编：《成都工人运动史资料》第二辑，1983 年。

抗战期间，成都的产品种类数量均发生变化，主要产品有：花缎、三纺缎、宁绸、中生纺、绉子、金丝缎、金丝寿被、锦缎被面等几种。但是属于高档产品的金丝缎、金丝寿被仅生产 110 匹，属于低档产品素缎、锦缎被面却生产了近 20 万匹，这说明，蜀锦开始服务于大众，而不是少数人。①

（2）印刷业。迄止 1936 年，成都共有印刷企业 16 家，资本额少至数千元，多达 400 万元，一般均在数万元。每厂工人数从数十到百余人。抗战时期，随着文化教育事业的发展，成都主要印刷业增至 13 家，资本总额达 10 余万元，工人 1000 余名。②

（3）棉纱织业。迄至 1935 年，尚有手工棉纱织机房 30 余家，资本大都在 500 元左右。稍具规模的棉纱织企业共 8 家，资本额低者 3000 元，高者 3 万元，一般在 1 万元左右。工人数每厂数十人，个别厂达到 150 人。这些企业中，拥有蒸汽动力机车者甚少，多数仍为手工操作的铁轮机或木机。营业额共约 13 万余元。

由于东部工业的内迁，抗战期间，成都纺织工业得到极大发展，本市和沿海内迁裕华、申新、宝星、大昌、大经、中和等五个纺织企业在成都建厂，共有纱锭 13300 枚，布机近 200 台，每年为西南各省提供棉纱近万件、棉布近百万米，保证了战时人民的需要。以裕华、申新为例：

裕华纱厂系湖北武昌裕大华纺织股份有限公司所属六个企业之一，裕大华公司迁川建立重庆裕华纱厂，后于 1941 年在外东三官堂建立成都裕华纱厂，拥有纱锭 5000，布机 100 台，熟练工人 600 余人。工厂实行严格的生产管理，每枚纱锭日产量为 0.7 磅，每台织布机日产量 60—80 码。工人实行日夜两班工作制，每班工作 12 小时，每 10 天休假一次，并遵守严格的厂规。对职工实行各种奖励制度，以调动他们的劳动积极性。该厂生产的棉纱商标“金飞鸟”、棉布“天马”，由于质量属于上乘在市场上十分畅销。

---

① 蜀锦史话编写组：《蜀锦史话》，四川人民出版社 1979 年版。

② 成都市总工会工人运动史研究组编：《成都工人运动史资料》第二辑，1983 年；第三辑，1984 年。

申新第四纺织公司于1938年从汉口分迁四川和陕西，在重庆和宝鸡设立分公司。1942年，设立成都分公司于东郊三瓦窑，次年投产，有细纱机13部，每部400锭，共为5200锭；铁木织布机共计60部；男女职工600余人，每月生产棉纱40—50件（每件40瓶，重420磅），每月生产棉布约1500匹左右，主要品种为劳动布、芝麻呢、棉白布。棉纱和棉布质地良好，深受顾客欢迎。①

（4）日用化工企业。成都日用化工企业主要包括火柴、肥皂、制革业、造纸、燃料、肥料、玻璃、药品、酸碱等类。1937年以前稍具规模的约有12家，抗战时期增加至49家。具体情况是：据1936年统计，成都有酸碱厂3家，火柴厂2家，稍具规模的肥皂厂4家（26家小制皂厂未计）、制革厂5家（200家小制革厂未计）、玻璃厂1家。每厂资本在数千至数万元，产品种类、数量均不多，主要销售本市及临近州县，少数产品远销外省。每厂雇工数从数千到数百人。据1942年统计，全市有火柴厂2家，制革厂4家，玻璃厂4家，动力酒精厂10家，代汽油厂2家，墨汁厂1家，硫酸厂1家，鞋油厂1家，化工厂9家、骨粉厂1家。1945年统计，又增加制药厂6家、造纸厂1家、皂烛企业7家。由于战时资本和劳动力的集聚，抗战期间，成都日用化工企业经营规模普遍扩大，资本额有高达数百万元者，也有低至数千元者，而以拥资数万元者居多。日用化工企业生产所需原料，如粮食、牛、羊、猪皮、竹、木、油脂等取给予川西广大农村，来源丰富。产品除酒精、皮革等大量运销各省外，玻璃、火柴、肥皂、鞋油、骨粉等均供应本市及邻近地区居民。产品随需求不同而呈现变化。1940年以生产药品、火柴、化学工业品、皮革为主，1942年则以生产酒精、玻璃器皿、血清、骨粉等为主。

（5）食品与卷烟工业。抗战以前，四川食品与卷烟均为手工业生产，规模小，作坊多，主要供应本市所需。仅有1933年开办的青阳造冰厂，拥有10万元资本，采用机器生产，年产冰砖90万磅，汽水180万瓶。抗战时期，成都食品工业有较大发展，主要集中于碾米、面粉、制冰、酿造、糖果等业，

---

① 杨忠义：《从抗战前线疏散内迁的工厂》，《成都文史资料选辑》第十二辑。

卷烟工业则是抗战期间迅速膨胀起来的消费品工业。根据 1945 年 3 月统计，共有食品工业 7 家、制冰厂 1 家、酿造工业 16 家、糖果糕点企业 4 家。其所产食品，主要供应市区人口需要。值得注意的是，成都卷烟工业的发展根据 1944 年的统计，全市共有卷烟厂 32 家。卷烟工业大发展的原因是由于制烟原料取给予成都附近地区，供应方便；全省吸烟人口激增，销路畅旺；加之开设烟厂耗资不过 1 万元，生产设备简单，盈利较高，风险很小，因此，卷烟业为投资者所热衷。

2. 大机器工业。

民国时期，成都大机器工业发展缓慢。据民国 24 年（1935）统计，成都大机器工业主要有如下几家：

（1）成都兵工厂。清光绪二十九年（1903）开办，主要使用四川机器局原有设备，下设枪厂、弹厂、修理厂、硫酸厂、制药厂，工人 2000 余人，主要生产枪炮、弹药，民国 14 年（1925）以后，一直为各派军阀争夺。

（2）成都造币厂。清光绪三十年（1904）开办，使用进口造币机器，铸造五角辅币厂洋，工人 1000 余人。

（3）启明电灯公司。该公司自清宣统元年（1909）开办以来，成为全市主要供电企业，资本总额 80 万元，共计 3 万股，有 1000 千瓦发电机一部，年发电量 100 万度，有工人 200 余人。

（4）省立工学院实习工厂。创立于民国 2 年（1913），为省工学院附属工厂，资本 3 万元。有日本式瓦斯机 1 部，10 匹马力元车 6 部，插车 1 部，成型机 1 部，刨床 1 部，切齿机 1 部，钻床 1 部，价值 2.5 万元，有工人 30 余人。

（5）光明实业股份有限公司。民国 19 年（1930）创办，资本总额 10 万元，主要业务为发电。总厂有 30 匹马力发电机 2 部，20 匹马力柴油机 1 部，25 匹马力瓦斯机 1 部；分厂有 16 匹马力瓦斯机一部。机器总值 6 万元。年发电量 20 万度，有工人 40 余人。

（6）兴业水电厂。民国 20 年（1931）开办，资本总额 50 万元，有水力发电机 1 部，水轮车 5 部，旋增至 10 部，每部 50 匹马力，年发电量 50 万度，有工人60余人。

(7) 合众机器厂。民国23年(1934)开办，资本1万元，主要修补汽车和制造机器零件，有工人30余人。

(8) 鸿安机器厂。民国25年(1936)开办，资本总额6000元，生产煤气引擎，工人30名。

(9) 建华机器厂。民国25年(1936)开办，资本总额4万元，生产各种工业的基本机器，年产200部，工人80名。

抗战时期，成都大机器工业有很大发展。据1945年3月统计：电气工业1家，机械工业20家、五金工业3家、矿冶工业2家、建材工业3家，但仍未能改变成都工业的基本面貌。

3. 抗战时期成都工业总的情况。

(1) 企业总数和近代化程度高于历史上任何时期，进步十分明显。

(2) 以化学、食品、印刷、纺织等轻工业为主，重工业发展不足，仅有8家五金工厂和启明电灯公司。

(3) 企业资本拥有数不等，最多为数百万元，最低为数千元，一般为数十万元；原料大多就地取给，来源丰富；企业劳动力亦来自成都附近州县贫苦农民，工资低廉。因此企业经营方面具有资金少、成本低、劳动力密集的特点。

(4) 企业由于经营规模小，产量不大，除酒精、皮革、卷烟等运销各地外，其余如玻璃、化工、机械、火柴、面粉、布匹、鞋油、骨粉、血清等，多为本市人民生活所需，因此企业缺乏外向竞争力，市场狭小。

(二) 城市商业贸易

1. 商店统计。

民国时期的成都商业，主要是消费性商业有很大的发展。据1934年资料统计，成都商店合计数为17497家，其中大多数商店经营生活消费品和提供多种服务，只有少数商店经营生产资料和部分文化用品。各类商店除经营本市生产的手工业产品和四川地区生产的土特产品外，还有大量南北各省商品荟萃销售。成都城市商业的消费性是很明显的。

抗战时期，成都成为后方重镇，由于人口的激增和军需民用的日益增长，城市商业进入兴盛期，商店总数和经营范围较战前扩大。根据有关资料统计，40 年代中后期成都商店共计 28480 家，与抗战以前相比，净增 15167 家，增加幅度最大的是生活消费品和服务业，这是城市人口急剧膨胀的必然结果。其次是纺织品、文化用品和金融业，它反映了地处西陲的成都，虽在生产资料产销方面落伍于陪都重庆，但受到战时需求的刺激，在恢复和发展传统轻工业和文化产品市场方面，出现了良好的势头。而民国时期，金融货币体制的混乱，以及国民党实行的通货膨胀政策，则促使成都商业、货币市场出现病态繁荣。

民国时期，成都繁华兴盛的几个商品市场，集中反映了成都城市商业的时代特色。繁华的商业区集中在东大街、盐市口、总府街、提督街、春熙路一带。

2. 商业场。

商业场系清末开办的劝业场。经民国 6 年（1917）大火后，在原址重修扩建规模更大的商业、悦来和新集路三大商场，新修店铺 300 余间，较原商业场扩大一倍。三场主要经营地方名产、京广、苏广货和洋货等，突出的特点是时装、中西大菜和日用百货。因受军阀掠夺压榨，三场于二三十年代先后为地方军阀资本控制；又遭大火，商业走向萧条。

全民族抗战开始后，东部商业资本内移，三场匹头百货业占据商家半数以上，匹头铺的刘万和、京货局的敬益增各以富丽堂皇和货卖堆山取胜。其他如广和参、张源记、东亚、荣锦章、乾升通、丽都等均持盈保泰，根基雄厚。百货业的马旭梁以擅长商战、自吹自擂压倒同行。

抗战以后，金圆券、银圆券等货币迅速贬值，物价以天文指数上涨，给三场商业致命打击，商家大半破产倒闭。①

3. 春熙路。

春熙路系军阀杨森兴建于 1924—1925 年，分为东西南北四段，其中北段

---

① 陈祖湘、姜梦弼：《成都劝业场的变迁》，《成都文史资料选辑》第三辑。

居各段之首，街侧均为一楼一底铺面。它是解放前成都商业中心。自 1925 年开始，春熙路陆续为本市和外省商家聚集。春熙北段先后开业的著名商店有：胡开文笔店、太平洋理发厅及浴室、稻香村糖果铺、漱泉茶楼、蜀达照相馆、商务印书馆、上海及时钟表公司、大光明钟表公司、天成亨金号、宝成银楼等。图书、钟表、照相、银楼均属江苏浙江商家，形成江浙帮。春熙南段开业的著名商家有北京达仁堂药铺，与北段开业的恒和、谦益、恒丰三家参茸庄形成北京帮。本省商家经营的商业，也陆续开业，形成四川帮。兹将 1925—1934 年十年间在春熙路先后开业的商号、店铺，按行业列举如下：

银楼业：宝成银楼、凤祥银楼（以上均为江浙帮）、天成亨（陕西帮）；

眼镜钟表业：及时钟表公司、东方眼镜公司、大光明钟表眼镜公司、亨达利钟表行（亨达利为川帮，其余为江浙帮）；

图书业：商务印书馆、世界书局、中华书局、中国图书公司、东亚图书公司、广益书局（以上均为江浙帮）、新学社书局、新潮书报社、（以上均为川帮）、新时代书局、东亚书局、泰东书局、震东书局（不详）；

中药业：达仁堂、恒和参茸庄、谦益参茸庄、恒丰益参茸庄、益康参茸庄（以上均为北京帮）、益州参茸庄（山西帮）；

百货业：协和百货行、宋锦武、丰泰恒、福臻、新民、精华、德华、绍记、裕昌、大昌、华丽、华康、光新、西方百货店；

绸缎布匹业：公记、新利、瑞兴、同义长、新庆荣、东亚、民新、兴利、会丰祥、万利长、新蜀、聚福祥、福利、五洲、盖川、豫丰祯、福祥、美大、盖华、裕章、美利长、瑞丰、西蜀、新丰、蜀新、美华大；

此外，尚有鞋帽业 7 家、刀剪业 2 家、照相业 7 家、笔墨纸砚 9 家、烟馆业 9 家、报业 9 家、茶旅浴室 15 家、饮食业 12 家、卷烟业 3 家、茶叶业 3 家、西药业 3 家、娱乐业 3 家、电料行 1 家、女子实业 3 家，印刷业 4 家、交通运输业 2 家、糖果 1 家、其他商业 11 家。

全民族抗战时期，沿海工商业内迁，国民党官僚资本亦进入四川商业、金融业，春熙路进入黄金时代，地皮租价扶摇直上，发展到寸土寸金，一个单间铺面，口岸费高达黄金数十至一百两，春熙路成为成都商业、金融业投机的中心。①

4. 安乐寺市场。

安乐寺位于成都西顺城街，清末即有十余个兑换银钱摊贩，民国时期演变为银钱、油、米、卷烟市场，素称“百业荟萃”“万商云集”，延续40年之久，是成都最大的商业、贸易、金融市场之一。

自光绪三十三年（1907）开始，周友堂在本市华兴街开设美利亨经销英美公司各种香烟。最初的推销办法是雇请银钱铺摊代为零售，安乐寺钱摊开始兼营香烟。

民国14年（1925），渝商洪戒虚、杜震等组织南耀公司，取得了英美香烟在四川的总推销权，周友堂即将美利亨结束，由其子周蜀泉约集股东，合组永达亨，替南耀公司在成都推销英美香烟。成都钱商牛乾初等又组织乾通公司取得了英美公司在成都、三台等地的香烟推销权。永达亨和乾通公司垄断了成都香烟市场，在安乐寺建立了纸烟帮公会，安乐寺遂成为全市香烟市场。安乐寺市场每月销售香烟1000大件（每大件5万支），寺内烟摊增至30余家。民国18年，纸烟业会员达到200余户，永达亨和乾通两大公司互相竞争，搅扰零售商贩。

民国21年（1932），商人古鹤林、黄吉安等组织华胜烟草公司，经销上海华成公司香烟。民国22年，万树成、萧凤楼集资5万元，组华通公司，经销南洋兄弟烟草公司香烟。从此，安乐寺市场国产烟与美英烟展开激烈竞争，香烟品种增至10余种，一批实力雄厚的烟商通过兼并、扩充等，成为商业巨子。

抗战时期，华通公司因南洋兄弟公司香烟质量下降，销售困难，遂改组为永信公司，在重庆进货，运成都、乐山销售，民国28年（1939）盈利达30万元之巨。华胜公司竞争失利，陷入瘫痪。永乾公司因武汉失守，货源断绝，经销业务结束而瓦解。以后，成都香烟市场主要由渝商、西北商帮、云贵商帮占据。纸烟业会员在抗战初有400余家，抗战末增至千余家，巨商万树成、

① 姜梦弼：《成都春熙路和俞凤岗》，《成都文史资料选辑》油印本。

李祯祥把持安乐寺香烟市场。民国28年开始实行期货交易，由于通货膨胀的冲击，期货交易演变为买空卖空的投机买卖。

抗战以后，英美香烟重新占领香烟市场，国产纸烟原料高昂，制作不精，烟商纷纷倒闭歇业。万树成以经销英美香烟而成为纸烟大王。

安乐寺金融市场繁荣于20世纪30年代，极盛于抗战时期。在四川军阀割据时期，安乐寺金融市场主要经营有价证券（如国内公债、军事公债、储蓄等）交易、钞票、银钱兑换、黄金收进与卖出、白银买卖、废旧铜币交易、银钱存放。由于各派军阀在防区内大肆发行各种质量低劣的厂版、杂版银币、执照、铜圆，造成劣币成灾，市场混乱。

全民族抗战开始后，由于通货膨胀，法币贬值，安乐寺金融市场投机、赌博之风盛行，商家均以商品期货作赌注，大搞买空卖空。民国32年（1943）开放黄金市场，从事金融投机活动的商人公开在安乐寺设金号交易，河南帮的王海山、张瑞丰、魏延甫，山西帮海通字号的吴明甫，陕西帮天一福字号、天成亨金号、祥兴金号，江浙帮的杨庆和、宝成银楼均展开角逐，黄金交易主要以南北各省金条、金圆、金饰、沙金、矿金为角逐物，每天交易额为黄金二三千两。四大家族开办黄金储蓄后，黄金市场掀起买空卖空的投机狂潮，银圆交易也以川版作赌注，赌客主要是“钱贩子”“钱滚子”。发行黄金公债后，大量美钞流入市场，安乐寺又开辟美钞市场。此后，香烟、百货、新药、染料、黄金、银圆、美钞均在安乐寺买空卖空，参加投机活动的人数以千计，许多人在赌博中破产逃亡，社会丑闻因之层出不穷。

民国37年（1948）以后，因金圆券迅猛贬值，安乐寺现钞贴水高达40%—50%，投机之风更盛，市场极度混乱。1949年6月，银圆券发行，发行时金圆券二元兑换银圆一元，不久狂跌至5亿兑换一元。安乐寺成为倒卖银圆的“黄牛党”的活跃场所。国民党政府的崩溃，宣告了安乐寺投机市场的死刑。①

① 以上均见陈祖湘、姜梦弼：《解放前成都最大的投机市场——安乐寺》，《成都文史资料选辑》油印本。

三、 城市工商业的特点

民国时期，在军阀割据混战、社会动荡、战乱频仍、金融体制混乱的历史条件下，成都城市工商业的发展受到限制，与晚清时期民族资本主义工商业的兴盛情况相比，实际上处于停滞和缓慢发展状态。这一时期工商业的主要特点如下。

（一）城市工业仍以手工业为主

如染坊街的骨、角、竹、木器业，福兴街的帽铺、三倒拐的鞋铺、昌福馆的银匠铺，科甲巷的绣花铺，等等，无处不表现传统手工业的特色。称得上近代机器工业的企业，仅有小型电灯厂 3 家，铁工厂 3 家，半机械化的纺织厂 5 家，肥皂、火柴、皮革厂 8 家，设备极其简陋，生产规模很小，仅能供应本地部分需求。具有悠久历史和精湛技艺的成都丝织业，同川南嘉定、川北顺庆一样，"在使用现代机器方面没有急起直追。从而四川的丝缎、绉绸、茧绸及其他丝料在质量和花色上仍逊于杭州出品"[①]。光绪间成都有机房 2000 处，织机万余架，机匠 4 万人，产品占全川 70%。1936 年，成都丝织机房开业者仅 350 余家，开工织机仅 970 余台，机工仅 1700 余人。[②] 成都棉织业在民国 23 至 24 年（1934—1935）约 200 余家，由于外来洋布的销川，1937 年停业 100 余家，开工者仅 70 余家。在成都商品市场上，农副产品和手工业产品占据主要地位，工业品，特别是生产资料的贸易交流很少。

（二）城市商业的畸形繁荣

自春熙路建成后，成都市面呈现繁荣景象。这一繁荣景象并非成都商品经济高度发展的结果，而是军阀混战、割据的特殊原因所造成。军阀们通过

---

① 《重庆海关 1922—1931 年十年调查报告》，《四川文史资料选辑》第十三辑。

② 李楠等：《回顾历史教训，狠抓四川纺织业》，《四川文史资料选辑》第二十四辑。

横征暴敛，铸造伪劣通货，滥发公债，征收鸦片课税，摧残社会经济，促使城乡人民破产；与此同时，他们将巨额社会财富用于城市挥霍消费，并在城市进行金融和商业投机活动，因此，在成都商业中，城市投机性商业和金融业畸形发展，生产资料的流通则十分稀少。

成都商业的繁荣，主要集中在投机性商业和金融业。以春熙路和安乐寺市场为中心，形成了一个巨大的商业、金融投机网络。民国时期，先后开设银行、钱庄七八十家，大部分均为各派军阀掌握。“三军”统治时期，在有确切统计资料的75家银行、银号、钱庄中，属于各派军阀系统的共33家，其中28军占据17家，24军占据13家，其他军系统占据3家。[①] 为数众多的银行、银号、钱庄利用大量的社会游资，从事金融业和商业投机活动。如安乐寺的黄金、白银、纸烟市场、东大街沁园的棉纱市场、大安市的米市、城守东大街的匹头市场、正娱花园的黄金市场，都是大宗投机性交易市场。成都商品市场在很大程度上被买空卖空、囤积居奇、垄断市场、谋取暴利的军人、富商和哥老会首领所掌握，呈现变化莫测和极度不稳的状况。

（三）商贸市场的过剩与不足

正常的商业贸易受到商品生产发展不足、工商资本薄弱、战争影响和与外界进行大宗贸易的极度困难诸因素的限制，商业全部资金仅约500万元，全年交易额不过2000万元。商品交流范围很小，主要销售本地和邻近地区。据30年代《中央银行月报》统计：成都全年进口货物约值1600万元到1700万元，出口货物约值1200万到1300万元。进出口总额约3000万元左右。输出商品仍为本地传统土货，作为原料和初级产品出口，商品价值很低。本地名产如蜀绣、同仁堂中成药、华胜三江皮鞋等，虽然生产技艺和产品质量方面达到很高的水平，但仍为手工业生产方式，未发展为机器生产，产量不高，无法为国内外市场提供大宗商品。输入商品中，某些商品如洋纱、外国衣料和被面等，由于同类国产商品价格稍低，质量与洋货不相上下，销售数量减

① 《民国时期成都金融实况概述》，《成都文史资料选辑》第八辑。

少。但外国印染布匹，如细麻布、细斜纹布、充绸布、充绸斜纹布等，行销畅旺。1925年开始，城市富裕阶层对人造丝织物、毛织条纹呢需求增加，销量稳步上升。吸食纸烟已为城市风尚，外国所产各种牌号，各级货品都有主顾。精制白糖，因质量远胜本省所产白糖，销路看好。民国14至20年（1925—1931），由于成都市区和周围地区公路的建设和街道的拓宽，促成了机动车的销售，当时输入摩托车593辆和脚踏车73辆，有半数在成都和成都附近行驶，这又促使汽油和轻汽油输入量的增加。此外，手电筒、钟表、照相器材、乐器和缝衣针输入量也在逐渐上升。

四、 城市消费生活

与城市商品经济发展变化形成对照的是城市消费生活的新旧并存、多姿多彩。高收入家庭追求时尚、温馨；低收入家庭以维持温饱为基本需求。

（一）餐馆、小吃

城市中饮食、餐馆数量惊人，据《新新新闻》1935年统计：高达2398家，以城北最多。著名南堂餐馆、荣乐园、竟成园、姑姑筵、努力餐、静宁饭店，均以烹制时鲜名菜、中西大菜著称。中式餐馆分为承包宴席、门市营业（亦称南堂）与随堂便餐三种。包席以正兴园较早，初创于同治、光绪年间，坐落在棉花街卓秉恬宅内，其业务只限于承包宴席，不设门市。宴席有烧烤、鱼翅、海参三等，并善作满汉全席。因制作精良，预定应接不暇，常有一二百席；不管预定多少，均能保持精品质量，绝不苟且、敷衍。因此，一直肴味如一。其次，著名包席酒家还有复义园、西铭园、双发园。

清末民初继起经营者有布后街的荣乐园、商业场的一品香、菜羹香，还有华兴街的聚丰园等，均能承包宴席，兼营门市。入民国后，又有会府南街荐芳园、包家巷的姑姑宴、少城公园的静宁饭店、中暑袜街的哥哥传等相继而起。菜式也有改进，食客厌于油腻过重，间用蔬菜入席，席面菜肴品种亦多创新。抗战初期，京、沪、广、苏、浙中西餐馆迁入成都者渐多，与本地餐馆形成竞争之势，川菜馆亦能取长补短，菜肴呈现丰富多彩，外地餐馆也虚心学习川菜馆长处，赢得本地食客等喜爱。

由于成都城市人口众多，餐饮业中随堂便饭更适合众多食口。随堂便饭多餐馆中，创办于清代的福兴街竹林小餐，民国时兴起的北新街精记饭馆，华兴街的荣盛饭店，东大街的李玉兴、香风味，走马街的乡村饭馆，祠堂街的不醉无归小酒家，以及邱胡子饭馆等稍有名气。此外，祠堂街的努力餐，为车耀先所开办，有特制鲜肉饺子，体大馅多，定价当二百铜圆一枚，为重体力劳动者喜爱。北门外万福桥头陈麻婆豆腐，色香味绝佳，价廉物美，无论贫富，皆能享用。

成都小吃，大致分为两类：一为大块蒸肉、碗蒸肉与烧腊摊；一为小食摊、店。稍有名气的有：锦江桥街东端广兴店的金丝切面和牛肉肺片、提督街西口的夫妻肺片、暑袜南街东口喜胖子的五香卤肚和砂仁炖肘子、东大街夜市的涮羊肉、青石桥北口东端的嘉定棒棒鸡、荔枝巷钟姓水饺、梓潼桥南街西端的式式轩包子、三桥南街的吴抄手、暑袜街的矮子抄手、梓潼桥街稷雪的牛肉面点、提督街大可楼的海式包子、总府街冠生园的各种点心与卤鸽、同街畅和轩的风鸡风肉、华兴街盘飧市的葱烧鸡、守经街南端的陈包子、骡马市街的厨子抄手、长顺中街治德号的粉蒸牛肉、红庙子街张阿喜的烧鸭子、提督东街福禄轩（其门小如鼠穴，有人戏称耗子洞）的烧仔鹅、皇城坝各清真馆的卤羊尾、东西御街的两家王胖鸭、东玉龙街金玉轩的糍粑醪糟、粪草湖街的沙胡豆、盐道街蜜桂芳的花生糖、顺城街司胖子的花生米、铁箍井朱姓的米花糖。糖果点心铺驰名者，仅有商业场的味虞轩、总府街的老稻香村、冻青树街的协盛隆等号。

至于西餐馆，清末宣统时在新建的商业场开办了一家春、第一楼、楼外楼、可园、金谷园等，民国 13 年（1924），在总府街开办了海国春，营业时间不长。抗战时期，在春熙西路开办了稍具规模的西餐厅撷英餐厅。至于后起的耀华西点，既经营中西糕点，后又兼营餐馆业务。

（二）茶馆（铺）

清末民初，成都稍具名气的茶馆有：文庙街的瓯香馆、粪草湖街的临江亭、山西馆街的广春阁。此外，有中东大街的天禄阁、下东大街的文泉阁、北打金街的香泉居、鼓楼北一街的芙蓉亭。据民国 24 年（1935）《新新新闻》统计：成都全城有大小茶馆 599 家，以外东最多。厕所 1209 所。几乎每条街道都有一二家茶馆。为方便茶客如厕，也几乎有茶馆必有厕所。抗战时期，城守东大街新开的华华茶厅，可容上千茶客，因此喧嚣之声不绝于耳。商业场的二泉茶社几案精致、整洁，并供应各式点心。成都茶馆所售盖碗茶，茶叶多为成都茉莉花茶，也有云南沱茶、本地绿茶。很少用安徽红茶、浙江绿茶。成都茶馆有一习俗，路人无钱买茶，又饥渴难耐，默许饮用茶客人走后留下的剩茶，执壶幺师愿做善事，替他续茶、冲开水，名之曰："吃加班茶"，茶馆老板亦不问。成都茶馆全川茶馆均用盖碗茶具，一套三件：茶盖、盖下之碗、碗下之船。

【第二章】

近代成都城市建设的发展

第一节　欧洲旅游者眼里的成都风貌

近代的成都，在欧洲来华人士眼里，有“西部的北京”之称，既以秀丽风雅享誉中外，也不无缺陷。

一、德国地理学家李希霍芬的成都印象

同治十年（1871），德国地理学家李希霍芬（Ferdinand Paul Wilhelm Richthofen，1833—1905）游历四川后，在《李希霍芬男爵书简（1870—1872）》中描述他对省会成都的印象：

> （成都）是中国最大的城市之一，也是最秀丽雅致的城市之一……街道宽阔，大多笔直，相互交叉成直角……所有茶铺、旅馆、商店、私人住宅的墙上都画有图画，其中许多幅的艺术笔触令人联想起日本的水墨画和水彩画……这种艺术情趣在周围郊区随处可见。而每一个小城镇在

这方面都好像是成都的再现。由红沙石建成的牌坊在乡间触目皆是，所有的旅游者无不为其精湛的艺术而感到惊异。牌坊上布满了以神话或日常生活为题材的浮雕，大都具有一种幽默感，其中一些不愧是中国的艺术杰作。这种优美在人民文雅的态度和高尚的举止上表现得尤为明显。成都府的居民在这方面远远超过中国其他各地。

二、 法国地理学家马尼爱的成都观感

光绪二十三年（1897），法国地理学家马尼爱游历四川后，在其《游历四川成都记》一文中对成都的描绘也是瑕瑜互见，腐朽与神奇并存：

初至中国大城，往往满目秽芜，不堪逼视，成都则亦犹是耳。惟于晓色朦胧之际，遥望其间，尚有巍峨气象……其时城闉暗淡，景色清葱，若隐若见，如龙盘，如虎踞，扼峙于旷土平原；而河道纵横，亦复绮交脉注，诸河上流迤西八十法里，有瀑布自悬崖出，凡菜畦稻田及罂粟花地俱藉以灌输畅茂；但觉连陌如云，鼓风成浪，此景此情，犹宛然在目也。”成都小巷“恶陋无比”，给人难以忍受的感觉：“自郭外反城中，随路秽积，不可向迩。余坐肩舆（轿），从人丛中挨擦以过，前者方开，后者又挤，加以道路窄小，迤逦前进，倍极艰难。或损墙泥，或伤门扇，方触招牌，又踏遗粪……欲觅其地，不能不息心静气，穿羊肠，越鸟道，所经房屋，秽败摧朽，如人身之患大麻风，无一块好肉。甚且误入不通之巷，时须跨过垃圾之堆。街石既不合缝，又极滑达，经行其上，跌撞不止一次。沿途臭气扑人，饱尝滋味，踯躅前往。盖惫其也。

成都大街市容与小巷迥然不同，显示出生气蓬勃之繁华气象，给人美好印象。

幸无意中忽至一街，甚为宽阔，夹衢另筑两途以便行人，如沪上之大马路然。各铺装饰华丽，有绸缎店、首饰铺、汇兑庄、瓷器及古董等铺，此真意外之大观。其殆十八省中，只此一处，露出中国自新之象也。

然使此地不在中国，则亦不过为商贾辐辏之区。何足挂齿。惟中国到处颓唐，遍生荆棘，得此自觉分外鲜明。以实在而论，此地场面，亦甚平常，惟较之沿海一带及内地各城，为差胜耳。广东、汉口、重庆、北京皆不能与之比较。数月以来，觉目中所见，不似一丛乱草，尚有城市规模者，此为第一。

总之，从两位外国旅游者的记述中，19 世纪下半叶的成都，是一座气势巍峨、秀丽雅致的城市，她有优美的自然环境，齐整笔直的街道，繁华而琳琅满目的商业贸易市场，古老而精湛的文化传统，举止高尚、态度文雅的市民。与此同时，她又有恶陋无比、肮脏窄小、破烂不堪的小街、深巷，给人难以忍受的感觉。作者认为，这是中国十八行省中，唯一“露出自新之象”的城市。

第二节　市政兴革

在成都城市的近代化中，城市市区的扩大和郊区的城市化有着比较明显的变化，以下作一概述。特别是光宣新政、杨森督理和抗战时期，变化最为显著。

一、城镇的变化

（一）市区变化

前清时期，成都市区分为满城、成都县、华阳县三部分，满城以东城根街为界，与市区分隔，成都、华阳县同治省城，辖区范围以喇嘛庙、暑袜街绕丁字街为界，市区西、北部分，城外郊区属成都县，幅员 40 里，地方富庶。市区东南部分和城外郊区属华阳县，幅员 80 余里，地尽膏腴，康熙九年（1670）并入成都县，雍正五年（1727）复置。

据傅崇榘《成都通览》，成都市区主要街道共计 516 条，兹胪列如下：

劝业场街（光绪戊申劝业道新开者）、玉皇观街、蓥华寺街、方正街东街（丁公祠）、昭忠祠街（东门）、方正西街（彩票公司）、芙蓉街、落虹桥街、福德街、庆云庵北街、育婴堂街、庆云庵西街、五世同堂街、塘坝街、城隍庙街（东门）、三槐树街、双凤桥东街、新玉沙街、玉沙街、玉沙东街、桂王桥北街、天涯石东街、桂王桥西街、天涯石南街、桂王桥南街、天涯石西街、桂王桥东街、天涯石北街、拐枣树街、书院北街、东玉龙街、书院西街、惜字宫街、书院南街、四圣祠西街、爵版街、四圣祠北街、惜字宫南街、四圣祠南街、新巷子街、燕鲁公所街、梓潼桥西街、双栅子街、梓潼桥街、布后街、布前街、骆公祠街、棉花街、隆兴街、金玉街、冬青树街、江南馆街、提标大厅街、诸葛井街、岳府街、南纱帽街、三倒拐街、北纱帽街、慈惠堂街、北打金街、下东大街、湖广会馆、中东大街、王道正直书院街、上中东大街、福兴街、城守东大街、华兴街、西中东大街、皇华馆街、西东大街、总府街、大科甲巷街、北暑袜街、小科甲巷街、南暑袜街、科甲巷正街、中暑袜街、城守街、大十字、兴隆街、小十字街、南新街、油篓街、中新街、南糠市街、北新街、西糠市街、兴化街、北糠市街、东顺城北街、东糠市街、东顺城中街、娘娘庙街、东顺城南街、毛家拐街、笔帖式街、和尚街、坛罐街、南马道街、磨坊街、下莲池街、红布正街、东岳前街、红石柱街、东岳庙后街、三圣街、铁板桥街、东升街、锐钯街、南打金街、督院东街、龙王庙西街、督院西街、丝棉街、走马街、王家坝街、前卫街、龙王庙东街、三倒拐街（前卫街）、老半边街、太平桥街、中半边街、西半边街、东府街、学道街、南府街、盐道街、中莲池街、指挥街、横丁字街、磨子街、新开街、红照壁街、青石桥南街、南门大街、青石桥北街、纯化街、东丁字街、东桂街、金字街、西马道街（南门）、东马道街（南门）、东马道街（北门）、文庙后街、西马道街（北门）、文庙前街、喇嘛寺街、陕西街、东通顺街、陕西横街、上通顺街、文庙西街、石牛寺街、横通顺街、上莲横街、北门大街、上莲池正街、西珠市巷街、东珠市巷街、东岳庙街（北门）、珠宝街、成平街、珠市横街、老玉沙街、酱园公所街、铜丝街、头福街、老关庙街、金马街、德盛街、白云寺街、鼓楼北街、北东街（北门火神庙）、鼓楼北二街、玲珑街、鼓楼北三街、玉泉街、鼓楼街、观音阁街（提督街）、鼓楼南街、太平街（提督署侧）、鼓楼南二街、兴隆街（海会寺）、马王庙街、会府南街、会府、会府西街、梓潼街、会府北街、内姜街、会府东街、三倒拐（鼓楼街）、康公庙街、大墙后街、童子街、中市街（山西馆）、升平街、上西顺城街、代书街、西太平寺街、红庙子街、灶君庙街、白丝街、楞伽庵街、玉带桥街、金丝街、东打铜街、文圣街、北打铜街、皮房街、武圣街、下西顺城街、银丝街、提督东街、通顺桥街、提督西街、草市街、盐市口街、鱼市口街、梨华街、粪草湖街、转轮藏街、古卧龙桥街、染房街、向阳街、锦江桥街、磨子街、东御街、状元街、东辕门街、光华街、西辕门街、三桥南街、东华门北街、三桥北街、西华门南街、贡院街、西华门街、中顺城街、金家坝街（西华门）、小红土地庙街、枣清街（西鹅市巷）、大红土地庙街、小河街（西鹅市巷）、东玉河沿、西御街、西玉河沿、半边桥街、上五福街、陕西下街、下五福街、陕西上街、大树拐街、君平街、平安桥街、上升街、马道街、玉龙西街、羊市街、武备街、正府街、丰裕仓街、青龙街、观音堂街（北较场）、西顺城街、署后街（即厅署街）、骡马市街、五当山街、铁箍井街、文庙街、署前街（成都县）、苦竹林街（成都县侧）、成都县文庙后街、监墙街、文殊院街、王家堂街、学署街、灯笼街、守经上街、汪家拐街、守经下街、上锣锅巷街、西城角街、下锣锅巷街、小北街（西来寺）、沟头巷街、宁夏街（西来寺）、烟袋巷街、拱背桥街、一洞桥街、板桥街（通小西巷）、桂花街（南门东桂街口）。

市区建设的一个引人注目的方面是适应工商实业、教育文化的发展和社会风气的开放而出现的各项新式建设。如工业方面出现的官办四川机器局、机器新厂、白药厂、劝工总局、制革官厂、火柴官厂、肥皂官厂、官报印刷厂、学务公所印刷厂、商办启明电灯公司、伐木公司、造纸公司、营达公司、电镀公司、文伦书局、天成工厂、图书局印刷公司、因利织布厂、吴永森帆布厂、新华布厂、利华织布厂等厂区建设。商业方面出现的大型新式商场——劝业场、青羊宫商品工艺品展销会和为满足客旅增多而增设的大批新式旅馆、饭馆、茶馆、理发店，适应市民娱乐需求而新设的悦来场戏园、由满城旗仓开辟的少城公园等。这些新式建设，反映了成都城市建设的日益近代化。

民国时期，由于商业、贸易和经济建设的发展，以及城市人口的增加和城市交通的改善，街道亦随之增修扩大。辛亥革命以后的20余年间，新辟的繁华商业贸易中心多达六处：商业场、新集商场、悦来商场、昌福馆、交通路、春熙路。市区增修的街道包括两个主要街区：一是由少城（满城）增修的靖国路、同仁路、城根街、祠堂街、长顺街、锦江街、包家巷、方池街、小南街、支机石街、泡桐树街、实业街、奎星楼街、吉祥街、二道街、三道街、四道街、永兴街、将军街、东西胜街、斌升街、桂花巷、仁厚街、商业街、长发街、黄瓦街、过街楼街、半节巷、槐树街、东门街等。一是由大城增修的华兴东街、东新街、建业里、章华里、大亨里、益德里、三多里、玉成里等，共增修50余条街道。① 抗战期间，市区建设的发展为急剧增加的常住和流动人口提供了基本的生活条件。

据《新新新闻》民国24年（1935）8月调查统计，成都市区共有街巷667条，其中东区141条，南区156条，西区114条，北区162条，外东区94条。

（二）郊区城镇的增加

据傅崇榘《成都通览》，城外郊区场镇分属成都、华阳二县。成都县属郊区场镇12个，计有苏坡桥、望仙桥、崇义桥、太和场，两路口、青龙场、三河场、洞子口、犀埔场、土桥场、龙场、天回镇。② 华阳县属场镇37个，计

① 乔曾希、李参化、白兆渝：《成都市政沿革概述》，《成都文史资料选辑》第五辑。

② （清）同治《成都通览》卷一“场镇”所叙十二场镇与《成都通览》不尽相同，计有：驷马桥、天回镇、三河场、金家场、青龙场、崇义桥、两路口、太平场、复兴场、青羊场、苏坡场、马家场。

有：中和场、石羊场、石板滩（即仁和场）、龙潭寺（即兴龙场）、青羊宫（一名望仙场）、三道桥（一名黄龙场）、红牌楼、白家场、复兴场（一名单土地）、高饭店（一名回龙场）、胡家滩（一名文星场）、双华场、牛市口（一名得胜场）、大面铺、高店子（一名三圣场）、西河场、新店子（一名新兴场）、窑子坝（即太平场）、土主庙（一名永兴场）、倒石桥（一名万安场）、大林场、蓝家店（即兴隆场）、三星场（即平安场）、白沙坡、和江场、中兴场、清和场、秦皇寺、簇桥（即华兴场）、苏码头（即正兴场）、顺河场、公兴场、白马滩、黄龙溪（一名黄泥溪）、傅家坝（即永安场）、万兴场、赖家店。

民国时期（1912—1949），成都市下辖东、南、西、北、外东五区。区下设32镇，其范围略大于旧城垣。东区辖：东大镇、骆公镇、诸葛镇、长顺镇、庄云镇、春熙镇；南区辖：安乐镇、南大镇、明远镇、光大镇、君平镇、光华镇、万里镇；西区辖：西大镇、仁厚镇、少城镇、实业镇、黄蒲镇、平安镇、江源镇、青羊镇；北区辖：北大镇、莹华镇、天府镇、太平镇、中市镇、万福镇、五岳镇；外东区辖：水津镇、德胜镇、紫东镇、大安镇。抗战初期，随着外省人口大批移居成都，城市规模日益扩大，早已突破原来市区范围，旧日的辖区已名存实亡。民国33年（1944）奉命废镇设区，按三镇合一区原则，先将城内24镇合并为八区。第一区包括东胜、长顺、诸葛三镇；第二区包括总府、骆公、庆云、三镇；第三区包括南大、光华、光大三镇；第四区包括明远、安乐、君平三镇；第五区包括少城、平安、仁厚、三镇；第六区包括实业、西大、黄蒲三镇；第七区包括五岳、天府、北大三镇；第八区包括莹华、太平、中市三镇。民国34年6月，经省政府批准，由成都市政府与成都、华阳两县会商决定：两县各划拨土地4240余亩和4300余亩给成都市，作为城郊地区与原市属附城数镇合编为六区。原外东、紫东全镇与华阳划入新东郊各保，改编为第九区；原水津、大安两镇与华阳划入白塔寺各保，改编为第十区；原得胜全镇改编为第十一区；原外南万里镇同新接收区，改编为第十二区；原江源、青羊两镇及新接收区，改编为第十三区；原万福镇与新接收区改编为第十四区。城市规模扩大后，市区完全突破了旧城垣范围，使成都具备了近代化的基本条件。

这一时期的市区建设，较有影响的除抗战前后设的公司企业外，商业方面要数民国 13 年（1924）由军阀杨森辟建的春熙路商业区和抗战时期成都东南角南台寺至九眼桥一带新村的建设。公共娱乐场所也有所兴建，同仁路西侧森林公园，望江楼郊区公园，提督街中山公园先后兴建起来；春熙路大舞台、祠堂街西署大舞台是市区新设两大京剧、川剧、电影演出场所。此外，还开设了智育、大光明、昌宜、蓉光、中央、国民、蜀一、大华、乐观等电影院。

二、 城市管理与市政建设

自近代以来成都一直为省会所在地，省、市、军、政、司法机关、省市议会社团机构衙门繁多，军政公务人员数以万计。从晚清开始，一些新的机构也先后设置起来。

（一）办警政

光绪二十八年（1902），岑春煊署理川督后，面对四川义和拳、红灯教起义，极为谨慎。为维护省城安全，遵照清廷“警察为当今急务”，在成都试办警察。首先开办警政学校，委派候补道李觐光为总办，周善培为教习，训练出首批警务人员。光绪二十九年四月，省城试办警察总局，李觐光、沈秉堃先后为总办，王瑚、马汝骥、凤全先后为会办。光绪三十一年，清廷设立巡警部，四川警察总局改名为通省警察总局，由贺纶夔、周善培任总办。光绪三十三年截撤成绵龙茂道、新设通省巡警道，主持全省警务，兼管省城警务。巡警道先后由高增爵、王棪、周肇祥，徐樾、于宗潼担任。警察由警政学校或短训班培养。新办巡警人数可观，仅省城就达 1000 余人，开办警察经费，从裁减 7000 余名绿营兵饷需中开支。警察总局除主持警务外，还成立了消防队，从事火灾防救工作；创办罪犯习艺所，收容罪犯、游民 600 余人。警务经费取自新立各项捐税，如花捐、戏捐、柴捐、斗捐、茶桌捐、旅店捐、烟灯捐等，使人民负担进一步加重。

（二）裁绿营、建新军

据1898年统计，川省绿营军队共82营，33081名。这支军队分属督标、军标、提标、镇标，督标由总督直接统辖，共中、左、右三营，兵额为1887名；军标由成都将军直接统辖，共左、右二营，兵额为844名；提标由四川提督直接统辖，共中、左、右三营，兵额为1527名；镇标由各镇总兵直接统辖，共十一营，兵额为5128名。川省设置重庆、松潘、建昌、川北四镇，分驻全省各地。此外，按清代军制，四川还有驻防旗营即八旗军队，由成都将军统辖。康熙六十年（1721），常住成都的八旗兵为1600名，人数最多时达二万余人。咸丰十一年，成都驻防旗兵为2673名。

清中叶以后，绿营和旗营已腐败不堪。咸丰元年（1851）曾国藩向清廷奏报："兵伍之情状，各省不一。漳、泉悍卒以千百械斗，黔、蜀冗兵以勾结盗贼为业，其他吸食鸦片、聚开赌场，各省皆然。大抵无事则游手恣睢，有事则雇无赖之人代充，见贼则望风奔溃，贼去则杀民以邀功。章奏屡陈，谕旨屡饬，不能稍变锢习。"据马尼爱《游历四川成都记》载，晚清时期，满城旗营，"统以将军一员，所辖系旗民，挈家聚处，奄有妻孥，消遣法系拉弓、种花、养鸟、唱曲而已。"

光绪二十六年（1900），义和团运动兴起，南北各省相继出现各种反清起义。光绪二十七年至光绪二十八年，清廷不断渝令各省编练新军，操习新式枪炮。光绪三十年，清廷练兵处奏定新式陆军营制，要求全国统一编制。各省设督练处统辖全省军务，由督抚兼任督办（驻防旗营由将军兼督办），下设"军"，设总统官一员辖制全军，每军辖二至三镇（相当于师）。"镇"设镇统一员，或称统制，每镇8000至1000余人；镇下设"协"（相当于旅），每协设协统一员；协下设"标"（相当于团），每标设标统一员；标下设"营"，每营设管带一员。营下设"队"，每队设队官一员；队下设"排"，每排设排长一员，以便层层节制统率。光绪三十一年，直隶总督袁世凯奏准清廷，"所有常备军各镇拟即一律改为陆军各镇"，陆军名称基本确立。光绪三十二年，清廷决定在全国设置36镇，四川分配三镇，饬令川督自练两镇，另由度支、陆军两部筹拨一镇。实际上，直到清末，川省仅练成陆军一镇，即陆军第十七镇。

新军编练的具体情况是：光绪二十八年（1902），岑春煊任川督后，遵旨编练常备新军四营，配备新式枪炮，教练西洋操法，同时，开办武备学堂，训练下层军官。光绪二十九年，岑春煊调署两广总督，将四营新军带往广东。同年秋，川督锡良奏准清廷，重新编练新军中、前。左、右四营，兵员 1072 名。光绪三十年初，又续募常备新军一营，称为后营。又奏准设立军医学堂，聘法国医士罗尚德为教习，每营训练军医一名。同年七月，又编成工程兵一队，教习沟垒、电雷、桥梁、测绘各艺。到光绪三十一年，川省常备新军已有步军六营、工程兵一营，合计官兵 2583 名。同年冬，锡良计划将川省常备军扩至十营，计步兵六营、过山炮兵二营、马队一营、工程兵一营。因尚不足一镇，所以编为第一、二协，第一协包括步兵三营、过山炮队一营、马队一营；第二协包括步兵三营、过山炮队一营、工程兵一营。任命程文藻（系袁世凯部将、山东候补道）为第一协统领驻军省城；陈宧（袁世凯部将）为第二协统领，驻守省城北郊凤凰山。按清廷练兵章程规定：各省设立督练处，锡良兼任督办，下设兵备、教练、参谋三处，各处委任总办、帮办、提调数名以及委员、文案等员。①

光绪三十二年（1906）夏，清廷练兵处将四川常备军编为 33 混成协，辖 65、66 两标，任命陈宧为混成协统领，后由钟颖继任。钟颖于宣统元年（1909 年）奉调入藏后，由朱庆澜接任。其中，尚待征募的步、马各营，在 1907 年均已募足。光绪三十三年以后，由于同盟会在各地陆续发动起义，清廷谕令各省加紧扩编新军。宣统二年，川省已编足步兵两协、炮兵三营、马队、工兵、辎重各四队，共计兵员 8194 名，由清廷练兵处编列为陆军第 17 镇，驻省城附近。另外计划于建昌道所属及雅州、打箭炉等处编扎一镇，因保路运动发生，未果。

此外，川省对原绿营和旗营也进行了整顿改编。光绪二十九年（1903），川督岑春煊整顿旗营，从旗兵中精选 350 名，别立“新威营”。宣统元年

---

① 《锡良遗稿奏陈川军情形折》，转引自《四川文史资料选辑》第十一辑。

(1909)，驻防旗营照清廷新定军制改为成都驻防巡防军，共编三营（每营301人），旗兵903名。对旧有绿营的改编，始于光绪二十九年。川督锡良到任后，将川省绿营37营精简为30营，作为续备中、前、左、右、后、副六军，每军五营，采用西洋操法训练，补充新式武器。驻防于东、南、西、北、中腹心要害五路。《锡良遗稿》《省续备各军折》，续备新军的驻防情况为：中军驻成都府属为中路；前军驻金堂、汉州及保宁、顺庆、潼川三府为北路；左军驻重庆府、酉阳州各属为东路；右军驻邛、眉二州及雅州府属、打箭炉为西路；后军驻泸、叙、资各府、厅、州属为南路；副军五营专防越西、马边、雷波、峨边、屏山五厅、县。光绪三十二年，川省奉命将续备六军一律改为巡防军。这支巡防军在镇压叙南和川康边区各民族反清斗争中为清廷立下了汗马功劳；在保路运动转变为武装起义时，成为与同志军作战的主力军。

（三）成立四川省谘议局和宪政研究机构

20世纪初，随着中国资本主义的发展，资产阶级提出了参政要求，迫使清廷设议会，订宪法，向君主立宪政体转化。据故宫博物院藏明清档案资料，光绪三十二年八月（1906年9月），清廷发布谕旨表示："时处今日，惟有及时详晰甄核，仿行宪政，大权统于朝廷，庶政公诸舆论，以立国家万年有道之基。"翌年秋，谕令各省设立谘议局，"慎选公正明达官绅创办其事"。光绪三十四年六月（1908年7月），颁布《谘议局章程》和《议员选举章程》。同年底，川督赵而巽组织谘议局筹备处，邀集官绅公议，拟设总理一员、协理四员、官绅分任。布政使王人文任总理，提学使方旭、巡警道高增爵、在籍翰林院编修胡峻、在籍即用知县邵从恩充当协记，下设文牍、法制、选举、庶务四科，筹备处设贡院清白堂旧地。筹备处成立后，开始着手议员的选举。根据清廷《各省谘议局章程》第三条规定：凡属本省籍贯之男子，年在20岁以上，具有下述资格，有选举谘议局议员之权：

曾在本省地方办理学务及其他公益事务满三年以上，卓有成绩者；曾在国内外中学堂及与中学同等或中学以上学堂毕业有文凭者；有举、贡、生员以上出身者；曾任实缺职官文七品、武五品以上未被参革者；在本省地方有五千元以上营业或不动产者。

川省各属符合上述条件的选举人总数为 191530 名，约占当时四川总人数 48129596 人的 0.42％，议员定额为 105 名，议员人数约占选举人总数的 0.55％。后又增加旗民专额二名，议员总数为 107 名，加上候补议员 54 名，共计 161 名。

宣统元年（1909）秋，四川省谘议局在成都正式成立，总督赵尔巽、成都将军马亮、布政使王人文、提学使赵启霖、按察使江毓昌、巡警道高增爵、劝业道周善培、盐茶道尹良、成都府于宗潼、成都知县史文龙、华阳知县钮传善等司道府县官员出席了大会。会议以投票方式选举正副议长，蒲殿俊当选为议长，萧湘、罗纶当选为副议长。谘议局成立后，建立了组织机构，设立了编制、文牍、庶务、会计四科书记和议员办事室、书记办事处，又组织了全部委员会，负责查核总督部堂和资政院，咨询建议和议员惩戒事件。川督赵尔巽为了限制谘议局权限，于宣统二年（1910）夏组织了四川官厅会议，由赵自任议长，下设参事、审查两科，参事科以各司道及府厅州县官、各局所总办和总理衙门高级幕僚担任。审查科以通晓法律人员、现任司法官和由谘议局推选士绅充任。按官厅会议规定，所有行政、司法议案、参事、审查两科均有决定权，可不交谘议局议决。但是，谘议局在短短的活动期内，仍对财政、税收、实业、教育、司法、民族等重要议案进行了审议，并行使了自己的议决权。

清廷在筹组各省谘议局的同时，根据“宪政编查馆”拟定的《城乡地方自治章程》筹办“地方自治”，设立地方公所，用地方绅士为“乡董”，以“议事会”为机关，“辅官治所不及”。光绪三十四年（1908）夏，护督赵尔丰筹设“成都自治局”，筹备成都“自治”事宜。赵尔巽署川督后，将“成都自治局”扩大为“四川全省地方自治局”，并将“成都自治局”开办的“自治研究所”改为“通省自治研究所”，令各地方官保荐二人入所学习“自治”。翌年，又在成都设立“四川宪政会”，并在全省各地设立“宪政会”，迄止宣统三年（1911），“川省共成立城会一百处，镇会一百三十处，乡会六十七处。”

谘议局、地方议事会、宪政会在成都的设立和向各地扩充，使资产阶级君主立宪思想在四川广为传播，成都成为近代四川政治变革的中心，也是新旧势力决战较量的主要战场。

（四）洋务局的设立

20世纪初，英、法驻渝领事馆先后迁设成都，英、法驻川省总领事馆在重庆保留副领事一名。四川当局为处理对外事务，除在督署设置洋文案（外文秘书及译员）外，特设洋务局，由道员主其事，衙门在永兴巷。民国时，洋务局改组为外交部四川交涉署。民国19年（1930）撤销，民国22年恢复，更名四川外交署。抗战初期撤销，稍后又恢复，均改在省政府办公。

（五）民国时期，成都市政管理机构沿革

辛亥革命后，市政仍沿清制。民国2年（1913），北京政府通令，废府、厅、州建制，均改为县，省以下设道，分管省属各县。成、华二县隶川西道，省城仍由二县分治。为协调公共事务，特设城议会协商处理。民国11年3月，四川省长公署以成都为省会，应设市政公所管辖，并按照北京、广州二市成案，拟成都市政公所组织大纲。规定公所设督办一人，督办下设坐办、会办、提调、秘书长、秘书各一人，下设四科：一科办理收支编制考核，二科办理交通、劝业、卫生、慈善、市场管理，三科办理道路、桥梁、水利工程，四科办理市政工程，下设技师、技士各一人。组织大纲又规定，市政公所之外设参议会，聘请本市绅耆及法团首领若干人为参议，以备督办咨询。先后担任市政公所督办者有：刘成勋（民国11年）、陈泽霖（民国12年）、王缵绪（民国13年）、罗泽洲（民国14年）、陈光藻（民国15年）。

民国17年，成都市撤销市政公所，正式设置成都市政府，先后担任市长者有：

黄　隐：民国17年至20年，邓锡侯部师长；

陈鼎勋：民国20年至民国22年，邓锡侯部师长；

吴景伯：民国22年，刘文辉部中将总参议；

罗泽洲：民国22至23年，刘湘部师长；

钟体乾：民国23年至26年，刘湘督办公署参谋长；

稽祖佑：民国26年，由四川省政府126次省务会议决议，撤销成都市政府，另设成都市政委员会，由民政厅长稽祖佑任主任委员；

陈炳光：民国27年，由省主席刘湘委托，

杨全宇：民国27至29年，由省主席王缵绪委任；

余中英：民国29至33年，由省主席张群任命；

陈　离：民国33至35年，由省主席张群委任，陈原为四川省防空副司令；

陈炳光：民国35至36年，由省主席张群委任；

李铁夫：民国36至37年，由省主席邓锡侯任命；

乔　诚：民国37至38年，由省主席王陵基委任；

冷寅东：民国38年，由省主席王陵基委任。

辛亥革命后不久，成都即酝酿成立参议会，讨论市政问题。民国24年（1935）3月，成立成都市地方事业讨论会，推定苏凤岗、尹仲锡、寇孟波、冷寅东、徐申甫为委员。旋即成立地方协会，推定李剑鸣、钟体乾、侯方伯、许鹤亭、徐申甫、尹仲锡、陈益廷、马德斋、汤万宇九人为常务委员。并设立总务部、治安部、新运部、救济部，每部推定正副委员各一名。民国31年，成都市政府奉命组设市临时参议会，参议员由市政府遴选加倍名额，由省政府圈定。同年10月30日正式成立成都市参议会，选出参议员57名，由全市14区和工会、商会、农会、教育会、渔会、自由职业等行业组织推选产生。议长为王聚奎、副议长傅双无。民国34年10月16日，成都正式召开首届参议会，选举刘范冰（刘丹五）为正议长，孙少芝为副议长，吕寒潭为省参议员。规定每届参议会任期二年，但实际上，由于“内战”蜂起，社会动荡，成都参议会一直到民国38年国民政府结束在大陆的统治为止，并未改选换届。

市政机制中，军队、警察、民团、宪兵、特务、法院是维持成都市区治安的基本部门。

1. 军队。

辛亥革命后，成都市政为主宰川政的各派军阀所把持。民国 14 年(1925)，成都成为 24、28、29 军驻防地，由三军设立省会军警团联合办事处，以 24 军副军长向传义为处长，张之鼎（城防司令）、周世英（28 军旅长）、田泽孚（29 军旅长）为副处长，负责成都市区治安事宜。由各军分派一旅军队，编为十个执法大队。民国 22 年，24 军与 28 军开战，24 军撤销军警团联合办事处，改设成都卫戍司令部，由冷寅东（24 军师长）为司令，并从 24 军每旅抽一营，改编为卫戍部队，共有 12 营。同年 7 月，24 军撤离成都，卫戍司令部撤销，成立临时治安会。刘湘 21 军旋进驻成都，于 7 月 22 日设立成都警备司令部，委任廖泽（21 军旅长）为司令。同时，因红四方面军入川，屡败川军，为加强省会防务，于 7 月 22 日成立戒严司令部，由廖泽兼司令。由两司令部召集警察局、团防局以及东、南、西、北、外东五区组织军警督察处，设督查队。为便于行动，稽查队分为汽车队、自行车队、徒步队三种。1934 年 11 月 1 日，廖泽司令职由蒋尚朴接任。民国 24 年 1 月 18 日，撤销警备司令部和戒严司令部，另扩大改组成都卫戍司令部，由四川善后督办公署参谋长李剑鸣兼司令。所有驻成都军队（21、28、29 军）均听其指挥。同年 7 月 31 日撤销卫戍司令部，设省会戒严司令部，由侯建国任司令。同年 10 月 19 日撤销戒严司令部，再设警备司令部，仍由侯建国任司令，文重孚为副司令。民国 25 年 4 月 15 日，侯建国辞司令职，川康绥靖公署仍委蒋尚朴为司令。同年 10 月 19 日，蒋尚朴辞职，又委参谋长严啸虎为司令，一直至民国 38 年。

2. 警察。

辛亥革命后，民国元年（1912）将原四川巡警道改为巡警总监，旋又改为军事警察厅。1914 年改为四川省会警察厅。1925 年北伐告捷，废警察机关名称，改为成都市公安局。1933 年改为四川省会公安局，直隶省政府。1936 年改为四川省会警察局，直至 1949 年。警察局下设分局，分局之下设分驻所。1939 年唐毅任局长后，警察局一直为军统把持，以后六任局长，均为军统特务。

3. 民团。

由市民组成的自卫武装，是基层保甲组织的镇压力量。晚清时成都开始设立保甲局。辛亥革命后，成都设立团练局，下设东、南、西、北、外东五分局。分局下设团总，并设有警备队。团总下设保，保下设甲。1933 年 8 月 12 日改团练局为团务局，任命尹仲锡为局长、郑西屏为副局长。团务局下，仍分五区，每区设团务总所，设所长一人。以后各区改设团正，各镇设团总。先后任团务局长的有：郑西屏、袁朗如、评松龄。团务经费，取之于民，按户摊派。以后成立成都市壮丁总队，由市长兼总队长，以评松龄、栾治亚为副总队长。1939 年 9 月 1 日，改设国民兵团，以市长为团长，刘刚夫为副团长。1948 年改设成都市民众自卫总队，以市长兼总队长，乔曾希为副总队长，直至 1949 年。

4. 宪兵。

四川军阀为扩充实力，均各成立宪兵司令部。如熊克武委任李台全为宪兵司令，杨森委袁葆初为宪兵司令，刘湘委李根固为宪兵司令，田颂尧委田泽孚为宪兵司令等。当 1935 年蒋介石派遣中央参谋团入川后，中央宪兵五团即随同开赴成都，其团长文重孚并兼成都警备副司令。绥靖公署亦设有宪兵队，人呼土宪兵。宪兵在成都权力极大，是这一时期重要的执法机关。

5. 特务。

中央参谋团入川时，康泽即率别动队同来，该队即为国民党中央军委的特务队。别动队入川后，即将队员派驻全川各市、县，成都则为队部所在地。国民党中央军委又在成都设有稽查处，该处名义上隶川康绥靖公署，绥署撤销后，乃属成都警备司令部，实际上直接受中央军委特务机关领导，一般称之为军统；国民党中央调查统计局在成都市党部设有调统室，调统室人员直接接受中央调统局领导，一般称为中统。川康绥靖公署亦设情报处，从事一般的特务活动。

6. 法院。

民国时期，成都设有地方法院，负责刑事案件的处理。

上述六种机构各司其职，又紧密联系，共同维护当时社会治安和维持秩序。

三、城镇辖区的变化

自宣统三年（1911）年辛亥革命以后，成都城市进入了急剧变化的时期，主要表现在：城市辖区的变化、市区的兴革、郊区市镇网络的形成。最大的变化发生在抗战时期，市政规模扩大、市政建设发展、市区商业空前繁荣。1947年以后，由于国内战争和通货膨胀的加剧，成都城市迅速走向衰败，难以根治的灾难性结果，实际上预示了民国社会的危亡。

（一）抗战以前成都城市的扩展与演变

1. 城市政区的变化。

清代成都府领三州（简州、崇庆州、汉州）、十三县（成都、华阳、双流、新津、温江、郫县、崇宁、灌县、新都、新繁、金堂、彭县、什邡县），嘉庆初与绵州、龙安府、茂州、松潘厅、懋功厅共辖于成绵龙茂道。光绪三十四年（1908）改成绵龙茂道为川西道，成都府仍属之。

民国元年（1912）裁撤川西道，以府厅直隶省政。民国2年，恢复道制，废府厅州，由川西道管辖成都、华阳二县。民国3年改川西道为西川道。民国10年，将成都、华阳二县所属城区分出，合为一体，设立成都市政公所管辖，隶属省府。民国17年9月1日，改组成都市政公所为成都市府，正式建立成都市，属省辖市。

民国24年（1935），国民政府统一四川军政，2月10日设四川省政府于重庆，7月15日又迁回成都，此后未再变动。同年，将四川划分为十八个行政督察区，原成都府所辖温江、成都、华阳、双流、新繁、郫县、新津、崇庆、新都、崇宁、灌县、彭县等十二县属于第一行政督察区，在温江柳城镇正式设立行政公署统辖各县；四川省则直辖成都、重庆二市。1939年10月，国民政府迁都重庆，以重庆为中央直辖市（以后又称陪都）。成都仍为省辖市、四川省省会。同时，加强了专员对行政督察区的控制，推行新县制，分区设署，废局设科，合署办公。在县以下，划分乡镇，编制保甲，进一步完善了地方基层政权。

2. 城市市区的变化。

自晚清开始，成都市区就在不断发生变化；到民国时期，市区的变化越来越大，城市规模、市政建设、工商行业、文化教育设施、居民住宅都出现了前所未有的变化。其主要表现在如下方面：

随着辛亥革命的发生、清王朝的土崩瓦解，成都城区首先发生的变化是满城的消亡。辛亥革命发生后，成都宣布反清独立。满城旗兵万分惊恐，担心灭族之祸迫在眉睫。四川军政府为和平解决满城旗民问题，由副都督罗纶、通省师范学堂监督徐炯、四川高等学堂监督周凤翔与旗绅赵荣安、将军玉昆反复商谈，多方开导，终于达成和平解决满城和旗民问题协议。1911 年 12 月 23 日，将军玉昆下令驻防满城的全体满蒙官兵向军政府缴械，并由军政府帮助他们自谋生计。1913 年，四川地方当局下令拆除满城城垣，与大城合为一体。

民国时期，成都市区的显著变化主要表现在，随着城市商业贸易、经济建设的发展，以及城市人口的不断增加，城区商贸设施、文化娱乐场所和街区范围也随之扩大。辛亥革命以后的 20 余年间，新辟的繁华商业贸易街区和商场达到六处，包括商业场、悦来场、新集路、昌福馆、交通路、春熙路。其中，商业场、悦来场（今锦江剧场）、昌福馆（今东风商场）是在 1917 年劝业场大火之后，以原址为中心扩建，新修店铺三百余家，较劝业场规模扩大一倍。民国元年（1912），成都名胜锦华馆被辟为新式商场。春熙路建成后，位于春熙路北段的锦华馆变为一条支巷。交通路北起青年路，南达西东大街，是民国 15 年新辟商业街区。市区其他服务性行业和公共设施为数也很多，茶馆、餐馆、食品、理发馆、鸦片烟馆等，遍布全市。据抗战前的 1935 年统计：成都商店合计 17497 家、茶馆 599 家，外东最多；饮食、食品 2580 家，北区最多；酱园 259 家，东区最多；屠宰、肉品行 541 家，南北区最多；浴室 21 家。

春熙路是民国 13 年（1924）至民国 14 年（1925）由四川督军杨森开发出的著名商贸黄金街区。杨森力挫群雄后，希望在市政建设方面有所创新，以取得市民拥戴。他与幕僚设计了修建马路、创办体育馆、通俗教育馆等计划。为了筹措建设资金，他将东大街前清按察使衙门拆毁，开辟出一条黄金商业口岸——春熙路，向商家兜售变卖。在卖掉这份官产的同时，杨森开始实施他的市政建设计划，指令市政督办王缵绪负责修路，首先拓展盐市口、东大街的街道。东大街虽是成都繁华街道，夜市久盛不衰，但街面狭窄、房檐过长的情况，与别的街道也差不多。从早到晚，行人拥挤难行。王缵绪派出大批民工挖路基、修马路，为了拓宽马路，强拆民房、锯掉过长的房檐。一时间民怨鼎沸，骂声不绝。号称“五老七贤”的社会贤达联袂前往督署请愿，反对拆房修路工程。杨森严词拒绝了这些人的要求，并发布命令：敢有对抗新政者，从严法办。于是，春熙路的兴建、东大街马路的开拓，得以在一片咒骂声中竣工。

有一成都文人，姓刘名师亮，以讥讽时政闻名，顷在小报上发表一联：

民房已拆尽，问将军何时开滚？
马路也捶平，愿督办早日开车！

这副对联以巧妙、诙谐的双关语抒发了成都市民对杨森采用暴力推行市政建设的愤懑情绪，一时之间轰动蓉城。杨森严令搜捕，刘师亮连夜逃出成都避祸。

新开这条南接东大街、北连总府街的商业大街取名“春熙路”，是一位前清举人双流江子渔先生想出来的，意在赞颂杨森给成都带来了春风和暖的日子。

这些新式商场和商业街区的建成，使成都形成了以东大街、春熙路、总府路、提督街、盐市口为城市商贸中心的新布局。

（二）城郊场镇商业网络的形成

近现代成都城市的一个重要变化，就是城郊场镇网络的形成。根据今人统计，19 世纪上半叶到 20 世纪初，成都、华阳、双流、温江、新繁、金堂、新都、郫县、灌县、崇庆、新津、邛州、大邑、蒲江、彭县等15县场镇数量呈现快速增长，从195个发展到370个，增长率为89%。如此众多的场镇密集成都平原，每场之间，间距短者，两三公里；间距长者，五六公里。各场镇人口，少者数十、百户，多者数百、上千户。

民国时期，成都城市规模的扩大，城郊场镇市场的增多，为各地农副业产品、手工业品和城市消费品提供了更为广阔的交易市场，成为成都城市经济的重要依托，也是成都农村地区加速城市化进程的显著标志。

（三）抗战期间成都城市的变化

抗战时期，东北、华北、华东国土相继沦陷，东部人口、企业、学校、科研机构、政府机关纷纷内迁，成都成为内迁重点城市。数年之间，城市内外，内迁工厂、学校和各种机构甚多，外来人口也与日俱增。成都原有的城市规模、城市布局、市政建设、公用设施和城市管理等方面均不能适应这一形势，迫使省、市政府部门重视成都城市建设，加速了成都城市近代化的过程。城市规模日益扩大，早已突破原来的市区范围，旧有的辖区名存实亡。

1. 市政规模的扩大。

1944年奉命废镇设区，先将城内24镇合并为8区。按照三镇合一区的原则，第一区包括东大、长胜、诸葛三镇，第二区包括总府、骆公、庆云三镇，第三区包括南大、光华、光大三镇，第四区包括明远、安乐、君平三镇，第五区包括少城、平安、仁厚三镇，第六区包括实业、西大、黄蒲三镇，第七区包括五岳、天府、北大三镇，第八区包括莹华、太平、中市三镇。1945年6月，又将新增市区与原市属附城数镇合编为六区，编组情形如下：原外东紫东全镇与华阳县划入的新东郊各保改编为第九区，原水津、大安两镇与华阳县划入的白塔寺各保改编为第十区，原得胜全镇改编为第十一区，原外南万里镇同新接收区改编为第十二区，原江源、青羊两镇及新接收区改编为第十三区，原万里镇与新接收区改编为第十四区。

2. 市区街巷的增加。

抗战期间，东部人口大量聚集成都市区和周遭各县。市区建设处于飞速发展期。市区的扩大、商品市场的激增、居民住宅的大量增加，为急剧增加的常住和流动人口提供了基本的生活条件。抗战时期，随着商业贸易的快速发展和城市人口的急剧增加，形成了六处繁华的商业中心：商业场、新集商场、悦来商场、昌福馆、交通路、春熙路。市区增修的街道包括两个主要的街区：一是由少城（原满城）增修的靖国路、同仁路、城根街、祠堂街、长顺街、锦江街、包家巷、方池街、小南街、支机石街、泡桐树街、实业街、魁星楼街、吉祥街、二道街、三道街、四道街、永兴街、将军街、东胜街、西胜街、斌升街、桂花巷、仁厚街、商业街、长发街、黄瓦街、过街楼街、半节巷、槐树巷、东门街等；二是由大城增修的华兴东街、东新街、建业里、章华里、大亨里、三多里、玉成里等，共计增修50余条街道。这些街道的增修，为抗战时期成都城市经济和文化的发展做出了重要贡献，也为众多的常住和外来人口提供了基本生活条件。

3. 市区商业的繁荣。

抗战期间，成都市区和郊区集聚了大量外来人口，衣食住行的需求急剧增加，给成都商业贸易带来空前的繁荣兴盛。

据40年代中期的统计：成都市区商店总数共计28480家，与抗战前相比，净增15167家。城市商业形成以春熙路为中心，北接总府街、商业场，延续到提督街，南接东大街，形成一个繁盛的商业闹市区。商业贸易活动的空前活跃，极大刺激了金融业的兴旺，银行、钱庄密布市区，约计七八十家。银钱、期货的投机活动也应运而生，如安乐寺的黄金、白银、纸烟市场，东大街沁园的棉纱市场，大安市的米市，城守东大街的匹头市场，正娱花园的黄金市场，都是军阀、官僚、实业家、商人利用手中巨额财富从事投机倒把、囤积居奇牟取暴利的乐园。与此同时，成都城市房地产业也进入黄金时代，以春熙路为例，抗战中期，地价扶摇直上，暴涨到寸土寸金的水平。一个单间铺面，租金高达黄金数十到一百两。

抗战期间，因法币贬值，安乐寺金融市场投机赌博之风盛行。商家均以商品期货作赌注，大搞买空卖空。1943年，国民政府开放黄金市场，从事金融投机的商家纷纷在安乐寺开设黄金交易所，河南帮的王海山、张瑞丰、魏延甫，山西帮海通字号的吴明甫，陕西帮天乙福字号、天成亨金号、祥兴金号，浙江帮的杨庆和、宝成银楼均展开角逐，黄金交易主要以南北各省金条、金圆、金饰、沙金、矿金为角逐物，每天交易额大约二三千两。国民政府开办黄金储蓄以后，黄金市场掀起买空卖空的投机狂潮。与此同时，银圆交易也以川版作赌注，赌客主要是钱贩子、钱滚子。国民政府发行黄金公债后，大量美钞流入金融市场，安乐寺又开辟出美钞市场。此后，香烟、百货、新药、染料、黄金、银圆、美钞都在安乐寺买空卖空，参加交易的人也越来越多，据估计，经常做这种买卖的大约在千人以上。许多人在金融投机活动中失败，破产逃亡或自杀身亡，报端时有所闻。

（四）40年代末的成都城市状况

1. 城市的不良景象。

抗战以后，国民政府为了筹集国内战争军费，实行竭泽而渔的财政和金融政策，最终造成恶性通货膨胀，成都城市经济处于全面崩溃之中。三十余万城市居民忍受着沉重的生存压力，在死亡线上挣扎，成都城市建设也陷入绝境。当时的顺口溜说："马路不平，电灯不明，电话不灵。"工商企业大多歇业，连所谓"三根半烟筒"也不冒烟了，只有二三十部小轿车和一些军车在尘土飞扬的石子街道上耀武扬威。满街可见凄凄惶惶的城市平民，以及苦力拖拉着破旧黄包车和板车在痛苦地挣扎。

从成都城市现状看，只有春熙路、东大街、东西御街到祠堂街才有一点像样的大街。城市中心的皇城一带（今四川展览馆、天府广场到红照壁一带）全都是弯曲狭窄的陋巷和拥挤不堪、东倒西歪的竹编粉壁街房，连皇城城门洞外的两个大石狮子也被棚户的竹席所淹没。从皇城城门洞进去，直到至公堂，全是横七竖八、望不到头的棚户区，这是数万无业流民用废旧物品随意搭建的栖身之所。再往后面去，就是皇城坝（原来的蜀王府宫殿区）全是三教九流汇聚场所，有耍把戏的、卖打药的、摆赌盘的、看相算命的，还有其他各种专门从事欺诈的，所以成都人又把皇城坝称之为"扯谎坝"。在皇城坝的东西两面，也都是乱七八糟的棚户区，无边无际。东面有一个高达20余米的垃圾山，是多年没有清除过的城市生活垃圾和煤渣，俗称“煤山”，臭气熏天，是疾病和瘟疫的发源地。再往北走，就是后子门一带，俗称“小市”，无业游民和大量妇女就聚集在这里，希望找到临时工和当家庭保姆的机会，许多流氓、阿飞、拉皮条的掮客也乘机在这里活动。命运好的妇女可能到大户人家做娘姨，年轻妇女若遇流氓阿飞，只有受骗上当，被糟蹋玩弄后，还被卖到妓院里，没有出头之日。这一带还有许多破败的鸦片馆，每家只有几张席子，专供一些下力人在这里消耗可怜的血汗钱。

2. 城市环境恶劣。

由于城市水利工程废弛多年，城里的一条御河和一条金河都变成了臭气熏天的烂泥沟。那里蚊蝇滋生、垃圾腐烂，成为瘟疫发源地。有一年成都霍乱流行，死亡人数成千上万，最早发作的病人就生活在这一带。由于内外江河道多年失修，每年夏天洪水泛滥，金河率先进水，使东南城区成为一片汪洋，许多城市贫民窟轰然倒塌，男女老少死于洪水；或者家计荡然，流离失所，造成无数的人间悲剧。

民国 36 年（1947）盛夏，川西地区连续数日的暴雨，造成了成都特大洪水。7 月 7 日，外西百花潭等处河道，水位骤增一丈六尺左右，沿河百余幢房屋被洪水冲毁，青羊正街、横街水深数尺，十二桥、晋康桥、宝云桥、小桥等处桥梁荡然无存，附近树木、围墙全部倒塌。被淹没的街道有春熙路南段、总府街、南纱帽街、东马棚街、东城根街、西糠市街、盐道街、东桂街、干槐树街、布后街、祠堂街、庆云南街、惜字宫南街、贵州会馆、三槐树街、羊市街、青龙街等二十余条。《申报》1947 年 7 月 12 日对成都洪灾的一篇专题报道写道：

建筑百年的安顺桥和六十余年的万福桥，俱为洪水淹没冲毁，其余大小桥梁冲毁六十余座。不及走避的沿江居民千余人随洪水作波臣，一切财产尽为巨浪卷席一空，造成六十余年空前第一次大水灾……豪雨迄五日始告截止，但市区仍成一片泽国。记者登城楼鸟瞰灾情，但见四野茫茫，洪浪滔滔，被冲毁的房舍、家具什物、尸骨、牲畜，以及沿江仓库中储藏的盐、煤、木柴、货物，滚滚逐波而下。灾民扶老携幼，栖栖惶惶，争登高处避水，刻画出洪水的恐怖惨景。7日洪水渐退，记者再到灾区查勘，昔日繁盛游乐之区，仅剩荒烟乱草，一片瓦砾……倾家荡产的灾民。呼天抢地，痛哭流涕，惨绝人寰。

3. 社会治安恶化。

随着成都城市人口的急剧增长，军阀、官僚、恶霸、袍哥、土匪、地痞、流氓、三教九流各色人物，以及社会渣滓也大量混入其中，城市治安环境日益恶化。最为典型的是，渗透到社会生活各个角落的袍哥势力。成都袍哥各树一帜，公口（码头）就有一千余个。其中，不乏名噪四方的典型人物。有横行川南的邓叔才，有北路的“总关火”马昆山，有人称“倒插野鸡翎子”的龚渭清，有“八方搁得平”的陈俊珊。他们凭借地方恶势力，形成盘根错节的复杂关系，称王称霸，横行无忌，为所欲为。其次，由地痞流氓纠合起来为非作歹的土匪、恶霸势力，也成为成都社会的公害。如城市东门的黄亚光，西门的徐子昌，北门的银运华，西南门的蒋浩澄，他们各自拥有一帮流氓、恶棍，杀人越货，强占民产，贩毒走私，投机倒把，还肆意敲诈商家、银号，无恶不作。他们的存在，严重威胁着成都市民的生命财产安全。黑恶势力的急剧膨胀，使城市失去了健康和活力，迅速走向衰败；同时也说明，民国社会已经病入膏肓，预示着它必然要被新的社会所取代。

【第三章】

近代成都城市文化的变革

在成都城市近代化过程中，城市近代文化的产生与发展是极为重要的方面。兹将1840年以来成都重要的文化变革情况作一简要勾勒。

第一节　尊经书院与近代成都维新思潮

一、成都尊经书院的创办

19世纪70年代，清廷洋务派中具有敏锐眼光和卓越才干的张之洞简放四川学政，给四川教育界带来了革新思想。他目睹闭塞、沉闷的四川文化教育的落后状况，决心改革教育，振兴蜀学，磨砺人才。创办尊经书院是他教育改革思想的集中体现。他试图从更新四川教育入手，培育新学人才，根治腐败社会的痼疾。

据张之洞《四川省城尊经书院记》载，同治十三年（1874）四月，川籍京官、工部侍郎薛焕丁优回川，“偕通省荐绅先生十五人，投牒于总督、学政，请建书院，以通经学古课蜀士。”这一建议引起具有改良思想的四川学政张之洞的注意，他以振兴蜀学、改革教育、培育人才为己任，鉴于“省城旧有锦江书院造就不广”，与总督吴棠联署奏准清廷，筹措资金，择地兴工，新建尊经书院。

光绪元年（1875）春，尊经书院落成，规模宏大，堂室宽敞，中门匾额“石室重开”四个大字，大门两侧有“考四海而为隽，纬群龙之所经”的对联，反映了尊经书院的办学宗旨和特色。尊经书院在张之洞的倡议下建立了尊经阁，收藏图书典籍和中西时务书报、挂图、仪器、标本。张之洞为鼓励尊经书院士子读书，弥补尊经阁图书匮乏的缺陷，他慷慨捐资，用自己的俸禄从外省选购各类图书 1000 余卷入藏。尊经书院还开设了尊经书局，刊印图书，陆续刻印百余部书籍，除传统经史、小学、舆地和学生的习作外，还刻印了部分西方哲学和社会科学著作，大大开阔了师生的眼界。

尊经书院按照张之洞读书、育才、绍先哲、起蜀学的办学方针，从师长的择聘，学生的招考选拔到教学内容和方法的制定，均极严肃认真。光绪三年（1877），丁宝桢督川，聘著名经学家王闿运为山长，五年（1879）来任。闿运精于今文经学，以经术、辞章教诲诸生。书院分经术、辞章两科，学生由学使选拔，在全川科岁两考中，选拔各府县名列前茅的生员入院学习，学生定额 100 名，不足额则举行甄别考试加以补充。书院首批 100 名学生是从全省三万余名生员中择优选拔。院生每月有膏火银三两。院内课税和考试制度严格，按月行使堂课，由山长主考，第一名给奖金银 3 两。定期举官考，由总督、藩台及成都知府轮番主持，第一名给奖金银 10 余两。

尊经书院特别重视师长的择聘。书院分东、西、上、下四斋，每斋设斋长一名，辅助学生（以诸生学优年长者充之）。山长总揽全院一切事务，下设襄校二人为助教，山长出缺，由襄校二人主持院务。山长由总督、学政礼聘，先后在书院担任山长、襄校、主讲的著名学者有薛焕、钱保塘、王闿运、薛华墀、伍肇龄、刘岳云、宋育仁、杜嗣兰等。

尊经书院始终坚持笃学、崇实、戒浮的良好学风，以培养博学、通识致用之才为教学目的。张之洞《四川省城尊经书院记》载，在教学内容方面，尊经书院反对将读书作为制艺八股应试阶梯，要求士子“首励廉耻，次励以读有用之书”。何为“有用之书”？张之洞提出：“经史、小学、舆地、推步、算经、经济、诗、古文辞皆学也。”同时指出，通才和各类专才都是有用之才，应根据士子禀赋的不同，确立不同的培养目标，更易成长，“性有所近，志有所存，择而为之，期于必成”。他为士子指出读书门经：“凡学之根底必在经史，读群书之根底在通经，读史之根底亦在通经，通经之根底在通小学。”此“小学”不是现代意义的小学，而是文字、音韵、训诂等学问。

尊经书院还要求学生抛弃门户成见，广泛吸收古今的一切有用的学问。张之洞认为“学术有门径，学人无党援”，“汉学，学也；宋学，亦学也；经济、辞章以下皆学也，不必嗜甘而忌辛也”。因此，学生应当广泛涉猎经、史、子、集各门学问，博闻通识。与此同时，尊经书院又提倡疑古批判精神，敢于向成说挑战。初期山长王闿运为晚清今文经学家，他精习春秋微言大义，笃信公羊改制之说，又擅长庄周笔意，为文汪洋恣肆，曲直而达于理，其论著新颖而富有启发性，在他的影响下，院生廖平深研今古文经学，著有《今古学考》《续今古学考》等著作，力辩古文经为伪学，今古经为孔子真传，这些“脱骨改制”等著作为近代改良维新思想的产生提供了思想武器。

为方便士子找到读书门径，专门编著了《书目答问》和《輶轩语》两书，广为散发。《书目答问》是张之洞为士子开列的阅读书目，共列举经、史、子、集各类图书2000余种，末附《国朝著述诸家姓名录》，以展示清代学术源流。《輶轩语》是张之洞在四川各府州县考之后，对各地生员所写的赏罚教戒之语，其中颇多读书成才经验之谈。为了保证书院教学活动的正常进行，张之洞还为学生制定了十八条章程，规定学生要遵守“本义”“定志”“择术”“务本”“知要”“定课”“用心”“笃信”“息争”“尊师”“慎习”“善诱”“程功”“惜力”“恤私”“约束”“惜书”“释疑”等条规。

尊经书院一时人才辈出，佼佼者如廖平、宋育仁、吴之英、张森楷等，皆享誉海内。而杨锐在戊戌变法中坚守维新变法理念，甘愿流血牺牲，以身殉国。

二、成都维新思潮的发生与戊戌变法运动

在这个充满博大精深、疑古批判精神的近代学府里，一代改良主义思想家廖平、宋育仁被孕育出来；在戊戌变法中，英勇无畏的维新派精英杨锐、刘光第脱颖而出，成为中国近代社会中叱咤风云的人物。

廖平，字季平，号四益，又号六泽，四川井研县人，生于咸丰二年（1852)。据廖宗泽《廖季平先生年谱》，其幼时家贫失养，勤奋好学，同治十三年（1874）参加县学考试，“拔置第一，补县诸生”。光绪二年（1876），以优等食廪饩，选拔到尊经书院深造。光绪五年（1879）中乡试。这一年，湖南学者王闿运主讲尊经书院，使廖平深受教益，改变了读书和治学的方法。他明白了经学的门户虽由小学始，但不得以小学终，于是决心研习《春秋公羊传》。他经常向王闿运先生求教，二人论学，有时通宵达旦。廖平“拙于言”，但勤思索，敢向成说挑战。

19世纪80年代，廖平先后写了《穀梁集解纠谬》《公羊何氏解诂十论》《今古学考》《知圣篇》《辟刘篇》《续今古学考》《经学四变记》等著作。在这些著作中，他提出“礼制”是划分今、古文经的标准。“今古之分，本以礼制为主”，“今古之分全在制度，不在义理”。廖平突破了前辈经学家皓首穷经，只求阐示义理，不求解释的死胡同，而将经学的探讨推进到政治制度的研究，具有重大的现实意义。当时，洋务运动失败以后，中国向何处去，是正在觉醒的中国知识界急于解答的问题。廖平的今古学观的问世，为近代改良主义和维新思潮的兴起，提供了重要的理论武器。

廖平大胆提出古文经为刘歆伪托，今文经才是孔子所作，因此应当尊今抑古，托古改制。“考究故家渊源，则皆出许、郑以后之伪撰。所有古文家师说，则全出刘歆以后据《周礼》《左氏》之推衍。又考西汉以前言经学者，皆主孔子，并无周公。六艺皆为新经，并非旧史。于是以尊今者作为《知圣篇》，辟古者作为《辟刘篇》。”

廖平使今文经学具备了新的现实意义，“旧日腐朽皆为神奇”。他的学说，

在顽固守旧的封建卫道士眼里，有如洪水猛兽，引起激烈反对。光绪十五年(1889)，他被罢去四川绥定府教授职，但是他的学说却不胫而走，在中国知识分子中引起“霹雳前之特异的电力”。近代维新运动的主要代表康有为，就是在他的今文经学思想的启发下，写出了《新学伪经考》《孔子改制考》。这两篇巨著，为维新运动奠定了理论基础。

宋育仁，字芸子，一字芸崖，晚号道复，咸丰七年（1857）生于四川富顺县。双亲见背，幼年失养；天资聪颖，勤奋好学。十五岁应童子试，得张之洞赏识，“以高才生调尊经书院肄业”，是尊经书院的优秀学生。

光绪十二年（1886），宋育仁赴京参加会试，中进士，授翰林院庶吉士。宋育仁受尊经书院优良学风熏陶，在北京又接受了中外进步思想的影响，逐步具有了改良维新思想。他开始认真对比中西文化制度，探求西方富强和中国贫弱的原因，他认为中国必须以欧美强国为榜样，进行彻底的社会改革，否则国家民族难以摆脱危亡命运。光绪十七年（1891），宋育仁著《时务论》，系统论述了他的维新变法主张。他主张：学习西方国家的治国经验，确定变法维新大计。他提出“君民共治”的主张，由“伸民权”而达“民为主”的目标，实现君主立宪的目标。

光绪二十年（1894），宋育仁受命出使英、法、意、比四国，出任四国使馆二等参赞。在欧洲驻节期间，他十分留心考察西方各国政治、经济制度、文化教育、风土人情，并实地参观了议院、监狱、法院、学校、工厂、商业贸易场所等，并将见闻和感受以随笔的形式写成《采风记》一书。甲午战后，宋育仁回国，将《采风记》刊行。同时又将自己对西学的认识进行系统整理，修订《时务论》，再次刊行。两书发行后，士大夫争相阅读，宋育仁被尊为“新学巨子”。

《采风记》和《时务论》全面介绍了西方强国的基本情况，并对中西方异同进行对比分析，解答了中国面临的主要社会问题，提出了在中国发展资本主义政治经济制度的若干设想。

光绪二十一年（1895）暮春，维新派领袖康有为、梁启超联合在京参加会试的十八省举人1800余人齐集京郊松筠庵，讨论甲午战败后中国的危亡问题和知识界应采取的救亡对策。与会者经过充分讨论，一致推举康有为起草上光绪皇帝书，由与会者联合签名。四月八日（5月2日），由康有为、梁启超带领各省举人将《上光绪皇帝书》呈交都察院转奏，时称“公车上书”。公车上书的内容主要是反对中日《马关条约》，要求“拒和”“迁都”“陈兵”“变法”。

在“公车上书”中签字的各省举人最后核实为603人，四川举人有71人，占总数的11.8%，仅次于广西、贵州、广东，居第四位。其中，有不少成都举人。为推动维新运动向前发展，四川在京举人和新中进士倡议组织学会，当年夏，维新派联合帝党官僚组成政治团体“强学会”。在22名参加者中，有四川举人杨锐、川籍京官宋育仁，他们积极投身维新运动，宋育仁还主讲了“中国自强之学。”

杨锐、刘光第是百日维新中的活跃人物，戊戌政变中殉难的六君子之二。杨锐，字叔峤，四川绵竹县人，幼时聪明好学，钦差学政张之洞“奇其才”，招入幕。尊经书院开办后，“以优廪生，调院肄业”，在尊经书院同学中，杨锐“年最少”，而学业“常冠其曹”，被列为“尊经五少年”之首。① 以壬午优贡，朝考得知县。光绪十一年（1885），中顺天乡试。光绪十五年，考授内阁中书，后入张之洞僚幕。维新运动中，为“军机四卿”之一。刘光第，字德星，号裴村，生于咸丰十一年（1861），幼年饱受农家生活的艰苦磨炼，“意气卓荦，不以贫废读”。光绪四年（1878）应童子试，县令陈锡鬯奇其才，拔置案首，厚遇之。光绪八年，“四川乡试中式举人，是年北上应会试。”次年春，“试礼部，登进士，授刑部主事”②。在做京官期间，刘光第目睹国步艰难，政事日效，心怀隐忧。甲午战争爆发，中国形势危迫，刘光第不顾个人身家性命的安危，大胆向皇帝上了一道痛陈变法维新大计的《甲午条陈》，请求皇帝“乾纲独断，以一事权”；“下诏罪己，团结人心”；“严明赏罚，以操胜算”；“隆重武备，以振积弱”；《甲午条陈》充分表现出刘光第赤诚的爱国热情和改良主义思想倾向。

光绪二十三年（1897），列强掀起瓜分中国的狂潮，民族危机深重，杨

① 蔡冠洛编著：《清代七百名人传》下册，中国书店1984年版，第1910—1911页。
② 高楷：《刘杨合传》，《刘光第年谱简编》，《刘光第集》，中华书局1986年版，第450页。

锐、刘光第迫切希望皇帝维新变法，当年底，在杨锐多方努力下，康有为《上清帝第五书》由给事中高燮曾递交光绪帝，并介绍康有为学问人品，请求皇上召见他。据陈鸾章《戊戌日记》闰三月初六日，光绪二十四年初，杨锐、刘光第联合在京四川爱国志士傅增湘、谢绪纲、王晋涵、李植等在四川会馆观善堂旧址成立“蜀学会”，宗旨是：“讲新学，开风气，为近今自强之策。”会员定期集会，讨论或演讲，所谈“不离乎西学”。为了研讨西学，培育维新人才，他们在蜀学会外，成立了“蜀学堂”，课程有中外政治、英文，聘请英文教习，购置西方图书仪器，随时观览。英文学成后，进入专门班，研习西方各门学问。据统计，报名入蜀学堂者 73 人，其中有功名者占 71.24%，状元出身的翰林院编修骆成骧以及三位刑部主事、一位工部主事均报名参加学习。同年三月，康有为组织了以知识分子为主体的“保国会”，宗旨是“保国、保种、保教”，以推动维新运动的发展。在京四川维新志士积极参加保国会的活动，在 186 名会员中，四川有 14 名，占总人数 7.5%。

保国会成立不久，杨锐等人又在京成立“保川会”，将保国与保家乡结合起来，具有更强大的号召力和凝聚力。虽然保国会、保川会在清廷顽固派的弹劾下涣散瓦解，但变法维新的时代潮流难以阻挡。同年四月二十三日（6 月 11 日），在维新派的推动下，光绪帝下诏“明定国是”，宣布变法，实行新政，百日维新开始。六月十八日（8 月 5 日），湖南巡抚陈宝箴向光绪帝推荐了刘光第和杨锐。七月十六日（9 月 1 日）、七月十九日，光绪皇帝先后召见杨锐、刘光第，二人力陈变法维新对策。七月二十日，刘光第、杨锐、林旭、谭嗣同被授予四品卿衔，著在军机章京上行走，正式参与新政。他们竟日批阅各种条陈奏章，草拟上谕，“忙迫亟矣”。

光绪二十四年八月六日（1898 年 9 月 24 日），慈禧太后和封建顽固派发动政变，囚禁光绪皇帝，废除新政，杨锐、刘光第被捕，三日后，与林旭、谭嗣同、康广仁、杨深秀一道英勇就义。他们以自己的壮烈行为，谱写了变法维新、拯救国家民族的壮丽乐章。

杨锐、刘光第、宋育仁所代表的四川维新派所创造的光辉业绩，与成都尊经书院的精心抚育息息相关。

第二节 “蜀学会”和报刊、新书、新式教育

一、“蜀学会”的创办

自“公车上书”开始，以救亡图存为号召的近代维新运动在全国蓬勃兴起。光绪二十二年（1896），川籍维新派理论家宋育仁被清廷任命为四川矿务商务监督。他回到重庆后，除设立商务局，大力提倡开办商矿实业外，还广泛联络四川维新志士创办报刊、出版新书，大造变法维新的舆论。光绪二十三年十月（1897年11月），《渝报》在重庆创刊，这是四川第一家新闻旬刊，要目有：辕门钞、上谕、奏折、评论、国内外新闻、本省要闻、译文、物价等。渝报对开通四川风气，活跃社会思潮起了极为重要的作用。光绪二十四年初，宋育仁受聘成都尊经书院山长，由重庆来到成都，四川维新变法运动中心也由重庆转移到成都。《渝报》也因之出至第16期即告停刊，改出工商报刊《渝州新闻》。宋育仁目睹成都风气闭塞，知识界一盘散沙的现状，很快联络维新志士潘祖荫、邓镕、吴之英等发起组织“蜀学会”，总会设于成都，准备在各州县设分会。据《蜀学报》载《蜀学会章程》：“蜀学会”以“振兴蜀学”“通经致用”为宗旨，开展集会讲演，推广新式学堂。“蜀学会”主讲为宋育仁、吴之英、廖平等，讲演内容有三：（1）伦理，主要论述社会伦理道德；（2）政事，以经学为出发点，结合历代制度、各省政俗利弊、外国历史、公法律例、水陆军事、政教农桑各业，融会贯通；（3）格致，综述古今中外语言文字、天文地理、化学、物理、电力、水利、机器、地质、冶金、生物、数学、医学、测量、畜牧等人文、自然科学。会员以阅报为首务，每月定期在三公祠集中讨论和讲演。“蜀学会”主张学习西学，反对崇洋媚外；提倡实事求是，反对道听途说。虽然蜀学会具有维护传统文化的妥协性，但

它毕竟具有维新变法的政治倾向，影响力很大。

二、《蜀学报》的刊行与京沪新书报的发行

宋育仁等以“蜀学会”为中心，创办了成都第一家近代报刊《蜀学报》，由宋育仁任总理，吴之英任主笔，廖平任总纂，报馆设尊经书院内，由尊经书局出版发行《蜀学报》（先为半月刊，后改为旬刊），主要栏目有：谕旨、奏折、评论、蜀中近事、中国近事、海外近事等，其中以宣传维新变法、介绍西学的评论文章较多，对成都近代社会产生了强大的影响。《蜀学报》出至第13期，戊戌政变发生，被迫停刊。

报刊方面，除《蜀学报》外，戊戌以前，成都已有各州县驻省京报房编印的《京报》《纶音捷报》，登载上谕、奏折、宫门钞、辕门钞。同时，《蜀学报》代理上海《时务报》《国闻报》在成都发行。戊戌政变后，各报刊绝迹。光绪二十七年（1901），京沪各报如上海《时务报》《中外日报》《神州日报》《中央日报》《求是报》《译书公报》《农学报》、长沙《湘学报》《湘学新报》、澳门《知新报》、重庆《广益丛报》均在成都发行。光绪二十一年，成都图书局傅樵村、苏星舫在成都创办《算学报》，次年傅樵村又创办《启蒙通俗报》，并陆续刊印《启蒙通俗画报》《启蒙通俗日报》。光绪二十六年，官方刊行的《四川官报》《四川学报》（后改名《四川教育学报》）、《成都日报》也相继问世。宣统二年（1910），由四川谘议局创办的《蜀报》正式刊行，在宣传欧美政治经济制度、介绍启蒙思想方面有很大的影响。辛亥革命前夕，成都公开发行的报刊已超过100种，市内图书发行和售报所共计10处。

为了牢固占领成都文化阵地，蜀学会特别重视翻译、出版、学术研究工作，他们编印了《蜀学丛刊》，出版了大批介绍欧美政治、经济制度、法律教育方面的文章和书籍，翻印了《天演论》《原富》《法意》等西方资产阶级启蒙时期的优秀著作。

新书方面，光绪二十六年（1900）以后，上海铅石印新书在成都大量流行。商务印书馆最先在青石桥北街开设分馆（主持人朱锦章），因经营有方，

销路日广。本省商营铅石印业最早者为绿海山房（东御街），创办于光绪十年（1884）（经营者裴子周），刊印图书，讲求质量，所出《芥子园画谱》，为学人称道。绿海山房以蜀版书运往上海交换洋版书。20 世纪初，成都大约有二十余家印制和经售古今中外图书的商营大书店。刻印发行古籍书店有蜀秀山房、焕文堂、望海堂、老古堂、黎照书屋（祥记）、文益堂、二铭书屋（以上在学道街）、正字山房、黎照书屋（盛记）（以上在青石桥）、崇义堂、鉴元堂（卧龙桥）、守经堂（南门三巷子）、墨耕堂（中新街）。印制和经销洋版铅石图书的大书店有：商务印书馆（青石桥）、二酉山房、正谊公司、震东学社、源记、点石斋（以上在学道街）、粹记（鼓楼街）、公益书社（青石桥）。据 20 世纪初有关统计，成都各大书店刊印、经售图书，除中国古籍外，近代欧美、日本和中国学者所著新书门类繁多，包括历史、哲学、文学、语言、天文、地理、数学、生物、化学、物理、法律、实业、医学、教育、体育、军事、尺牍、日记以及中小学、各种专门学校的教科书和中外地图，多达数百种。

三、 新式学堂的创办

四川维新运动的推动者还十分重视学校教育的作用，认为创办新式学校、改革教育制度是关系国家兴亡、民族成败的头等大事。《蜀学报》发表文章：“时事多艰，需才孔亟，非摒弃帖括，讲求实学，无以造就有用之才。”“时至今日，天下殆哉岌岌乎，忧时君子翘首跂踵望国家之废帖括，兴学校。”他们从西方进化论看到振兴教育与国家民族强弱盛衰的关系：“强者食弱，智者育愚，弱不敌强，愚不敌智，必然之势也……今欲强国，先开民智，开民智当自讲实学始，自变蒙学始。”因此，“只有教育二字，才可以转弱为强，反贫为富，除提倡国民的精神，开发国民的知识，莫得第二个药方。遍立学堂，普及教育，比筹饷练兵，还要当先呢！”维新派人士不仅如是说，而且如是做，他们四处奔走，八方游说，身体力行，积极制订新式教育计划。在他们的大力推动下，19 世纪晚期，成都创办了“中西学堂”和“算学馆”两所新式学堂。光绪二十三年（1897）开设的中西学堂，其办学宗旨是：培养“讲求实学、博通时务”的人才。根据学堂章程规定，招收 12 至 15 岁，最大不超过 25 岁青少年入学，每期招生名额为 30 人，其中 15 名学英文，15 名学法文，开设汉语、经史、策论和英语、法语、数学、舆地、外国历史等课程，分别由华文教习和洋文教习授教。学堂对学生实行定期考试，成绩连续获得优等给予奖励，成绩低劣者分别情况予以处分，直至除名。算学馆则培养数学专门人才。新式学堂的数量虽然十分微小，但在开通风气、启迪民智方面有一定的作用。

第三节 光宣新政与成都教育改革

一、光宣新政中的教育改革

光绪二十七年（1901），清廷宣布实施新政。同年五月（6 月），两江总督刘坤一、湖广总督张之洞在《筹议变通政治人才为先折》中，向清廷提出参照日本学制，兴学育才，广设学堂的建议。同年七月（8 月），清廷正式发布改革科举制度、废止八股取士的上谕。八月（9 月），谕令将全国所有书院改为学堂，分别建立大、中、小学堂和蒙养学堂。光绪二十九年冬，清廷颁布《学务纲领》，作为全国开办新式学堂的实施办法。

四川地方当局恪遵清廷谕令，自光绪二十七年（1901）开始，就着手教育改革。光绪二十八年十月，川督岑春煊奏准设立四川学务处，以“督办全川学堂事宜”。光绪二十九年十一月，川督锡良通饬全省府、厅、州、县迅速开办学堂，据《四川学报》，若有“玩世固执之辈”，“无论官绅，定予严处，断不宽贷”。为了解决办学中师资困难、不熟悉新式教育的问题，川省采取如下办法：

首先，造就师资。光绪二十九年（1903），锡良饬令各府、厅、州、县集资选拔优秀士子，东渡日本学习师范速成科，“以明教授之法”（《锡良遗稿》）。光绪三十年四月，全省一次派遣留日师范生 160 余人；同时，川省当局又通饬各府、厅、州、县开办师范传习所，规定“凡授徒者，皆须到所讲习。”光绪三十二年以后，全省遍设初级师范学堂；宣统元年（1909），又开始对私塾先生进行改造。这使新式学堂及时得到了急需的师资力量。

其次，出洋考察学务。光绪二十九年（1903），为创办四川高等学堂，川督岑春煊派遣该学堂监督（校长）胡峻赴日本考察学务。胡在日本期间，对教育、行政、学制、学科“无不洞悉本原，毕贯条理”。回国后，参照日本办学经验，开办高等学堂，成为全省表率。据《四川学报》，光绪三十一年，川省又派员赴美、日两国，“博考东西各项实业学务情形及其学堂办法”。

第三，延聘外籍教习。川省当局认为，聘用外籍教师讲学，比派遣留学生效益好，费用省；还可使学生免受西方“异说”之害。因而，在川省开办新式学堂的同时，就聘请了相当数量的洋教习入川。

第四，广筹办学经费。由于晚清时期地方财政拮据，为筹备办学经费，采取了若干办法：将原书院经费转用于新式学堂，如成都锦江书院裁撤后，其经费就用于四川高等学堂；川省当局饬令提货厘、票厘各局盈余和钱粮契税羡余作为学款；加捐加厘，以立学款；奖励捐款，规定凡捐现银或房地产值银 1000 两以上者，由川督奏准嘉奖，并在当地建坊表彰；此外还采用发放彩票，折扣军饷，动用昭信股票等办法。

第五，明定赏罚。川省当局将兴学情况作为考察地方官吏治绩的重要内容。实施中，赏罚分明，四川许多州县官因办学成绩好坏而得到升赏和责罚者不在少数。

第六，落实办学计划。川省学务当局制定了详细的兴学计划，按年落实。如宣统元年（1909），省城劝学所将师范教育、普通教育、实业教育、教育管理方面的九年规划制表公布，宣统二年，学务当局把全省各场镇分为四等规模，人口在 500—1000 户为一等，应设四年制小学三四所，三年制小学五六所；人口在 100—500 户为二等，应设四年制小学一二所，三年制小学三四所；人口在 60—100 户为三等，应设三年制、四年制小学各一所；人口在 50

户以上为四等，应设三年制小学一所。

由于清廷和川省当局积极推行教育改革，20 世纪初，省城成都出现了兴学、留学热潮。

二、 新式学堂的勃兴

成都为全省政治、文化中心，20 世纪初，全省出现的办学热潮，省城是潮流汇聚中心。迄止宣统元年（1909），先后开办各类各级新式学堂 314 所，择其重要者介绍如下。

（一）普通学堂

省城高等学堂：光绪二十八年五月（1902 年 6 月），川省遵旨仿造京师大学堂开办省城高等学堂，校址在尊经书院旧址，由在籍翰林院编修胡峻任监督。为取得先进的办学经验，胡峻“带领教习前往东洋考察学校”。光绪三十年（1904）秋，学堂改建工程尚未竣工，就通饬全省各府、厅、州、县选送通晓中文和数字的年轻秀士一至二人，进入首先开办的两年制速成师范班学习。速成师范班共招两班，有学生百余人。毕业后分发各府厅州县中小学堂任教。光绪三十一年春，高等学堂筹备就绪，又通饬各州县选送秀才、举人、贡生二至五人进入三年制预科，共招生约 300 人，分为四个班，讲授中学课程，学员中有十余人是原尊经书院转入的。教习中分为洋教习和中国教习，陆续礼聘来堂任教的洋教习有：日本教习池永太六（理学士）、进来重雄（东京物理学校毕业）、三木清二（教授）、小黑伊人（授博物）、田和喜八郎（东京高等师范毕业）、迁信一（授博物）、吉田义静（教授）、野口信（授法制、经济）、新党田二（文学士）、平野（授数学）、犬岛居弃（东京专门学校毕业）、秩父固太郎（理学士）、野村茂（授数学）、志贺（授物理）、山水早水（授日文）；英国教习史密特（授英文、理化）、华林泰（授化学）；美国教习霍夫曼（授英文）、卜伦（授理化）；丹麦教习蓝尔生（文学博士）。[①] 中国教习中，中文教习陈敦甫（中江县进士）、罗云棠（崇庆县举人）、王瑞征（灌县举人）；经学教习刘行道（达县举人）、陆慎言（成都举人）；历史教习张森楷（合川县举人）；地理教习龚熙台；图画教习张衡之；体育教习卓、李二先生（外省人）。

光绪三十三年（1907），预科班全部毕业，升入本科陆续肄习，本科分为一、二类：一类系文科，学习中外语言文学；二类系理科，学习数理化等专业。预科均仿日本学制，两年毕业，再升入大学深造。进入大学的学生不多，一类两班共约 50 人，二类两班不到 30 人，其余的预科生，既已获得高等学堂预科毕业证书，大多不愿再苦研学术，而去政界做官了。

高等学堂待遇优厚，从预科开始，学堂对学生的学习、生活费用全部包干。

成都府中学堂：光绪三十年（1904），成都文庙前街锦江书院停办后，即将其旧址改修为成都府中学堂，监督为成都府举人林思进（号山腴），聘请日本教习山本丰次（理学士）、相田三代吉（东京物理学校毕业）任教。光绪三十一年春，挂牌招生，报考学生限于成都府属 16 个州县，20 岁左右的士子，共录取 120 人，分为甲乙两班。以后每年招收学生两班，都是五年制。因校舍不足，逐年扩建改修，以臻完善。光绪三十四年招收已班和己二班时，除各县申送高小毕业生外，家居成都的外籍学生也可报考。民国元年（1912）更名为成都联合中学，校长由留日学生刘东塘接任。

成都县立中学堂：光绪三十二年（1906）筹办，光绪三十三年春，招收成都城市和郊区各小学毕业和即将毕业的适龄学生约 110 人入学，编为两个班，暑期又添设一班。以后，每年添招一班。教习大多是高等学堂、通省师范学堂速成班毕业。地址在青龙街。

华阳县立中学堂：光绪三十二年（1906）筹办，光绪三十三年春开学，规模与成都县立中学差不多。除中国教习外，还聘请了日本教习服部操（早

---

① 据隗瀛涛主编：《四川近代史稿》，四川人民出版社 1990 年版。

稻田大学毕业）、大野慄、德永熊五郎（授几何）。

客籍中学堂：光绪三十四年（1908）开办，主要招收寓居成都的宦游、作幕、经商的外省籍人士的子弟。学堂设立于丁公祠街，招收外籍子弟中相当于高小毕业程度的学生两班。因报考的外省人数量不多，因而仍录取了很多本省的外州县籍学生。该学堂宣统三年（1911）停办，学生转入其他学堂。除中国教习外，还聘请了日本教习本土源次郎（农学士）、须藤益多、相田三信治（授代数）。

分设中学堂：光绪三十三年（1907）春，省高等学堂监督胡峻鉴于学堂教员多系外县人，其子弟在成都无相当的普通中学就读，于是由高等学堂附设一所五年制完全中学，划出高等学堂一处院落，并圈入古梓橦宫隙地，修建了四个教室和八间自习室，招收了 96 名学生，分为甲乙二班。附中课程大多由高等学堂教习兼任，学生中，除高等学堂教职工子弟外，还录取第一、第九小学和少城小学毕业生。学堂设备、学生待遇与高等学堂完全相同。学堂监督为达县举人、高等学堂经学教习刘行道（号士志），教习有徐子休、王铭新、张森楷、龚熙台、陆慎言、杨沧白、刘豫波、朱青长、张衡之、林冰谷、廖学章、日本教习须藤等。

光绪三十三年（1907）秋，高等学堂学生向学堂当局提出质问：以全省教育经费开办的中学，为什么全部招收成都城区的学生，太不合理！学堂当局无法辩驳，只好增招两班外州县籍学生。光绪三十四年招收的丙丁两班，各 48 名学生，几乎全是外州县学生。学堂名称也更改为“分设中学堂”。甲乙两班于宣统三年（1911）毕业，丙丁两班于民国元年（1912）并入成都府中学堂后毕业。这个学堂培育了不少杰出人才，如郭沫若、李劼人、周太玄、魏时珍、张亦僧、蒙文通、王光祈、胡少襄、宋成之等，都是这个学校的毕业生。

成都城区小学堂：光绪三十年（1904），清廷谕令开办小学堂，成都、华阳两县所办小学堂繁多，管理紊乱。光绪三十一年，两县劝学所合署办公，将原有及新成立的各小学编列序号，更名第一至第十小学。十所小学堂，都是设有初等和高等两部的完全小学。每年春季招生，儿童多由私塾转来，学堂根据儿童年龄大小和文化程度高低分配到相应班级上学。每班学生人数从三四十人到六七十人不等。教员均是有功名的秀才和有名望的知识分子，每月薪金十余元，略高于郊区。经费由两县财政筹拨统支。

（二）师范学堂

四川通省师范学堂：光绪三十三年（1907）春开办，校址在贡院右边明远楼侧，拆去部分旧乡试号舍改建。首任监督为刘紫骥，后由日本考察归国的成都举人徐炯（子休）充任。任教的日本教习有：小西三七（理学士）、丰冈茂夫、藤开庆东（文学士）、小川正（东京物理学校毕业）、大岛弘公（东京高师毕业）、山莴一海（东京高师毕业）、藤井庆乘（授心理学、地理学）。任教的中国教习有熊焘、赵香畹（均为举人）等。学生由各府厅州县保送二至四人，各府州二年以上中学生也可报考，共招收学生 300 余人。学堂设一年制速成班和六年制本科班，本科班前三年称为预科，讲授中学课程；后三年称为本科，注重教育学和心理学。预科学生于宣统元年（1909）毕业，进入大学本科的约占 50%，其余的毕业生进入社会就业。宣统二年（1910），该堂增设美工科一班，招收学生 100 名，主要课程为图画、手工，宣统三年暑期毕业。该堂为方便学生教学实习，附设一所两等小学堂，招小学生三班，共约 200 人，首批本科生于民国元年（1912）春毕业。

四川优级选科师范学堂：光绪三十三年（1907）开办，由各州县保送优秀青年入学，分文理两科，文科主修国文、历史、地理，理科主修数学、物理、化学，课程标准相当于高小和初中，毕业后回县担任高等小学教员。该学堂设于贡院至公堂左侧，旧乡试号舍一部分改建。开办之初，文理两班共招 100 名，文科班学生居多。光绪三十四年和宣统元年（1909）先后添招四班，规定三年期满毕业。宣统三年第三届两班毕业后，学堂停办，地址为军政府占用。除中国教习外，该学堂还聘请了日本教习野崎常藏（东京物理学校毕业）、落合兼棱（东京物理学校毕业）、川崎武亲（东京高师毕业）、杉本正直（授生物、博物）。

淑行女子中学堂（淑行女子师范学堂）：光续三十二年（1906），省教育会成立后，多数会员主张开办女学，但因受种种阻碍，不得不以私立方式在文庙后街租民房一幢，建立了“淑行女子中学堂”。招收能识字书写的青少年女子入堂肄业，约招 100 人，分别教授初中和高中课程。光绪三十三年暑期，才得到提学使批准。光绪三十四年，省学务处拨给少量的补助经费，该堂又增设约 30 人的师范班。以后每年班数均有增加，学生逐年增多。宣统元年（1909），华阳举人、省高等学堂经学教习陆慎言（号绎之）调任该堂监督，锐意整顿，奔走筹款，不遗余力；聘任教习，多系知名学者；学生素质亦有提高。辛亥革命后改称四川第一女子师范学校，陆氏继续担任校长。

（三）各类实业学堂

由于川省推行新政，大力举办工商实业，急需专门人才，于是，成都开办了大批实业学堂。光绪二十七年（1901）川藏设立电报局，为培养报务人员，开办川藏电政学堂，招收练习生，毕业后派往川边服务。光绪三十年，成立“工务学堂”，“以开风气，而兴工艺。”

光绪三十一年（1905），商办川汉铁路总公司成立后，总理胡峻为造就铁道技术人员，计划办一所专门学堂以培养人才。经川督锡良同意开办，由胡峻担任监督。聘请外籍教习七人：日本教习谷井纲三郎（工学士）、百濑国三郎（工学士）、原清明、桔协，美国教习安笃生（授英文）、马肯培（授铁道专门学）、宜尔登（授理化）。购买文庙前街一大院民房，略加修葺，作为学堂校舍。办学经费由川汉铁路总公司拨给。通饬全省各州县选拔优秀生员一人入学肄业，三年毕业。第一年课程相当于高中、中学的数学（三角、几何、代数），第二三年分为测绘、建筑两个专业班，课程十分繁重，学习非常艰苦。毕业后分派工地工作，担负施工任务。光绪三十三年，招收第二届学生，宣统元年（1909）招收第三届学生，每届均约百人。学生待遇与高等学堂相同，胡峻于宣统二年（1910）病故，由举人王铭新继任监督。宣统三年底，第三届学生毕业后，学堂即停办。

光绪三十一年（1905），开办“艺徒学堂”，附设蚕桑研究所；光绪三十二年，四川劝工总局开办“艺徒培训班”，各边远州县“愿自备资斧呈恳地方官申送来局学艺。”同年，四川农政总局在成都设立“中等农业学校”，“以课蚕桑实为先务”，聘请日本教习松满胜太讲授农科。

光绪三十三年（1907）夏，川省学务处在原留学预备学堂内开办中等工业学堂，设电气、染织、应用化学等科，招收各州县高小毕业的学生共两班，学制4年，除教授普通中学课程外，增设机械、制图等学科，光绪三十四年，又添招两个班。聘请日本教习今田直策（东京美术学校毕业）、佐佐川丰吉（东京物理学校毕业）、黑田政宪（授陶瓷）、市川大太郎（授模型、雕刻）、森银治郎（授手工）、松本安七（授瓷业、窑务）。

光绪三十四年（1908），劝业道就官办法政学堂旧址（总府街）开办“四川实业学堂”，科目有窑业、染织、采矿冶金、理化等四类，饬令各县申送优秀少年，由周善培亲自出题考试，从考生中录取俊秀者60余名；宣统元年（1909）又录取一班。宣统三年这所学堂停办，分别将学生转入工、农学堂和普通中学。

宣统元年（1909），四川劝业道开办四川蚕桑学堂，校址选在劝业道衙门所在的宝川局对门煤山一带，周善培委任留日专攻蚕桑的曹笃（号叔实，富顺县人）为学堂监督，饬令各州县保送具有中学一二年级程度的优秀青少年赴选，周善培亲自考核，学习期限为三年，课程有植桑、育蚕、制丝等，也有动植物、生理等科目，每月经费由彩票盈余内拨数千元，宣统三年添招两班。辛亥革命后，该学堂仍照常办理。

宣统元年（1909），成都设“财政学堂”，宗旨是“养成财政通才”，分设中等、高等和别科。同年，通省劝业道建立“劝业员养成所”，培养宣传，劝导发展实业的人才。

宣统二年（1910），川省学务公所设“实业教员讲习所”，“以教授关于农工商三项实业，养成各府厅州县实业教员为宗旨”。同年，成立“四川商业讲习所”，培养商业专门人才。此外，成都还设立过“商工实业学堂”（总府街）、“机器局工业学校”（东岳庙街）、“华阳初等实业学堂”（染房街）、“幼孩教工厂”（纯阳观街，后移蓥华寺）、蚕桑师范传习所（纯阳观）等。

（四）各种专门学堂

由于各项新政的实施，使各类人才的需求增加，带有专业培训性质的各种专门学堂大量开办。

四川游学预备学堂：光绪三十年（1904）开办，校址在贡院至公堂右侧，是拆去部分旧乡试号舍改建的。学生经考试入堂后，选修日、英、法、德文，学习两年，成绩合格后，由官方选送东西洋各国留学，造就工程技术人才。该堂送走两批学生后，于光绪三十二年停办。

官办法政学堂和绅办法政学堂：光绪三十二年（1906），川省开办“官办法政学堂”和“绅办法政学堂”，开设比较宪法、国际公法、刑法、民法、诉讼法等课程。官办规定须有相当于县丞职务的八品以上官吏执照者方可报考，最初各属官吏报名踊跃，共招两班100名。开学几周后，学生因不具备基础知识，听不懂课程，纷纷辍学。第二学期只有一半的学生上课，于是官办发给学生休业证书而停办。绅办由各县推荐举贡生员入学，招生240人，学生程度较高，又得知毕业后即可得实缺，学习也很努力，缺课者很少。光绪三十四年，青神县留日学习法律的邵从恩（号明叔）接任监督，锐意整顿，并扩大招生范围，凡各府州中学三年级以上学生均可报考，使学生素质、教学质量大大提高。以后每年招生两班，都是三年毕业，校址在贡院明远楼右侧。宣统二年（1910），绅办法政学堂附设自治局，学生仍由各县申送，年龄不限。课程为地方民政、警政、教育、实业、财政等科，共收学生100余人，分为两个班，一年毕业后，回县担任地方自治工作。

除此而外，陆续开办于成都的法政学堂还有：两广公所法政学堂（1908—1909）、西御街法政学堂（1908—1909）、汪九曲祠法政学堂（1908—1909）、红布街法政学堂（1908—1909）、上升街法政学堂（1908—1909）、冻青树法政学堂（1908—1909）、自治研究所法政学堂（1908—1909）、里仁巷法政学堂（1910）、四圣祠法政学堂（1910）、东华门川西法政学堂（1910）、尧光寺法政学堂（1910）。数量如此众多的法政学堂，都是适应新政变革需要而开设的。但是，由于一哄而起，办学基础薄弱，因此大都成为昙花一现。

四川存古学堂：光绪三十三年（1908），湖广总督张之洞奏请在较大省份成立存古学堂，以保存国粹。四川与其他省份一样，开办了存古学堂，地址在成都外南国学巷，第一任监督由维新派代表宋育仁担任。宣统元年(1909)，存古学堂招收志愿攻读经史诗赋的青年士子六七十人，以后每年招收数十人。宋离任后，由廖平代理督学。学务局补助部分经费。1912年改称四川国学院。

四川体育专门学堂：光绪三十三年（1907）筹办，地址在南较场，由高等学堂划拨石牛寺街南侧十余间房屋作为寝室和教室。光绪三十四年招收相当于中学二三年级、身体强壮的80余名青年首届入学，合为一班上课。课程为体育原理、生理学、器械操（双棒、球竿、哑铃）、体操（双杠、单杠、木马等）、球类（足球、网球）。修业期两年，教员由留日学习体操回国的两位教习充任。

藏文学堂：光绪三十四年（1908）开办。当时，驻藏大臣爱新觉罗·联豫与成都驻防将军玉昆之子、驻藏陆军混成协统领钟颖均感进藏缺乏合适的通晓藏语的翻译官，商准总督赵尔巽，在济边款内拨出一部分，开办藏文学堂。光绪三十四年招收有为青年学生120人入学，两年毕业。主修藏语、藏文、文书、军训等课。宣统元年（1909），联豫、钟颖从学堂调走大批学生充当翻译，不久，边务大臣赵尔丰又调走最后一批学生，学堂停办。

光绪三十四年（1908），开办“高等巡警学堂”，为新政时期开办警察、建设警政服务。

（五）军事学堂

光宣新政的重要内容是裁汰绿营，编练新军。为了解决培训新军的人才问题，一是向日本派遣留学生，专攻军事；二是开办军事学堂，直接培养新军军官。

武备学堂：光绪二十八年（1902）秋，川督奎俊奏准创办四川武备学堂，校址最初在城东昭忠祠，规模较小，设备简陋，只有德式操练，而无军事学科的讲授，不久停办。光绪二十九年（1903），川督岑春煊在成都北较场开办“四川武备学堂”，每年招生一次，迄止光绪三十一年（1905），共招生270余人，按年龄程度分为速成科、本科、次课科三类。速成科一年毕业；本科分为步、马、炮、工、辎五种，学制为三年；次课科一年后升入本科，两年毕业。训练及管理均照日本方式。学科除普通科和中、日语外，军事科目有“四大教程”（战术、兵器、筑城、地形四种）以及各兵科的典、范、令（操典、射击教范、野外勤务令）。武备学堂总办为贵州人马汝骥，会办为广东人罗禹三，监督为朱光忠（日本士官学校毕业）。教官多为日本军人，松浦宽成（大佐）为日本总教习，松浦因日俄战争被招回，由西原产之助（大佐）继任。阶川秀孝（中尉）、宫崎喜代松（中尉）、太田资事（准尉）担任操场教练及劈刺术、器械体操等科目的训练。同时，广东人顾臧（日本士官学校毕业）任中国总教习兼翻译。光绪三十一年（1905）锡良任川督后，武备学堂总办由盐茶道沈秉堃兼任；会办为湖北人陈宧，监督为浙江人王凯臣（日本士官学校毕业）。当时，岑春煊派往日本士官学校学习的中国学生周道刚、徐孝刚、胡景伊、张毅、徐海清、刘鸿逵等回川后由川督派往武备学堂充当监学兼任军事学教习，而将日本教习辞退。武备学堂先后毕业的学生共有220余人，民国时期川军中叱咤风云的人物，有不少是武备学堂毕业的，如彭家珍、周骏、尹昌衡、刘存厚、钟体道、陈洪范、刘成勋、王陵基等。光绪三十二年（1906），因清廷另有陆军训练计划，武备学堂奉命解散。

四川官弁学堂、官弁小学堂：光绪三十年（1904）春，川督锡良奏准设立官弁学堂，隶提督军门。其开办目的为训练绿营武官，总办为督中协（总督护卫部队）副将凤山，继任总办为直隶人赵国士。学堂设于成都庆云西街。入学资格为实任守备、千总、把总及世袭军职等。在第二三班招生时，凡武官子弟均可投考。官弁学堂共办三班，每班60名，第一班两年毕业（光绪三十一年冬毕业），第二三班三年毕业（第二班宣统元年冬、第三班宣统三年春毕业）。学堂开设课程，多为普通科目，数学、物理、化学、语文、修身、史地等。军事科目仅讲典、范、令，不及四大教程。其规模及设施比武备学堂和速成学堂差。学院毕业后，分发新军充当下级军官。除官弁学堂外，宣统三年（1911）春，还设立过官弁小学堂（附设于官弁学堂侧），专门招考武官子弟入学训练。但只办过一班，招收60余人入学。辛亥革命中，学堂停办。

提中参将（提督）部将冯云汉（云南人）任官弁小学堂总办。

四川陆军小学堂：清廷创办新军，计划全国共编练新军 36 镇（师），四川分练 3 镇。各镇军官，则由陆军部统筹分配。在培训军官方面，采取日本设立陆军幼年学校振武学堂、士官学校办法，在各省设立陆军小学。陆军小学毕业后，升入陆军中学，陆军中学毕业后，升入陆军军官学堂。[①] 因此，四川武备学堂于光绪三十二年（1906）停办，同年秋，在武备学堂原址开办四川陆军小学堂，总办仍为沈秉堃，会办为陈宧。[②] 以后继任总办的有：罗长琦、刘鸿逵、沈尚林、周道刚、姜登选，最后为尹昌衡。总办以下设监督（专司教育）、提调（专司总务）。每年招生一期，每期 100 名，共办五期，招生 500 名。入学年龄为 15 至 18 岁，学制三年。所授课程以普通中学基础科目及中、外文（英、法、德、俄、日文）为主。军事学方面，每期由兵学教官讲授部分典、范、令。陆军小学堂培养的学生，有不少人成为民国时期四川和全国军政界中的活跃人物，如吕超、邓锡侯、田颂尧、向传义、王维刚、黄稳、孙震、何光烈、刘文辉、李家钰、余中英、王铭章、冷寅东等。

四川陆军速成学堂：光绪三十四年（1908），四川当局筹办新军，在川东、川北招募并成立了四个步兵、一个骑兵和炮兵弁目队，准备将来担任新军军官。这些弁目队员，原为各地学生和秀才，他们不愿充当弁目，不断发生风潮。四川当局又于光绪三十三年夏开办一所军事讲习所，在弁目队考选 60 名学员入学，作为暂时安置。后因新军急需军官，总督赵尔巽奏准清廷，于光绪三十四年春开办四川陆军速成学堂（在武备学堂旧址），总办为钟颖，其后为徐孝刚、田应诏、吴钟镕，这个学堂共办二期，由军事讲习所转入 60 人为旧班；在弁目队又考取了大批学生，连同常备军送来的少数学生共 200 余人编为新班。旧班在宣统元年（1909）暑期毕业，新班于宣统二年冬毕业，以后未再办。其培训方式，与武备学堂相同，仍分为步、骑、炮、工、辎五种兵科训练。这些兵科的科长都是日本军人，酒井（大佐）为步兵科长，白

---

① 全国共办四所陆军中学堂，第一至第四陆军中学堂分别在直隶清河、西安、武昌、南京。

② 光绪三十四年（1908）建成新校，在武备学堂西侧。

井（大尉）为骑兵科长，粟屋（大尉）为炮兵科长，中村（大尉）为工兵科长。辎重兵科长亦为日人。稍后，各兵科长也换用一些由日本士官学校毕业回国的学生，如施承志（浙江人）、王家驹（湖北人）等。其他军事学教官及兵科的队官、排官，则多由武备学堂毕业生担任。这个学堂毕业的学生中，有不少人成为民国时期重要军政人物，如刘湘、杨森、王缵绪、潘文华、唐式遵等。

四川陆军讲武堂：宣统二年（1910）春，川督赵尔巽在武备学堂旧址开办了四川陆军讲武堂，以吴钟熔任总办，王凯臣任监督，内设步、骑、炮、工四种兵科，以操场训练为主。各兵科的教练官有：周骏、罗炜、成恍、朱树藩、刘国祥、尹昌衡等。讲武堂开办目的，是为从东三省调川的朱庆澜等部武职人员作一短期培训，熟悉川省情况，而后在新编川军第十七镇中任职。因此，讲武堂所收学员，优先录取东北调川军人，兼收新军中排官、见习等。由陆军速成学堂毕业，在新军中任见习的刘湘、许绍宗，以及在官弁学堂毕业任见习的陈国栋等，都进过讲武堂。讲武堂学习期限为半年，毕业后仍回原单位任职。讲武堂仅办一期即告结束。

此外，光绪三十二年（1906），四川开办过“测绘学堂”，主要研究军事地理、制作军用地图，招生50名，一年毕业。同年，四川设立过“兵备处研究所”，专攻军政科目，开设军制学、列国陆军考、军律、战法学、地势学、防守、筑城、沟垒等军事学科。

（六）外国人所办学校

20世纪初，随着国际资本深入长江上游地区，美、英、法、德教会、领事馆、洋行纷纷在成都设立分支机构，开办学校也成为这些机构的重要活动，迄止宣统元年（1909），外籍人士在成都开办的学校主要有：

法文书院，一洞桥，由法国人开办。

华美学堂，文庙西街，华式房屋一院，由美国人开办。

广益学堂，青龙桥，由美国人开办。

华美女学堂，陕西街，由美国人开办。

华英中学堂，四圣祠街，由英国人开办。

启化女学堂，陕西街，由英国人开办。

传教学堂，金马街，由英国人开办。

华西高等学堂（华西协合大学），锦江南岸南台寺，由美以美会、英美会、公谊会、浸礼会四个英美基督教差会联合创办，宣统二年二月（1910年3月）正式开学，入学新生11人，教师8人，中籍教师2人，西籍教师6人。分设文、理、教育三科，学生除上专业课外，需修宗教课程和参加宗教活动。①

三、留学热潮

光宣新政时期，为吸取东西方先进文化、教育、科学、技术知识，在全国范围掀起了出国留学热潮，四川成都是这一热潮的重要推动者。

光绪二十七年（1901），川督奎俊与日本陆军大尉井户川辰商定，由四川选派省城书院和中西学堂中聪颖谨厚、年在20岁以内的学生22名赴日本国立公学学习武备、政治等专业，每年每人由川省供给学费、生活补贴白银200两，学习期限为三年，由候补知府李立元送往日本学堂。在日本期间，由中国驻日公使派员照料。这批学生学成归国，不少人成为清末四川军事学堂骨干。

此后，各地士绅、学生在成都成立“游学公会”，并先后设立“成都东文学堂”“游学预备学堂”等，为留学人员服务。据有关学者统计，晚清四川留学生分年数量为：光绪二十七年（1901）22名、光绪二十九年57名、光绪三十年322名、光绪三十一年393名、光绪三十二年800名、宣统三年（1911）300名。② 据傅崇榘《成都通览》，迄止宣统元年，成都府历年留日学生总数为311名。宣统元年以前，已完成学业和因事回国留学生共计152名，尚未

① 《美英帝国主义对我进行文化侵略的堡垒——华西大学》，载《四川文史资料选辑》第八辑。

② 参见隗瀛涛主编：《四川近代史稿》，四川人民出版社1990年版，第409页。

回国的留学生数为 159 名。成都府留学生在日本就读的学校有：高等工业学校、成城学校、东京美术学校、大阪职校、早稻田大学、东亚铁道学校、正则英语学校、法政大学、东斌学校、东洋大学、警务学堂、东京数学院、实践女学校、西京帝国大学、高等商业学校、大阪炮兵学校、东京外国语学校、经纬学堂、姬路职队、陆奥职队、振武学校、大成学校、大阪高等工业预备学校、东京实科学校、明治大学、弘文学院、商船学校、东京物理学校、研数学馆、岩仓铁道学校、金泽第九师团职队、群马县蚕桑学校、日本大学、中央大学、同文学校、东京帝国大学、君仓铁道学校、士官学校、第六高等学校、宏文师范、航海学校、路矿学堂、同文书院、体育学堂等。此外，还有少量留学美国、比利时、英国的学生。

第四节　成都保路风潮

一、保路风潮起于清廷剥夺商办川汉铁路股权

20 世纪初期，以成都为中心的四川地区发生了威武雄壮的保路运动，以抗议清廷剥夺四川商办川汉铁路股权，以牺牲国家主权为代价，向国际财团借款筑路。于是，四川全省民众投入维护商办川汉铁路主权为核心的爱国民主运动。

早在 19 世纪六七十年代，英国商人已酝酿修建贯通上海、汉口、四川、云南、印度的国际铁路。甲午战争后，国际财团开始策划兴建我国铁路干线，英、法两国准备联手建筑由四川到云南的铁路。20 世纪初，美、法、德、俄、英提出建筑川滇、川藏等铁路的具体计划，并向清廷提出建筑川汉铁路的要求。

在国势危机日益深重的形势下，四川爱国士绅认识到，铁路是列强瓜分

中国的战略手段，铁路主权的得失关系国家民族存亡，捍卫路权成为救亡图存的重大问题。自光绪二十九年开始，四川各界人士不断向清廷力陈铁路自办。光绪二十九年夏，新任川督锡良在四川人民的舆论压力下，奏准实行川路自办。据《锡良遗稿》，光绪二十九年冬（1904 年 1 月），成都正式设立官办川汉铁路总公司（在岳府街），开始筹集路股，并明确声明“官设公司，招集华股，自保利权”，“如非中国人之股，公司概不承认”。川汉铁路东起汉口，经宜昌、夔州、重庆、永川、内江、资州抵达成都，全长 1980 公里，建筑费用需白银 5000 万两以上。作为僻处内陆，工商各业未臻发达的四川，筹集这笔巨款绝非易事。四川留日学生唯恐列强趁机插手，300 余人在东京集会，率先认股 40000 余两，承担募劝 30 余万两，并向锡良提出集款办法和将川汉铁路改为官商合办的建议。

光绪三十四年冬（1909 年 1 月），锡良奏报川汉铁路集股章程，其中规定了铁路股本来源为：认股之股、抽租之股①、官本之款②、公利之股③。实际上，“抽租之款”是铁路租款的主要来源。据宣统三年（1911）川汉铁路总公司公布的股款实收账目统计：迄止宣统二年底，共收股款银 11983005 两，其中租股银为 9288128 两，在总额中占 76%。这充分证明租股是川汉铁路的经济命脉，广大租股股东是它的社会基础。因此，保路运动的发生，实与租股的征收息息相关。光绪三十三年初，迫于四川绅民的强大压力，锡良不得不奏请清廷改川汉铁路为商办川汉铁路有限公司，撤销官设总办，由股东选举乔树枏为总理，胡峻为副总理，商办川汉铁路总公司续订章程 59 条。光绪三十四年以后，逐步完善了商办铁路的管理和收支办法。

---

① 凡收租在 10 石以上者，按 3%抽收租股。在实际操作中，低于 10 石租谷的农家也被抽收。

② 由官款拨入公司作为股本，这部分作为官府投资。

③ 由铁路公司筹款开办别项利源，收取余利作为股本。

二、清廷屈从国际资本，出卖川汉铁路股权

在川汉铁路改由商办的过程中，国际财团也在加紧以“借债筑路”为诱饵，迫使清廷将铁路收回官办，以便他们控制路权。湖广总督张之洞于光绪三十四年（1908）兼任督办粤汉铁路大臣后，即与美、法、德银行团订立了两湖境内粤汉、川汉铁路借款合同，以厘金、盐捐为抵押，借款550万英镑修建湖南、湖北两省铁路。此项合同，引起美国、日本、俄国的愤慨，向清廷施加压力，要求参加分享铁路借款利益。宣统二年四月（1910年5月），英、德、法、美四国银行团在巴黎达成协议，由四国银行借款600万英镑建造粤汉、川汉铁路，并由他们分享铁路权益。

宣统三年（1911）四月十一日（1911年5月9日），清廷皇族内阁发布“上谕”，悍然宣布铁路国有。不久，谕令四川、湖南两省一律停收租股。这一剥夺商民路权的反动政策点燃了四川人民积压已久的保路烈火。四月下旬（5月下旬），四川省谘议局恳请护督王人文代陈民情，要求清廷收回铁路国有成命。五月初一日（5月28日），川汉铁路公司召集临时股东大会商讨对策，到会股东722人，一致反对清廷收回川汉铁路，并上书王人文，陈述绅商态度。王人文为安定人心，求得从容平和解决办法，电请内阁暂缓接收川路，遭到清廷严旨申斥。

五月十五日（6月11日），四川绅商得悉邮传部盛宣怀与督办粤汉、川汉铁路大臣端方会衔发出“歌电”，称清廷对现存已用之路款，一律填给股票；如果川省定要政府归还路款，清廷不得不再借外债，而以川省财政作抵押。这种蛮横做法，激起了全省绅商的更大愤怒。五月二十日（6月16日），川汉铁路公司召集在省股东和各团体开会筹商对策，到会数十人，群起谴责清廷借债卖路的无耻行为，一致决定扩大保路运动规模，在全省范围组织“保路同志会”，“拚一死以破约保路”。五月二十一日（6月17日），川汉铁路公司召开大会，正式成立全省保路同志会，会址设在成都岳府街铁路公司内，公司特拨银4万两作为同志会经费。会后，保路同志会组织到总督衙门的请愿

游行活动，由省谘议局和铁路股东带头，士、农、工、商各界人士随后，形成声势浩太的群众抗议浪潮。四川保路同志会成立后，发表了《保路同志会宣言书》《讲演部启事》《致各府州县有司启》等重要文告，对于推动各府厅、州县保路同志分会的建立和开展破约保路活动，起了巨大作用。当年夏秋之际，成都各街道、学校、省城外各州县的保路协会也纷纷建立，“保路同志会遍布全川”，各界人士、各类团体的各种形式的宣传活动也风起云涌。

闰六月十日（8 月 4 日），川汉铁路公司召开特别股东大会，到会代表600 余人，选举颜楷、张澜任股东大会正副会长，川督赵尔丰到会致“训词”，大会通过了争路办法三则：一质问邮传部，二吁请代奏，三提回存款。川督赵尔丰当场“允为股东代奏”。大会还讨论了盛宣怀收买川汉铁路公司驻宜昌总理李稷勋没收川路问题，一致通过决议，罢免李稷勋职务。

三、 清廷收回川汉铁路商办成命，酿成全民抗争浪潮

宣统三年（1911）七月初一（8 月 24 日），由于清廷拒绝了川汉铁路特别股东大会罢免李稷勋职务的决议，并要求赵尔丰“严重对付”成都保路运动，引起川、汉股东们强烈愤怒，在临时股东大会上，代表们抗议之声震耳欲聋，会议决定立即罢市、罢课。当日下午，保路同志会召开大会，群情愤激，一如午前，纷纷要求前往督署请愿。同志会负责人罗纶、邓孝可等担心扩大事态，答应由他们与川督交涉。成都市民遵守铁路股东大会决议，下午会议未完，各街关闭市门过半。随后，全城百业停闭，交易全无。不但大街做到整齐划一，连僻街小巷也无例外。“悦来戏园、可园的锣鼓声，各茶馆的清唱声，鼓楼街估衣铺的叫卖声，各饭店的喊堂声，一概没有了。连半边街、走马街织丝绸的机声、打金街首饰店的钉锤声，向来是整天不停的，至是也听不见了。还有些棚户摊子都把东西捡起来了。”“多数专靠劳力吃饭或专靠卖货物吃饭的工商业者，一旦生产与买卖全停顿了，生活马上就成问题，但他

们也毫不顾虑及此，而争先表示同情争路”[①]。川督赵尔丰接奉清廷“切实弹压”的严谕后，紧急召见铁路公司负责人，省城绅士及各街道同志会代表，软硬兼施，强令开市开课，当场被与会者拒绝。成都知府、成都、华阳二知县也到街上讲演。劝谕商民开市，群众不予理睬。赵尔丰下令在各街口遍布巡防军，荷枪实弹，如临大敌，同时禁止电报局拍发有关保路的电报，但是成都商民坚持斗争，不为所动。各州县在省读书的学生也按保路同志会部署，陆续分散回乡报告斗争进展情况。

川汉铁路公司和保路同志会负责人眼看事态扩大、矛盾激化，已超出“文明争路”范围，一方面通过川路股东大会继续揭露盛宣怀、端方违法证据，请赵尔丰代奏；另一方面则印发《四川保路同志会公启》，劝告人们勿在街头聚众、勿暴动、勿打教堂，不得侮辱官府，油、盐、柴、米一切饮食照常发卖，等等，试图将这场斗争纳入他们的轨道。为表示他们争路不是反清，还连夜印制先皇牌位，正中大书“德宗景皇帝之神位”，旁边联语为：“庶政公诸舆论”“铁路准归商办”，并分发全城居民，在每家门口供奉。还在市区各街道中心区高搭“皇位台”，上设香案，供光绪帝牌位。下悬“文官下轿，武官下马”条幅。这种争路方式为广大居民所接受，也使清廷无从挑剔和发作。

七月九日（9月1日），川汉铁路公司股东会议一致通过四川全省不纳粮税决议，声明自即日起，川省不纳正粮，不纳捐输，已解者不兑，未解者不解；并声明川省不担负外债分厘。赵尔丰电奏清廷：“川已定宗旨，不能俯准商办，即实行停纳米粮、杂捐以为对待。他不具论，即兵饷立竭，势将哗溃，全省坐以待毙。”[②] 成都将军玉昆、副都统奎焕、总督赵尔丰以及各司道官员也急忙联衔奏称：川民“不纳丁粮、厘税、杂捐，二千数百万之岁入顿归无着。四川一切行政固惟束手，而京部、洋偿、解协等款，全无所出，贻误实

① 政协全国委员会文史资料研究委员会编：《辛亥革命回忆录》（第三集），文史资料出版社1962年版。

② 戴执礼：《四川保路运动史料》，科学出版社1959年版。

大。且滇、黔、新、甘、边藏向皆仰给于川者，亦将坐困。川一动摇，中央固本，西南半壁，无不受其影响。”在危机四伏的情况下，他们希望清廷罢斥盛宣怀，修改借款合同，将川路问题交咨政院议决。但是，清廷皇族错误估计了形势，他们不仅严旨申斥奏陈实情的四川地方当局，而且派端方从湖北带兵入川查办，这就加速了时局的糜烂。

七月十三日（9 月 5 日），正当成都局势严重恶化之际，突然有人将《川人自保商榷书》的爆炸性传单散发给正在入场的股东代表。《商榷书》认为，中国处在“危机四伏，一触即发”的危局之中，一切灾难均由清廷酿成。只有撇开卖国政府，由民众起来救亡图存，保国保乡，才能克服危机。《商榷书》还提出现在自保条件四条，将来自保条件十五条，筹备自保经费办法五条。《商榷书》的目的是脱离清朝，独立自保。自保的核心在训练国民军和制造军械，并通过支配赋税厘捐，实现财政独立，取得自保经费。《商榷书》实际上是一篇地地道道的反清独立宣言，也是赵尔丰血腥镇压成都保路运动的催化剂。

四、 诱捕保路绅商首领，枪杀请愿民众，导致清廷灭亡

七月十五日（9 月 7 日），赵尔丰诈称有要事相商，将蒲殿俊、罗纶、邓孝可、江三乘、张澜、王铭新、胡嵘、叶秉诚、彭兰村等铁路公司董事和保路同志会负责人召进督署，加以逮捕。接着，赵尔丰下令搜查铁路公司，封闭铁路学堂和股东招待所。查封了《西顾报》《启智画报》等宣传保路运动的报刊。

蒲、罗等人被捕后，成都全城震动，广大市民“扶老携幼”，“沿街比户，号泣呼冤”，群众手持香烛和光绪帝牌位，潮水般涌向督署请愿，要求释放蒲、罗等人。杀人如麻的赵尔丰，竟下令屠杀手无寸铁的请愿者，瞬时，枪声大作，无辜市民纷纷倒在血泊之中. 当场毙命 20 余人。赵尔丰又令巡防军马队沿街巡逻，冲截践踏，伤毙尤众。并遍设步哨，禁止市民通行。城外闻讯赶来声援的群众亦被屠杀数十人。

成都血案发生后，激起全川反清起义怒潮。同盟会迅速传递消息，组织各路同志军武装起义，进军成都。几天之间，围攻成都的同志军形成四面包围之势，西有温江、郫县、崇庆、灌县，南有成都、华阳、双流、新津和邛州、蒲江、大邑等十余县，一县之中，又分数起，每股均不下数千人，或至万人。此刻，军心亦摇荡不定，新军中同情和支持同志军官兵不少。有见于此，赵尔丰急忙将新军调出成都，另换巡防军守城。但是，此时的清廷已成土崩之势，赵尔丰适为瓮中之鳖。经过新津保卫战和大相岭阻击战，使赵尔丰消灭同志军的计划化为泡影，加之荣县独立、武昌起义、重庆蜀军政府成立，赵尔丰不得不释放蒲、罗等人，并于十月初七日（11 月 27 日）发表自治文告，交出政权。以蒲殿俊为都督的大汉四川军政府在成都成立。以成都为中心的“保路运动”成为辛亥革命武昌起义的开路先锋，孙中山赞誉其为辛亥革命“第一功”。

第五节　新文化运动与“五四”波澜

一、民初新旧思潮的博弈

辛亥革命后，出现了袁世凯复辟势力和北洋军阀的专制统治，使中国人民重新陷入黑暗的深渊。为新的专制统治服务的封建专制主义文化——孔孟之道，又粉墨登场了。从民国初年开始，袁世凯及其御用文人大肆鼓吹尊孔读经，要求把孔教定为国教，载入宪法；通令全国恢复祭天祀孔，表彰“节烈忠孝”，并将“尊孔尚孟”列为学校“教育要旨”。前清遗老、封建余孽以及部分资产阶级革命时期的改良派和革命派，纷纷附和鼓吹，各种尊孔复古团体、学会、杂志应运而生，“孔教大一统”，“孔教乃中国之基础”，“中国之新命必系于孔教”之类谬论甚嚣尘上。

成都的一批封建文人、前清官僚和革命元勋也遥相呼应，推波助澜。民国2年（1913），四川军政府都督尹昌衡致电袁世凯，倡议尊孔读经，电文说："孔子之道，如日月经天，河海行地，其大公至正固足以范围乎万世也。"请袁氏令全国学校尊孔读经。此举正中袁氏下怀，袁氏夸他"所见极为正大"。封建余孽曾学传在成都发起组织"孔教扶轮会"，旋改孔教会成都支会，各县成立支会者20余处；并向国会请愿，请求立"孔教"为"国教"。徐炯倡导成都、华阳两县成立孔教会支会，于民国7年创立"大成会"，自任会长，鼓吹尊孔读经。民国3年，著名改良派代表宋育仁与清朝遗老劳乃宣等在北京公开宣讲尊孔复古，主张清帝复辟，此后又主持四川国学专门学校，继续鼓吹尊孔读经。

这股复辟逆流的出现，是辛亥革命失败的必然产物。辛亥革命推翻了清王朝，却没有建立强有力的资产阶级民主政治制度，更没有从根本上铲除封建专制主义借以滋生的土壤。因此，辛亥革命后，中国重新陷入南北军阀割据状态，社会更加混乱、黑暗，民主政治的理想迅速化为泡影，革命志士灰心丧气，广大民众极度失望，盘根错节的封建势力乘时而起，形成旧观念的复归。

二、挑战传统思潮的吴虞

吴虞（1872—1949），字又陵或幼陵，祖籍新繁，出生于成都。清光绪十八年（1892）入成都尊经书院，戊戌变法后"兼求新学"。光绪二十八至二十九年间，与友人在成都创设"溥利公书局"，"开智阅报社"传播新学。有人赞誉他是"成都言新学之最先者"。光绪三十一年赴日本留学，入法政大学速成科。光绪三十三年回国后，先后执教于成都县中学、嘉定府中学、官办法政学堂，常发表"非儒"言论。所编《宋元学案粹语》公开引述李贽文字，因而被清廷学部令四川学政赵启霖查禁。宣统二年（1910）在《蜀报》发表《辨孟子辟杨墨之非》一文，痛斥君主专制与教主专制为天下"二大患"，表明自己要"鼓舞言论、思想自由之风潮也"。他反抗父亲虐待，散发《家庭苦趣》，揭露其父丑行，为四川教育总会会长徐炯等目为“忤逆不孝”“名教罪人”，被赶出教育界。宣统三年因撰写反对儒教和家族制度的文章，被护督王人文下令通缉。辛亥革命后，他担任过《西成报》总编辑、《公论日报》主笔、《四川政治公报》主编等。民国2年（1913）在《醒群报》发表非儒言论，为北洋军阀电会查禁。

在“五四”前后新文化运动中，吴虞任教于四川法政学校、外国语专门学校、国学专门学校，与学生一道组织《星期日》《威克烈周刊》，倡导四川地区的新文化运动。受吴虞思想影响的青年学生纷纷“于各校中组织书报社，购置新书杂志”①。同时，吴虞在《新青年》杂志上连续发表《家族制度为专制主义之根据论》《读荀子书后》《儒家大同之义本于老子说》。民国8年（1919）6月在《川报》发表《道家法家均反对旧道德说》。11月又在《新青年》上发表《吃人与礼教》。这些重要的战斗檄文，在当时思想文化界产生了振聋发聩的巨大作用。吴虞在这一系列论著中阐明了思想观念的变革问题，他认为，中国要实现民主政治，必须从根本上改造文化思想，从专制主义文化的束缚中解放出来。他说：“呜呼！太西有马丁·路德创新教，而数百年来宗教界遂辟一新国土；有培根·狄卡儿创新学说，而数百年学界遂开一新天地。儒家不革命，儒学不转轮，吾国遂无新思想、新学说，何以造新国民？悠悠万事，惟此为大已吁！”②

与此同时，吴虞论著中集中批判了儒家学说的内核——“孝”。他说：“详考孔子之学说，既认为孝为百行之本，故立其教，莫不以孝为起点。”“孝之范围，无所不包”，“居处不庄，非孝也；事君不忠，非孝也；莅官不敬，非孝也，朋友无信，非孝也；战阵无勇，非孝也”。因此，“孝”为封建家族制度和专制政治的根本，是阻碍中国社会进步革新的桎梏，革儒教之命，首先在于破除以“孝”为核心的封建伦理规范。此外，他还对“礼”和“刑”

① 《致胡适》，赵青、郑成编：《吴虞集》，四川人民出版社1985年版，第390页。
② 《儒家主张阶级制度之害》，赵青、郑成编：《吴虞集》，四川人民出版社1985年版，第98页。

进行了剖析，认为二者均为封建统治者实行专制主义的工具。

吴虞的批孔反儒思想，在新文化运动，以至五四运动中，影响极大，对于青年一代追求个性自由和思想解放起了重要的推动作用。陈独秀称他是“蜀中名宿”，胡适称他是“中国思想界的清道夫”，“四川省只手打倒孔家店的老英雄”。

三、“五四”波澜与留法勤工俭学

（一）五四运动引发的成都学生抗争

辛亥革命对成都、对四川带来的最大变化，便是摆脱了数千年来套在人民头上的封建专制主义精神枷锁，使人民得到了睁眼看世界的机会。民国初年，舆论开放，报刊蜂起，一时间形成生气蓬勃的思想启蒙运动，就是最有力的证明。据统计，当时成都刊行的报纸就达到数十种之多，其中影响较大的报纸有：《都督府政报》《四川独立新报》《蜀江报》《蜀风报》《民鉴日报》《大岷报》《鸿音报》《西成报》《寰一报》《民极报》《新民语》《牖民白话报》《民主急进报》《禾民报》《社会新闻》《白话进化报》《民意报》《益风报》《大汉国民报》《共和日报》《公论日报》《演进报》《女界报》《西蜀新闻》《四川民报》，等等。尽管这些报纸政治倾向有差异，但多数以宣传民主政治、批判封建专制思想、提倡自由平等观念为宗旨。广大民众在舆论开放的文化环境中得到的信息量倍增，西方民主与科学观念深入人心，形成民智大开、人们渴望走向世界的新潮流。

民国 8 年（1919）5 月 4 日，在北京发生的反帝爱国运动，是因第一次世界大战后举行“巴黎和会”，议定由日本接管德国在我国山东享有的侵略特权而起的。5 月 4 日，北京学生高呼“外争国权，内惩国贼”的口号，举行声势浩大的反帝爱国示威游行。五四运动的消息传到四川，从 5 月 17 日开始，由成都高等师范学堂的学生发起，成都地区青年学生上街集会游行，宣传反日救国。随后，成都、重庆学生、市民连日举行规模盛大的集会游行，掀起抵制日货运动，“还我青岛”“惩办国贼”“抵制日货”“誓雪国耻”的口号标语遍布蓉城。6月中旬，成渝两地工人群众上街游行，声援学生的爱国行动。

成都新闻界受到学生爱国热情感动，一反以前的沉闷局面，积极评介学生运动，攻击北洋政府的外交政策，抨击日本的侵略行径，倡导新文化，鼓吹地方自由，宣传民权等。四川新办报刊如雨后春笋，风起云涌。其中，《星期日》《新空气》《直觉》《半月报》《威克烈》周报以及高师等校校刊，是鼓吹新文化思想的重要阵地。少年中国学会成都分会创办的《星期日》，连载李大钊的《什么是新文学》、陈独秀的《男子制与遗产制》、吴虞的《说孝》、高一涵的《言论自由》等特约专稿，并转载了《湘江评论》上毛泽东《论民众大联合》的全文。① 辛亥革命后，虽然由于革命党人的妥协，造成袁世凯上台，掀起复辟逆流，使建立资产阶级民主共和国的希望化为泡影，但曾经是铁板一块的封建专制制度却最终走向灭亡，被扫进了历史的垃圾堆。

文化思想观念的勃兴引起社会风气的变化，许多成都青年首先冲破封建家庭的束缚，追求个性自由。成都益州中学、蓉城女学、女子实业学校的几个学生，首先冲出剪发禁区，使“女子剪发向全省蔓延了”；成都高师、附中、觉群女学学生冲破包办婚姻网络，实现恋爱和婚姻自由。

（二）民智大开与留法勤工俭学热潮

青年学生积极参加“留法勤工俭学四川分会”，150多人进入“成都留法勤工俭学学会预备学校”学习，民国7至8年（1918－1919）先后有100多名青年才俊出国，这些学生中，有不少人后来成为各方面的优秀人才。

在这一历史背景下，以成都、重庆为中心地带的四川全省，再次掀起波澜壮阔的留学热潮。民国8年至9年（1919－1920）间，三批留法勤工俭学学生奔赴法国，开创了四川近代历史上第二个海外留学高潮。

1. 第一批留法勤工俭学学生赴法。

民国6年（1917），曾经留学法国的学者蔡元培、李煜瀛、吴敬恒、张继、吴玉章（四川荣县人）等五人本着“欲输世界文明于国内，必以留学泰

---

① 张秀熟：《五四运动在四川》，《四川大学学报》1979年第1期。

西为要图”的思想，创办了留法勤工俭学学会，总部设在北京，在上海、广州、成都等地设分会，并在北京、保定等地开办留法预备学校。自此，全国出现留法勤工俭学热潮。青年学生积极参加“留法勤工俭学四川分会”，准备赴法留学。

民国 7 年（1918）春，四川第一所留法勤工俭学预备学校在成都爵版街志成法政专门学校（今成都三中校址）开学，由志成学校校长张春涛兼任校长，由冯元勋担任教务（官费留学比利时归国）。第一期招收留学预备生 150 余名，分为四班上课。该校以法语教学为主，教员有吴钢、曹显庭、李璜、吴少虞、李治中等。

四川督军熊克武、省长杨庶堪十分重视这批学生，对毕业考试成绩名列前 30 名者，由政府发给每人旅费 400 银圆。民国 8 年（1919）6 月 1 日，四川第一批赴法学生共计 61 名离开成都、前往法国。陈毅、刘子华、金满城等优秀青年，得到旅法津贴。其余学生或非本校学生，能自筹 400 元者，也可同往法国。

2. 第二批留法勤工俭学学生赴法。

民国 8 年（1919）8 月 28 日，在五四运动和成都留法勤工俭学热潮的影响下，重庆商会成立了留法勤工俭学重庆分会，商会会长汪云松为会长，教育局长温少鹤及童宪章为副会长，法国驻渝领事为名誉赞助员。不久，重庆各界名流筹集经费数万元，作为在重庆开设留法勤工俭学预备学校和赴法学生的补助费。

重庆留法勤工俭学预备学校招收学生 110 名，其中公费生 60 名，自费生 50 名，分甲乙两班上课，以法语教学为主。民国 9 年（1920）暑期，一年学习期限届满，经毕业考试和健康检查，有 84 名学生获准赴法，其中 46 名学生每人得到 300 元旅费。其余 37 名和外加江津学生熊云章为自费生，由重庆商界资助 100 元，自筹 200 元，邓希贤（小平）、傅汝霖就是其中的自费生。这批学生于民国 9 年 8 月 27 日在法国驻渝大使馆办理签证，离渝赴法。

3. 第三批留法勤工俭学学生赴法。

成都留法勤工俭学预备学校第一届毕业生赴法后，民国 8 年（1919）秋季，该校又招收学生200余人，分为三个班上课。原校长张春涛病逝，改由四川省高等法院院长唐宗尧担任校长，冯元勋仍管教务。这批学生进校时，正当五四运动蓬勃发展，学生一面紧张学习，一面走出校门参加新文化运动和抵制日货斗争，其中倾向于革命的青年不少，还有十余人后来参加共产主义青年团，并转为中国共产党党员。这届学生毕业，经考试、健康检查合格，肖树域、程秉渊等70人外加5名校外生取得自费留法勤工俭学资格，民国9年10月5日，在四川省长公署委派的护送员章士林的带领下，从外东望江楼乘船东下。11月下旬，这批学生到达上海后，旋乘坐法轮“智利”号离开上海。经两个多月的海上航行，于民国10年上旬抵达法国马赛。

同年11月，在广东女律师郑毓秀（获得公费留法资格）的帮助下，巴县张雅南等13名女学生也赴法勤工俭学。这是四川女学生赴法求学人数最多的一次。

据不完全统计，在民国7至10年间，中国留法勤工俭学的学生约为1500—1600名。截至民国10年11月，在巴黎华法教育会注册的四川留法勤工俭学学生，包括郑毓秀带领的13名女生在内，达到492名。这些统计数字表明：当时四川留法学生已经达到全国留法学生总数1/3，居全国各省首位。

第六节　近现代成都经济、社会的发展

成都城市经历了清代前期的持续发展，随着鸦片战争、太平天国起义以后，四川受协省地位的丧失，津贴、捐输、厘金不断加重；咸同以后李蓝军、义和团等反清势力与清军持续不断的争战，对四川腹心地带社会经济造成十分严重的破坏；辛亥革命以后，四川遭受二十余年军阀战乱、割据之害，使成都长时期地呈现经济凋敝、社会动荡的局面；抗战时期，成都虽未直接遭到日本侵华战争的祸害，但作为中国抗战后方，承担了长达八年的巨额人力、

财力、物力支援，付出了沉重的牺牲和代价。此外，近代以来国际资本对长江上游地区的不断推进，又给成都城市经济、社会和文化的发展带来了前所未有的资本主义影响。在错综复杂的内外因素作用下，成都市政、经济、文化等方面发生了十分巨大的变化，主要反映在以下方面：

一、经济发展

成都商品经济在清代前期已有相当程度的发展，但它仍然植根于自给自足的小农经济基础上，并没有出现新的变化。第二次鸦片战争以后，特别是中英《烟台条约》签订以后，西方商人开始向长江上游推进，开辟市场，输入洋货、输出土货。在这个过程中，川东重镇重庆首当其冲，很快成为近代长江上游进出口贸易中心；僻处四川西部的成都，传统商品经济优势逐渐丧失，在国际资本主义经济的影响下，开始了缓慢的近代化历程。

（一）近现代成都城市经济状况

1. 成都经济出现的新变化。

国际资本主义对成都经济的影响，首推光绪三年（1877）四川总督丁宝桢创办的四川机器局。丁宝桢深受洋务派“求富自强”观点影响，认为“中国自强之术，于修明政事之外，首在精求武备”。因此，他从山东巡抚升任四川总督，即奏准开办四川机器局。他通过上海洋行从欧洲定购各式机器设备，生产军队所需新式枪炮弹药和军械设备。四川机器局开办数年，成效显著，制造出为数可观的新式武器和各种机器设备。光绪十二年丁宝桢逝世后，继任总督刘秉璋以机器局自造部分武器质量不高为借口，奏准停止生产洋枪洋炮，恢复购买外洋枪炮。光绪十三至十五年，机器局两次裁减员工，导致技术人员星散；加之经营管理不善，机器局逐渐走向衰败。

四川蚕丝的生产在19世纪下半叶已相当普遍，缫丝作坊（应包括手工工场）超过2000家，成都、嘉定、顺庆、重庆缫丝工艺水平较高，已能生产各具特色的生丝。劳动过程扩大了它的规模，其中分化出缫制、洗涤、漂白等专门工序。川丝成为本省和南北各地丝织业的重要原料而畅销于国内市场。丝商资本已进入生产领域，通过定期收购生丝和借贷“丝黄钱”控制生产。资本主义因素获得了明显的增长。19 世纪 70 年代以后，蚕丝进入国际市场，1871 年四川出口生丝 6000 包；1880 年四川年产生丝 6000 担，居当时全国各省厂家第三位和产量的第五位。1883 年，经由重庆输出的川丝即达 428 万两。[①]

19 世纪末到 20 世纪初，国际资本主义加紧向长江上游输出商品和掠夺原料，成都经济不能不受到更大的影响。戊戌时，法国旅行家马尼爱在成都所见“洋货甚稀，各物皆中国自制。而细考之下，似有来自欧洲者，但大半挂日本牌记”[②]。到 20 世纪初，洋货已经充斥成都市场。据《云南杂志》第二十号，宣统二年（1910）法国驻川领事巴达给法国总商会的报告说：“法商在川贸易日益繁盛，其最获利者，玻璃、花瓶、肥皂、钟表、洋酒、香水、香粉及绸缎并洋铁器具等类。”当时成都主要行销的洋货有：洋纱、洋布、匹头、绸缎、栏干、毛纺织品、五金制品、染料、药品、化妆品、火柴、肥皂、皮革等。

重庆开埠后，借助其地利因素，迅速成为四川进出口贸易中心。成都僻处川西腹地，失去了与国际市场的直接联系，只能通过重庆间接进入国际市场。“每年在一定的季节里，商人从僻远和辽远的城镇如成都、保宁府、潼川府、遂宁县、嘉定府、叙州府、绵州、合州及其他重要地方，有的由陆路，有的由水路来到重庆，运来他们的土产——鸦片、药材、生丝，等等，并运回土货。”从事进出口贸易的重庆商人与上海和重庆的外国洋行建立了长期合同关系，负责向长江上游推销洋货和向洋行提供国际市场需要的土货。例如，“重庆洋布进口贸易全部操在 27 家商号之手，他们都直接派有代理人常驻上海”[③]。这些商号把洋布从上海运回重庆后，首先批发给广货商人，广货商人随即转手批发给全城大小布庄、布店，布庄、布店除零售外，再将洋布转售

① 汪敬虞、孙毓棠主编：《中国近代工业史资料》第二辑，科学出版社 1957 年版。

② ［法］马尼爱：《戊戌时期法国人眼里的成都》，《四川文史资料选辑》第二十辑。

③ 姚贤镐：《中国近代对外贸易史资料》，中华书局 1962 年版。

外埠大小水客，由水客将洋布运销成都、嘉定、叙府、绵州、顺庆等地。成都进出口贸易实际上只是重庆进出口贸易的一部分。

但是成都的进出口贸易市场确已形成，傅崇榘《成都通览》明确记述了成都客商中与进出口贸易有密切联系的商帮，如出口货帮、棉纱帮、匹头帮、布帮、苏货帮、倾销帮、药材帮、绸缎帮、皮货帮、皮革帮、丝帮、书籍帮、麻帮、玻璃帮、颜色帮。大宗洋纱、洋布销售成都市场，质地良好、价格低廉。成都郊县行销棉花、棉纱、洋货、匹头，郫县“每年约值银三十余万两”。他也记述了专门经销洋货成都商号，如公泰字号（西东大街）、从仁祥号（科甲巷）、光裕厚号（总府街）、正大裕号（暑袜街）、马裕隆号（西东大街）、章洪源号（东大街）、大有征号（总府街）、元利生号（西东大街）。这些商号经营的洋货种类繁多，有钟表、灯具、瓷器、玻璃、洋酒、洋烟、化妆品、卫生用品、染料、洋药、时装、皮具、眼镜、文具、金属用品等数百种商品。经营本地商品的成都商家，根据重庆洋行买办的需求收购土货。其收购出口的主要是农副产品和药材、土特产品，如猪鬃、鸭毛、赤金、人发、牛骨、牛皮、生丝、草帽、兔皮、破布、火麻、茶叶、五倍子、大黄、川芎等。

根据20世纪初的资料统计：成都地区成都、华阳、双流、温江、新繁（今属新都）、金堂、新都、郫县、灌县、彭县、崇宁（今属郫县）、崇庆、新津、邛州（含今邛崃、蒲江、大邑县）等16县常年流通的商品共计251种，其中123种为本地生产，128种由外地输入。本地生产的商品中，行销上海、北京、广东、外洋部分有：猪鬃、鸭毛、烟土、赤金、麝香、五倍子、牛骨、牛羊皮、兔皮、皮渣、人发、生丝、草帽、巴缎、破布、火麻、白木耳等20种，占本地流通商品1/6。外地输入的商品中，属于洋货部分的主要有，洋纱、洋布、洋油，以及各种洋广杂货。由此可见，近代成都商业与国际资本主义市场的贸易关系十分薄弱，成都商品市场流通的主要商品仍然是传统消费品。民国时期，由于军阀长期割据战乱，阻塞了成都对外贸易的主要通道——长江水道，使成都与国际市场的交流更加困难，消费品市场虽然繁荣，但商品市场缺乏创新，变化不大。

2. 传统工商业仍居城市经济主要地位。

生产这种传统消费品的城市手工业虽然受到国际资本主义商品输出的影响，但是还不足以削弱它在全川商品生产中的支配地位，也未能改变成都城市商业的基本格局。城市手工业，特别是技艺精湛的手工业，如玉器、金银制品、蜀锦生产，产品仍然广有销路；部分农副产品虽然作为出口商品转口重庆，但仍有大量农副产品，主要是生活必需品，还是按传统方式在成都市场集散。据统计，20世纪的最初十年，成都工商业共约51个，公司2家，字号4460家，资本银总额293.4万两。现将各行帮字号按类别统计，排比如下：

(1) 高档消费品类。玉器帮31家、古董玉器帮54家、金号帮24家、银花帮56家、卤漆帮18家、丝线帮100家、栏干帮138家、绸缎帮544家、顾绣帮78家、大绸帮33家、瓷器帮19家、皮箱帮26家、香货帮42家、扇庄帮29家、白纸帮23家、书帮35家。

(2) 日用消费品类。药材帮345家、酱园帮42家、珠子帮70家（洋华）、油米帮473家、茶叶帮54家、京货帮12家、钱纸帮103家、烧坊帮12家、红纸帮77家、夏布帮18家、行架帮61家、盐酒帮47家、布帮34家、衣铺帮164家、京果帮41家、盐帮2家、干菜帮155家、靴帽帮226家、匹头帮19家、寿木帮178家、丝烟帮64家、刀剪帮16家、木杂帮125家、草纸帮22家、炭帮73家。

(3) 金融服务类。钱帮137家、银号帮24家、倾销帮12家、店帮52家、当帮29家、洋经帮85家。

(4) 建筑建材帮。石帮26家、砖瓦帮47家、木材帮51家、石灰帮12家。

从上述成都工商业行帮统计资料看，成都城市商业仍以手工业工艺品、日用消费品、农副业产品等传统商品生产为主，在商号总数中占据绝大多数。其中，玉器、金银制品、丝织品、制衣、靴帽、药材、酿造、干菜最富特色，大多由商号附设作坊，前店后厂，自产自销。商家手工产品按传统工艺生产，在众多同业的竞争中，一些讲究信誉、注重质量的字号，自然形成名优产品。

久盛不衰的蜀锦，受到历代封建统治者的青睐，清代也成为内务府采办的贡品。咸丰三年（1853），太平天国攻占南京后，清廷将织造府摊派于江南丝绸产区的常贡锦缎转嫁给成都蜀锦行业。从同治四年（1865）至光绪二年（1876）织造府共计在四川采办锦缎七次，仅光绪二年即“令四川采办锦缎绉绸等件二千九百余匹”。虽然受到封建统治者需索控制，成都长机业并未凋落，仍有极强的生命力。截至20世纪初，尚有机房四百余家，织机一千一百多部，工匠四万到五万余人。

3. 成都地区商品市场。

从城市商品市场看，流通商品仍以日用消费品为主，根据20世纪初的资料统计，可以将主要流通商品归纳为以下五类：

（1）天然纤维和手工纺织品。棉花、蚕茧、丝绵、湖绉、巴缎、锦缎、宁绸、摹本、丝线、顾绣、栏干、织绒、草帽、布匹、匹头、夏布、苏杭绸缎、棉线、黄麻、火麻、麻索。

（2）食品类。菜油、花生油、牛油、烧酒、老酒、绍酒、普茶、毛茶、干菜、红糖、白糖、酱油、海菜、蜂蜜、猪、牛、羊。

（3）药材类。通草花、红花、土药、麝香、鹿茸、虫草、贝母、芎䓖、泽泻、郁金、白芷、姜黄。

（4）日用商品类。叶烟、蓝靛、牛胶、牛皮、铜、铁、锡、纸、钱纸、卤漆、坛罐、杂货、木材、黄白蜡、洋油、桐油。

（5）燃料类。木材、㭎炭、兰炭、煤炭。

从上述统计资料可以看出，日用消费品的流通占据了成都商品市场的主要份额。民国时期，这种情况也没有多少改变。从西方资本主义市场的发展历史看，国内市场的扩大，与其说是靠消费品市场的增长，不如说是靠生产资料市场的增长。换句话说，生产资料的增长必须超过消费品的增长。很显然，而当时成都商品经济尚未达到这个标准。

（二）近现代成都投资实业热潮

19世纪末叶，中国遭逢甲午海战的惨败，民族危机空前深重，朝野维新派人士以改良主义为旗帜，呼吁变法维新。川籍官员宋育仁提出“保地产，占码头，抵制洋货，挽回利权”的号召。四川舆论也认为：“商务以挽利权为宗旨，必以广制造为要着。”广大绅商爱国热诚高涨，纷纷要求集资“购买机器”“设立公司”“绅督商办”。光绪帝顺应商民的意愿，谕令川督鹿传霖，“于洋人未经开埠之先，迅速兴办”，并“咨取苏、浙、江西各省商务章程，以备参酌”。自1898年开始，清廷颁布了一系列保护工商实业的章程、法规和奖励办法，进一步激发了成都绅商的投资热诚。20世纪初，成都先后开办的新式企业，除官办的造币厂、机器新厂（兵工厂）、白药厂、劝工总局、官报书局、邮政局、电报局、农业试验场、农政试验场外，还有部分商办的企业，如：劝业场、启明电灯公司、二酉山房、因利布厂、裕德肥皂厂、制革厂、惠昌火柴厂、造纸公司、曹达（制碱）公司、天成机器、电镀工厂、文伦书局、图书局，以及彭县大宝山铜矿，蒲江、金堂、邛州的蔗糖业，大邑县的玻璃企业，都是在光宣新政期间成都地区开办的新式企业。

傅崇榘、樊孔周是两位站在时代前列的新思潮鼓动者和有远见卓识的实业家，他们在世纪之交分别创办了新式出版企业“算学馆”“图书局”“通俗报社”（傅崇榘）、“二酉山房”（樊孔周），一改旧书业经营机制，大量印行中外报刊，出版新式图书，宣传改良主义思潮。傅崇榘举办了成都最早的彩票；樊孔周集资兴建劝业场（后改称商业场），还投资创办了第一家面对市场的直销棉织企业因利布厂。成都电力工业的第一位成功的投资者是陕商后裔优贡生陈嘉爵（养天），他在成都南新街创办了启明电灯公司，为东大街一带市区提供了照明用电，这是成都市区最大的电力投资。商人魏子书于1902年获准投资矿业创办彭县大宝山铜矿。1905年，四川总督锡良以“办理不善”为由，将大宝山铜矿收归官办。蔗糖产地从传统川中各州县扩大到川西的金堂、邛州、蒲江。金堂人萧质夫，以商业兼营糖业，“锄禾种蔗业糖”，“积累数万金”。

由四川兴办实业浪潮中脱颖而出的早期资本家，是晚清改良主义路线的产物，也是立宪派的社会基础。这些绅商既是新式工业的投资者，又是川汉铁路公司商股和租股的持股人，在省城以至各府州县谘议局、宪政研究会、商会和川汉铁路公司中，他们占据着主要席位。他们对宪政、自治运动参与热情很高。光绪三十一年（1905年9月），成都总商会成立时，由会董公推盐商、成都举人、候选知府舒钜祥为总理，山西籍宝龙银号老板、补用知府齐世杰为协理。光绪三十四年，著名实业家樊孔周续任成都商会协理，积极推行新政，鼓吹自治运动。在《为川汉铁路当先修成渝，谨告全蜀父老》文中，他们认定："今世纪，经济竞争之世纪也。今之国家，经济生命之国家也。""吾国数千年来，高谈治理，鄙夷经济，不屑称述……人民生计日益迫促，各方面观察无一非穷困窘迫之家。顾念将来，恐国土无恙，而人民生存之资先已丧失，不亦大可危耶!"

由此可见，20世纪初期涌现的成都新式实业家，不仅具有敏锐的商业眼光，而且富有强烈的忧患意识。

民国时期，四川陷入军阀长期割据战乱状态，全川社会经济发展都受到影响，成都也不例外。但是，由于人口和市场需求的增加，成都经济仍然在向前发展。特别是全民族抗日战争爆发后，东部人口和大工业内迁，给成都工业的发展带来了发展机遇。这一时期，城市经济的繁荣主要表现在轻化工业的发展和消费商业的发展。

1. 轻化工业的发展。

民国时期，成都工业仍然以传统手工业和投资较少的轻化工业为主要领域。以传统织锦业为例：据1935年统计，成都开业机房大约350家，拥有织机971台，有工人1712人，年产丝织品约4.8万匹，其中锦缎1.48万匹、织锦被面9260床。有的机房已改制丝哔叽、丝贡呢等仿洋织品。抗战时期洋货来源锐减，机房增加到1300余家，其中织锦机房900家左右，拥有织机3000余台，生产工人6000余名。再看成都日用化学工业：1937年以前，成都共有火柴、肥皂、制革、造纸、燃料、肥料、玻璃、药品、酸碱等企业12家，抗战时期增加到49家，每厂资本在数千元到数万元之间。这些企业的产品主要销售本地和省内各地。

2. 消费市场的发展。

民国时期，成都消费商业和服务业有很大的发展。据1934年有关统计，成都肉类、食品和餐饮业共计 5742 家，茶旅服务业共计 2664 家，日用百货业共计 5744 家，纺织品和服装业共计 1456 家，五金制品业共计 543 家，古玩、文化用品业共计 271 家，银钱、典当业共计 83 家。全民族抗日战争开始后，成都消费市场更有大幅度的增加。民国时期，由于商品销售市场和服务业的发展，成都已形成商业场、春熙路、安乐寺等三大商业贸易中心。

抗日战争结束后，成都经济曾出现短暂繁荣，但很快就成为昙花一现的幻影。成都虽不是 1946—1949 年国内战争的战场，但沉重的赋税、枯竭的市场、日益恶化的通货膨胀，最终撕碎了成都人民通往现代化的美梦。

二、 社会发展

（一）人口变化

经历了清代前期城市人口快速增长以后，晚清成都城市人口呈现全面上升趋势。根据有关县志记载，嘉庆二十至二十一年（1815—1816），成都、华阳二县户口共计 15 万余户、77 万余人，其中男丁数 43 万人、妇口数 34 万余人。同治八年（1869）成都县（相当于今青羊区和金牛区的一部分）人口为 2.3 万余户，8 万余人。华阳县无统计资料，但其辖区面积大于成都县，人口也不应小于成都县。光绪三十四年（1908），成都市区（应为成都、华阳两县共辖城区）人口共计 6.3 万户、29 万余人。到宣统元年（1909），成都、华阳二县户口共计 17 万余户、85 万余口。宣统二年（1910），增加 32 万多人，三年间净增 3 万余人。城市人口占总人口的比重也在上升，以 1910 年城区人口 32 万余人除以 1909 年成都、华阳两县总人口 85 万，约为 38.8%，可见城市人口所占比重之大。

民国时期，成都城市人口基本上处于稳定发展时期。民国初年，成都城市人口约为 30 万左右。其中，华阳城区约有 18 万多，在华阳县总人口 48 万中占 60%。1928 年成都正式设市，30 年代成都城市人口是 40 多万。成都、华阳两县乡区人口为 64 万多人，城市人口是乡区人口的 60%。1932 年，成都地区（应为市区）人口约为 8.2 万余户、43.9 万人；成都、华阳两县乡区人口合计9.35万户、42.3万人。1933年，成都市人口为8.22万户、43.9万人。1934年成都市人口约为8.15万户、44.1万人。1935年，成都市人口为50万人，成都、华阳两县乡区合计11.46万户、约64.16万人。自1937年开始，成都市人口有了较为规范的统计：1937年，8.12万户、46.32万人。1938年，8.46万户、45.35万人。1939年，6.76万户、30.31万人。1940年，10.61万户、46.22万人。1942年，9.75万户、45.65万人。1944年，10.81万户，56.28万人。1945年，23.96万户、74.21万人。1946年，23.38万户、72.47万人。1947年，23.45万户、72.74万人。1948年，12.56万户、64.12万人。1949年，12.33万户、60.86万人。①

从上述人口统计资料看，民国时期成都城市人口处于稳定增长阶段，民国初年城市人口大约30万左右，约占人口总数25%。进入20世纪30年代，除个别年份外，大约在40万左右，约占人口总数36%。抗战时期，成都城市人口的一个显著变化就是，东部外来人口的内迁，引起城市人口的急剧增加，除中间日本飞机狂轰滥炸、城市人口短暂疏散外，从1937年的46万激增到1945年的74万之多。抗战结束后，由于外来人口的回归，城市人口又逐步回落。

（二）社会结构的变化

与清代前期由官僚、缙绅、商人、手工业者和城市贫民为上下基干构成的城市社会相比，近现代成都城市社会结构发生了极其复杂的变化。其中最重要的变化，莫过于官僚、缙绅阶层的分化和新兴商人阶层的出现。

1. 官僚阶层的分化。

晚清政治腐败、吏治不修，再加上西方新思潮的冲击，是造成官僚阶层分化的主要原因。成都是四川政治中心，清代总督、将军、提督、学政和各司道官员驻节之地，所属军政文武官吏、八旗兵丁数以万计。但到晚清时代，由军功、捐纳而进入官僚行列的人员大大超过通过科举功名获选的所谓“正

---

① 西禾：《成都历代城市人口的变迁》，载《成都地方志通讯》1984年第二期。

途”人员，造成官僚人数爆满，于是大量过剩官员沦为“候补者”。戊戌时期，法国旅游者马尼爱在成都所见“候补者、褫职而谋开复者，为数更不下万人”。① 据傅崇榘《成都通览》统计，光绪三十四年（1908），在成都等待候补的官吏，除八品以下左贰、杂职不计外，仅知县以上的官员即有700余名，分别为：候补道58名，知府36名，直隶州知州43名，同知24名，通判63名，知州26名，知县468名。按照清代定例，四川通省知县以上的官职实缺仅140余处，光宣新政实施后，虽新设差委大大增加，仍无法满足年年递增的候补官员的需求。大量过剩的候补官吏，除136处繁要差缺由大吏遴委贤能外，其余差委只好轮班守候。多年未补实缺者必然穷困潦倒，沦为失业者群体。

另外，在光宣新政时期，受中外新思潮影响的一些官吏，开始具有革新思想。他们在任职期间，鼓吹宪政、热心实业、着意创新，成为推行成都早期现代化的新派人物。四川商务局监督宋育仁、四川总督岑春煊、锡良、王人文，四川劝工总局总办沈秉堃，先后担任通省警察总局总办、通省劝工总局总办、通省劝业道的周善培，都是在推行新政方面有重要贡献的人物。

2. 缙绅阶层的演变。

一般是指具有举人、贡生（至少监生）功名或乡居的退休官员和具有官衔身份者，他们也是地方宗法社会的代表，具有沟通官民关系、支配地方事务的职能。在清代前期，成都缙绅起着倡导地方事务、稳定基层社会的作用。随着咸丰以来大规模战乱的兴起、地方苛捐杂税与日俱增，地方钱粮经征事务不断扩大，团练保甲制度步步强化，缙绅干预地方事务的能力也相应增强，参政机会比过去大大增加。川汉铁路准归商办以后，以租股方式加入川汉铁路公司股东会的缙绅势力成为主要股东代表。此外，光宣新政时期出现的宪政运动、地方自治运动、实业投资高潮、保路运动，进一步促使缙绅阶层成为四川省谘议局、宪政研究会、地方自治会、保路同志会、商会、农会、劝学所等各种社团的主要力量。例如，在省谘议局议员的选举人资格中，具有

① 马尼爱：《戊戌时期法国人眼里的成都》，《四川文史资料选辑》第二十辑。

举贡生员地位的缙绅就成为有选举权的主要群体。于是，成都府获得选举权的 24608 人，大部分属于缙绅阶层。成都府 14 名当选的议员，绝大部分也是成都府的著名缙绅。

3. 新兴商人阶层的崛起。

20 世纪初期，由于四川对外贸易的发展、省内外市场的扩大和实业投资热潮的高涨，新兴商人阶层异军突起，成为政治、经济领域一支举足轻重的力量。虽然重庆率先对外开放，四川经济重心向东推移，重庆商人刘继陶、汤子敬、杨文光在推销洋货、收购土货、从事金融存放、汇兑中积累了巨额财富，但作为四川政治、文化中心和西部经济中心的成都，也出现了不少具有开创精神的大商人。前述傅崇榘、樊孔周、舒钜祥、齐世杰、陈嘉爵、魏子书、萧质夫等，都是当时成都著名的商界巨子。他们在经济上的崛起，也为他们在政治上的崭露头角提供了基本保证。民国时期，虽然处于军阀割据战乱的不利环境，成都新兴商人阶层仍然在振兴地方经济方面取得了不可小视的成绩。

| 第七节　抗战后方战略基地的巨大贡献 |

一、 参战人数最多的省份

国内外抗战历史的研究者都对抗战时期四川动员参战的兵员总数、牺牲人数有大致相似的论述，肯定四川是全国投入抗日战场人数最多，也是牺牲人数最多的省份，有 350 多万军人出川参战，有 64 万多人伤亡，参战人数之多，牺牲之惨烈，均居全国之首。①

这无疑是四川人民对全国抗日战争付出的巨大贡献和牺牲，值得大书特书、彪炳史册。笔者认为，对于如此重大的史实，还应做进一步的深入挖掘：通过市县档案馆的民国档案资料，将参战将士和阵亡将士的基本情况作一详尽统计，这对于弘扬四川抗战将士的光辉业绩，让子孙后代继承抗日先烈的光荣传统有极为重大的历史和现实意义。

近年来，有学者通过电影《抓壮丁》，对抗战时期征召壮丁的历史背景、四川壮丁的征集概况、四川壮丁征集成效进行了客观、公正的评价，肯定了壮丁征集是在全民抗战的历史条件下，战时兵员动员的必然举措，舍此难以补充东部战场大量伤亡的兵员；四川壮丁征召取得了巨大成效，三百余万四川健儿源源不断地奔赴前线，为全国抗战赢得最后胜利做出了重大贡献。不可否认，在全民动员的征兵浪潮中，也有不良征兵人员和地方保甲人员营私舞弊、强拉壮丁、顶替买卖、贪污受贿现象存在，但与征集兵员的主流相比，实属细枝末节，不应以这类个别现象否定四川抗战时期川军征调前线并为抵抗日本侵略者付出巨大牺牲的历史事实。② 从这个角度看，发掘市、县民国档案，深入研究抗战时期的基层兵员动员详情尤其必要，通过个案调查分析，用确凿的原始资料证实伤亡川军的原始资料，用以还原历史的本来面目，极有价值。

二、 抗战财政和军需粮秣基地

全面抗战爆发后，东部国土沦陷，国民政府西迁重庆，四川成为抗战基地和战略要地，肩负着战时财政和前方将士的军需粮秣供应，直到日本侵略军缴械投降，这期间，四川人民的无私奉献精神无与伦比。

---

① 有关四川在全国抗战中参战人数见贾大泉主编：《四川通史》卷七《民国》，四川人民出版社 2010 年版，第 199 页；伤亡人数见四川省地方志编纂委员会编：《四川省志·民政志》，四川人民出版社 1996 年版，书中所列《抗日战争时期四川各地阵亡人数统计》。

② 参见孙跃中：《“抓壮丁”的历史探析》，载《文史杂志》2007 年第 4 期。

20世纪七八十年代以来，有学者对抗战时期国民政府的财政收支数据做了分省考察，得知四川对国家财政做出了巨大贡献：1938—1940年，四川解入国库的正税总额约8000万元以上，其他发行公债、临时摊派和募捐收入尚未计算在内。在抗战进入最困难的阶段，由于大片国土沦陷，四川担负了国家财政收支总额的50%以上，是战时财政的主要来源。全面抗战期间，国家总支出为14640余亿元（法币），四川担负了1/3，约为4400亿元。[①]

四川人民除担负十分沉重的赋税，支撑战时财政外，还在国民政府军事委员会副委员长冯玉祥将军倡导下，在抗战进入最艰苦的岁月，参与了遍及全川城乡的献金运动，从富商大贾到贫民乞丐，都捐献出自己力所能及的现金和财物。据国民党中央宣传部统计：前后两次献金运动共计捐献总额达到6亿/7亿元（法币）。这些钱款，都及时用于购买飞机大炮、坦克枪弹，直接补充了抗敌前线战场的急需军备，有力阻击了日本侵略者的疯狂攻势；通过献金运动激发出全川人民无比高昂的爱国抗敌热情，从精神层面挫败了日本侵略者企图以“速战速决”的方式瓦解中国后方军民斗志的图谋。

东部大片国土沦陷后，四川也成为战时军民粮食的主要供应基地，1941年4月，国民政府决定，为避免税率不一，田赋由中央统管；对秋粮征收实行“田赋征实”，不用现金抵交。此外，因战时粮食供不应求，在田赋之外，还要实行向农民征购、征借粮食。1941年开始到次年2月底，四川省实收粮食总额1330余万市石，超过原定计划数1200万市石的11%，占全国21省、市征实、征购总额5430万石的1/4。由于沦陷区不断扩大，四川承担的征实、征购（不久又将征购改为征借，避免付现）也逐年上升，到1944年已达2490万石之多，占国统区征实、征借总额6848万石的36%以上。[②]

在抗日战争进入极其艰难的时期，四川人民缴纳了国民政府管控粮食总量的1/3以上，有力支撑了前方将士的粮秣供应，也为食口众多的大后方社会稳定提供了基本保证。俗话说：兵无粮自乱。四川以天府之国的“养生之

① 转引自周开庆：《四川与对日抗战》，商务印书馆1971年版。

② 甘典夔：《1941年四川田赋改征实物经过》，《四川文史资料选辑》第十一辑。

饶”，义不容辞地担负起战时粮秣供应的责任，使前方将士有了可靠的粮秣资源。国民政府迁都重庆以来，四川就成为中国战区主要的粮食供应省区，满足了军粮、民食，最终取得抗日战争的最后胜利。四川人民为全国抗战做出的巨大贡献，是抗战历史研究中应当大书特书的篇章。

在这方面，有不少学术论著都进行了一定程度的探讨和评价，成效显著。但是，目前的研究还不够周全，还有许多的开拓性调查研究空间，需要深入下去，必须系统利用市县历史档案破解以下难题：

一是通过梳理市、县档案馆民国 26 至 34 年（1937—1945）经济、社会、历史档案，调查各地工商业纳税变化情况，税负增加幅度、经营变化状况，找出典型个案，形成系列研究成果，以翔实可靠的分类数据证实四川工商企业的实际负担，肯定他们对国民政府战时财政做出的巨大贡献；

二是通过梳理市、县档案馆民国 26 至 34 年（1937—1945）经济、社会、历史档案，对四川农村经济状况进行调查研究，考察农户田赋征实、征购（借征）负担情况、农户经营变化状况，整理出节衣缩食、忍饥挨饿也要奉献爱国军粮的典型个案，形成系列研究成果，以证实四川农民对战时粮秣统筹做出的巨大贡献，充分肯定四川作为抗战大后方的历史地位。

三、 战时迁川企业、高校和科研、文化机构的重要贡献

1937 年 8 月 10 日，行政院第 324 次会议通过资源委员会关于拆迁上海工厂的提案，首由资源委员会、财政部、军政部及经济部会同组织上海工厂的拆迁，工厂内迁由此开始。据国民政府主计处统计局统计，截至 1939 年底内迁工厂的数量总共有 410 家，包括钢铁厂 1 家，机械厂 168 家，电器厂 28 家，化工厂 54 家，纺织厂 92 家，食品厂 22 家，文教用品厂 31 家，还有其他工厂 14 家。

民营内迁厂迁入的区域，以四川为首位，据统计，到 1940 年底，共内迁工厂 448 家，其中以上海与武汉两地最多，分别为 148 与 160 家。这些工厂迁入四川 254 家，占 54.7%；迁入湖南 121 家，占 29.2%；迁入陕西 27 家，

占5.9%；迁入广西23家，占5.1%；迁入其他各省23家，占5.1%。实际上迁往湖南、广西两地的民营厂随着国民党的湘桂大溃退，绝大部分又迁到了四川。因此，四川事实上成了全国民营内迁厂的主要目的地。①

抗战时期，东部大片国土沦陷，教育机关、学校、教师、学生大量内迁，使成都出现教育事业快速发展的局面。

以高等教育为例，自1937年秋冬时节开始，南京金陵大学、金陵女子大学、上海光华大学、中央大学医学院、北平燕京大学、济南齐鲁大学、山西工农专科学校、北京朝阳学院等东部地区多所大学先后迁到成都。中央大学医学院于1937年10月迁到成都华西坝，与华西大学医学院合作办学，壮大了成都高等医学的教学力量。金陵大学于1937年11月从南京迁到成都华西坝。金陵女子大学于1938年1月迁到成都华西坝。1941年12月，太平洋战争爆发后，日本占领军强行解散北平西郊的燕京大学，30余名中外教师、职工和在校学生被拘押。1942年燕京大学临时校董会在重庆召开会议，决定在后方复校。1942年秋，燕京大学在成都华西坝开学，与先期迁到华西坝的金陵大学、金陵女子大学、齐鲁大学一起，借用华西协合大学的校舍招生复课，坚持战时教学。

光华大学于1937年冬迁到成都，先在新南门内王家坝选择校址，1938年以光华大学成都分部的名义开学；1939年迁到成都西郊光华村新校舍，建成一所比较完善的高等学校。山西铭贤学校是山西太谷一所历史悠久的教会学校，为早期美国欧柏林大学在中国设立的分校。抗战时期，这所学校迁到成都附近的金堂县城，开办铭贤工农专科学校大学部，还在赵镇的山寨上设立了中学部。

据统计，先后迁川的东部高等学校共计31所，学生数万人。其中，迁到成都的高校共计8所，学生数千人。来蓉的外地学生，除陆续就读本校外，其余无校就读者，由省教育厅分配到成都各高校借读。在本地高校借读的外地学生中，四川大学有650人，华西协合大学有400人，四川教育学院有120

① 张学君、张莉红：《四川近代工业史》，四川人民出版社1990年版，第414页。

人，还有许多学生就读于私立大学。

东部高等学校迁蓉后，一时间成都人才济济，许多为川人倾慕的著名教授、学者都聚集西蜀，不仅新建的学校名教授云集，而且四川原有高等学校教师阵容也大为改观。如著名教授陈寅恪、顾颉刚、钱穆、吴芳吉、魏时珍、程玉麟等纷纷来成都任教，教学空气空前活跃。与此同时，由于东部大量中、小学教师来蓉执教，师资力量大大加强，成都中、小学教育水平也得到迅速提高。四川省其他地区也有不少外省教师执教，对四川中小学教学质量的提高，起了相当大的推动作用。

抗战时期，东部教育、文化和科研机构大量西迁，大部分迁到四川地区，随同机构迁川的是大批教授（还有中小学教师）、科学家和文化工作者，他们在四川期间，为四川教育、科研和文化事业做出了巨大贡献。这是四川教育、科研和文化发展最快的时期。对四川抗战历史的研究，应当利用民国时期四川的教育、科技和文化档案，深入进行个案探索、系列研究，将各个领域做出杰出贡献的教授、科学家和文化工作者及其业绩发掘出来，肯定他们对四川教育、科研和文化事业的推动作用和历史功绩。

直至 1949 年后，还有抗战以后没有迁回原籍，继续留在四川任教的教师。笔者上小学时，还有山东籍的宋辑斋、吴金凤夫妇分别留在绵阳中小学任教。他们两位先后担任我读中小学时的体育、数学老师，他们认真负责的工作态度和循循善诱的教学方法，让我得益匪浅。这是我从小就感受到的抗战教育的余荫。

有关抗战时期迁川教育、科研、文化机构以及大量高素质人才入川，对四川教育、科研、文化事业的推动作用，已有不少研究成果。但是，仍然缺乏系统基础研究，应当继续发掘历史档案，对抗战时期内迁四川各地区的教育、科研、文化机构和相关人员进行周密调查，形成系统资料，撰写出有史料价值的论文和专著，较为全面地论述这一非常时期四川教育、科研、文化事业的快速发展与内迁教育、科研、文化机构极其专业人员的关系，肯定其历史作用。这也是将抗战历史研究持续深入下去的一个重要方面。

第八节　近代成都民间文艺的变化

在成都城市近代化过程中，成都民间文化的变化是一个值得重视的方面。

一、川剧改良

川剧是四川民间文化中十分重要的领域。长期以来，川剧的演出内容取决于达官贵人、士绅豪民和行帮会首，演出场所主要是为上述人员服务的堂会、庙会和会馆，艺人没有固定的演出场所，各种流派和声腔不通往来，各成班部。

光宣时期，四川劝业道周善培积极推广新政，改良娱乐业，川剧改良新潮开始出现。光绪三十二年（1906），华阳绅商吴碧澄（弼臣）在成都会府北街创办新式剧场——可园（亦名咏霓茶社），园中设舞台、茶座，每座五角。原设女座，因本地风气未开，屡生事端，被官局禁革。园中供应饮食、西餐、中餐、点心、茶水，方便顾客，生意兴隆，应接不暇。可园开办成功，使周善培受到鼓舞，他坚信，戏园对繁荣市面有很大作用，力促劝业场董事会负责人樊孔周在劝业场附近开设戏园。光绪三十四年夏，樊孔周集资白银二万两建设悦来公司，自任董事长，由公司开设戏园和旅馆各一所。戏园设在华兴街老郎庙侧，仿“可园”形式建造，命名“悦来茶园”，宣统元年（1909年）竣工，接纳各戏班轮流演出。

先后在悦来茶园演出的班部有：复兴班、宝顺和班（京班）、翠华班、长乐班、荣泰班（川戏）、文明班、文化班（改良川戏）。悦来茶园还举办两次赈灾演出，邀请成都八大班部名角串演，成为各剧部交流的重要盛会。虽然票价昂贵，三楼每座三角，普通座一角，特别包厢每座伍角，包厢每间五元

（以龙洋计价），但仍然场场爆满，观者如潮。[①] 其后，又继续出现了“万春”“锦新”等茶园，为专门演出戏剧的场所。茶园兴起后，川剧从堂会、庙会、会馆演出转移到剧场、茶园进行，观众购票入场。名艺人分散进入各茶园，原有班部面临解体。[②] 马家吉《锦城竹枝词》说：“梨园全部隶茶园，戏目天天列市垣。买座价钱分几等，女宾到处最销魂。”可见茶园演戏已成城市生活亮点，戏目、票价、女宾座位引人注目。

川剧演出形式的改变，使川剧从传统的包场制向大众化和商业化演出转变。演出形式的转变要求川剧演出内容具有观赏价值，适合广大群众的审美意识，川剧演艺人员就必须按群众的需求对川剧进行改良。据清末有关资料统计：成都上演川剧剧目高达 360 余个，历史剧、传统戏居多。其中良莠参杂，涉及淫诲和凶杀内容的剧目也“层出不穷”。这些戏败坏了社会风气，影响了社会治安。据傅崇榘《成都通览》载，当时社会舆论一再希望禁革，有人言：“淫戏之关目禁，可使成都奸淫之风渐稀，凶戏之关目禁，可使成都人命之案日少。”这种说法失之偏颇，命案原因复杂，各有其因，并非舞台剧目所引发，传统戏曲人称“高台教化”，净化道德、回归人性是其主流。

光绪三十一年（1905），川督锡良嘱官绅在成都川剧界成立“戏曲改良公会”，主持者为劝业道周善培，其口号是：“改良戏曲，辅助教育。”他们除了兴建戏园，改进管理外，还大力改编和创作“改良”剧本，并发表特别电函，蒙求川中宿儒，“五老七贤”的支持，于是先后涌现出赵尧生、黄吉安、尹仲锡、冉樵子等热心川剧改良，并亲自动手创作的志士，创作出《情探》《闹齐廷》《柴市节》《三尽忠》《刀笔误》《离燕哀》等近 200 个剧目，刊行《川剧大观》《川剧大全》《川剧选粹》《蜀剧苑》等剧本集。改良川剧，既注重作品的社会价值，又重视作品的文学性、艺术性，使二者做到了较好的结合，对于净化舞台，普及川剧，提高社会效益，起了积极作用。

辛亥革命后，川剧各班部云集成都。在资产阶级民主主义革命思潮影响

---

① 陈祖湘、姜梦弼：《成都劝业场的变迁》，《成都文史资料选辑》第三辑。

② 王大煜：《川剧史述略》，《四川文史资料选辑》第三十五辑。

下，广大艺人希望消除行帮门户之见，拆去各派声调、各家班部之间的隔阂，联合起来，携手合作，取长补短。由戏圣康芷林、名旦杨素兰、名小生李甲生、名丑唐广体发起，邀请“长乐”“宴乐”“怡乐”“翠华”“彩华”“桂春”“太洪”“舒颐”等八大班部刘芷美、谭芸仙、萧楷臣、周名超、刘世照、周辅臣、贾培之等 180 余人聚会，于民国元年（1912）在成都华兴正街组成了由艺人自由结合、自主经营的川剧团体——“三庆会”，康芷林阐明“三庆会”的宗旨，“脱专压之习，集同业之力，精研艺事，改良戏曲”①。“三庆会”艺人康芷林、杨素兰、萧楷臣、唐广体、刘芷美等，力主将代表昆曲、高腔、胡琴、弹戏、灯戏五种声腔的主要班部舒颐班、翠华班、太洪班、宴乐班都收进“三庆会”，使五种声腔融为一体，同台演出。据廖友陶先生回忆：“参加三庆会的戏班有：长乐、宴乐、怡乐、翠华、桂春、太洪等八家，共三百多人，汇集了昆、高、胡、弹、灯等五种声腔，生、旦、净、末、丑等五个行当。他们请警察总监杨莘友为剧团题词曰：‘联合升平堂，协力三庆功’。”②

“三庆会”实力雄厚，荟萃了当时成都的剧界名伶，著名小生有康芷林、李甲生、李培生、萧楷臣；著名旦角有杨素兰、刘芷美、刘世照、谭芸仙、白牡丹（陈素卿）、雷泽洪、李翠香；著名净角（花脸）有周辅臣、刘锡侯、蒲兰亭、刘安、杨青云；著名末角（须生）有周名超、尹轩华、唐小田、徐德斋、游雨田、樊玉山；著名丑角有唐广体、刘育三、蒋润堂、肖子林、邬云亭等。各种行当、各种声腔的齐集，展现了成都川剧界前所未有的强大阵容。在同台演出中，他们各展其长，表现出深厚的艺术功底和个性特征，给观众留下了难忘的印象。

由于联合了众多的戏班和演员，“三庆会”开创了川剧各派声腔，各种表演艺术联袂献艺、同台表演的崭新局面，打破了过去受地域、声腔、戏路、班部、剧目限制，狭隘、单一的小场面，形成了人才济济、百花齐放的多艺全能的表演团体。这个表演团体废除了封建的包银制，实行体现按劳取酬的

① 胡度：《川剧闻艺录》，上海文艺出版社 1985 年版，第 4 页。

② 廖友陶：《第一个川戏艺人剧团“三庆会”》，《成都文史资料选辑》第八辑。

分账制，即将每天所得净收入按出力多少，表演水平高低，由大众公议每人应得数额。在这样的制度下，即使收入少，艺人所得微薄，仍然同心协力，不愿离散。

“三庆会”在努力切磋技艺、完善表演水平的同时，还不断改编和创作剧本，挖掘爱国题材，讴歌真善美，鞭笞假恶丑，丰富演出内容，强调剧作的思想教育作用。“三庆会”与著名剧作家黄吉安、冉樵子、尹仲锡、王觉吾、刘怀叙等，建立了良好的合作关系。黄吉安为“三庆会”创作了大量杰作，如《江油关》《木兰从军》《杜十娘》《柴市节》等102种剧本，都无偿赠送“三庆会”。冉樵子编写了《刀笔误》《青梅配》，尹仲锡编写了《离燕哀》，这些剧作情节感人，语言优美，塑造人物性格细腻而富有个性。同时还创作了一批有进步倾向的现代时装戏剧作品，如王觉吾的《洪宪官场》、刘怀叙的《广州风潮》《光复图》《川路血》，反映了清末民初的政治风云，开创了川剧表现现实生活的新途径。“三庆会”得到如此众多的现实主义杰作的有力支撑，使她的演出获得了经久不衰的生命力。①

“三庆会”成立不久，为了培育新人，在康芷林倡导下，艺人们赞助成立了“升平堂”科社，规定入科学生，以会内子弟为限。萧楷成任堂长，康芷林、杨素兰、萧楷成、游泽芳、蒋润堂、李锡生等名演员和鼓师充任教师。“升平堂”培育出了不少优秀演员，如唐荫甫、晋明权、王飞琼、游泽鹄、筱灵芝、筱玉梅、白玉琼、黄开文等。因此，“三庆会”在艺术上后继有人，没有出现青黄不接的情况。“三庆会”在历任会长、著名表演艺术家杨素兰、康芷林、萧楷成、贾培之的精心组织和全力支撑下，其活动延续半个世纪之久，到50年代还保持着旺盛的艺术魅力，在中国戏剧界实为罕见。特别是第二任会长康芷林，一生学而不厌，诲人不倦，对文武小生造诣很深，功底深厚。清末劝业道周善培考核演员技艺、德行，他荣获第一名，得银质奖章。民国18年（1929）秋，四川军阀刘湘打败杨森，进占重庆。为了庆贺大胜，重金聘请康芷林去重庆演出，康为维护“三庆会”团结，拒绝东下。后来潘文华

① 廖友陶：《第一个川戏艺人剧团“三庆会”》，《成都文史资料选辑》第八辑。

的处长冯石竹到成都与康商谈，聘请“三庆会”全班人马到重庆演出，康才答应签约三月。此次演出，成渝明星璀璨，各展雄风。康以 60 岁高龄，在炎热的山城，连续演《八阵图》《归正楼》《三变化身》等拿手好戏，最终累死在舞台上。一代戏圣的献身精神，使各界人士为之深切哀悼，蒲伯英先生赠送的挽联说：“功盖三庆会，名成八阵图。”概略道出了这位魅力无穷的艺术家的一生。①

除“三庆会”外，民国初年成都还出现过带有研究性质的艺人团体，如“进化社”，其主要成员有胡慎斋、浣花仙、贾培之、张克成等，他们大多出身“玩友”，对川剧声腔的研究很有兴趣，尤其对胡琴戏唱腔的改良做出了重要贡献，自成一体，时称“坝调”。浣花仙和贾培之在唱腔上各呈异彩，被誉为“浣派”“贾派”。民国 4 年（1915），进化社因营业不佳，内部离心，宣告解散。②

30 年代的成都，川剧剧场除春熙路的“三益公”、棉花街的“永乐”、布后街的“成都大戏院”而外，还出现过“新又新”大舞台的川剧演出团体。这个演出团体阵容整齐，行当齐全，演员身怀绝技，表演严肃认真。“新又新”须生有杨子澄、周海滨，净角有吴晓雷、唐彬如，末角有刘小羊、龙云光，丑角有蒲松年、当头棒（刘成基），文小生有傅幼麟、金文昌，武小生有张鑫培，旦角有筱桐凤（阳友鹤）、萧克琴、李筱钟、周金钟、蝴蝶（胡素芳）、筱惠芳、筱屏、元春等，武行有秦裕仁、任心田等，娃娃生有五龄童（罗开新）。当时，这些著名演员在“新又新”大舞台的演出精彩绝妙，风靡一时。③ 可惜连遭两场大火，使剧院化为灰烬，无法继续演出，演员星散，主要班底前往乐山，由傅幼麟主持开办“又新科社”，在四五十年代颇有影响。

---

① 廖友陶：《第一个川戏艺人剧团“三庆会”》，《成都文史资料选辑》第八辑。

② 王大煜：《川剧史述略》，《四川文史资料选辑》第三十五辑。

③ 戴文鼎：《忆“新又新”大舞台》，《成都文史资料选辑》第八辑。

二、 话剧运动的兴起

清末诞生的我国早期话剧组织者、演员和作者中就有成都人曾孝谷。光绪二十九年（1903），曾孝谷东渡日本学习西洋画。光绪三十三年，他与李叔同、陆镜如、欧阳予倩、唐廉江（重庆人）等在东京组织“春柳社”，陆续公演了《茶花女》第三幕，《黑奴吁天录》《热血》等剧，他在这些剧中扮演了重要角色。曾孝谷根据美国作家斯托夫人的小说《汤姆叔叔的小屋》改编了七幕话剧《黑奴吁天录》，这是我国第一部情节完整的多幕话剧剧本。曾孝谷于辛亥革命后回到成都，创办“春柳剧社”，演出新剧。

五四运动前后，欧洲戏剧传入我国，成都亦受到影响。民国 15 年（1926），旅沪川人王怡庵回成都创立“四川戏剧协社”，他自任导演。演出欧洲名剧《少奶奶的扇子》《傀儡家庭》。民国 19 年，中国左翼戏剧家联盟在上海成立后，上海摩登剧社的唐明中回川组织了“成都摩登剧社”（后更名为“现代剧社”），举行多次公演，上演剧目有：《苏州夜话》《湖上的悲剧》《寄生草》《娜拉》等中外进步话剧。剧社受上海剧联和上海摩登剧社影响，建立导排制度，抛弃“幕表戏”的旧法；实行男女公演，改变了没有女角的旧习。民国 23 年，中国舞台协会的黄侯在成都创办“大同电影戏剧学校”，聘请上海南国剧社的万籁天任校长，唐明中任教务长。学校虽开办一年，因经费困难而停办，却培养了一批话剧骨干，在抗战期间积极开展抗日救亡戏剧运动，有的在建国后还成为文化艺术战线的专门家和领导人。民国 24 年，日本帝国主义向华北发动新的侵略，民族危机深重。北京爆发了“一二・九”学生爱国运动，四川抗日救亡运动也蓬勃兴起。成都大专院校的话剧活动在这时掀起高潮。四川大学校长任鸿隽改革教务，振兴川大，倡导并支持师生排演新剧。他聘请平、沪等地具有新潮思想、勇于创新的学者来校执教，其中有直接组织川大新剧活动的刘大杰和匡直。他们成立了“戏剧研究会”“戏剧社”，从民国 24 年冬到次年秋，川大举行了四次大型演出活动，获得成功，受到社会各界的重视。

随着抗日战争爆发，成都成为东部文艺工作者一个可靠基地，话剧运动如火如荼地开展起来。①

三、说唱艺术的风行

近代成都最受群众欢迎的文艺演出活动，除川剧外要数民间说唱艺术。说唱艺术种类繁多，各具特色，有评书、扬琴、道琴、清音、花鼓、莲花落、皮影、木偶、围鼓、相书（口技）等数十种。

（一）评书

清代成都盛行说书。《成都通览》记载：说书人“每在茶铺内高座演说，所说之书为说部书。座客出一、二文不等。”

评书是一种以说为主，表演为辅的语言艺术，其历史久远，可以追溯到四川出土的汉代说唱俑，宋元时的评话是它的又一发展。说书场地大都设在茶馆，听众可品茶听书。说书人借助于桌子、醒木、折扇、帖子等简单道具，全靠语言吸引听众。评书讲说的传统段子分为“条书”和“墨册”。“条书”由老师口传心授；“墨册”是讲说稿本。精彩的书目以写人叙事为主，故事情节曲折多变，语言精练生动；人物形象鲜明，富有个性；环境和动作描述绘声绘色；讲口（表达）要“奇”“巧”“紧”“热”，才能引人入胜；每次的段子（讲说内容）在紧张、关键处结尾，“欲知后事如何，且听下回分解”，这样给观众留下悬念（艺人称埋门槛），抓住听众的心，吸引他们长年累月地听下去。

评书的传统书目特别丰富，凡传奇、古怪、公案、演义、小说等皆可入书。评书的流派分为“雷棚”和“清棚”。“雷棚”在表演时重在武讲（又称“武案”），说书人以第一人称进入角色，注重身临其境的感受，模拟人物内心活动和语言、行动，烘托环境气氛，使观众进入故事，如亲临其境，闻其声

① 孙晓芬：《抗日战争时期的四川话剧运动》，四川大学出版社1989年版。

见其人。《成都通览》“说评书”绘画即为“雷棚”一例。“清棚”重在文讲，说书人以第三人称讲述故事，偏重语言艺术，辞藻极富文采，即使武打情节，也取文说方式，娓娓而谈，妙语连珠，谈吐风雅，令人神往。民国时期，成都著名评书艺人钟晓凡，为“清棚”一派代表人物；李云程则文武兼备，“墨册”“条书”皆长，人称评书大王。

成都的评书书场多在生意清淡的茶馆，春熙路、东大街一带的茶馆，生意兴隆，很少设置书场。专设书场的茶称书茶，茶资比一般茶钱高，高出部分为书场艺人所得。[①] 也有的茶馆不加茶钱而由艺人自收资费。艺人往往在高潮处扎板（暂停），遍收书资，茶客给多给少自便，一晚可收二至三次。

（二）扬琴

四川扬琴兴起于清代乾隆年间，嘉庆时代六对山人作《锦城竹枝词》说：“清唱洋琴赛出名，新年杂耍遍蓉城，淮书一阵莲花落，都爱廖儿哭五更。”晚清时代扬琴享誉成都，《成都通览》记载；扬琴“均瞽者唱词，然有玩友能唱者，只能平时唱，不挂灯彩时唱”。演唱艺人“每人每日价钱六百文”，瞽者即盲人，行话称为“酽招”“砚招”，睁眼艺人称为“红招”。传统精彩戏目近九十个，大部分为历史传奇、神话叙事，如《骂曹》《三气周瑜》《山伯访友》《大审苏三》《八仙上寿》《双送贵子》，也有讽刺小品，如《五怕老婆》《骂鸡》等。

四川扬琴演唱时以扬琴为主要伴奏乐器，在其流行过程中吸取了川剧和清音的长处，内容与形式更为丰富，既可唱折子戏（片断），又可演全本戏，讲究坐地传情。其特点在于通过唱词与道白将故事串联起来，融叙事、抒情、戏剧情节为一体，表演富有层次感和戏剧性。演唱中演员三至五人，分生、旦、净、末、丑五种行当，演唱者又是伴奏者，分别操作扬琴、鼓板、小胡琴、碗碗琴、三弦（有时还要加碰铃、苏笛等）。扬琴剧本讲究词语协律，音节铿锵，辞藻华丽，情节曲折紧凑，富有地方特色，显示出较高的文学造诣，

---

① 陈茂昭：《成都的茶馆》，《成都文史资料选辑》第四辑。

每每能收到雅俗共赏的效果。

民国时期，著名川剧作家黄吉安先生对成都扬琴艺人生活极为关心，他在川剧剧本写作之后，常常写作扬琴剧本，免费赠送扬琴艺人，借以更新他们的表演内容。当时，成都扬琴分南北两派（南派东华门，北派桐梓街），南派对唱腔有研究，善于刻画人物性格，富有创造性；北派记戏多，大戏更多，但创新较少。

北派较弱，故黄吉安先生作的新剧本，每每先赠北派。于是，凡成都扬琴有“黄本”清唱，使听众耳目一新，卖座激增，北派转弱为强。黄吉安先生共完成扬琴剧本 26 出，成为南北两派共同珍视的保留剧目。① 民国 14 年(1925)，成都慈惠堂招收一批盲童加以培训，演唱扬琴，与南北二派合称省派，是成都扬琴的第三个主要流派。成都扬琴曾出现过不少名手，清代李连生在科甲巷坐馆，倾动蓉城，人称“扬琴状元”。旦角演员李德才（艺名德娃子）、刘松柏，生角演员郭敬之、洪凤慈，净角演员张大章、卓琴痴等均领一代风骚。其中尤以李德才为佼佼者，他久负盛名的佳作《醉酒》《抢伞》《祭江》《祭塔》《活捉三郎》《秋江》及曲牌《将军令》等，均有唱片行销全国及东南亚各国。他的艺术成就，受到著名京剧表演艺术家程砚秋、梅兰芳的热忱赞扬。②

（三）清音

据说清音是由乾隆年间民歌小调发展而来，过去称为“唱小曲”“唱琵琶”“唱月琴”，演唱者多为一人。初为坐唱，后为站唱，演唱者左手打板，右手击竹鼓而歌，伴奏主要乐器为月琴，另有琵琶、胡琴、碗琴等。根据演唱需要，伴奏者有时答腔。清音曲调甚多，有大调小调之分。大调有勾、马、寄、荡、背、月、皮、簧八个，为联曲体；小调也唱曲牌，但一般用来谱唱小段或插入大段使用，曲目都是短篇。光绪二十二年（1896），华阳县吹篪子著《清音妙品》，用工尺谱记录了艺人高棣华等人的唱腔，集有清音曲牌 120

① 马再如等：《著名川剧剧作家黄吉安》，《四川文史资料选辑》第二十五辑。

② 邓穆卿：《击唱双绝的扬琴圣手李德才》，《成都文史资料选辑》第五辑。

支。现代常用的是“目调”“背工”“寄生”“反西皮”“夺子”“未调”“数板”“节节高”“鲜花调”“四季花调”等，传统唱段有200余个。

清音曲目，少部分是戏曲故事，大部分是抒情小段子。唱腔圆润流畅，清丽婉转，韵味浓厚，富有魅力。唱腔结构有“单曲体”“联套体”和“板腔体”三种。流行于成都和川西平原的唱腔称为上河派，轻盈细腻，悠扬婉转。为了发展清音艺术，不少艺人付出了艰苦劳动，被喻为“大珠小珠落玉盘”的哈哈腔，就是由蔡文芳、李月秋等刻苦钻研，长期实践创造出来的。民国时期，清音名角李月秋主要在新南门外茶馆演唱。蒋守文先生搜集到的现存42支“反西皮调”、7支“汉调”的清音曲词，来自30余个川剧剧目，胡琴戏约占60%，这表明清音艺人过去唱的所谓“川戏大调”确实以“胡琴戏”为主。造成这种情况的原因，是因为川剧艺人偶尔会加入圈子。著名清音“刁家班”的创始人刁坤山，原系川剧艺人，早年在一个川剧班做鼓师，后来这个川剧班垮了，便改行操“清音业”，自然就把他熟悉的川剧剧目、音乐引进到清音曲目中了。①

（四）竹琴

竹琴是渔鼓传入四川发展形成的，最初称渔鼓或道情，又称道琴。清代以来是成都民间喜闻乐见的说唱艺术。辛亥革命后，改称竹琴（因其乐器系竹筒蒙上鱼皮制成）。演唱时加上简板和碰铃，奏出各种不同的音响和节奏，烘托剧情所需气氛。一般由演员自打自唱，也有四五人一组坐唱，仍分生、旦、净、末、丑五个行当。曲词由散文和韵文交错组合，接近戏曲剧本的形式，也有通用扬琴唱本的。剧目多为慷慨悲歌的历史故事或叙述悲欢离合的大本戏和折子戏。竹琴讲究吐字正音，行腔落板，吞吐擒拿，气势磅礴。行腔重点在刻画人物，唱腔分“甜平”“苦平”“怒腔”“扫腔”和“吟哦腔”等。节奏板式分一字一板，二流板、三板等。成都竹琴习惯借用“扬琴调”，

① 蒋守文：《双花竞发，香透巴蜀——四川曲艺与川剧》，载四川省民俗学会、四川省川剧理论研究会等编：《川剧文化研究》，四川人民出版社2007年版。

韵味近似四川扬琴“大调腔”，称成都派；与川东派的“中和调”、韵味似川剧胡琴的“二黄腔”均有区别。

民国时期，贾树三（人称贾瞎子）是成都著名竹琴演唱家，被誉为竹琴圣手。他自幼孤苦伶仃，刻苦学艺，善于吸取京剧、川剧、扬琴、清音、评书各家之长，丰富和发展竹琴艺术，开创新颖而富有变化的贾派竹琴。自民国 17 年（1928）起，他在成都市东城根街“锦春茶楼”设立专馆，卖座经久不衰；后又发展到“新世界”“知音”“益智”“芙蓉亭”等各大书场，受到观众热烈欢迎。他演唱的曲目联场曲段如《琵琶记》《绣襦记》《白蛇传》，诙谐有趣的“花折子”如《饭店认母》《五怕老婆》《花子闹房》等，都为群众所喜爱，百听不厌。文曲如《浔阳琵琶》《苏武牧羊》《韩世忠与梁红玉》均文辞典雅，历史感强。武曲如《三气周瑜》《三战吕布》《赤壁鏖兵》等段子，气势雄壮，精彩绝伦。他以自己不懈的追求和出色的艺术成就，赢得了蓉城琴台泰斗的崇高声望。

（五）金钱板

又名金剑板、金签板，它以三块竹板作打击乐器，配合说唱，以唱为主，多系单人演唱。金钱板讲究“三好两合，生动活泼”，“三好”指竹板打得好、唱得好、表演得好；“两合”指演员的表演身段和打板要与唱词配合，演员要善于通过吐词行腔把演词内容绘声绘色地表现出来。圆熟的打板，可表现千军万马、雨暴风狂；有时如清风习习，泉水淙淙；有时如惊诧愤怒，沉郁悲哀；有时如欢快喜悦，激情似火；其变化多端，全在板上。其板式有“一字板”“三流板”“三三板”等。其音响效果有“弹板”“滚板”“砸板”和“占占板”等。此外，竹板还可代表长矛、利剑、大刀、斧头以及任何器具，随表演者绝妙发挥。传统唱腔主要是吸取川剧高腔的部分声腔，主要唱腔有“红鸾袄”“富贵花”“江头桂”“满堂红”等。传统表演身段有“老弯腰”“少弯腰”“文直腰”“武平肩”“女侧身”“丑仰面”等。眼法有“瞟”“眺”“近”“定”“瞎”以及常用的指法、步法等。传统剧目有长篇分段唱词《武松传》

《说岳传》《蓝大顺起义》等。①

(六) 皮影(灯影), 木偶戏(木肘肘)

皮影与木偶戏均系我国戏曲中借助于伎艺表演的民间戏剧。据学者考证, 影戏产生于唐代开元、天宝年间②, 木偶戏的起源则在汉代。③ 两种戏均在宋代得到很大发展, 已能公开演出。清代四川的皮影和木偶戏均很兴盛, 活跃在城镇和农村。各地寺院、道观、土地庙或客籍会馆、本地祠堂, 每年都要唱一至十几台灯影戏或木偶戏。成都每年三月娘娘会、八月土地会, 约有四五十处同时开台 (演出), 平时也常在偏僻的茶馆及婚、丧、寿诞之期邀约表演。清末成都影戏和木偶戏更为兴盛, “有声调绝佳者, 不亚于大戏班。省城之影光齐全者, 只万公馆及旦脚红卿二处之物件齐完。据《成都通览》载, 省城凡一十六班, 夜戏二千五百, 包天四吊。”“木肘肘, 俗呼棒棒戏也。”两种戏演出盛况, 可参见《成都通览》上的插图。

影戏中皮影的制作是一种技艺精湛的传统工艺, 需要经过治皮、起稿、开刀、染色、装配等若干道复杂工序, 才能成功地配制成一具皮影。皮影的操纵也是一种高超的技艺, 通过巧妙的穿连, 使其双手、双脚、全身活动自如。操纵者根据自己对剧情的理解, 牵动皮影, 皮影的活动直接表现操纵人的艺术修养, 其间奥妙, 难以尽言。木偶的塑造主要在外形的塑造, 由于受材料的限制, 其可塑程度和表演潜力, 比影戏要局限得多。皮影和木偶戏各具特色, 也很有艺术魅力, 尤其是儿童对此兴趣最浓。待到锣鼓三通, 剧中人物粉墨登场, 举步而蹈, 挥袖而舞, 乐器伴奏声中, 幕后配音演员代替影、偶说唱, 纱幔或帘幕后的景物历历可辨, 龙楼凤阁, 玉树琼花, 奇峰异石, 彩云淡雾, 可以造成以假乱真、真假难辨的艺术效果。民国时期, 影戏和木

① 蒋守文:《双花竞发, 香透巴蜀——四川曲艺与川剧》, 载四川省民俗学会、四川省川剧理论研究会等编:《川剧文化研究》, 四川人民出版社 2007 年版。

② 江玉祥:《中国影戏探源》,《民间文学论坛》1988 年第 2 期。

③ 《辞海》艺术分册, 上海辞书出版社 1980 年版, 第 38 页。

偶戏在成都城乡仍有广阔的市场。①

第九节　成都的救亡文化与反内战、反独裁文化运动

一、救亡文化浪潮

抗战时期，由于东部教育、文化重心的内移，使四川出现了文化建设高潮，成渝二市成为文化都市。东部文化、教育工作者纷纷内迁，成都是内迁重点。

高等学校：抗战时期，先后迁到成都的五所著名大学有：南京金陵大学、金陵女子大学、中央大学医学院、北京燕京大学、济南齐鲁大学。此外，还有北平朝阳学院、山西铭贤学院等。据统计，由外地迁入四川的专科以上高等学校共31所，学生数万人；成都占7所，学生数千人。来蓉外地学生，除陆续就读本校外，其余无校就读者，由省教育厅分配成都各高校借读，四川大学650人，华西大学400人，四川教育学院120人，还有就读私立大学者。高校迁川后，使成都人才济济，不仅新建学校名教授云集，而且四川原有高校教师阵营也大为改观，如陈寅恪、顾颉刚、钱穆、吴芳吉、魏时珍、程玉麟等纷纷来成都任教，教学空气空前活跃。

文艺工作：自民国26年（1937）全民族抗战开始，著名作家、剧作家郭沫若、夏衍、阳翰笙、曹禺、陈白尘、于伶、宋之的、吴祖光、洪深、熊西伟、茅盾、老舍等西迁四川，先后在成渝两地创作了许多优秀文学艺术作品，提高了四川文化水平，促进了大后方文学艺术活动的发展。著名导演和表演艺术家应云卫、陈鲤庭、沈岭、贺孟斧、白杨、舒绣文、赵丹、魏鹤龄、陶金等云集四川，分别在成渝两地执导和演出，使成都戏剧舞台出现了繁荣的局面。

---

① 参见江玉祥：《中国影戏与民俗》（修订本），四川人民出版社2016年版。

广大文化工作者还成立了不少文化、文艺社团，如“天明歌咏团”“上海影人剧团”“四川漫画社”“抗敌话剧团”“星茫通讯社”“四川青年救国会”“成都文化界救亡协会”“成都剧社”“四川省旅外剧人抗敌演出队”“上海业余剧人协会”“成都戏剧界抗战协会”“中电剧团”“成都群力社”“中国青年新闻记者协会成都分会”“中华全国文艺界抗敌协会成都分会”，灌县“抗建剧社”，“轻风社”，四川大学“文艺研究会”，“华西文艺社”，“挥戈文艺社”等数十个新闻和文艺社团，这些进步社团均有旅蓉外籍文化人的发起和参与，他们积极出版报刊，编演戏剧，在宣传抗日救亡运动、激发民族精神和爱国主义，在活跃群众精神生活、普及文化科学知识诸方面均起了极为重要的作用。

抗战开始后，各种新闻报刊和专业性书刊如雨后春笋般地问世，比较有影响的新闻报刊有；《国民公报》《四川日报》《西蜀新闻》《新四川日刊》《白日新闻》《民祝日报》《醒民日报》《中央日报》（后改为《中兴日报》）《新新新闻》《华西日报》《新民晚报》《华西晚报》《成都快报》《成都晚报》《黄浦日报》《建国日报》《西方日报》《工商导报》《西南日报》等。这些报刊代表了抗战时期各种不同政治派别的思想倾向。民国 26 年（1937）1 月，由中国共产党地下组织和党外进步人士创办的《大声周刊》在成都正式出版，在群众中引起强烈反响。此后，中共地下党及其外围组织陆续创办各种综合性和专业性报刊，宣传革命进步思想，揭露国民党顽固投敌的反共阴谋，虽受反动派重重压制，取缔查封，但这类报刊生命力极强，此刊刚禁，彼刊又创，野火烧不尽，春风吹又生，使进步思潮牢固地占领着成都舆论阵地。

这一时期，成都文艺活动丰富多彩，除文化人组织的遍及全市城乡的歌咏团队演出的抗战歌曲，组织群众性歌咏比赛外，成都还呈现剧种林立、剧目繁多的百花争艳局面。传统的川剧艺术绽开新花，川剧社团三庆会编演宣传越王勾践卧薪尝胆，发愤图强的历史剧《姑苏台》，表现文天祥被俘后威武不屈、视死如归的历史剧《柴市节》，揭露蜀汉江油守将马邈无耻叛变的历史剧《江油关》，激发了成都人民的爱国热忱和抗敌情绪。[①] 据统计，大批旅川各派艺术家先后演出《保卫卢沟桥》《雷雨》《放下你的鞭子》《屈原》《哈姆雷特》等古今中外进步剧作近百个。[②] 这些戏剧的上演，使成都人民受到进步思想和爱国主义教育熏陶，并使成都表演艺术水平大大提高。

二、 反内战、反独裁的民主文化运动

民国35年（1946）以后，中国进入了国共内战年代，两种前途和命运的决战走向炽热化。中国共产党领导的人民革命力量日益扩大，并取得最后胜利，国民党专制独裁统治走向崩溃。这一时期的成都城市文化在中共地下组织的领导下，以争民主、争自由、反独裁、反腐败为主要内容而蓬勃展开。在中共地下党领导下，部分工厂、高等学校建立了读书会和夜校，在帮助工人群众学习文化知识的同时，向他们宣传革命思想，传播进步书刊，发展各种形式的群众团体，举办各种形式的活动，依靠下层劳苦大众，广泛联络各界人士，形成核心力量。

成都电信职工在抗战时期，接受地下党的领导，做了许多抗日、救亡工作。抗战胜利后，又利用互相储蓄会、郊游会、读书会和球类活动将一批积极分子团结起来，成立了成都电信职工会，许多积极分子又当选为第一届工会执委会委员。

成都宝新纱厂工人积极分子，在地下党员徐达浩领导下，组织读书会，主要学习《大众哲学》《社会发展史》，高尔基和鲁迅的作品等。通过学习，提高纱厂工人的政治觉悟，培养了一批革命干部，开展宣传工作，团结广大群众。

华西大学学生公社和促进社在地下党领导下，开办民众夜校（抗战时期称平民夜校，1948年改名为工人夜校）。夜校设在华大教育学院和金陵厅，除

---

① 周芷颖：《成都话剧发展点滴》，《成都文史资料选辑》第八辑。

② 孙晓芬：《抗日战争时期的四川话剧运动》，四川大学出版社1989年版。

给工人讲授文化知识外，还暗中传递进步书刊，让工人学习马克思列宁主义。先后在工人夜校任教的地下党员、民协成员和进步学生有100多人，参加学习的工人，店员、贫民有300多人。这个夜校一直开办到成都解放时才结束。

同时成立的还有满族青年进修学会，其成员以学生为主，其次是职工，学会，以团结互助、联络感情、砥砺学识为宗旨，开展读书活动、讨论会和学习班，1948年，地下党员贺天熙、詹大风、杨尚平、余英士等先后在学会宣传革命思想，散发进步书籍。使学会成员思想觉醒，在反内战、反饥饿斗争中表现坚定、活跃。

在反独裁、争民主的文艺运动中，星海合唱团是一支生气蓬勃的劲旅。1946年6月3日晚，成都职业青年联谊会筹办的冼星海作品演唱会在暑袜街礼堂举行大型演出，节目包括《新年大合唱》《黄河大合唱》和延安大生产运动歌曲等，到会观众1000余人，情绪热烈，演出获得意外成功。会后，正式成立"星海合唱团"，省艺术专科学校教授刘文晋为团长，共有团员40余人，均系本市业余声乐爱好者和歌手。他们组成庞大的宣传鼓动队伍，结合时事，进行宣传攻势。

民国35年初秋（1946年8月18日），成都各界悼念李公朴、闻一多先生大会，是成都重要的进步文化活动。7月11日和15日，国民党特务在昆明先后暗杀了中国民主同盟中央委员李公朴、闻一多教授，消息传到成都，各界群众无不愤慨。为了配合当时的反迫害运动，由"星海合唱团"和成都市汽车工会等51个单位、团体筹办李公朴、闻一多追悼会。当日在蓉光电影院举行，到会群众达2000余人，追悼会由民盟主席张澜先生主持，由"星海合唱团"演唱悼歌，歌词有："战士为民主而死，民主使战士而生!""民主的战士，您安息吧!"悲壮的歌声，激励着人们为争取民主、自由、解放而前仆后继，英勇献身。追悼会后，国民党特务向张澜投掷墨水瓶，打伤送花圈的群众。反动分子的卑劣行径，遭到人民群众的唾骂和社会舆论的谴责。追悼大会借此机会扩大宣传鼓动，让群众觉醒。

这一时期，成都中小学教师反饥饿、求温饱的斗争是文化运动中重要的一章。抗战以后，成都中小学教师生活状况因物价飞涨和拖欠薪金而严重恶化。1947年12月成都市国民（公立）小学教师公推代表到市政府请愿，遭到市参议员秦某侮辱，五区国民学校校长、教师100余人齐集中山公园，举行记者招待会，谴责市政当局的无理行径。民国37年初夏（1948年5月7日），成都27所国民小学40余名教师，在中共地下党领导下，举行集会，成立“国民小学教师生活请愿团”，向省政府、教育厅、市政府、市参议会请愿，提出改善生活待遇的四项条件。请愿未获结果。于是，他们决定从6月3日起实行全体总罢教，并发起签名运动，900余名教师中，有800余名参加签名，连续开展请愿大游行，组织七个宣传队向社会各界和新闻记者进行宣传。在强大社会舆论压力下，市长乔诚被迫答应改善教师待遇的要求。在小学教师罢教斗争取得胜利的同时，成都中学教师也开展了轰轰烈烈的争温饱斗争。民国37年初（1948年1月），成都市中学教师代表17人，到省政府请愿，要求改善待遇和增加办学经费。当年7月31日，在地下党领导下，中学教师界成立了公立中学教职员座谈会和私立中学教职员座谈会，并组成联谊会，提出改善待遇，不要纸币，发放实物，薪金不打八折的要求。10月12日，全市公、私中学校长50多人，齐集省教育厅请愿。10月25日，省立各中学教师全体罢教，并由教职员联谊会举行记者招待会，公开要求市政府答复教师要求。市政府被迫接受了教师基本条件，斗争取得胜利，教师生活得到改善。

随着通货膨胀的严重加剧，教师生活进一步恶化，民国38年（1949）3月18日，省立18学校全体教职员请假停教，接着四川大学教授、讲师、助教相继罢教。公立、私立中学教职员又一次掀起反饥饿、争温饱的斗争，向省府、参议会、教育厅发出请愿书，公开发表《告社会人士书》。提出按生活指数发给薪金，每人每月发给食米一双市石，4月薪金按1500倍发给等要求。当时，国民党统治已到崩溃边缘，他们无法满足教师的基本要求，于是转而采用镇压手段，石室中学、女师、华西协合中学等教师纷纷被捕，结果引起学校师生罢课，声援被捕教师。省教育厅被迫宣布提前放假。1949年12月27日，成都解放。30日，解放军举行隆重的入城式，成都各界人士在地下党领导下，组织了欢迎大会，五星红旗、标语口号散布全城，“星海合唱团”和许多工厂、团体组织的群众载歌载舞，庆祝成都城市获得新生。

【后　记】

奉献给读者的这部《成都城市史》修订本，是在成都出版社1993年版《成都城市史》基础上，陆续加工、增补定稿的。1987年3月，笔者应中国商业史学会之邀，赴扬州参加了中国十大古都商业史编写会议。这次会议将成都列入中国十大古都，并责成我们担负成都商业史的撰稿任务。《中国十大古都商业史》一书已于1990年在中国财经出版社出版。

成都是古蜀开明王朝的都城，距今已有2500年的历史；若从公元前316年秦灭蜀、在成都仿咸阳城建筑成都新城算起，距今也已有2300年的历史。此后，三国时期刘备在此建立蜀汉王国，西晋末年李氏家族在此建立成汉政权。五代十国，前蜀王建、后蜀孟知祥也都建都于此。如果加上明末张献忠建立的大西政权，成都就是名副其实的六朝古都，是值得深入研究的。在完成《中国十大古都商业史》成都部分的撰稿任务后，我们立即着手《成都城市史》的撰稿工作。

成都是四川省会，地处川西平原的人口稠密区，人杰地灵，物产丰富；沃野千里，天府之土。稻作农业起源很早，在秦汉时期因都江堰水利工程的创建而形成渠堰灌溉网络，到唐宋时期因新修大量渠堰达到兴盛期，水稻种植范围东至涪江流域，西到岷江流域。水稻亩产量大幅度提高。出生射洪的盛唐诗人陈子昂称蜀中“国之宝府”“人富粮多”。商品生产和商贸流通有悠久的历史。手工制造业远起古蜀，金器、青铜器、银器、铁器、漆器、蜀锦、井盐、酿酒、茶叶等一直享有盛誉。与省内外及东南亚、南亚甚至中亚有久远的贸易关系。蜀中历史文化悠久，古蜀文明历史随着地下遗址、遗物的不断发现而引人注目。秦汉以来，在天文、历法、儒学、文学、史学、哲学、戏曲方面都有独特的成就，城市建设亦代有兴革，创意迭出。城市名胜古迹、文物遗存，寻常巷陌，俯仰皆是。

初稿围绕各个历史时期成都城市经济、城市文化、城市建设展开论述，三易寒暑全书完成。承蒙成都市城市科学研究会会长郭付人先生不弃涓小，将本书忝列“成都历史文化名城丛书”出版，还在百忙之中，为本书作序。事隔二十余年，郭付人先生仙逝已久。在《成都城市史》修订本即将出版之际，回顾往事，无限怀念老领导重视城市科学研究的博大胸怀。书此赘语，以示不忘。

值得一提的是，在笔者夫妇1987年赴扬州参加十大古都商业史编写会议时，小女缪斯乃两岁小丫，妙语连珠；如今《成都城市史》修订本完成，她已是美国宾夕法尼亚州立大学历史系的欧洲史博士研究生，在本书修订中，其为电子文本的录入校正、统稿，出力不少。真有今夕何夕、不胜沧桑之感。

最后要感谢四川人民出版社编审谢雪女士，在与她合作出书的过程中，感受到她善始善终的责任心和一丝不苟的工作态度。

张学君　张莉红
2019年11月2日